2019
北京广播影视年鉴

北京广播影视年鉴编委会　编

北京联合出版公司
Beijing United Publishing Co.,Ltd.

图书在版编目（CIP）数据

2019北京广播影视年鉴 / 北京广播影视年鉴编委会编. -- 北京 : 北京联合出版公司, 2020.8
ISBN 978-7-5596-4291-2

Ⅰ. ①2… Ⅱ. ①北… Ⅲ. ①广播事业－北京－2019－年鉴②电影事业－北京－2019－年鉴③电视事业－北京－2019－年鉴 Ⅳ. ①G229.271-54 ②J992-54

中国版本图书馆CIP数据核字(2020)第095399号

2019北京广播影视年鉴
（2005年创刊）

作　　者：北京广播影视年鉴编委会　编
出 品 人：赵红仕
责任编辑：牛炜征
装帧设计：云伊若水

北京联合出版公司出版
（北京市西城区德外大街83号德胜国际中心9层　100088）
北京联合天畅文化传播公司发行
廊坊市佳艺印务有限公司印刷　新华书店经销
字数658千字　787毫米×1092毫米　1/16　29.25印张
2020年8月第1版　2020年8月第1次印刷
ISBN　978-7-5596-4291-2
定价：128.00元

编 辑 说 明

一、《北京广播影视年鉴》是一部综合性资料工具书和史料文献的大型年刊，由北京市广播电视局主持编纂，北京广播电视台、北京人民广播电台、北京电视台、歌华传媒集团、各区文化和旅游局、融媒体中心等协助编纂。

二、本年鉴客观记录上一年市广播影视业基本情况和发展变化，特殊事项，在前后年份上有所延伸。

三、本年鉴以马克思列宁主义、毛泽东思想、邓小平理论、“三个代表”重要思想、科学发展观和习近平新时代中国特色社会主义思想为指导，牢固树立政治意识、大局意识、核心意识、看齐意识。坚持实事求是的编辑方针，贯彻“贴近实际，贴近生活，贴近群众”的宣传原则，为广播影视从业人员、教学科研人员、决策管理人员以及社会各界了解和研究北京市广播影视提供可靠信息。

四、本年鉴自2005年起，每年编印一卷。2019年版为第十五卷，主要记述2018年的情况，全书共有17个栏目：图片、专项纪事、概况、大事记、频率频道、节目栏目、产业发展、新媒体、技术、电视剧、书报刊出版、受众调查、组织机构、获奖作品、典型经验、交流合作、统计。

五、本年鉴采用规范语体文，行文力求朴实、简洁、通畅，以记述文章体裁为主。

六、本年鉴计量单位按照1984年2月27日公布的《中华人民共和国法定计量单位》执行。

七、本年鉴统计数字以统计部门公布的为准。统计部门缺遗的数字，以各单位的为准。

八、本年鉴稿件由各单位、各部门确定专人（特约编辑）撰写（特殊约稿除外），经各单位、各部门主要领导审核盖章后提交，最后由年鉴编委会总审。

本年鉴的编辑工作得到各撰稿单位、部门及各方面的热情关怀和大力支持，在此深表感谢。疏漏与不足之处，恳请批评指正。

北京市广播电视局史志办

2019年12月

编 辑 委 员 会

段燕燕　北京音像资料馆副馆长、研究中心副主任
智黎明　北京市广播影视作品审查中心主任
孙峰虎　北京市新闻出版服务中心主任
张常珊　北京广播电视台办公室主任
纪烈鸿　北京人民广播电台媒体资料和版权部主任
彭司海　北京电视台党委副书记、纪委书记
王　昕　北京电视台办公室副主任
金　鹏　北京新媒体集团总经理
金　川　北京紫禁城影业有限责任公司董事长兼总经理
崔　岩　北京电视台北京国际电影节运行中心副主任（主持工作）
李　浩　北京广播电视报社社长
郭长征　北京广播电视台服务中心主任
陈　工　北京歌华文化集团副总经理
丁颖磊　北京歌华有线电视网络股份有限公司办公室主任
张　平　北京电视艺术中心有限公司董事长兼总经理
颜丙利　北京音像公司总经理
何公明　北广传媒数字电视有限公司董事长、总经理兼瑞特影音贸易公司总经理
牛振青　北京北广传媒移动电视有限公司副总经理
刘国华　北京北广传媒影视有限公司总经理
罗艳红　北京北广传媒城市电视有限公司董事长兼总经理
何拥军　鼎视传媒股份有限公司书记兼负责人
裴成虎　北京北广置业有限公司总经理
丁文辉　北京中广传播有限公司董事长、总经理
王伟东　北京市东城区文化和旅游局主任
孙劲松　北京市西城区文化和旅游局主任
高春利　北京市朝阳区文化和旅游局主任
陈　静　北京市海淀区文化和旅游局主任
史文彬　北京市丰台区文化和旅游局书记
王亚迅　北京市石景山区文化和旅游局主任
常　蓉　北京市门头沟区文化和旅游局主任
冀显江　北京市房山区文化和旅游局主任
王　健　北京市大兴区文化和旅游局书记、主任
王立生　北京市通州区文化和旅游局书记、主任
田庆江　北京市顺义区文化和旅游局书记、主任
崔　莨　北京市平谷区文化和旅游局书记、主任
夏占利　北京市怀柔区文化和旅游局主任
刘全新　北京市昌平区文化和旅游局书记、主任
郝加瑞　北京市密云区文化和旅游局书记、主任
叶　东　北京市延庆区文化和旅游局书记、主任
张小戎　北京经济技术开发区社会发展局副局长
潘　竞　北京市朝阳区广播电视新闻中心主任
王言敏　北京市海淀区新闻中心书记、主任
乔晓鹏　北京市丰台区融媒体中心书记、主任
王国强　北京市石景山区融媒体中心主任、副书记
宋　奇　北京市门头沟区广播电视新闻中心书记、主任
路建华　北京市房山区融媒体中心书记、主任
马宪颖　北京市大兴区融媒体中心书记、主任
焦善鸣　北京市通州区融媒体中心书记、主任
宋　森　北京市顺义区融媒体中心书记、主任
张长志　北京市平谷区融媒体中心书记、主任
刘晓梅　北京市昌平区传媒中心书记、主任
刘　剑　北京市怀柔区融媒体中心主任
孙明朝　北京市密云区融媒体中心主任、副书记
董喜延　北京市延庆区融媒体中心书记、主任
王长田　北京光线传媒股份有限公司法人代表
王忠军　华谊兄弟传媒股份有限公司法人、董事长
刘燕铭　北京海润影业股份有限公司董事长
尤小刚　北京京都世纪文化发展有限公司董事长
丁　芯　北京鑫宝源影视投资有限公司总经理
张晓武　北京东王文化发展有限公司董事长
白月飞　北京东方飞云国际影视股份有限公司总经理
王　辉　大唐辉煌传媒有限公司董事长
庞新星　四达时代集团董事长兼总裁

主编　副主编

责任编辑与特约编辑

郝振林　北京音像公司办公室干部
李　苗　北京瑞特影音贸易公司办公室干部
郑菁菁　北京北广传媒数字电视有限公司干部
岳文娟　北京北广传媒移动电视有限公司办公室干部
杨兴辰　北京北广传媒影视有限公司办公室主任
王　雪　北京北广传媒城市电视有限公司办公室干部
杨　磊　北京北广传媒地铁电视公司办公室主任
吕晓丹　鼎视数字电视传媒有限公司办公室干部
彭穗新　北京北广置业有限公司办公室主任
佟东旭　北京中广传播有限公司综合部经理
刘晶伟　北京市东城区文化和旅游局干部
房　微　北京市西城区文化和旅游局干部
张灿峰　北京市朝阳区文化和旅游局干部
李广敏　北京市海淀区文化和旅游局干部
李健峰　北京市丰台区文化和旅游局干部
张　卉　北京市石景山区文化和旅游局主任科员
赵　彬　北京市门头沟区文化和旅游局干部
白　杨　北京市房山区文化和旅游局干部
冯丽娟　北京市大兴区文化和旅游局干部
邱　巍　北京市通州区文化和旅游局干部
刘岱松　北京市顺义区文化和旅游局政工科
陈玉玲　北京市平谷区文化和旅游局科员
郭帅言　北京市怀柔区文化和旅游局科员
赵志清　北京市昌平区文化和旅游局干部
高文满　北京市密云区文化和旅游局文化市场科科长
徐柏枝　北京市延庆区文化和旅游局市场科科长
王　娜　北京市经济技术开发区社会发展局干部
邱　阳　北京市朝阳区广播电视新闻中心总编室干部
刘丹丹　北京市海淀区新闻中心办公室干部
孙敬尧　北京市丰台区融媒体中心办公室干部
白莫菊　北京市石景山区融媒体中心干部
高艳蕊　北京市门头沟区融媒体中心办公室干部
贾　颖　北京市房山区融媒体中心总编室干部
柴　通　北京市大兴区融媒体中心干部
王　娟　北京市通州区融媒体中心办公室主任
叶　平　北京市顺义区融媒体中心干部
贾晓静　北京市平谷区融媒体中心助理编辑
张　俊　北京市昌平区传媒中心宣传科科长
王少南　北京市怀柔区融媒体中心办公室干部
石晓访　北京市密云区融媒体中心总编室主任
胡　洋　北京市延庆区融媒体中心党建办公室主任
陈雪飞　北京光线传媒股份有限公司
李树峰　华谊兄弟传媒股份有限公司
王存林　北京海润影业股份有限公司行政部总监
杨　艳　北京京都世纪文化发展有限公司行政助理
张婷婷　北京鑫宝源影视投资有限公司
史京晶　北京东王文化发展有限公司
刘梦瑶　北京东方飞云国际影视策划有限公司
张　弢　大唐辉煌传媒有限公司宣传总监
孙　敏　四达时代集团

2018北京市广播影视数字

机　构

市级广播电视台1座，市级数字付费电视、公交移动电视、城市电视、地铁电视、手机电视、网络广播电视等新媒体平台各1个；区广播电台9座，区级广播电视台10座，区广播电视站4个；全市持有广播影视节目制作经营许可证机构9895个；网络视听网站125家。

人　员

全市广播影视从业人员8.91万人。

覆　盖

广播综合人口覆盖率100%，电视综合人口覆盖率100%。

网　络

有线广播电视网络干线总长20.72万公里，其中光缆6.65万公里，电缆14.07万公里；网络传输模拟电视节目59套，数字电视节目199套（其中高清49套）、数字广播节目18套。有线广播电视注册用户594.55万户，其中高清交互数字电视用户526.45万户。

资　产

全市广播影视总资产 3533.51 亿元。

创　收

广播电视创收 1487.82 亿元，其中广告收入 568.62 亿元，网络视听用户付费收入 107.06 亿元。

节　目

全年制作广播节目 12.9392 万小时，制作电视节目 16.2442 万小时。

电视剧

全年制作电视剧 55 部，2503 集。

动画片

全年制作动画片 16 部，5196 分钟。

↑2018 年 10 月 25 日，第十三届北京文博会在国展中心开幕，北京市委书记蔡奇（右二），市委常委、宣传部部长杜飞进（左二）到北京广播电视台展位巡展

↑2018 年 10 月 25 日，第十三届北京文博会在国展中心开幕，北京市委书记蔡奇（前排右二），市委常委、宣传部部长杜飞进（左一）到北京广播电视报展台指导工作

↑2018 年 4 月 15 日晚，中宣部常务副部长王晓晖（右一），中宣部副部长、中央广播电视总台台长慎海雄（右二）出席第八届北京国际电影节开幕式

↑2018 年 10 月 24 日，中宣部副部长、国务院新闻办公室主任徐麟（右一），市委常委、宣传部部长杜飞进（左一）到北京市延庆区融媒体中心调研

↑2018 年 8 月 24 日，中宣部副部长、国家广电总局局长聂辰席（右二）到第二十七届北京国际广播电影电视设备展览会（BIRTV2018）北京广播电视台展位参观

↑2018 年 4 月 15 日晚，中宣部副部长、中央广播电视总台台长慎海雄出席第八届北京国际电影节开幕式，并宣布电影节开幕

↑ 2018 年 4 月 15 日晚，国家广播电视总局副局长张宏森（右三）出席第八届北京国际电影节开幕式

↑ 2018 年 1 月 27 日，北京市政协主席吉林（左一）到北京电台设在北京市政协十三届一次会议委员驻地五洲大酒店内的直播间，看望参加政协报道的一线人员

2018 年 1 月 12 日，北京电台外语广播受邀参加外交部和北京市政府共同在首都博物馆举办的“2018 年外国驻华记者新年招待会”，并在现场设置“诵读小站”体验间。图为北京市委常委、副市长张工（右二）听取北京电台相关工作的汇报

2018 年 5 月 31 日，北京市委常委、宣传部部长杜飞进出席 2018 上海合作组织成员国媒体北京论坛并作主题演讲

2018 年 11 月 16 日，北京市委常委、宣传部部长杜飞进（左）、副市长王宁（右）为北京市广播电视局揭牌

2018 年 10 月 11 日，北京市委宣传部常务副部长赵卫东（右一）巡视北京电视节目交易会（秋季）展示专区

2018年12月24日，北京市广播电视局党组书记、局长杨烁在局组织的加强广播电视和网络视听文艺管理工作座谈暨政策发布会上讲话

2018年2月2日，北京市新闻出版广电局副局长王野霏（左二）赴光明网传媒有限公司调研，就光明网获评“北京市媒体融合发展重点实验室”授牌

2018年10月25日，北京市新闻出版广电局副局长戴维率队到北京字节跳动科技有限公司调研

2018年7月18日，北京市新闻出版广电局副局长杨培丽（前右一）率局科技处、网管处相关人员到大兴融媒体中心就安全播出和网络安全进行工作调研

2018年4月16日，北京市新闻出版广电局副局长、第八届北京国际电影节组委会常务副秘书长胡东出席第八届北京国际电影节国际电影市场论坛开幕式

↑2018 年 12 月 11 日，北京市广播电视局副局长张苏（左）带队到《文化中国》传媒股份有限公司开展“大走访”调研活动，并送上北京市广播电视局重点企业综合服务包

↑2018 年 12 月 13 日，北京市广播电视局纪检监察组组长邹立华（左）带队到四达时代集团开展“大走访”调研活动，并送上北京市广播电视局重点企业综合服务包

↑2018 年 4 月 16 日，北京市新闻出版广电局副巡视员、北京国际电影节组委会副秘书长卞建国出席第八届北京国际电影节国际电影市场论坛开幕式

↑2018 年 5 月 30 日，北京市新闻出版广电局副巡视员董明（右）与怀柔区人民政府副区长焦宝军（左）为北京市新闻出版广电局在中国（怀柔）影视产业示范区设立政务服务站揭牌

↑2018 年 3 月 25 日至 28 日，北京电视节目交易会（春季）在北京会议中心举办。图为电视剧推介展区

↑2018 年 8 月 3 日至 9 日，第二届北京纪实影像周的活动之一“纪念改革开放 40 周年纪实影像大事记暨 2017 年度优秀国产纪录片展”在中华世纪坛展出

↑2018 年 1 月 11 日，北京市新闻出版广电局、天津市文化广播影视局、河北省新闻出版广电局在北京联合召开京津冀广电科技协同发展项目推进会

↑2018 年 3 月 23 日，北京市新闻出版广电局联合总局广播科学研究院举办“一带一路”广播影视科技发展论坛

↑2018 年 3 月 25 日至 28 日，北京电视节目交易会（春季）在北京会议中心举办。图为开幕式现场

↑2018 年 6 月 26 日，由国家广播电视总局主办、北京市新闻出版广电局承办的第四届中非媒体合作论坛在北京举行

↑2018 年 8 月 3 日，第二届北京纪实影像周在北京中华世纪坛开幕。图为嘉宾在开幕式上共同启动第二届北京纪实影像周

2018 年 4 月 26 日，北京市新闻出版广电局党组书记、局长杨烁与希腊数字政策、通信和媒体部秘书长克莱索斯博士一行就中希影视发展和合作进行会谈

2018 年 4 月 8 日至 15 日，北京市新闻出版广电局携北京影视代表团 20 余家影视机构参展戛纳电视节

2018 年 5 月 9 日，“2018 北京优秀影视剧海外展播季”在雅典开幕

2018 年 4 月，北京市新闻出版广电局组织 10 家企业以北京展团形式参加美国广播电视展（NAB）

2018 年 2 月 5 日，国家新闻出版广电总局科技司和工信部电子信息司一行 20 余人，到北京市调研京东方公司超高清显示面板生产和发展情况

2018 年 4 月 3 日，国家广播电视总局传媒机构管理司和北京市新闻出版广电局联合召开北京市电视频道发展专项调研会

←2018年10月17日，北京市新闻出版广电局与国家广播电视总局广播科学研究院签署《超高清电视技术创新协同发展战略合作协议》

←2018年10月10日，在北京电视节目交易会（秋季）上举办庆祝改革开放40周年（1978—2018）新剧发布会

↑2018年4月4日，北京市新闻出版广电局召开打造公益广告精品专题研讨会，邀请业内领导和专家对北京市广播电视公益广告工作建言献策

↑2018年6月21日，北京市新闻出版广电局向扶贫地区捐赠电视剧工作会召开。北京市十余家影视文化企业，西藏、新疆和青海扶贫协作地区代表等参加会议

2018年11月14日，京津冀协同发展IPTV合作项目开通仪式在天津滨海新区举行。北京市广播电视局、天津市新闻出版广电局、河北省新闻出版广电局参加→

↑2018 年 11 月 16 日，新成立的北京市广播电视局举办揭牌仪式，北京市广播电视局领导和机关事业单位负责人参加

↑2018 年 12 月 24 日，北京市广播电视局召开加强广播电视和网络视听文艺管理工作座谈暨政策发布会

↑2018 年 12 月 27 日，北京市广播电视局到京东方公司开展“大调研”活动，就“智慧广电”建设、加快 4K/8K 超高清产业发展等方面进行深入探讨

↑2018 年 12 月 18 日，北京市广播电视局到北京爱奇艺科技有限公司开展“大走访”调研活动，并代表北京市广播电视局向爱奇艺赠送“重点企业综合服务包”

↑2018 年 3 月，北京市广播影视协会召开 2017 年度优秀广播电视节目评选会

↑2018 年 12 月 7 日，第二轮《北京志·广播电视志》复审会召开。广电总局、中央广播电视总台、中国教育电视台、北京广播电视台等单位编委会成员和相关工作人员，北京市地方志编纂委员会办公室相关领导及该书撰稿人等参加会议

综合

BMN
北京广播电视台

2018 年 8 月 27 日，北京广播电视台融媒体中心成立仪式在北京电视台举行。市委宣传部常务副部长赵卫东（左）和北京广播电视台党委书记、台长李春良共同为北京广播电视融媒体中心启动揭幕

2018 年 11 月 23 日，2018 年度北京广播电视台节（栏）目创新奖颁奖暨年度优秀节目分享会在北京电视台大剧院举行

2018 年 11 月 23 日，2018 年度北京广播电视台节（栏）目创新奖颁奖暨年度优秀节目分享会在北京电视台大剧院举行。北京广播电视台党委书记、台长兼北京电视台党委书记、台长李春良讲话

2018 年 6 月 12 日，北京大兴融媒体中心揭牌暨大兴区与北京广播电视台深度融合战略合作签约仪式在大兴举行。大兴区委常委、宣传部部长祁金利（左）和北京广播电视台副台长窦晓东（右）签订战略合作协议

↑2018 年 5 月 31 日，在由中国公共外交协会、北京市人民政府新闻办公室、北京人民广播电台联合主办的“上海合作组织成员国媒体北京论坛”上，北京人民广播电台总编辑王秋（右）与巴基斯坦独立新闻社签订合作协议

↑2018 年 5 月 28 日至 6 月 1 日，由中国公共外交协会、北京市人民政府新闻办公室和北京人民广播电台联合主办的“看北京——上海合作组织成员国媒体北京论坛暨北京行”活动举办。5 月 31 日，参加该活动的各国记者参观访问北京电台

↑2018 年 10 月 31 日，北京、河北、天津广播电视台联合主办的庆祝改革开放 40 周年“壮阔东方潮　筑梦京津冀”大型新闻采访行动启动仪式举行

↑2018 年 10 月 31 日，北京广播电视台、河北广播电视台、天津广播电视台共同启动大型新闻行动“壮阔东方潮　筑梦京津冀”报道。图为节目海报

2018 年，京东在天津武清投入使用了天津市第一个“云仓”。图为“壮阔东方潮　筑梦京津冀”节目对京东在天津的“云仓”报道视频截图 →

↑2018 年 7 月 11 日，北京电台、北京电视台、北京时间融合报道策划会在北京电视台举行，北京电台、北京电视台、北京新媒体（集团）有限公司三家单位领导及相关部门负责人参加会议

↑2018 年 3 月 26 日，北京歌华传媒集团有限责任公司及其下属二级企业班子成员开展中心组学习，到小米旗舰店调研

↑2018 年 10 月，北京电视艺术中心电视剧《不说再见》主创人员在拍摄现场指导拍摄工作

↑2018 年 3 月 27 日，北京广播电视报社召开“北广产品创新读者座谈会”与读者互动研讨

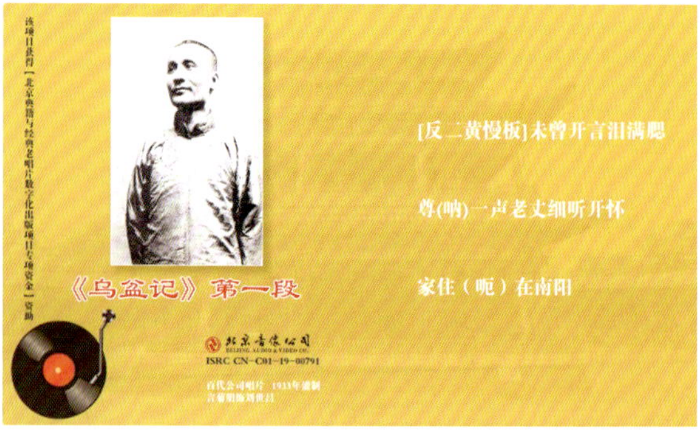

↑2018 年，北京音像公司完成《北京典籍与经典老唱片数字化出版项目》35 集。图为其中的《乌盆记》封面

北京新媒体集团
BEIJING NEW MEDIA GROUP

2018年2月1日，在北京市网信办、首都互联网协会的组织下，属地12家互联网企业召开“新时代网上正能量直播矩阵”研讨会，并宣告北京市“新时代网上正能量直播矩阵”正式开始运行。图为该活动的海报

2016年4月12日，北京新媒体集团及其所属北京新闻媒体有限公司、北京时间股份有限公司在北京电视台新媒体大厅举行揭牌仪式。“北京时间”网站及其移动客户端产品同步上线。同时，“北京时间”24小时新闻直播上线。

2018年发展情况：

截至2018年年底，北京时间原创独家（首发）国内新闻内容3300多条，转发（引）量达6000多次，累计全网点击量超过50亿次；发布国际新闻稿件1443条，其中短视频1376条、图文48条、直播19条，全网点击量超过28亿次。北京新闻公司全年直播1600多场，视频（含短视频）5000多条；北京和全国两会、中非合作论坛北京峰会、“红墙意识”主题等报道中，创意H5共计45条，全网总点击量超过6亿次。北京时间App推送重大时政新闻50余次，超4230万人次阅读；累计报道热点新闻事件180余次，超1.2亿人次观看；建新闻专题879个、重大报道专题32个；精编综合稿1968条，独立策划内容超过60篇。

2018年4月9日，杨利伟（左一）参加北京时间承办的“首届大工匠颁奖礼”，北京新媒体集团总经理金鹏（左二）陪同

2018年7月1日至5日，5集人物电视纪录片《北京大工匠》在北京电视台生活频道播出，北京时间App推出报道

2018年全国两会期间，北京时间记者进行会议报道

RBC 北京人民广播电台

2018 年，电台开路广播在播栏目总计 182 档，推出新节目 27 档。播出新闻广播、城市广播、故事广播、体育广播、音乐广播、交通广播、文艺广播、外语广播、青年广播、动听调频等 10 套开路广播及 15 套有线调频广播、14 套 DAB 数字广播、1 套数字电视频道、1 套卫星广播，全天播出栏目 182 个、播音时间 343 小时，总发射功率 213.5 千瓦。2018 年，节目已扩展到四大洲 11 个国家和地区的 19 家电台媒体，包括 3 个国家级电台，北京的声音在美国、俄罗斯、加拿大、法国、澳大利亚、新西兰、新加坡、韩国等国家落地。2018 年，北京电台收听率为 2.669%，同比上升 0.72%，市场份额为 71.83%，同比上升 5.54%，收听率和市场份额继续占据北京广播市场第一的位置。2018 年总收入 9.57 亿元，其中北京广播公司及所属企业收入 5.71 亿元。总资产 28.5 亿元，其中广播公司总资产 6.64 亿元。

↑ 2018 年，北京电台第 23 届“听评月”活动改进和听众交流的方式，设立“台长的时间”视频直播

↑ 2018 年 2 月 25 日，北京电台交通广播品牌活动“1039 发现”声动南极 · 2018 新春穿越之旅圆满结束

↑ 2018 年 5 月 12 日至 13 日，由北京人民广播电台主办的“主播新势力”华语广播主持人大赛在赛特饭店举行复赛

↑ 2018 年 1 月 18 日，北京电台外语广播“Beijing in My Eyes——老社长的故事”高端访谈节目第二季开启录制

市 级 广 电

↑2018 年 3 月 7 日至 9 日，北京、天津、河北三地电台新闻广播在全国两会期间联合推出《对话京津冀》节目

↑2018 年 10 月 16 日，北京电台“运河潮起四十年 · 听见经典诵读会”在大运河森林公园举行

↑2018 年 8 月 28 日，为纪念“一带一路”倡议提出五周年，北京电台推出大型报道《独行快，众行远》。图为中国驻波兰大使馆文化参赞蔡炼、肖邦公园负责人芭芭拉和记者合影

↑2018 年 10 月国庆期间，北京电台城市广播推出“壮阔东方潮 奋进新时代”——庆祝改革开放 40 年专题节目之“三代人的求学梦”系列报道

↑2018 年 6 月 3 日，北京文化艺术基金 2017 年度资助项目，北京电台音乐广播与北京天桥艺术中心联合主办的《乐享四季 · 北京广播音乐会》第八场音乐会，在北京天桥艺术中心举办

↑2018 年 4 月 1 日，北京电台《诵读小站》节目的听众到北京图书大厦《诵读小站》录音亭里诵读经典文学作品

↑2018 年 11 月 2 日，“北京范儿 · 潮我听”北京电台 2019 年广告资源推介会在北京饭店国际会展中心举办

↑2018 年 9 月 28 日，北京电台故事广播在密云区第二小学举行“美丽乡村筑梦有我”大型新闻公益行动第二场主题活动“诵读优秀经典 弘扬传统文化 筑梦家国情怀”

↑2018 年 10 月 24 日，北京电台 2019 年广播节目评标会在北京广播大厦举行

↑2018 年 9 月 28 日，由国家民委副主任李昌平带队的全国少数民族参观团部分青年成员做客北京人民广播电台《青年说》节目，畅谈参观团一路考察的感受和心得

↑2018 年 6 月 24 日，北京电台城市广播《教育面对面》联合新浪网举办的“2018 北京高招咨询会”在中国人民公安大学大兴校区启动

↑2018 年六一儿童节，“北京电台双语学生广播基地培新小学分站”在培新小学的六一联欢会现场举行授牌仪式。这是自 2016 年底起，北京电台广播基地正式挂牌的第四所学校

↑2018 年 3 月 17 日，北京电台动听调频派出主持人采访报道香港 Sónar 电子音乐节

↑2018 年 4 月 8 日，在北京市校园足球通讯社成立一周年之际，由北京体育广播和健之缘盛体育共同建设的北京校园足球通讯社实践基地暨北京体育广播小记者站举办开班仪式

↑2018 年 3 月 20 日，全国两会闭幕当天，北京市商委领导做客北京电台外语广播英文直播节目《感受北京》，全程用英文解读提升京津跨境贸易便利化相关政策

↑2018 年 8 月 25 日至 9 月 12 日，北京新闻广播记者采访报道“一带一路”云南、广西段和乐隧道施工

↑2018 年 12 月 30 日，北京地铁 6 号线西延、8 号线三期南段及四期正式建成通车，北京电台交通广播《一路畅通》节目，在当天早间 8:00 到 9:30 进行特别直播

↑2018 年 12 月，北京电台 92.3MHz、95.4MHz、98.2MHz 三套频率获得合法用频执照，解决了频率间互相干扰的问题

↑北京电视台 2018 年工作会议召开

北京电视台成立于 1979 年 5 月 16 日，英文缩写“BTV”。开办有北京卫视、新闻、文艺、科教、影视、财经、体育、生活、青年、卡酷少儿、纪实、外宣 12 个频道，播出 17 个频道，其中，北京卫视、新闻、文艺、影视、体育 5 个频道高标清同播，纪实频道高清播出。北京卫视、卡酷少儿、纪实、外宣是上星播出频道。每天播出时间 383 小时，全年播出 14 万小时。

2018 年，北京电视台以深入学习宣传贯彻党的十九大精神和庆祝改革开放 40 周年为主线，创新驱动，打造高品质内容产品，不断推进改革、融合，彰显了新时代首都主流媒体的责任担当。策划制作播出了大型通俗理论广播电视融媒体节目《改革开放　关键一招》，主动作为，参与城市公共治理，推出了社会民生类节目《向前一步》等优秀节目。

↑2018 年 3 月，北京电视台报道全国两会盛况

↑2018 年，北京电视台推出《改革开放　关键一招》节目

↑北京电视台体育记者在2018年韩国平昌冬奥会期间进行采访报道

↑2018年11月7日，北京电视台生活频道推出2018地产盛典“地产精英齐聚电视黄金档 妙语连珠共话北京城市风范”

↑北京电视台对2018年俄罗斯足球世界杯进行报道

↑2018年，北京电视台启动“永定河文化之旅”

2018年，北京电视台《生活这一刻》记者现场采访→

← 2018 年北京电视台春节联欢晚会现场

↑ 2018 年 4 月 27 日，北京电视台《生活 +》举办打造家装联盟影响力活动

↑ 2018 年，北京电视台首届精诚医者致敬颁奖盛典现场

← 2018 年，北京电视台直播北京男篮外援马布里退役活动

2018 年 12 月，北京电视台举办“北京卫视 2019 环球跨年冰雪盛典” →

市级广电

↑2018 年，北京电视台推出《创意中国》第二季

↑2018 年 6 月 30 日，北京电视台生活频道出品全国首部大型医学人文纪录片《医者》

↑2018 年 12 月 22 日，北京电视台生活频道献礼改革开放四十年推出《北京味道第二季》

↑2018 年，北京电视台《向前一步》节目现场

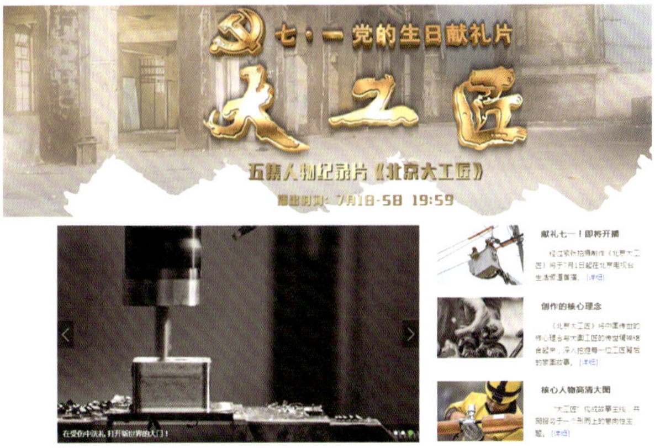

↑2018 年，北京电视台大型电视纪录片《北京大工匠》重磅上线

←2018 年，北京电视台《上新了·故宫》节目海报

2018年2月27日，北京市新闻出版广电局检查北京北广传媒数字电视有限公司播出平台两会安全播出工作

2018年8月28日，北京北广传媒数字电视有限公司邀请国家广电总局传媒机构管理司节目管理处处长杨峥，围绕“广播电视公益广告的创作”进行专题讲座

2018年11月，“四海钓鱼”频道《湖库突击队》获中国广播电视社会组织联合会2017年度中国广播电视数字付费频道行业创优评析节目评优全国播出频道一等优秀栏目。图为该栏目播出截图

北京北广传媒数字电视有限公司

Beijing All Media and Culture Digital TV Co.,Ltd

北京北广传媒数字电视有限公司自2003年7月成立以来，已播出付费电视频道11套，数字音频广播2套，节目内容涉及教育、影视、娱乐、休闲、房产家居等领域。2018年，覆盖全国有线电视用户近1.36亿户。

2018年4月，“四海钓鱼”频道《四海大擂台》栏目被评为北京市广播影视协会2017年度优秀广播电视节目。创作推出的医疗急救公益广告片《现场急救·你学得会——应对脑梗篇》《心愿》分别获北京市新闻出版广电局2017年度广播电视公益广告扶持项目三类作品、二类作品。在中国电视购物联盟举办的全国电视购物频道优秀节目评选中，“爱家购物”频道荣获2017年度中国电视购物行业优秀节目银奖。

全国两会、北京两会、上海经济合作组织青岛峰会，以及春节、五一、十一等重点活动期间，实现安全播出零事故。

2018年8月14日，北京北广传媒数字电视有限公司党支部组织观看市文资系统廉洁书画展

CityTV 城市电视

城市电视每天播出 15 小时

楼宇电视终端屏幕 6500 余块

拥有 LED 大屏幕联播电视 9 处 10 块，其中设在酒仙桥电子城 2 块户外大屏是全新自建大屏，2018 年 12 月正式播出。12 月 3 日，在北京城市副中心行政办公区市政协新办公区安装 6 台城市电视楼宇终端。

2018 年，北京北广传媒城市电视有限公司城市电视全年播出 48910 小时。其中，A 屏、B 屏共播出节目 10950 小时，大屏幕播出 37960 小时。在播主要栏目 21 个，其中，新增加 5 个栏目：《保利剧院》《汽车小知识》《城市视觉志》《新时代青年说》《数说 40 年》。完成重大转直播全国两会、北京两会、改革开放 40 周年、中非合作论坛等宣传工作。城市电视大、小屏媒体平台每日播放公益宣传片近 30 分钟，全平台全年累计播放时长达 10523 小时。

2018 年 5 月 15 日至 17 日，由中国传媒大学广告学院、中国商务广告协会联合主办的 IAI 国际创享节 2018 暨第 18 届 IAI 国际广告奖颁奖盛典在北京世贸天阶举办。北京北广传媒城市电视公司分别斩获企业、案例、人物类三项大奖

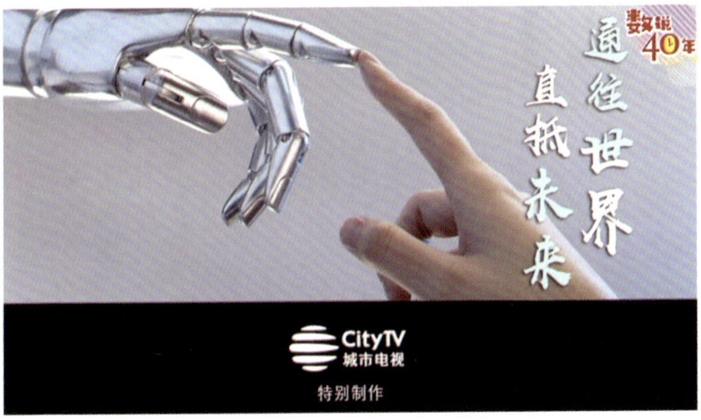

2018 年 11 月 21 日，北京城市电视开播《数说 40 年》栏目

2018 年 12 月 18 日，北京北广传媒城市电视有限公司旗下楼宇电视联播网全程直播“庆祝改革开放 40 周年大会”。图为世贸天阶大屏接收该直播节目

2018 年 12 月 21 日，北京城市电视在北京东北四环酒仙桥电子城 · 国际电子总部的 2 块大屏幕开通节目

↑2018 年 11 月 7 日，北京北广传媒地铁电视有限公司召开第三届董事会第四次会议

↑2018 年 6 月 4 日，北京北广传媒地铁电视有限公司与地铁电视广告总承包商签约仪式举行

↑2018 年 4 月 1 日，北京北广传媒有限公司开播时长 5 分钟的动画类《洛宝贝》栏目

地铁电视

地铁电视每天播出 18.5 小时

地铁电视终端屏幕 2.68 万块

2018 年，地铁电视全年播出 8 档新节目，审看推送节目 1092 期，时长共 4284 分钟 30 秒。共计播出宣传片 233 条，播出总时长 7147 分钟。13 号线和八通线站台、站厅显示屏增加 535 块，达到 1107 块。提高站台、站厅显示屏开机率，增加乘客关注的列车到站信息。全年累计巡视车组 4770 列，巡查总屏数达到 198656 块，修复故障车载屏 54 台、机顶盒 43 台、分配器 16 台，总开机率达到 98.88%。

↑2018 年 4 月 1 日，北京北广传媒有限公司开播时长 5 分钟的自然动物类《奇趣自然》栏目

北京移动电视

北京移动电视每天播出 17 小时，主要节目栏目 28 个

公交车辆接收终端屏幕数量2.18万块，日覆盖受众超过 1300 万人次

2018 年发展情况：

新开播栏目《玩票》《游在北京》《博览天下》《我看演出》《洛宝贝》《高光点》《城市一刻》《罐头视频》。全年共播出公益宣传片总时长 13906.5 分钟。制作《百姓宣讲视频制作》和《美丽乡村》等多个视频短片项目，节目制作对外承接任务的多点开花。《与你同行》的订阅量达到 8 万次，稳居网易直播号 TOP100 第 2 位。

全年实现公交频道安全播出 6021 小时。完成春晚、新闻联播延时等项临时转播工作 99 次，并确保春节、全国两会、上海合作组织峰会、中非合作论坛北京峰会、国庆等多个重要保障期的安全播出，圆满完成本年度安全播出任务。

2018 年，北京移动电视频道新办《博览天下》栏目。图为该栏目播出截图

2018 年 7 月 12 日至 15 日，第九届中国玩博会北京站（简称“北京玩博会”）在全国农业展览馆举行。图为 7 月 13 日，北京移动电视《与你同行》栏目直播玩博会

2018 年 9 月 19 日，北京移动电视《美丽乡村》工作人员采访拍摄北京市房山区周口店镇坡峰岭民宿管家

2018 年 8 月 16 日，北京移动电视工作人员赴北京市平谷区大庙峪村采访村民

歌华有线
BGCTV

2018年，北京歌华有线电视网络股份有限公司实现营业收入27.25亿元，同期增加2707万元；实现净利润6.94亿元。截至2018年年底，公司资产总额为159.33亿万元，净资产130.46亿元。拥有有线电视注册用户594.5万户，其中高清交互数字电视用户526.5万户；家庭宽带在线用户62.3万户。公司传输数字电视频道185套，其中高清数字电视频道45套、超高清数字电视频道1套；提供回看频道120套，其中高清数字电视频道38套；在线视频点播类节目数量接近15万小时。

↑2018年4月12日，北京市委常委、宣传部部长杜飞进到北京歌华有线电视网络股份有限公司调研

↑2018年2月1日，北京歌华有线电视网络股份有限公司召开2018年工作会议

↑2018年3月27日，国家广播电视总局科技司司长许家奇、副司长杨杰一行到北京歌华有线电视网络股份有限公司调研

↑2018年3月2日，北京歌华有线电视网络股份有限公司与人民网、腾讯公司在人民日报社签署战略合作协议

网络传输

↑2018 年 8 月 15 日至 17 日，由北京歌华有线电视网络股份有限公司发起并承办的“首届全国有线电视网络客户服务高峰论坛”在京举行

↑2018 年 6 月 11 日，北京歌华有线电视网络股份有限公司到北京城市副中心行政办公区工程建设指挥部办公室和市委搬迁办进行交流

↑2018 年 5 月 18 日，北京歌华有线电视网络股份有限公司到人民网考察交流

↑2018 年 5 月 24 日，石景山区区委常委、组织部部长晋秋红一行到北京歌华有线电视网络股份有限公司调研

↑2018 年 5 月 31 日，北京青年报社党委书记、社长汲传排一行到北京歌华有线电视网络股份有限公司调研

↑2018 年 6 月 29 日，西城区区委常委、宣传部部长陈宁一行到北京歌华有线电视网络股份有限公司调研

2018年5月20日，北京歌华有线电视网络股份有限公司联合中国传媒大学、东方嘉影公司在广外南里社区文化站举行“光明影院”项目启动仪式

2018年7月27日，北京歌华有线电视网络股份有限公司深入门头沟区清水镇下清水村开展定向扶贫调研

2018年9月，北京歌华有线电视网络股份有限公司圆满完成中非合作论坛北京峰会有线电视服务保障工作

2018年9月28日，北京歌华有线电视网络股份有限公司组织召开与百度、爱奇艺战略合作签约暨“歌华小果”新品发布会

2018年10月31日至11月2日，北京歌华有线电视网络股份有限公司举办第一届北京有线广播电视机线员技能大赛

网 络 传 输

2018年12月5日，“4K视界”专区在北京歌华有线电视网络股份有限公司DVB-IP平台的点播栏目中上线

2018年7月，怀柔区“三务公开”电视云服务平台正式上线

2018年7月，昌平区“文化共享”电视云服务平台上线

2018年12月13日，北京歌华有线电视网络股份有限公司与市委组织部合作搭建的“北京组工”学习平台上线

北京歌华有线电视网络股份有限公司被评为：

2018年网络安全管理

优秀团队

公安部网络安全保卫局
二〇一八年十二月

2018年12月，北京歌华有线电视网络股份有限公司被公安部评为“2018年网络安全管理优秀团队”

2018 年 1 月 23 日，中华世纪坛举办“中华家风展”

2018 年 9 月 4 日，北京歌华大型文化活动中心有限公司承办的中非合作论坛北京峰会配偶活动在京举办

2018 年 4 月 6 日，观众在中华世纪坛参观“独具匠心：工艺美术四十年回顾展”

2018 年 6 月 12 日，北京歌华文化发展集团在墨西哥城承办国际友好文化博览会

2018 年 5 月 25 日，北京国际设计周有限公司参加意大利威尼斯双年展

←2018 年 2 月 3 日，“信仰考古——明清非遗文物展”在中华世纪坛艺术馆开幕

↑2018 年 3 月 17 日，在中华世纪坛举办的中国艺术新视界特展上，艺术家现场作画

↑2018 年 10 月 20 日，北京国际摄影周开幕

↑2018 年 11 月 13 日，歌华设计公司承担了在国家博物馆举办的“改革开放四十周年成就展”部分展区的设计制作任务

↑2018 年 12 月 20 日，“中俄摄影师丝路国家作品联展”在北京歌华大厦开幕

↑2018 年 3 月 7 日，市委常委、宣传部部长杜飞进到朝阳区广播电视新闻中心就融媒体建设相关工作进行调研

↑2018 年 6 月 19 日，朝阳区融媒体中心成立大会在朝阳区广播电视新闻中心举行

↑2018 年 12 月，朝阳区融媒体中心记者街头采访

↑2018 年 12 月，朝阳区融媒体中心员工进行演播室调试

↑2018 年，朝阳区融媒体中心电视栏目《安全视界》录制现场

↑2018 年，朝阳区融媒体中心电视栏目《朝阳新闻》录制现场

区 级 广 电

↑2018 年 7 月 21 日，海淀区新闻中心加挂“融媒体中心”揭牌仪式举行

↑2018 年 12 月，海淀区融媒体中心记者采访联想集团董事长杨元庆

↑2018 年 12 月，海淀区融媒体中心记者采访区两会代表

←2018 年 12 月 26 日，海淀区融媒体中心主持人播报《海淀新闻》

↑2018 年 4 月，海淀区融媒体中心记者在张思德纪念馆采访

↑2018 年 7 月，海淀区融媒体中心记者采访海淀交通支队黄庄大队榜样人物

↑2018 年 7 月 5 日，丰台区融媒体中心揭牌启动仪式举行

↑2018 年 10 月 1 日至 7 日，丰台区融媒体中心以直播和短视频等新媒体形式，完成“2018 中国戏曲文化周”活动宣传工作

↑2018 年 10 月 17 日，丰台区融媒体中心携手北京日报客户端直播“党建引领同心圆 九九重阳送欢乐——新村街道相声专场”演出

↑2018 年 11 月 23 日，丰台区融媒体中心融媒体调度平台正式运行

←2018 年 10 月 18 日，丰台区融媒体中心在方庄体育公园直播丰台区全民运动会“一起跳”决赛

区级广电

2018 年 3 月 15 日，市委常委、宣传部部长杜飞进到石景山区广播电视中心调研

2018 年 5 月 3 日，石景山区广播电视中心录制“致敬红十字”晚会

2018 年 5 月 18 日，石景山区广播电视中心报道“区互联网协会”成立大会

2018 年 6 月 6 日，石景山区融媒体中心举行挂牌仪式

2018 年 7 月 4 日，巴勒斯坦国家电视台同人到石景山区融媒体中心进行业务交流访问

2018 年 8 月 18 日，石景山区融媒体中心与区互联网协会联合开展北京市第十届民族体育运动会报道，实现主流媒体和社会媒体共同发声

↑2018 年 3 月 26 日，门头沟区广播电视新闻中心《门头沟视点》节目正在播出

↑2018 年 1 月 12 日，门头沟区广播电视新闻中心记者报道团队在区人代会会议现场进行报道

↑2018 年 7 月 18 日，门头沟区融媒体中心组织机关党员参观门头沟区廉政警示教育基地

↑2018 年 6 月 30 日，门头沟区融媒体中心揭牌

↑2018 年 12 月 6 日，门头沟电视台记者在中门寺南坡社区就“蔬菜直通车进社区”采访小区居民

↑2018 年 9 月 10 日，房山电视台《房山新闻》栏目推出《新时代 新气象 新作为》专题系列报道

↑2018 年 5 月 1 日，房山电视台推出全新改版《天气预报》栏目

↑2018 年 11 月 7 日，房山区召开庆祝第十九个记者节大会

↑2018 年 7 月 12 日，房山区融媒体中心揭牌成立

↑2018 年 12 月 6 日，房山区融媒体中心全媒体演播厅正式投入使用

↑2018 年 8 月 11 日，房山区融媒体中心对大安山地质崩塌事件迅速反应、及时报道

↑2018 年 5 月 3 日，大兴区广播电视中心举办“大兴区第一届小记者颁奖典礼”

↑2018 年 6 月 12 日，北京大兴融媒体中心正式挂牌

↑2018 年 12 月 10 日，“大兴新闻”公众号更名为“大兴融媒”

↑2018 年 12 月 12 日，大兴融媒体中心策划播出《言之有礼》电视专题节目

2018 年 5 月 17 日，大兴融媒体中心首次尝试直播安定桑葚节开幕式→

←2018 年 9 月，大兴融媒体中心制作的北京大兴国际机场短视频，在抖音点击率 220 余万次，获赞近 1.3 万个

↑2018年3月7日，市委常委、宣传部部长杜飞进（左一）到通州区广播电视中心调研

↑2018年5月1日，通州区广播电视中心直播“寻找最美农民工”暨首都劳动奖颁奖晚会

↑2018年7月13日，通州区广播电视中心与大运通州网签约

↑2018年7月18日，通州区融媒体中心举行揭牌仪式

↑2018年8月29日，通州区融媒体中心召开中非合作论坛安全保障工作部署会

↑2018年10月16日，通州区融媒体中心报道“运河潮起四十年”北京电视台庆祝改革开放四十周年系列活动

↑ 2018 年 5 月，顺义区广播电视中心《情暖顺义》景泰蓝非遗专题片拍摄现场

↑ 2018 年 7 月，顺义区融媒体中心第一期《法治顺义》录制现场

↑ 2018 年 7 月 17 日，顺义区遇强降雨，融媒体中心记者在双丰街道对有关部门进行降雨应对措施采访

↑ 2018 年 6 月 23 日， 顺义区融媒体中心挂牌成立

↑ 2018 年 11 月，《顺义纪念改革开放 40 年》特别报道外景拍摄

↑ 2018 年 9 月 4 日，顺义区融媒体中心技术部人员到怀柔测场强

↑2018 年 1 月 5 日，平谷区广播电视中心《平谷新闻》记者采访区两会代表

↑2018 年 2 月 9 日，平谷区广播电视中心主持人主持区团拜会

↑2018 年 3 月 17 日，市委常委、宣传部部长杜飞进（右二）到平谷区调研融媒体情况

↑2018 年 10 月 15 日，平谷区首届电视楹联书法大赛在广电演播大厅进行，区融媒体中心进行录制播出

←2018 年 11 月 30 日，在区纪委举办的全区“学党纪法规 做勤廉公仆”主题演讲比赛中，平谷区融媒体中心员工荣获第一名

↑2018年3月12日，市委常委、宣传部部长杜飞进（左二）到怀柔区广播电视中心调研

↑2018年6月28日，怀柔区融媒体中心揭牌

↑2018年7月，怀柔区融媒体中心记者报道汛期镇政府组织山区百姓安全转移

↑2018年10月23日，怀柔区融媒体中心与央视新闻网、新华网、北京电视台、北京人民广播电台等多家媒体网络直播“万类霜天竞自由——飞越长城之旅”

↑2018年10月26日，怀柔区融媒体中心召开业务培训会

↑2018年，怀柔人民广播电台（FM101.3）播音员录制节目

区级广电

↑2018 年 8 月 25 日，昌平区传媒中心记者采访“回天有我”社会服务

↑2018 年 9 月 7 日，昌平区传媒中心记者报道改革开放四十年粮食仓库的发展变化

↑2018 年 9 月 29 日，昌平区传媒中心记者报道“魔术大会”开幕式

↑2018 年 11 月 18 日，昌平区传媒中心记者报道首届“舌尖昌平全民美食季”

↑昌平区传媒中心员工对安全播出进行监控

←2018 年 9 月 1 日，昌平区传媒中心获得融媒体质量管理体系认证

↑2018 年 3 月 12 日，市委常委、宣传部部长杜飞进（右四）到北京市密云区广播电视中心检查指导

↑2018 年 6 月 15 日，FM94.1 密云人民广播电台《音乐随身听》栏目举办五周年生日会进校园活动

↑2018 年 7 月 2 日，北京市密云区融媒体中心举行揭牌仪式

↑2018 年 7 月 22 日，密云区融媒体中心记者在密云区水库中学拍摄受灾群众转移情况

←2018 年 7 月 17 日，密云区融媒体中心记者在冯家峪镇拍摄受灾情况

↑2018 年 8 月 10 日，密云区融媒体中心“纪念改革开放 40 周年暨密云水库开工建设 60 周年微视频大赛启动式”

↑2018 年 6 月 16 日，北京市委副秘书长、宣传部副部长余俊生（前排右一）和北京市延庆区区委书记李志军（前排左一）为北京市延庆区融媒体中心揭牌

↑2018 年 6 月 11 日，光明网与延庆区广电中心签订新媒体战略合作协议

↑2018 年 1 月 8 日至 11 日，延庆区融媒体中心记者报道 2018 年区两会

↑2018 年 12 月 22 日至 23 日，延庆区融媒体中心记者在石京龙滑雪场报道北京市第一届冬季运动会竞技组滑雪比赛

↑2018 年 6 月 18 日，延庆区融媒体中心记者报道“第十届北京端午文化节”

↑华谊兄弟电影有限公司、工夫影业（宁波）有限公司、华谊兄弟电影国际有限公司（中国香港）、上海淘票票影视文化有限公司、万达影视传媒有限公司、优酷电影有限公司联合出品的电影《狄仁杰之四大天王》剧照

↑华谊兄弟电影、工夫影业（宁波）、华谊兄弟电影国际、上海淘票票影视文化、万达影视传媒、优酷电影联合出品的电影《狄仁杰之四大天王》

↑北京标准映像文化传播、上海阿里巴巴影业、麦特影视文化传媒（天津）、和和（上海）影业、北京光线影业、北京云图影视文化传媒、上海不那么空文化传播联合出品电影《狗十三》

↑华谊兄弟电影、上海电影（集团）、万达影视传媒、坏兔子（上海）影业、海宁壹线影视等联合出品电影《找到你》

←北京光线影业、霍尔果斯五光十色影业、北京光线传媒股份、山南光线影业、霍尔果斯青春光线影业、霍尔果斯乐开花影业、霍尔果斯领誉影视传媒、无锡宝唐影业联合出品电影《悲伤逆流成河》

万达影视传媒、上海骋亚影视文化传媒、中国电影股份有限公司、万达影业（香港）、霍尔果斯乐开花影业、优酷电影、小米影业、霍尔果斯青春光线影业等联合出品电影《唐人街探案2》→

←上海儒意影视制作、上海火龙果影视制作、霍尔果斯青春光线影业、上海腾讯影业文化传播、霍尔果斯吉翔影坊影视传媒等联合出品电影《动物世界》

↑北京真乐道文化传播、霍尔果斯青春光线影业、北京精舞门文化发展、北京光线影业联合出品《超时空同居》

↑拉近影业、年青时候、光线影业、乐麒影视联合出品电影《二十岁》

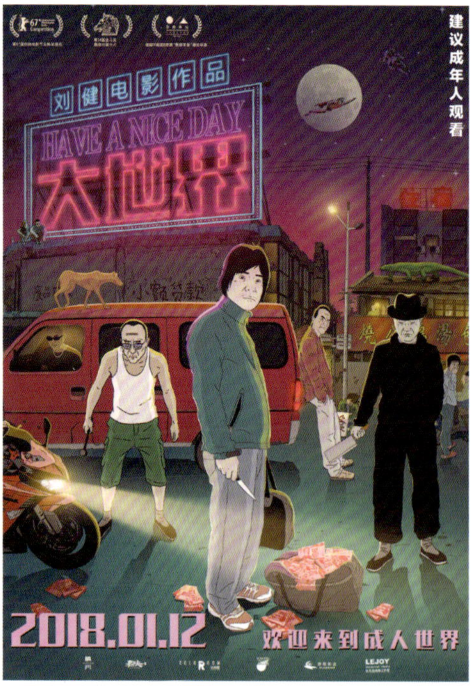

↑映川文化传媒（杭州）、北京嘉美春天影业、霍尔果斯彩条屋影业、北京哪吒兄弟影业、南京乐无边动画设计工作室联合出品电影《大世界》

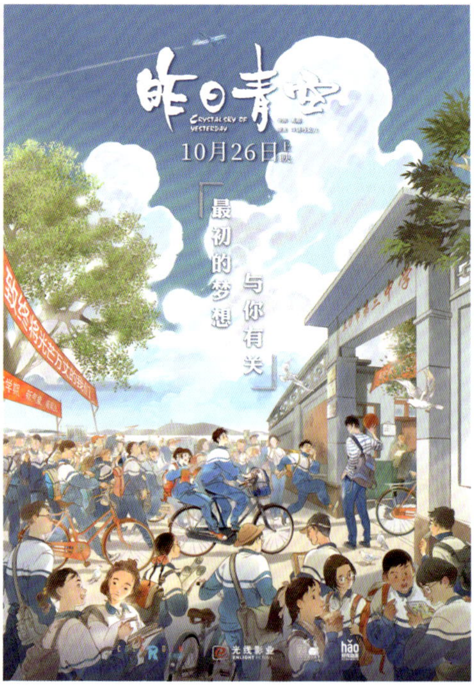

↑北京光线影业、霍尔果斯彩条屋影业、山南光线影业、北京光线传媒、杭州路行动画设计、天津市好传文化传播联合出品电影《昨日青空》

↑天马影联影视文化（北京）、北京光线影业、霍尔果斯青春光线影业、东方影业、上海天马联合影视文化、上海鸣肇影视文化、山南光线影业联合出品电影《叶问外传：张天志》

←上海瀚纳影视文化传媒、北京光线影业、霍尔果斯春天融和传媒、霍尔果斯乐开花影业等联合出品电影《一出好戏》

↑梦想者电影（北京）、华谊兄弟电影、华谊兄弟（北京）电影发行等联合出品电影《云南虫谷》

↑北京文化、重庆水木诚德耀莱影视、耀莱影视、酷仔文化联合出品电影《英雄本色 2018》

↑华强方特（深圳）动漫、北京光线影业、霍尔果斯彩条屋影业等联合出品《熊出没·变形记》

海润影视制作有限公司、铭族（鄂尔多斯市）传媒有限公司、完美世界股份有限公司、北京电视艺术中心有限公司联合出品 40 集电视剧《新一年又一年》剧照

2018 年 10 月 16 日，大前门（北京）文化艺术有限公司出品 48 集电视剧《正阳门下小女人》在北京卫视、江苏卫视首播

2018 年 5 月 8 日，北京东方全景文化传媒有限公司制作 40 集电视剧《大牧歌》在中央电视台电视剧频道播出。这部剧获得北京影视出版创作基金扶持

完美蓬瑞、完美影视、儒意影视、霍尔果斯吉翔影坊等联合出品 50 集电视剧《归去来》

↑北京鑫宝源影视投资有限公司、北京完美影视传媒有限责任公司、北京电视台、上海文化广播影视集团有限公司联合出品 38 集电视剧《青春斗》

↑北京东王文化发展有限公司等出品 12 集电视剧《女王进行时》

↑北京北广传媒影视股份有限公司、浙江东阳震之影视文化有限公司联合出品 40 集电视剧《鼓楼外》

↑北京爱奇艺科技有限公司、赫氏宝传媒有限公司、百悦星光（北京）文化传媒有限公司、大唐辉煌传媒有限公司联合出品 36 集电视剧《飞行少年》

↑北京完美建信影视、承德广播电视台、内蒙古天宝吉祥天文化传媒、承德完美建信影视、完美世界影视联合出品《最美的青春》

← 2018年2月5日，中央电视台、八一电影制片厂、北京天岳盛丰影视传媒有限责任公司、北京敖华文化传媒有限公司等联合出品32集电视剧《初心》在中央电视台综合频道播出

↑ 北京爱奇艺科技有限公司、武警部队政治工作部宣传文化中心、京都世纪联合出品48集电视剧《反恐特战队之天狼》

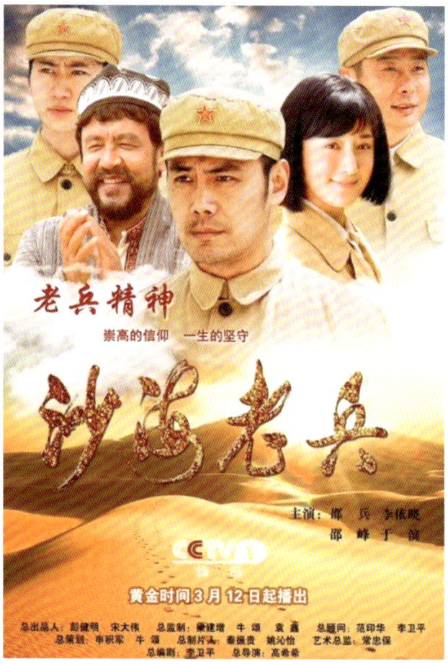

↑ 中央电视台、联合动力文化传播（北京）、星美影业有限公司、北京希世纪影视、六合辰方国际投资（北京）、中国华佗集团有限公司等联合出品26集电视剧《沙海老兵》

↑ 卡酷少儿原创出品26集电视定格偶动画《冰雪冬奥村》

北京华丽视听影视文化有限公司、海宁华丽视听影视有限公司、霍尔果斯捷成世纪文化传媒有限公司联合出品52集电视剧《你迟到的许多年》→

↑公安部金盾影视文化中心、优酷信息技术（北京）有限公司、北京鑫宝源影视投资有限公司、霍尔果斯新力量影视文化有限公司、北京和风清穆影视文化传播有限公司、北京完美影视传媒有限责任公司、北京金天地影视文化股份有限公司联合出品40集电视剧《走火》

↑2018年2月28日，由中国电视艺术委员会、海润影视制作有限公司等主办的电视剧《和平饭店》研讨会在北京举行。图为专家和主创合影

↑2018年8月3日，北京市新闻出版广电局党组书记、局长杨烁（后排右五）赴电视剧《芝麻胡同》房山拍摄现场探班，了解拍摄进度，副局长戴维陪同（后排左四）

←2018年7月27日，由北京电视艺术中心有限公司、浙江晟喜华视文化传媒有限公司、剧好影视制作（东阳）有限公司、欢瑞世纪（东阳）影视传媒有限公司、名赫文化科技有限公司联合出品的电视剧《不说再见》在北京开机

↑2018 年 10 月 29 日，北京市新闻出版广电局机关党委（纪委）组织全局干部到北京市全面从严治党警示教育基地参观学习

↑2018 年 7 月 27 日，北京市新闻出版广电局开展“凝聚力量展现家国情怀，守望初心不改忠诚本色”关心关爱退役军人活动，庆祝建军 91 周年

↑2018 年 6 月 22 日，北京市新闻出版广电局电影管理处、宣传管理处、财务处、机关党委四个党支部共赴门头沟平西情报交通联络站纪念馆，开展主题党日活动

↑2018 年 8 月 21 日，北京市新闻出版广电局信息中心党支部学习郑德荣等七人的先进事迹

↑2018 年 8 月 10 日，北京市新闻出版广电局监测中心党支部到国博参观“复兴之路”主题展览

↑2018 年 9 月 3 日，北京市新闻出版广电局离退休中心、北京音像资料馆等支部党员参观抗日战争纪念馆

↑2018 年 10 月 29 日至 11 月 9 日，北京广播电视台党委举办为期十天（两期）的党支部书记、组工干部培训班，全台党支部书记、组工干部 150 余人参加

↑2018 年 3 月 9 日，北京广播电视报社全体党员在党总支换届大会上举手表决

↑2018 年 3 月 26 日，北京电台总编辑王秋带队赴海淀区新闻中心调研，与海淀区委常委、宣传部部长张劲林，海淀区委宣传部副部长、新闻中心主任王言敏等进行座谈

←2018 年 11 月 29 日，北京电视艺术中心有限公司党支部预备党员入党宣誓仪式，这也是北艺改制以来发展的第一批党员

↑2018 年 6 月 22 日，北广传媒城市电视召开 2018 年第二季度党员大会

← 2018 年，歌华传媒集团组织处级干部及党支部书记培训

↑ 2018 年 5 月 14 日，歌华传媒集团组织全集团学习监察法

↑ 2018 年 5 月，歌华文化集团开展"一日一党员、一月一支部"主题党建活动

↑ 2018 年 11 月 21 日，北京北广传媒数字电视公司党支部参观国家博物馆改革开放 40 周年展览

↑ 2018 年 11 月 16 日、21 日，城市电视分两批次组织参观"伟大的变革——庆祝改革开放 40 周年大型展览"

队伍建设

↑2018年11月29日，丰台区融媒体中心组织党员参观国家博物馆庆祝改革开放40周年大型展览

↑2018年3月12日，石景山区广电中心召开领导班子和领导干部考核测评会

↑2018年3月21日，门头沟区广播电视新闻中心召开党风廉政建设工作会

↑2018年12月7日，密云区融媒体中心召开党员干部警示教育会议

↑2018年12月11日，怀柔区融媒体中心召开党风廉政教育党课暨主题党日活动

↑2018年11月14日，延庆区融媒体中心组织“做文明媒体人　为赛会添光彩”礼仪知识培训

2018 年 9 月 22 日，北京市新闻出版广电局参加北京市直机关第五届运动会成果展示活动

↑2018 年 5 月 4 日，北京市新闻出版广电局举办“走进延庆高山转播站”第二届春季踏青健步活动

↑2018 年 8 月 31 日，北京市新闻出版广电局举办“北京阅读季·书香童年·神奇故事会”系列活动幼儿早期阅读实践培训

↑2018 年 10 月 10 日，北京市新闻出版广电局举办职工摄影比赛颁奖活动

↑2018 年 10 月 12 日，北京市新闻出版广电局举办职工之家体验活动

文体活动

2018年1月29日至31日，北京电台工会开展为期三天的“迎新春　送祝福　写春联”活动，台内部分书法爱好者为职工书写春联、福字

2018年5月18日，数字电视公司参加中国电视购物联盟“幸福杯”足球赛

2018年6月30日，北京电视台开展职工乒乓球比赛

2018年9月，北京电台工会在职工活动中心和健身房因地制宜建起了职工暖心驿站

2018年10月27日，北京电视台开展职工羽毛球赛活动

2018年10月15日，北京电视台老干部办公室组织老同志前往大兴区南海子麋鹿苑博物馆和李可染画院参观游览，开展“走进自然生态　感悟艺术人生”庆祝重阳节活动

←2018 年 9 月 20 日，海淀区新闻中心组织职工在奥林匹克森林公园开展健步走活动

↑2018 年 3 月 8 日，朝阳区广播电视新闻中心开展“三八节”健步走活动

↑2018 年 9 月 26 日，丰台区融媒体中心参加丰台区运动会

文体活动

↑2018 年 6 月 29 日，石景山区广电中心组织全体党员干部职工举行献爱心捐款活动

↑2018 年 7 月 13 日，怀柔区广电中心组织全体职工开展“携手慈善　共建和谐”爱心捐款活动

↑2018 年 12 月 6 日，门头沟区融媒体中心志愿服务队参与创建全国文明城区清洁活动

↑2018 年 8 月 31 日，昌平区传媒中心组织职工开展“清洁日”志愿清扫活动

↑ 2018 年 10 月 25 日，密云区融媒体中心工会组织职工开展香山秋游活动

↑ 2018 年 9 月 13 日，在平谷区工间操舞大赛中，平谷广电中心荣获一等奖

↑ 2018 年 9 月 12 日，顺义区融媒体中心开展职工急救培训

↑ 2018 年 10 月 12 日，延庆区融媒体中心组织开展职工秋季趣味运动会

目 录

专项纪事

概 况

大事记

频率频道

节目栏目

产业发展

新媒体

技 术

电视剧

书报刊出版

受众调查

组织机构

获奖作品

典型经验

交流合作

统 计

索 引

专项纪事

第八届北京国际电影节举办

2018 年 4 月 15 日至 22 日，第八届北京国际电影节在北京举办。本届电影节是由中共中央宣传部（国家电影局）指导，北京市人民政府、中央广播电视总台主办，北京市新闻出版广电局、北京市怀柔区人民政府、北京电视台、北京北控置业有限责任公司承办。本届电影节以“砥砺·使命”为主题，继续秉承“共享资源，共赢未来”的宗旨，倡导“天人合一，美美与共”的核心理念，坚持“大师、大众、大市场”的风格特色，充分整合资源、创新形式、激发活力，实现“规格升级”“内容升级”“规模升级“品质升级”“宣传升级”，在活动规模质量、中外合作交流、大众参与度、国际影响力等方面均取得新的突破和跨越。

一、组织活动多。本届电影节在短短的 8 天时间里，共举办 7 大主题活动和 300 余项专题活动，涉及颁奖推优、影片展映、主题论坛、沙龙讲座、市场交易、群众联欢等各类活动，李雪健、胡军、林志玲、赵雅芝、伊莎贝尔·于佩尔等中外知名影人悉数出席，精品汇聚、众星云集，树立了电影产业发展的风向标。

二、参与范围广。本届电影节是一个世界文化交流的大舞台。共有 50 多个国家和地区的 300 家中外电影机构参与，嘉宾人数达到 1.5 万名；来自六大洲 71 个国家和地区的 659 部影片参评“天坛奖”，比 2017 年增加 235 部；220 家国内外影视公司和机构参展电影市场，多个指标创历史新高。

三、观众热情高。本届电影节是一次广大人民群众的大联欢。全国及世界各地的影迷专程来京参与电影节活动，网友反映展映电影抢票的火热程度堪比“春运”抢火车票，《蝙蝠侠》《百年诞辰伯格曼》《侏罗纪公园 25 周年》《X 战警》4 个系列共 400 套套票，在 14 秒内全部售罄，开票 12 分钟突破 900 万票房，展映 1200 余场次，累计观影人数达 23 万，上座率超 71%；电影嘉年华游园人数超 5 万。

四、交流成果多。本届电影节是一个电影行业合作的大平台。历时 4 个月的项目创投平台累计收到 722 个项目，共有 79 家企业的 38 个重点项目达成签约合作，总金额 260.825 亿元，同比增长达 49%。北京国际电影节 8 年累计市场签约额突破千亿元。

五、宣传声势大。本届电影节的宣传是一次各类媒体资源的大融合。来自 587 家中外媒体的 1560 名注册记者参与报道。中央广播电视总台以“天天有重点、篇篇有亮色，融合报道、矩阵传播”的要求，精心组织宣传报道，共推出含新媒体在内的相关报道 2000 余条，其中央视就达 800 余条，电视端触达约 4 亿人次，《新闻联播》4 次进行报道，《焦点访谈》安排制作一期专题节目。北京电视台每天播出时长累计 200 分钟，爱奇艺网同步直播开、闭幕式，约 100 家自媒体发稿 3000 多篇，在海内外引发热烈反响。

（北京电视台北京国际电影节运行中心、北京国际电影节有限公司）

第二届北京纪实影像周举办

2018 年 8 月 3 日至 9 日，第二届北京纪实影像周在中华世纪坛举办。本届北京纪实影像周由国家广播电视总局宣传司指导，北京市新闻出版广电局主办，中国广播电影电视社会组织联合会纪录片工作委员会、中央新影集团、中国纪录片网、北京广播电视台、首都纪录片发展协会联合协办，北京广播电视台纪实频道节目中心、北京广播电视台文艺节目中心、良友（北京）文化传媒有限公司共同承办。本届北京纪实影像周围绕“一个主题，两项成果，三项任务，四场论坛，五个亮点”的总体布局逐一展开，举办“纪实盛典”“纪实影像”“纪实论坛”“纪实展览”“纪实交易”“纪实人才”六大主体活动，并首次承办总局“记录新时代——第六届国产纪录片及创作人才推优活动”。来自全国 20 多个省、市、自治区新闻出版广电机构的负责人及 60 余家纪录片制作机构的人员出席本次纪实影像周活动，参观总人数超过 2 万人次，并实现纪录片签约交易额近 2 亿元，较 2017 年第一届各项指标均翻一番。

一、首次以纪实影像致敬改革开放 40 周年。本次纪实影像周活动贯穿纪念改革开放 40 周年主题。在中华世纪坛主展区设置的“纪念改革开放 40 周年纪实影像大事记”特展中，组委会从横跨 40 年的上千部优秀国产纪录片中遴选出 40 部进行集中展映。开幕影片选取的《我的时代和我——许渊冲篇》也是纪念改革开放 40 年的献礼影片，讲述中国著名翻译家许渊冲先生的故事，展示他及他所经历的时代发生的巨大变化。展映当天，98 岁高龄的许渊冲先生亲临现场，观看影片后表达了对祖国发展的感慨和对后辈的希望。主论坛以“真实的力量——纪实影像的瞬间永恒”为主题，着重讲述“纪念改革开放四十年——从 1978 年开始”的话题，8 位纪录片从业嘉宾以自己的亲身经历和感受，回顾了改革开放以来中国纪录片事业的变迁与发展。

二、首次发布《北京冬奥影像纪录指南》，促进全民投入冬奥影像纪实事业。在 8 月 3 日开幕式上，北京市委宣传部副部长、北京冬奥组委新闻宣传部部长常宇，代表北京冬奥组委新闻宣传部和北京市新闻出版广电局共同发布《北京冬奥影像纪录指南》，号召全国纪实影像机构和个人爱好者，共同记录北京冬奥会和冬残奥会进程。同时，本届影像周“纪实展览”板块专门打造“2022 相约北京”专题展区，通过影像、互动等方式进一步普及冬奥冰雪项目知识，扩大全民参与程度。

三、首次发布“同心同梦——纪实影像帮扶计划”，以优秀纪实作品助力文化扶贫。本届北京纪实影像周将精准扶贫作为活动的创新与亮点之一，在开幕式上发布了“同心同梦——纪实影像帮扶计划”，并向北京市扶贫协作和支援合作领导小组办公室捐赠覆盖 31 个频道、价值 1 亿元人民币的公益广告播放时间以及 8 部优秀国产纪录片。同时，纪实展览展区设置精准扶贫纪实影像展位，播放扶贫主题纪录片，展示近年来北京市扶贫成绩和“同梦计划”的 6 年优秀成果。

四、首次举办“记录新时代——第六届国产纪录片及创作人才推优活动”。与本次影像周活动同期举办，由北京市新闻出版广电局首次承办的广电总局“记录新时代——第六届国产纪录片及创作人才推优活动”表彰2017年以来在国产纪录片繁荣发展中成绩突出的作品、人员和机构。北京市新闻出版广电局选送的作品和机构共获得九大类15个奖项，局宣传管理处第三次获得优秀组织机构奖。

五、多渠道展示纪实影像的艺术魅力。新华社、人民日报、中央广播电视总台、中华人民共和国中央人民政府官方网站、人民网、光明网、北京电视台、北京日报、千龙网、爱奇艺等78家国内主流媒体对本届北京纪实影像周进行全方位报道。《广电时评》《国家广电智库》《广电独家》等新媒体平台均在显著位置，甚至头条位置对活动进行报道。媒体种类覆盖报纸、广播电视、门户网站、微博、微信、论坛和客户端等。根据北京新闻出版广电局“收听收看大数据平台”舆情监测数据显示：截至8月9日15时，由“第二届北京纪实影像周”所带动的有关“纪录片”“改革开放40周年”“许渊冲”等词条活跃度高，涉及报道共有628条，相关话题总阅读数近10万，光明网直播观看人数达163万，且没有发现负面舆情出现，实现传播力广、引导力强、影响力大的媒体宣传既定目标。

（北京市广播电视局宣传管理处）

2018北京电视节目交易会（春秋季）举办

2018年3月25日—28日、10月10日—12日，2018春季和秋季北京电视节目交易会分别举办。两届交易会由北京市委宣传部、北京市新闻出版广电局、北京市怀柔区人民政府联合主办。两届交易会参会人员共8000余人，参展节目2400余部116700集。其中，春季交易会推介电视剧867部，网络剧95部，电影、网络大电影27部，纪录片、电视栏目69部，动画片33部，网络文学作品130部。

一、春季交易会主要活动

（一）开幕式和电视剧京榜发布

交易会秉承“重展示更重落地、重联谊更重交易”的原则，助力精品佳作。在本届交易会推介的众多电视剧节目中，多部具有时代气息的重量级头部作品首度亮相。这些作品覆盖改革开放、国剧走出去、文化帮扶等多个题材领域。开幕式上，影视精英共聚一堂，集体致敬改革开放四十周年。“电视剧京榜”盘点2017年在北京电视台播出的优秀剧目，对优秀作品和优秀制作公司给予表彰。会上协议成立“首都影视发展智库”，取长补短，签署文化帮扶合作协议，共话发展。

（二）举办产业、编剧、网剧三场论坛

产业论坛以“走进新时代”为主题，探讨中国电视剧发展。编剧论坛主题聚焦“电视剧创作的时代生命力”，来自创作一线的近百名编剧、制作方、播出平台等业内人士齐聚一堂，共同探讨在新时代如何坚定文化自信、肩负使命，使电视剧这一艺术形式能够历久弥新，焕发出强大的生命力；网剧论坛以“我们离高峰还有多远”探讨“中国新网剧时代”。旨在探讨改革开放40周年、中国电视剧诞生60周年大环境下，网剧创作如何在新时代中国特色社会主义思想指导和引领下，持续为更多用户提供喜闻乐见、符合社会主义核心价值观的精品网剧。

二、秋季交易会主要活动

本届交易会以“不忘初心，推动电视文艺高质量发展”为主题，会上举办节目交易、新剧发布会、发展论坛、创作论坛、大数据论坛、专项推介会等多项活动。发展论坛、创作论坛、大数据论坛三场高峰论坛，聚焦电视剧创作生产，探析行业发展，为电视剧高质量发展献计献策、分享智慧。

（一）电视剧展示和新剧发布会

共设置两个主题展区，分别推介展示广电总局公布的庆祝改革开放40周年重点剧目和“庆祝改革开放40周年”40部经典电视剧，全面回顾40年来我国电视剧行业的发展历程。采用“视频+海报”的形式进行展播，在展区设立电视墙，动态放映剧目及片花。

在10月10日下午举办的“庆祝改革开放40周年新剧发布会”上，推出10部展现改革成果的电视剧：《启航》《一号文件》《那座城这家人》《面向大海》《正阳门下小女人》《你迟到的许多年》《大浦东》《我们的四十年》《都是一家人》《大江大河》。此外，此次新剧发布会上还设立秋交会特别推荐环节，介绍北京市重点推出的三部新戏，它们是：关注缉毒民警、致敬人民英雄的《破冰行动》，讲述“海归”创业追逐中国梦的《海龟撞上岸》和以二战为背景的反法西斯史诗剧《长河落日》。

（二）举办中国电视剧发展北京论坛

10月11日，2018北京电视剧交易会（秋季）的首场主题论坛——中国电视剧发展北京论坛在北京会议中心举办。本次论坛由北京市新闻出版广电局主办，首都影视发展智库、首都广播电视节目制作业协会、CC-Smart新传智库联合承办。论坛以“继往开来再铸辉煌”中国电视剧高质量发展之路为主题，广播电视视听行业专家和电视剧创作者们共同致敬改革开放40年，总结伴随改革开放40年成长的中国电视剧发展成就，探索电视剧在新的历史起点上的扬帆起航之路。北京市委宣传部常务副部长赵卫东，北京市新闻出版广电局副局长戴维，中国广播电影电视社会组织联合会副会长李京盛，首都影视发展智库召集人、中国文艺评论家协会副主席、清华大学教授尹鸿，国家广播电视总局发展研究中心信息所所长李岚，清华大学影视传播研究中心研究员司若，首都影视发展智库特聘研究员陈锐，南开大学传播学系主任陈鹏，CC-Smart新传智库总经理李学民，浙江卫视副总监麻宝洲，爱奇艺执行总编辑王兆楠，阿里巴巴文化娱乐集团大优酷事业群总编辑张丽娜等领导专家出席并进行交流。同时，论坛还发布了《中国电视剧发展风向标报告（2018）》。

此次论坛吸引众多参加北京电视节目交易会的参展商、电视频道和互联网视频平台采购人员、编剧、导演、制片人等专业人士和媒体记者参加。

（三）举办创作论坛和大数据论坛

影视独舌、首都广播电视节目制作业协会承办的“电视剧生产有序性的保障之道”创作论坛，就如何建立规范的生产流程、妥善应对拍摄中产生的各种问题、保障电视剧生产的有序进行等诸多行业热点问题展开讨论。

首都广播电视节目制作业协会与中国社科院新闻所世界传媒研究中心承办的“云端鸟瞰——智能大数据时代影视行业发展与前瞻”大数据论坛，从大数据与顶层设计、创新制作、广告营销、宣传推广等在影视行业的应用和深度融合进行多角度的解析。

（北京市广播电视局电视剧管理处）

北京电台推出“庆祝改革开放40年”大型宣传报道

北京电台自2018年4月起，推出“庆祝改革开放40年”大型宣传报道，分别在新闻、交通、城市、体育、外语、故事、文艺、音乐八大频率及北京广播网、客户端听听FM、官方微信和微博中，开辟专栏超过40个，推出各类新闻报道、文艺作品、短音频导读、宣传片花等广播端、网络端节目11900余篇次、总时长超过53800分钟。全台以《壮阔东方潮 奋进新时代》为主栏目，形成统领之势，在各频率特色策划的配合下，打造“有合有分，一枝多叶；合而有力，分有特色；枝粗叶茂，高潮迭起”的报道和宣传格局。

一、创新宣传报道布局，同时各频率保持主题统一。北京电台以新闻广播《北京新闻》为播出平台，推出1个统领全台的主栏目——《壮阔东方潮 奋进新时代》，统一制作格式，内容覆盖不同专业频率所擅长的专业领域，分8个篇章展现，每个篇章配发开篇词及结篇评论，形式上有述有评，内容上层层递进。在主栏目的统领下，各专业频率立足自身优势，推出特色节目，统一采用“主栏目+特色标题”的栏题形式，在各自频率播出，实现“深化主题、各具特色”的效果。自2018年6月份开始，由总编室牵头，先后完成了10个制作精良的宣传片花，在9个专业频率各以每天4～6次的频率滚动播放，至12月播放超过6000次。

二、创新节目形态、拓展内容广度和深度。北京电台打破频率界限、栏目界限和时间界限，推出连线报道、录音消息、专题报道、人物访谈、深度政论、声音纪录片、故事联播、文学诵读、专题音乐会、诵读会等多种报道形式和宣传形式。特别是在12月18日庆祝改革开放40周年大会召开当天，新闻广播全程转播大会实况，并紧随大会之后，主动打通兄弟台之间的空间距离，联合“上海、广东、深圳”三地新闻广播制作推出“四座城市的四十年——北京、上海、广东、深圳四地新闻广播庆祝改革开放40周年大型直播”，通过“典型报道+记者连线+嘉宾访谈+专家述评”，全景扫描改革开放40周年的伟大历程，并紧跟改革开放40周年大会，关注习近平总书记的讲话，及时进行解读和展望，深化了直播主题和思想。

三、创新素材表现形式、原创融媒体集中发力。各频率善用报道内容的网络呈现力和传播力。交通广播大型报道《一路向前，中国加速度》聚焦高速铁路、新能源汽车、大飞机领域的建设成就报道。同时，每期采访都制作网络视频，广播记者变身出镜记者，通过微信公众号将生动的现场带到受众面前。网络媒体中心原创H5《一张图测出你的年代系数》上线后，北京时间、BTV官微、微博北京发布等都及时转发。该套产品鲜活地展示北京改革开放40年来市民生活、城市风貌、经济建设、交通出行等诸多方面的显著变化。北京电台官方App听听FM推出“壮阔四十年，书香送耳边”精品有声阅读主题活动，采用时下最火的“拆书”模式为每本书制作短音频导读产品，共制作音频作品数1684个，作品总时长599小时，并紧跟技术发展和场景应用的普及，将这套精品有声阅读产品延伸至“小度智能音箱”等智能硬件终端，拓展了主题宣传的传播范围。

四、创新传播方式、网络与广播双促进。本次大型宣传报道进行了新的尝试：一种是网络首发，向广播引流；另一种是广播先行，网络跟进深度呈现。城市广播的《三代人的求学梦》系列采用“网络首发”模式，专访了新东方教育科技集团董事长、创始人俞敏洪，历史、文化学者蒙曼、于丹，平昌冬奥北京八分钟科技团队带头人丁刚毅等10位在教育科技、文化卫生等领域的杰出代表，通过讲述个人成长蜕变展现国家40年的发展成就。节目于2018年7月至9月，首先联合北京时间、网易、凤凰网风直播、一直播等网站同步进行网络视频和图文直播；随后又联合城市广播和北京新闻广播推出专题录音报道，形成三个传播高峰。初步统计显示，此节目的视频访问量超过300万人次，广播节目播发当周收听率同比上周上涨3倍。

五、创新受众参与方式，让百姓成为主动传播者。北京电台充分利用各种落地活动，吸纳受众参与主题宣传。故事广播推出“庆祝改革开放40年——餐桌上的40年”主题征文活动，邀请广大市民百姓通过征文分享40年来餐桌上发生的难忘故事，从餐桌细节展现改革开放带来的生活改观。活动历时三个月，收到来自全国以及海外的文字、音频投稿作品6000余篇，经过评选胜出的优秀作品制作成音频节目在故事广播中播出。12月13日，主题征文活动的颁奖典礼暨朗诵会成功举行。在现场，北京市第一家个体工商户悦宾饭馆的第三代传人郭华、快递小哥、市民代表与故事广播获得“金话筒奖”的知名主持人，共同朗诵了征文的获奖作品。音乐广播立足自身的专业优势，联合北京市文联、北京音乐家协会、北京海淀区宣传部等多家单位，共同举办“改革开放40年为你歌唱”百姓歌手交响音乐会，相关资讯类节目配合展开新闻报道，充分实现了文艺宣传在主题宣传中润物无声的效果；文艺广播的《诵读小站》节目，依托电台自主研发的采集终端“诵读小站”，征集普通百姓朗读自己喜爱的文章在节目中播出，连续播出了《光的赞歌》《祖国一首唱不完的恋歌》等一系列歌颂祖国的朗诵诗篇，让百姓真正成为改革开放40年发展成就的主动讲述者和传播者。

（北京电台）

北京电视台卫视频道播出庆祝改革开放40周年系列节目

北京电视台卫视频道高度重视改革开放40周年的宣传工作，提前策划，统筹布局，推出一系列包括通俗理论电视片、大型系列纪录片、文化季播节目、电视剧等多种形式在内的电视节目，致敬改革开放，献礼伟大祖国。

一、主旋律报道节目重温光辉岁月

2018年12月11日，北京电视台卫视频道推出大型通俗理论电视节目《改革开放，关键一招》。节目分别从经济、政治、文化、社会、生态、党的建设等“六大建设”以及对外开放的角度，深入阐释改革开放40年特别是党的十八大以来全面深化改革的重大理论和实践成果。该节目一经播出，形成多方热议，播出7天中，收视率连续3天获得晚间同时段栏目全国第一；全网视频点击量突破4000万；“共青团中央”“紫光阁”“公安部打四黑除四害”“中国新闻网”“光明日报”“光明网”“央广网”等百余家中央级微博大号高频次发布节目短视频，展现强国之燃、时代之燃、演讲之燃。千余家微博大号合力发声，为观众送上一堂堂精彩不断的时代之课。

2017年12月至2018年3月，《我是演说家》第四季在北京电视台卫视频道播出，节目主题从“为时代发声”升级为“为新时代发声”，展现出高度的政治责任感和媒体使命感。“天宫二号”总设计师、胡麻岭隧道总工程师、辽宁舰士兵等参与到国家重大工程建设的关键人物担任演讲嘉宾，让观众全方位感受到祖国的迅猛发展和生活的日新月异，以文化自信点燃大国自豪。2018年3月至6月，《中国故事大会》第二季在北京电视台卫视频道播出，节目以改革开放40年作为切入点，邀请教育、影视、体育、社会等多个领域的代表性人物，通过讲述一个个平凡的小故事，弘扬中华传统美德，串联时代情怀。

二、大型系列纪录片记录时代变革

2018年11月12日，为纪念改革开放40周年暨中关村园区设立30周年，北京电视台卫视频道推出六集大型系列纪录片《中关村——变革的力量》。该片以“中关村人创新创业史”为主题，通过讲述中关村在改革创新重要节点上代表人物的鲜活故事，生动展现中关村在改革开放的时代大潮中，秉承“发展高科技，实现产业化”的目标，推动科技与经济的结合，充分发挥改革“试验田”作用，辐射引领全国创新发展的丰硕成果。

2018年12月20日，为深入贯彻落实习近平总书记视察北京系列重要讲话精神，优化首都营商环境，北京电视台卫视频道推出六集大型系列纪录片《京商传奇》，通过对北京市属国有企业发展历程的回顾，展现改革开放40年中北京商业环境的变迁。

三、献礼剧目致敬改革开放40年

北京电视台卫视频道品质剧场相继推出《大江大河》《正阳门下小女人》《那些年，我们正年轻》等献礼改革开放40周年的剧目。其中，《大江大河》的原著曾荣获中宣部“五个一工程奖”，该剧为观众奉献了一出有血有肉的时代风云大戏。《正阳门下小女人》从女性视角出发，讲述改革开放后主人公几经波折追求美好生活的故事。《那些年，我们正年轻》讲述一群怀有崇高理想的大学生，为实现自我价值，响应党中央的号召，义无反顾地从大城市来到西南偏远地区，投身国防建设，为新中国的航天梦奉献一生的故事。《合伙人》以三个大学生白手起家的创业路为主线，讲述三人在互联网大潮中，通过一步步打拼成为网络行业领军人物的故事，是新一代互联网创业者的缩影。《归去来》通过关注当代青年的奋斗与成长，深入地探讨当今社会的诚信公平正义。《美好生活》用大时代中“小人物”的悲欢离合与人生起落，展示出社会主流人群的生活状态。《好久不见》记录年轻人在面对机遇和诱惑时的不同选择，而这些年轻人的经历也侧面记录了中国经济腾飞的十年和一代人在逐梦过程中的奋斗与成长。《真爱的谎言之破冰者》以缉毒作为故事线索，在融入当下年轻人的情感与成长的基础上，展现公安干警无私奉献的精神。此外，北京卫视还推出《脱身》《风筝》《面具》《决胜》等主旋律电视剧。这些作品既有大历史的沧桑，又有小人物的生活，在传递主流价值观的同时，也更加贴近观众，与观众产生共鸣。

（北京电视台）

北京电台推出大型融媒体报道《大道之行》

党的十九大召开以来，北京电台与爱奇艺、北京时间联合制作，推出学习宣传贯彻十九大精神大型融媒体报道《大道之行》。该报道创新采用音视频共做、广播和新媒体多路分发的制播手法，以十九大代表回到基层开展工作的实际行动为线索，报道全市各行各业锐意进取、埋头苦干、贯彻落实十九大精神的火热场景。首期节目于2017年12月11日推出，至2018年1月5日最后一期视频节目上线，共推出音频节目8期、视频节目8期、短视频32期，由北京电台新闻广播、交通广播联合推广，北京广播网视频首发，爱奇艺、北京时间同步推送。《大道之行》播出时段的广播线上收听率由0.281升至0.441，此次报道覆盖数量众多的新媒体，不到一个月的时间里在互联网、移动端产生用户点击量210万人次，相关微话题引发网民积极正向讨论，阅读量达到14.6万。

一、内容生产融合在先

《大道之行》的制作播出，调动北京电台新闻广播、网络媒体中心、交通广播、策划中心及技术保障部门等6大部门的精干力量，由总编室统筹协调，合力完成节目采访制作；爱奇艺、北京时间在播出平台保障、直播间录制方面投入多路人员全力配合。节目从策划之初，就综合考虑到广播与网络的不同特点和多维需求，确立“融合生产，策划前置”的生产策略。由北京电台新闻广播派出记者和主持人联络嘉宾、收集背景资料、设计采访提纲、完成音视频节目采访；由北京电台网络媒体中心负责视频节目现场拍摄、后期剪辑和平台分发；为使节目节奏明快利于网络传播，爱奇艺对每期节目推出精剪版——集纳精华3~5分钟，北京时间将每期视频节目分段剪辑成短视频，短小精悍。

节目组密切结合十九大报告，精心选择文化、交通、农业、乳业、图书出版、铁路、服务业等多个行业，并在这些行业里选择有故事、积极向上、口头表达能力强的基层代表。根据采访对象所属行业的特点及不同人物的个性特征，节目组对其量身定制表现形式，深入发掘故事细节。大量典型的现场音响，妙语连珠的访谈对话，元素多样的视频画面，为节目的表现力积累了充足的底气。

二、分发渠道多样化

北京电台新闻广播与交通广播分别在早间黄金时段《北京新闻》《1039新闻早报》播发节目预告，在午间黄金时段《新闻天天谈》播出《大道之行》音频版；北京电台官网北京广播网在首页焦点视频陆续推送，并在首页显著位置推出同名网络专题，聚合报道产生的全部音频、视频、图片、文字内容；官微“北京电台RBC”在微信推文题目上灵活运用网络化语言，内容上融合广播、视频、图片、文字等元素，选取用户活跃度较高的时段发布内容；北京电台官方微博账号“北京电台”自活动启动后设立微话题#大道之行代表访谈#，每周一、四提前在微博发布新闻广播节目预告，周二、周五推荐当期代表访谈精剪视频到秒拍等平台，很多网友自发参与到微话题的讨论中，截至2018年1月5日，《大道之行》节目所引发的网民参与话题讨论条数为298条，阅读量达到14.6万。北京电台秒拍账号“不止于声”推送报道视频总播放量为16.4万，其中第六期《首都的微笑表情》被微博大号@交通北京转发，创造单期突破10万次，点赞数500多次的最高播放量。

三、报道宣传效果显著

本次报道的推广声势大，覆盖新媒体数量众多，重点商业网站多有参与，包括新浪视频、腾讯视频、搜狐视频、网易视频、中华网、千龙网、酷六视频、西瓜视频等近20家重要网媒都转发转载了报道内容。同时，节目内容引发了受众积极的互动，随着音频节目的播出，北京电台陆续接到听众通过电话、邮件等发来的反馈，有听众反映“节目让真人讲真事，让十九大精神与生产生活实际相结合，接地气，务实效”“让听众从不同角度感受到人民有信仰，国家有力量，民族有希望”。网友也纷纷参与#大道之行代表访谈#话题讨论，留言阳光正面，比如网友“小鬼深海鱼369”留言说“扎根基层、爱岗敬业，让平凡的人生闪光实现人生的价值”，网友“月影拂弦”写道：“平凡的工作也能做出不平凡的业绩！”

北京电台官微网民互动摘选

（北京电台）

北京电视台报道首个中国农民丰收节

2018年9月23日（农历秋分节气）是首个中国农民丰收节。当日，北京电视台《北京新闻》栏目推出《中国丰收节：京秋庆丰收，喜悦满京城》专栏，播出《首届“中国农民丰收节”北京主会场活动开幕》《56个民族农民代表来京共庆丰收》《密云：生态农业造福一方，农民喜庆金秋丰收》《房山：“秋收节”邀市民摘柿采菇赏菊》《平谷：喜迎首届中国农民丰收节》《丰台：逛郭庄子农时荟，寻觅北京农村老风情》《朝阳：金色北京大市集开幕》等报道，展示北京地区的农业丰收场景，介绍北京生态环境的改善成果和多彩生活给群众带来的喜悦等情况。

9月23日，新闻频道《锐观察》栏目播出《丰收节里说中秋》。节目中，主持人和文化专家一起介绍设立丰收节的意义，说明将瓜果飘香、五谷丰登的秋分节气设为丰收节，体现了党中央对“三农”的重视。节目展示了北京农村地区的丰收景象，介绍了北京多个地区举办的庆祝中秋节和丰收节活动的情况。

9月23日开始，生活频道《生活这一刻》栏目推出纪念改革开放40周年系列专题节目《新国门，新大兴》。首期节目《新国门，新大兴——丰收》配合宣传首个中国农民丰收节，从农业的丰收、宜居的环境、人民幸福感等方面，形象生动地展示了北京大兴区近年来的发展变化与成就，让观众真切感受到改革开放所取得的丰硕成果。

9月22日至24日，《特别关注》栏目播出《延庆：民俗表演扮靓花海，丰收节预热中秋》和《江西萍乡：传统农耕文化唤醒乡村记忆》《掉落人间的调色盘，徽州晒秋美如画》《浙江：文化大戏庆丰收》《河北阜成：农民艺人创作大型剪纸作品庆祝丰收节》《黑龙江绥化：放歌龙江黑土，同庆五谷丰登》《河南新郑：枣农红枣挂枝头，中原唱彻丰收曲》《西藏拉萨：西藏农民礼赞丰收》《福建福清：侨乡农民庆丰收》等报道，全面反映北京和全国各地农民欢庆首个丰收节的情况。

“中国农民丰收节”报道有助于引领人们传承文化、寻找归属，感受千年农耕文化生生不息的精神，有助于人们深入了解设立“中国农民丰收节”，将传统文化和现代文明有机融合的意义，增强文化自信心和民族自豪感。

（北京电视台）

北京电视台大型医学人文纪录片《医者》播出

2018年6月30日周六晚8点，北京市卫生和计划生育委员会指导、北京电视台生活频道出品的全国首部大型医学人文纪录片《医者》在北京电视台生活频道开播。该片记录的是医生的故事，通过真实记录表现他们行医事例，讲述他们如何看待生活、生命、生死是《医者》试图传递给观众的信息，同时，试图还原新闻背后的医者群像。每期平均拍摄用时240小时，播出节目时长30分钟。

2018年8月19日是首个“中国医师节”，北京电视台生活频道《医者》《全民健康学院》栏目联合发起“为医者点赞”全网公益活动，由北京市卫生计生委作为指导单位，优酷公益、凤凰网公益、今日头条等媒体支持。刘涛、陈赫、韩庚、陈妍希、张钧甯等艺人作为“医者传播贡献人物”，在全网掀起关注医者、关注生命，为医者点赞的热潮。最终活动关注度突破11亿。《医者》IP霸屏今日头条开屏页24小时。网友纷纷通过发布微博、评论、点赞等形式，表达对医生的感激、对医师节的欢迎、对《医者》的支持。

2018年8月31日，《医者》举办“为爱抗癌”的大型地面活动，活动主题为“十万个为什么——肿瘤”，直播一个半小时内便得到100万次的关注。活动邀请到北京中医药大学东方医院胡凯文院长为现场100位观众、直播平台100万网友科普防癌知识，一起“为爱抗癌”。

（北京电视台）

北京电视台制作播出大型历史人文纪录片《这里是通州》

2018年11月19日至24日，由中共北京市委宣传部主办、北京电视台新闻节目中心打造的6集大型历史人文纪录片《这里是通州》在北京电视台卫视频道8:00、新闻频道22:40同步播出。纪录片《这里是通州》从筹备、拍摄、制作历时3年，主创班底为新闻节目中心品牌栏目《这里是北京》团队。《这里是通州》共六集，每集30分钟。《水脉相连》《漕运沧桑》《京师要冲》《文汇天下》《商通南北》《未来之城》六集各有侧重地记录了通州的历史变迁、漕运商贸、文脉传承、作为京畿门户的政治军事地位，及其未来发展规划。

一、深度发掘运河文脉，视觉展现蓝绿交织。历经三年，《这里是通州》团队走遍通州906平方公里，探访全域10镇1乡，探寻运河文化历史内涵。团队从北京出发，沿大运河一路南下，先后在天津、河北、山东、河南、安徽、江苏和浙江等省、直辖市追根溯源，累计行程数万公里，最终完成《这里是通州》纪录片的拍摄工作。该片以全景描绘的方式，通过航拍、延时、水下摄影等多种拍摄手法，展示通州历史文化遗迹和当代城市体系，诠释了通州作为京畿重镇的重要地位，充分展示了“蓝绿交织、水城共融”的文化发展脉络。

二、阅遍通州文史资料，用“历史”讲述历史。《这里是通州》作为一部历史人文纪录片，创作团队以严谨的问学态度，深挖历史古籍资料，翻阅通州、大运河相关书籍百余册，查阅《通惠河志》《通粮厅志》《通州志》《潞城考古录》《燕行录》及各个历史时期的志书、史书三十余套、两百余册，为纪录片提供坚实的历史依据。《这里是通州》并未大规模地选用影视再现或当代绘画等手段，而是利用《北京历史地图集》、志书中的古地图、收藏于国家博物馆的《潞河督运图》以及收集整理的近百张17世纪至20世纪由外国人绘制或者拍摄的，反映运河人文生活的版画或照片，以真实的历史形象，展示淹没于时光中的故事。这样严谨的资料选择，避免对历史的臆想，也用真实而新鲜的视角，展现通州在过去几百年间的人文风貌。

三、专家全程参与创作，学术大家阐述内涵。《这里是通州》自策划以来，多次举行专家座谈会，邀请了北京历史、地理、人文社科、考古学、水利科技、民俗文化、宗教哲学等立体学科资深专家顾问团队保驾护航。《这里是通州》创作过程专家全程参与，对纪录片的内容、立意进行指导，保证了该片的准确性与史料价值。同时本片采访了二十余位学术专家，如北京水利泰斗段天顺，中国社科院学部委员考古专家刘庆祝、北京社科院历史所原所长王岗、《北京志》副主编谭烈飞等，均从不同学科领域、不同历史角度，为通州及大运河的历史进行了细致入微的阐述。

四、用现实人物触摸百年历史，用百姓故事讲述运河之情。《这里是通州》不仅仅是一部历史文献纪录片，更是一部有温度、有真情实感的人文纪录片。六集纪录片以特写记录的手法，选取二三十位“主人公”，以人文故事讲述通州的历史变迁。例如通州百年老字号万通酱园，镜头并未仅仅捕捉呈现酱豆腐的制作，而是策划拍摄万通酱园浙江绍兴溯源求本的全过程，通过一个真实的探寻之旅，展现几百年间京杭大运河所沟通的南北商贸通途。《这里是通州》作为北京人文历史地理的重要影像，由首都博物馆、首都图书馆、北京方志馆等机构永久收藏。

（北京电视台）

北京电视台推出《BTV2019 环球跨年冰雪盛典》节目

2018 年 12 月 31 日，《BTV2019 环球跨年冰雪盛典》在北京卫视、黑龙江卫视、河北卫视同步播出。汪峰、张惠妹、崔健、韩磊、杨坤、郑钧、周冬雨、张韶涵、关晓彤、潘粤明等演艺明星，携手杨扬、武大靖、韩天宇、刘秋宏等冬奥运动员，为观众奉献了一场充满北方特色和冰雪激情的跨年盛典。

一、创新北方跨年盛典新模式

《BTV2019 环球跨年冰雪盛典》由国家体育总局和北京市政府共同主办，北京电视台、河北广播电视台和黑龙江广播电视台联合录制。该盛典以“天涯共此时，冰雪新篇章”为主题，是北京卫视主导策划的重点跨年文化品牌，凸显北京冬奥会主题和北方地域特色，在录制场地和呈现方式上推陈出新。《BTV2019 环球跨年冰雪盛典》首次采用全实景录制，在北京、哈尔滨、崇礼三座城市选取 12 处地标性区域，与当地群众一起共同跨年。其中包括展现北京“一城三带”特色的古北水镇、八达岭长城、钟鼓楼广场；展现首都新面貌的北京大兴国际机场、京张高铁八达岭隧道；展现北方冰雪特色的崇礼太舞滑雪场、哈尔滨冰雪大世界；展现北京冬奥会元素的首钢园区（北京冬奥组委办公区）以及北京电视台园区、哈尔滨中央大街等地。三城携手联动，展现冰雪特色和城市风情。本届跨年晚会将传统、时尚、奥运和民生四大元素融为一体，在拉近与观众之间距离的同时，更令北方的独特魅力闪耀于 2019 跨年夜。晚会主要有四大侧重点：一是国家责任，重温祖国改革开放 40 年辉煌历程，增添中华民族跨年祈福的仪式感；二是首都情怀，通过传统、时尚、奥运和民生这四类传统地标，来呈现相应的北京底蕴和北京文化；三是百姓温度，老百姓在新年到来之际发自内心的感情；四是北京时间，用传统北京时间来迎接一次集体跨年狂欢。北京钟楼是元、明、清三代都城用来报时的场所，此次盛典以钟鼓楼的鼓声和钟声来代表北京时间，在跨年这个重要的时刻，敲响新年的钟声，特殊的时间、特殊的地标，是时空之间的对话，是历史与未来的连接。

二、名将跨界献艺助力冬奥

《BTV2019 环球跨年冰雪盛典》特意邀请到武大靖、赵伟昌、韩天宇、刘秋宏等体坛名将助力冬奥。其中，国家冰雪运动推广大使许魏洲为祖国献上一曲《荣耀》。郭峰携手蔡良蝉、韩天宇、刘秋宏等体坛健将，带领 2022 人于八达岭长城之上为冬奥送上美好的祝愿。平昌冬奥会闭幕式中国代表团旗手武大靖倾情献唱，并与赵伟昌师徒两人同台举行国旗交接仪式，共同讲述奥运背后的故事。在2018年召开的平昌冬奥会上，男子短道速滑运动员武大靖作为闭幕式中国代表团的旗手，实现了赵伟昌当年未能实现的奥运冠军梦。在此次《BTV2019环球跨年冰雪盛典》的北京首钢分会场上，武大靖从赵伟昌手中接过五星红旗，象征新老两代中国冬奥运动员的交接，武大靖等冬奥运动员将带着赵伟昌等老一代冬奥人的期许和鼓励，奋勇拼争、为国争光。

哈尔滨分会场邀请到中国滑冰协会主席、中国短道速滑队主教练李琰，还有她的弟子们——世界冠军范可新、臧一泽、曲春雨和任子威。

三、人气偶像用歌声传递正能量

《BTV2019环球跨年冰雪盛典》邀请流行乐坛实力唱将、摇滚歌手、人气偶像参与演出，让不同年龄层的观众都能找到情感上的共鸣。首钢园区里有崔健、郑钧、张韶涵、周笔畅、许魏洲、Oner；钟鼓楼广场上有张惠妹、周冬雨、关晓彤、潘粤明、张天爱、熊梓淇、于朦胧、鹿先森乐队；密云古北水镇里有杨坤、张震岳、花泽香菜、冯提莫、阿肆、阿里郎、青蛙乐队；哈尔滨冰雪大世界内有汪峰、韩磊、腾格尔、金志文、吴莫愁、季马比兰、展展与罗罗；北京电视台园区里有张信哲、迪玛希、肖央、常远、宋祖儿、侯明昊、SNH48。网友留言表示“北京卫视这次真的诚意十足，让明星和观众的心更加贴近，这才是真正的跨年夜”。

北京卫视紧紧围绕冬奥主题和首都功能，发挥守正创新的匠心精神，将《BTV环球跨年冰雪盛典》打造成为北京电视台跨年经典品牌，成为全国独树一帜的跨年文化符号。

（北京电视台）

北京电台举办“一路向前，中国加速度”大型采访报道活动

2018年是改革开放四十年，北京电台交通广播重点推出“一路向前，中国加速度”大型报道，聚焦高速铁路、新能源汽车、大飞机领域的建设成就。

“一路向前，中国加速度”大型报道在2018年6月至8月首先完成中国高铁系列篇，采访组兵分四路沿京津冀、西南、东南、东北四个方向的高铁线采访共计48天，总行程1万多公里，在最酷热的季节深入工地、场站，实地探访中国高铁的重大工程、重要技术，深入体验高铁跨越式发展成就以及给人民生活带来的改变。4个采访组共发回现场报道144篇，长消息28篇、高铁人物专题8篇，并制作新闻专题12篇献礼“十一”。8月，同步开启“一路向前，中国加速度”系列之“新能源汽车进行时”，发回现场报道及录音报道10篇。10月底到11月，“中国加速度”大飞机系列发回现场报道及录音报道12篇。

高铁、新能源汽车、大飞机凸显着我国从世界工厂到创造大国的巨大转变，推动着中国朝着“交通强国”的目标阔步前进。“一路向前，中国加速度”大型采访报道活动，从高铁建设、列车制造、新能源汽车和动力电池生产、大飞机研制和试飞等多个角度，充分展现中国在这三个领域取得的发展成就以及中国创造所获得的赞誉。

此次重大主题报道同时以文字、图片、视频的方式进行多媒体传播，微信公众号“1039调查团”同步推出16期专题、8篇人物报道以及7路记者的采访手记和短视频，取得良好的传播效果。

（北京电台）

京津冀三台联合推出“壮阔东方潮　筑梦京津冀”大型新闻行动

2018年10月31日上午，由北京广播电视台、天津广播电视台、河北广播电视台联合推出的庆祝改革开放40年——“壮阔东方潮　筑梦京津冀”大型新闻行动在河北雄安新区启动。河北省委宣传部部务会成员、副巡视员、雄安新区宣传中心主任边建国，北京电视台副总编辑艾冬云，天津广播电视台电视新闻中心党委书记、副主任李秀英，河北广播电视台（集团）党委副书记、总编辑李社军以及京津冀三台参与此次报道的编辑记者共约60余人参加启动仪式。北京电视台副总编辑艾冬云在启动仪式上宣读《壮阔东方潮　筑梦京津冀》大型新闻行动倡议书。

京津冀三地媒体共同推出的庆祝改革开放40年大型新闻行动“壮阔东方潮　筑梦京津冀”，是以实际行动认真贯彻落实习近平总书记重要指示精神的创新之举。三地媒体都派出精兵强将，北京电视台新闻中心抽调骨干记者，以行进式报道的形式，将京津冀协同发展国家战略实施以来，地区经济社会发展取得的积极成果全方位、多角度地展现给广大观众。此次行动三台统一策划、统一专栏名称、统一片头、统一播出平台，同步推出，并最大限度共享资源。经三台联合策划，确定节目选题为6+N期，每集时长4分钟，抽调骨干记者同时进行采访报道。11月中旬至12月中旬，在北京、天津、河北三家电视台主要新闻栏目中播出。

媒体融合报道也是本次采访活动的亮点之一，除传统媒体报道外，还将采访的短视频、重要信息、采访花絮等上传至各家新媒体，以达到线上线下、电视端与移动端同步推进、融合发力的效果。

（北京电视台）

北京广播电视台报道“看北京——上海合作组织成员国媒体北京论坛暨北京行”活动

2018年5月28日至6月1日，由中国公共外交协会、北京市人民政府和北京人民广播电台联合主办的“看北京——上海合作组织成员国媒体北京论坛暨北京行”活动在北京举行。北京广播电视台所属北京电台、北京电视台、北京时间整合资源、共派记者、联袂主持、联动宣传，集广播、电视、网络优势，对这一活动进行了立体化宣传。整个宣传报道中，出动主持人 22 人次，播出报道 81 篇次，发布微博、微信 83 条，网络专题集纳报道 29 篇，新媒体总点击量超过 152.2 万次，取得良好的效果。

一、北京广播电视台记者携手亮相

北京电台、北京电视台每天各派出至少两名记者跟团采访，并尝试联合报道的形式，全方位报道活动。5 月 29 日，北京电台新闻广播《整点快报》12 时连线环节，北京广播电视台记者蔡贺涓（电台）、李烨（电视台）分别介绍参访团成员见闻、感受和看点。两位记者也在当天的北京卫视《北京新闻》节目中亮相，共同报道外媒记者在北京的创新之旅。

二、联合网络视频直播反响热烈

5 月 29 日 18 时 15 分至 19 时，北京电台主持人刘智嘉、北京电视台主持人张默在梨园剧场进行网络视频直播，在 45 分钟的时间里，现场采访巴基斯坦独立新闻社记者 Zamire 等参访团成员和中方随团记者 Maggie，记录参访团成员与京剧演员的近距离交流，配合图片、视频等丰富的素材，直观呈现当天参访活动的场面，拉近与受众的距离。当天的直播在北京广播网、北京时间、微信小程序“建外 14 号”、新华社现场云、一直播、今日头条、凤凰网风直播、爱奇艺等平台同步进行，网友反响热烈，节目上线 14 小时总点击量已超过 54 万次。

三、汇集优质资源，宣传声势浩大

北京电台新闻广播《北京新闻》、交通广播《一路畅通》、外语广播《感受北京》、北京电视台卫视频道《北京新闻》、新闻频道《都市晚高峰》等 11 档重点节目开展报道；广播、电视滚动播放音视频宣传片，每天播出超过 170 次，累计播出近 1200 次；视频宣传片在北京时间的点击量超过 50 万次；北京电台、北京电视台、北京时间微博微信矩阵实时联动推送活动动态，特别是在 26 日报道启动当天的早间开展一次集中推送，有效抢占用户的“起床阅读”时间。

四、新媒体宣传卓有成效

北京时间搭建“看北京——上海合作组织成员国媒体北京论坛暨北京行”专题，持续在北京时间网站首页及北京时间客户端首屏进行推荐，拆条、集纳相关报道，总点击量 130 余万次。北京电台、北京电视台、北京时间微博微信矩阵以图文形式联动推送活动动态，5 月 31 日下午对“上海合作组织成员国媒体北京论坛”进行全程微博图文直播，直播图文由 @ 北京外语广播首发，@ 北京电台、@ 北京电视台、@BTV 新闻频道、@ 北京时间等微博账号共同转发。其中“北京发布”在新浪微博发起的 # 上海合作组织成员国媒体北京论坛 # 话题，集纳各微博账号的相关微博，上线首日迅速升至微博“新时代榜”第 2 位，截至 6 月 1 日 17 时阅读量达 153.1 万。6 月 1 日北京时间还推出“外国人都在用！中国媒体黑科技亮相上合媒体峰会”视频直播。

在联动报道好“看北京——上海合作组织成员国媒体北京论坛暨北京行”活动的同时，北京电台、北京电视台、北京时间还对此次融媒体特别报道进行大力宣传，北京电台新闻广播《北京新闻》、北京卫视《北京新闻》、北京广播网对此次的融合报道配发专题和资讯，北京时间在首页、北京频道、BTV 专区和专题内重点推荐。

（北京电台）

北京电视台中秋节报道弘扬传统文化　营造和谐氛围

2018年中秋节小长假期间，北京电视台多档新闻、综艺和生活服务类栏目围绕中秋主题推出丰富多彩的系列报道和特别节目，体现出团圆和奉献的内涵。

一、报道内容丰富，服务性强

《北京新闻》《特别关注》《北京您早》等新闻栏目充分报道各种丰富多彩的中秋文化活动和北京及全国各地群众欢度中秋佳节的情景，弘扬中华民族传统文化，展现群众丰富的精神文化生活，营造喜庆和谐的文化氛围，并提供节日市场、旅游、交通、天气等假期资讯服务。9月14日至9月18日，《特别关注》《首都经济报道》等栏目及时播出《2018年国庆天安门广场花卉布置方案公布》《天安门广场及长安街沿线国庆景观布置全面启动》等报道；《都市晚高峰》等栏目播出《迎双节：加强商品货源组织，保障供应满足节日需求》等报道，为中秋、国庆两节营造出喜庆气氛。财经频道、生活频道也推出相关报道，介绍节日服务信息。此外，《北京新闻》《特别关注》等栏目还在中秋小长假期间播出《公交地铁多项措施保障中秋出行》《新闻特写：一人忙换来万家乐》等内容，报道军人、民警和各行各业职工节日期间坚守岗位的奉献精神。

二、专题节目弘扬传统文化

9月19日开始，《北京新闻》《特别关注》《北京您早》推出《月圆京城，情系中华“我们的节日·中秋”》专栏。9月19日起至24日中秋节当天，专栏先后播出《“诗意中国”第十届中华世纪坛中秋诗会在京举行》《北京市属公园27座立体花坛扮靓中秋、国庆》等报道，生动展示了本市景观布置和假日消费市场情况，展现了邻里互助交往以及中秋小长假期间市民参加游园、赏月、观看文艺演出等文化活动的情况。《北京新闻》《特别关注》等栏目还配发《筑好我们共有的精神家园》等“短评”，同时播出《安徽铜陵：百合花开逢月圆》《武侯祠博物馆举办“蜀韵中秋游园会”》等报道，展现全国各地与世界华人欢度中秋的情景。新闻频道《锐观察》9月24日播出特别节目《月圆京城，情系中华》，集中展示在月坛公园、园博园、永定门南广场、房山南窖村古商道等地举办的多种多样的中秋文化活动情况，普及了传统文化知识。北京卫视频道在9月24日中秋之夜播出《汉风秋月——2018中秋晚会》，演出内容庄重大气，展现了中秋佳节亲人团圆、彼此思念的内涵，弘扬传统文化，体现了文化自信。

三、文艺节目营造节日气氛

9月24日，文艺频道《笑动剧场》播出《文玩知多少》《茶道》《巧对影联》《吃月饼》等相声节目，营造节日欢乐气氛。《我看行》播出中秋特别节目《中秋佳节别样过，边吃边玩讲究多》，主持人谭江海讲述中秋节的习俗和典故，朗诵《红楼梦》《四世同堂》《北平的秋》《忆儿时》等文学作品中与中秋节相关的片段，普及传统文化知识。《每日文娱播报》播出中秋特别节目《花好月圆》，分为三部分：“阖家团圆”“片场有约”“老友重逢”，展现影视演员对中秋佳节、对亲情和友情的认识和感悟。当晚，文艺频道还与深圳、上海、重庆等7家电视台联合播出《欢乐月圆——中秋大联欢》。节目邀集了李宇春、谭维维、曹格等青年演员表演了十余个精彩节目，内容应时应景，表演充满青春活力。

（北京电视台）

“V 蓝 · 北京”2018 互动传播公益活动全面启动

5 月 11 日，首都文明办联合市环保局、市志愿服务联合会、北京电台，在北京西山国家森林公园全面启动“V 蓝 · 北京”2018 互动传播公益活动。活动由北京交通广播主持人杨洋主持，现场视频回顾 2013—2017 年“文明北京　蓝天行动”取得的丰硕成果；分享 2017 年环保真人秀节目《“V 蓝 · 北京”讲环保》及“供暖季　我行动”系列活动的精彩瞬间；表彰 2017 年度“优秀环保公益组织”及“绿色生活好市民”；发布“V 蓝 · 北京”专属环保手势；部署 2018 年活动重点任务。

各区文明办负责人、环保志愿者代表、优秀环保公益组织代表、绿色生活好市民代表、“V 蓝北京”微信粉丝代表及媒体记者等近 200 人参加活动。文明北京、京环之声、腾讯 · 大燕网、北京时间进行全程直播。

一、环保嘉年华炫动活动现场

启动仪式现场特别推出“V 蓝 · 北京”环保嘉年华活动，更好地宣传“三绿色一志愿”的环保理念，让广大市民群众切身感受到绿色生活的诸多益处。设置绿色出行、绿色消费、绿色公益和争做绿色环保志愿者四大展区。现场观众通过扫码关注“V 蓝北京”微信，领取活动通行证，即可体验各个展区的实验和游戏，赢取通关印章、兑换礼品。

二、线下活动内容丰富

按照线上实时互动与线下多点联动相结合的原则，发挥融媒体绿色传播公益平台优势。2018 年重点开展活动。一是开展暑期“空调调高一度”专项行动。利用“V 蓝北京”微信号开展针对夏季空调使用情况进行互动调查；拍摄“空调调高一度”公益广告，制作一期环保真人秀节目，开发制作活动专属 H5 有奖互动小程序等。二是举办“绿色徒步”主题活动。9 月 22 日世界无车日当天，邀请北京榜样、“V 蓝北京”微信公众号粉丝、绿色生活好市民等，进行五公里徒步活动。三是推出供暖季环保论坛。11 月 15 日供暖开始日，邀请京津冀三地环保专家和高校环保组织负责人，共同开展探讨京津冀供暖季的环保形势，同步推出“供暖季绿色出行达人”有奖互动，鼓励市民在“V 蓝北京”微信平台晒出绿色出行中的精彩故事、趣味图片、视频等，从供暖季启动到结束，每周评选人气最高的前三名达人，免费赠送百元公交卡。

三、线上活动贯穿全年

按照“看节目、选发明、比达人”的模式，每月制作真人秀节目《V 蓝 · 北京讲环保》一期，围绕环保热点话题，邀请 3 名达人亲自讲解各自发明，通过网络点赞的方式选出每期的环保之星。以“三绿色一志愿”为核心，继续在全市评选 2018 年度“优秀环保公益组织”100 个、“绿色生活好市民”200 名，深入挖掘先进事迹，制作专题广播故事，在北京电台全网滚动播出；定期发布优质日记，加强与 V 蓝粉丝的互动，打造“环保新网红”；举办“V 蓝好声音——诵读小站环保月”活动，在北京电台开设环保诵读节目，邀请市民、学生和环保志愿者朗读环保先进事迹。依托“V 蓝北京”微信平台，每周固定推出小 V

的攻略、小V在北京、小V看世界等板块，培养用户阅读习惯。配合重要节点组织开展线下活动，同步推出线上有奖互动，将每日打卡改为每月固定次数的打卡，达到要求即有机会赢得积分，进一步增强活动吸引力。

四、助力“礼让斑马线专项行动”

5月11日，首都文明办联合市环保局、市志愿服务联合会、北京电台，在北京西山国家森林公园全面启动“V蓝·北京”2018互动传播公益活动。启动活动上，“礼让斑马线专项行动”系列公益歌曲推广活动同时举行。百余名市民齐跳礼让舞，欢唱礼让歌，共同倡议文明出行。当天，在西山国家森林公园，伴随着一曲《等灯，等灯》，几十名市民欢快起舞，为推广活动拉开帷幕。姚远、石金灏带来由首都文明办巡视员韩龙彬作词、青年音乐唱作人罗天泽作曲的《礼让斑马线》；广播之声合唱团的小朋友们带来由空政文工团创作室原创作员、国家一级作曲家姜春阳作词作曲的《我爱斑马线》，轻快活泼的旋律，表达少年儿童对交通安全的渴望。推广活动中的互动小游戏也受到游人们的欢迎，文明礼让趣味问答通过一个个有趣的小问题传递文明礼让常识，“我爱记歌词”则通过抢答歌词的形式让公益歌曲得以传唱。

此次推广的三首歌曲是首都文明办为提升“礼让斑马线专项行动”影响力，面向不同类型人群组织创作的。旨在通过歌曲的传唱，把文明礼让意识深入人心。

（北京电台）

北京广播电视台与大兴区签署深度融合战略合作协议

6月12日15时，北京大兴区融媒体中心揭牌暨大兴区与北京广播电视台深度融合战略合作签约仪式在大兴举行。大兴区委常委、宣传部部长祁金利，大兴区副区长方健，北京广播电视台副台长窦晓东，北京电台副总编辑陈晓海，北京电台副台长李健等领导出席。北京电台新闻、城市、交通、外语广播，吃喝玩乐大搜索团队，总编室，网络媒体中心，广告经营中心等部门的负责人、主持人、记者和工作人员等20余人参加。

仪式现场，北京市大兴区融媒体中心挂牌成立，与北京广播电视台签署深度融合战略合作协议，双方携手打造本市首个区属媒体+市属媒体多方协作、融合传播的新型融媒体平台，这在北京市还是首次。开启市区两级媒体融合采集、全方位立体传播的时代，是大兴区融媒体中心和北京广播电视台贯彻落实市委市政府媒体融合要求的积极探索。

双方以广播节目合作为核心，辅以网络、电视、平面及移动新媒体。北京电台将大兴区的宣传作为纪念改革开放40周年宣传的特色板块，以新闻、交通、城市、外语、文艺五大频率为主要宣传平台，推出大型特别节目《走进春风里——改革开放40周年大兴纪事》，立足大兴的独特性，与大兴区融媒体中心密切合作，深入到大兴最基层的百姓生活中去，通过专题报道、直播访谈、人物专访、脱口秀等多种形式聚焦大兴区域经济发展，围绕首都南部发展新动力源、大兴区文化风貌、社会治理等全景式展现大兴各项事业的累累硕果，多点位记录新时代大兴的新气象、新作为，阐释推介大兴的文化特色，引领市民走进大兴，体会“蓬勃发展的大兴、文化繁荣的大兴、绿色生态的大兴”的全新形象。

仪式现场播放北京广播电视台新闻广播、北京广播网、大兴融媒体中心三路记者围绕大兴区67个重点村安全治理入村融媒体采访的音视频信号第一时间回传到现场的报道。这一环节设置也是大兴融媒体中心创建的“第一时间发布，多波次跟踪，全方位推进”传播体系的首次亮相。

仪式现场，两家媒体表示要创造性地深化媒体融合发展中提升新闻舆论引导能力，不断夯实壮大主流舆论阵地，为加快推进全国文化中心建设，营造推动首都新发展的良好舆论氛围提供强大保障。

（北京电台）

2018年大兴区融媒体中心的构建情况

2018年6月12日，融合广电中心广播电视、大兴报社等的北京市大兴区融媒体中心（以下简称融媒体中心）正式挂牌成立，全面接手“北京大兴”App，并与北京广播电视台签署深度融合战略合作协议，携手中央、市属、区内媒体，打造本市区属媒体+市属媒体多方协作、融合传播的新型融媒体平台，构建大兴区融媒体生态圈。

一、渠道为金，实现“五个打通”

一是融媒体中心内部打通。将原有报纸、广播、电视、“两微一端”等媒体进行资源整合，打破渠道固有边界，实现“传统渠道+互联网”，推进报纸、广播、电视内容全部上网。二是同大兴区内各种媒体打通。将区内各类网站、新媒体统一纳入融媒体发布渠道，形成全区上下全媒体化、多元化的大传播格局。三是同市属媒体打通。构建共同策划、渠道对接、平台共用、线上线下结合的新格局。四是同中央媒体打通。与人民日报、新华社、光明日报等中央媒体合作，主动策划选题，联动“报、网、端”三维度推送信息，积极占领新闻舆论主阵地、制高点。五是同海外渠道打通。加强与市外宣办、侨办的对接联系，拓展外宣渠道，强化内容供给，讲好大兴故事，传递中国声音。

二、人才为本，做到“三个提升”

一是提升一专多能人才水准。坚持请进来、走出去、练在前，增强人员素质能力，实现现有人才队伍转型发展。二是提升全媒体人才比例。在现有人员的基础上，逐步提高全能型融媒体记者的比例，打好媒体融合基础。三是提升一线融媒体记者比例。调整内部人员结构，压缩传统电视新闻、报纸、广播生产人员，增加新媒体一线人员。

三、内容为王，突出“五个融合”

一是新闻栏目“深”融合。创新新闻宣传形式，推出《言之有礼》《大兴网事》《创城大家谈》《融媒看点》《兴视界》等融媒栏目。二是融媒产品“善”融合。引入短视频制作。先后制作《致敬暴雨中的坚守》等原创短视频98条，其中北京大兴国际机场短视频，点击率近200万人次，获赞1.3万个，评论218条。制作抖音短视频80余条，浏览量近400万。三是市属媒体“助”融合。与北京日报、北京广播电视台、新京报等市属媒体合作，策划推出联合报道，实现内容共融。

北京广播电视台《走进春风里——改革开放40周年大兴纪事》节目收听量超过430万，“新国门、新大兴”纪念改革开放40周年大型系列活动节目观看量达740余万。四是网络大V“互”融合。联合网络大V、网络名人、社会自媒体、新媒体联盟矩阵等网络战线，推出“新国门、再看大兴”“网聚兴能量、共筑新国门”等话题，实时互动，点击量累计超过2000万。五是视频直播“常”融合。构建中央、市、区三级直播架构体系，围绕“美丽乡村”建设、走进“馆藏文化”、西山永定河文化带等，推出直播活动70余场次。在麋鹿大会预热期间和开幕式上，融媒体中心推出两场直播，浏览量达到178万人次。

四、技术为用，破解“两大难题”

一是破解技术设备限制难题。本着经济够用的原则，在原有设备设施和技术支撑体系基础上，将硬件设备进行再梳理、再改进、再利用，同新设备有机融合衔接，实现小投入、大产出。二是破解技术应用难题。引入新技术、新应用，加大在短视频、抖音、互动小程序、图解等技术领域的尝试运用，让新技术为媒体赋能。加快推进平台建设，融媒体中心技术平台项目和空间改造项目已于2018年11月获批复。

（北京市大兴区融媒体中心）

2018年顺义区融媒体中心建设进展情况

2018年3月，顺义区启动媒体融合改革工作。6月23日北京市顺义区融媒体中心揭牌成立，媒体融合步伐加快。

一、改革引领，理清媒体融合发展思路

顺义区融媒体中心确立：坚定一个决心、做强两个平台、实现三步走目标、把握四个原则、实现五个融合、抓好六个环节的发展思路。其中，两个平台是以“中央厨房”为核心的“全媒体融合运行平台”和 “全媒体综合信息发布平台”。三步走目标是：第一步已完成的区属主流媒体深度融合，第二步完成区属主流媒体资源和体制内宣传平台的深度融合，第三步完成区属主流媒体体制内宣传平台区域社会媒体、自媒体融合发展。四个原则是：正确、改革创新、移动优先、新闻+。五个融合是：机制、产品、人才、平台、内外融合。六个环节是：策、采、编、发、评、用环节。

二、优化整合，构建媒体传播矩阵

融合顺义电视台、顺义人民广播电台、顺义时讯报社三大传统媒体，“北京·顺义”App移动客户端、北京顺义官方微信公众号等八家优质新媒体，构建起“一台、一报、一网、一端、两号、三微”为主体的融媒体矩阵。

三、技术支撑，推进两个平台建设

建设以“中央厨房”项目为核心的“全媒体融合运行平台”。委托人民日报媒体技术股份有限公司建设顺义“中央厨房”项目，截至2018年年底，一期工程完工，研发建成融媒采编系统、信息联动共享平台系统、领导决策支持可视化系统等八套信息化系统，建成区级主流媒体融合平台。

上线测试运行全媒体综合信息发布平台“北京·顺义”App。项目按照“新闻+政务+服务+电商+……”的理念，通过整合全媒体优质内容以及水、电、气、热等服务资源，打造顺义区一站式民生服务平台。

四、再造流程，初步形成“策采编发评用”业务模式

依托“中央厨房”项目构建起“策采编发评用”的全新业务模式和工作流程。“策”即定期开展对重大新闻选题的统一策划。“采”即优化整合队伍资源，实现新闻信息的一次采集、资源共享。“编”即各新闻媒体结合自身特点对采集信息进行分头编辑制作。“发”即各新闻媒体多渠道发布，同时利用“3+8”的传媒矩阵发布。“评”即对新闻宣传效果及社会舆情进行评估分析。“用”即为区委区政府决策和新闻宣传提供智库支持。

五、内容创新，丰富融媒产品

借助微视频、短音频、抖音、网络直播等形式传播融媒产品。一是围绕学习宣传贯彻习近平新时代中国特色社会主义思想和党的十九大精神推出融媒产品。顺义电台制作 135 集短音频《习近平用典》等。二是围绕改革开放 40 周年推出融媒产品。系列新闻及专题报道、播音员录制播出广播小说等。三是围绕“三大攻坚战”“三件大事”推出融媒产品。制作“疏整促”动漫 12 集。四是围绕全区重要会议、活动推出融媒产品。推出人大代表、政协委员等典型微视频。五是围绕线上线下活动推出融媒产品。推出了“我为妈妈献才艺”“第六届听众节”等活动。第四届“我为妈妈献才艺”活动，仅 60 个小时，就吸引了 89.6 万人次为孩子们点赞。

（北京市顺义区融媒体中心）

概 况

北京市广播电视局概况

北京市广播电视局是北京市政府的直属机构，成立于1979年9月，原称北京市广播事业局，1984年4月改称北京市广播电视局。2009年3月，增加电影管理职能，更名为北京市广播电影电视局。2014年1月，在原北京市新闻出版局和原北京市广播电影电视局合并的基础上组建北京市新闻出版广电局。2018年11月，北京市新闻出版广电局进行机构改革，成立北京市广播电视局，负责北京市广播电视和网络视听节目等管理工作。

2018年主要工作：

一、宣传监管

深化主题主线宣传。组织全市传统媒体和新媒体，对习近平新时代中国特色社会主义思想和党的十九大精神进行深度宣传解读。开设改革开放40周年专栏，推出“壮阔东方潮 奋进新时代——庆祝改革开放40周年”等系列专题。完成全国和北京市两会、中非合作论坛北京峰会等重点报道，对接北京冬奥组委会，统筹北京电台、电视台、网络媒体做好宣传计划，同时推进北京冬奥会和冬残奥会宣传推广工作。

创新管理手段方式。严格落实意识形态责任制，健全意识形态工作统筹协调机制，整合局党组意识形态工作和网络意识形态工作责任制领导小组，加强各类阵地的精准化管理，完善情况通报、会商研判、风险防控、管控处突、教育培训、督查考核六项工作机制，遏制各类苗头性、倾向性问题。影视剧审查管理机制进一步强化，落实网站总编辑制度，及时查处问题作品。推进网络视听新媒体综合监管平台（一期）项目建设，开发广播电视收听收看数据平台播前监管模式，加强舆情搜集监测和预判预警，维护意识形态安全。

坚决查处违规行为。加强广播电视技术安全管理，严厉打击虚假违规广告播出，加大反插播转播、禁非法落地、防非法接收工作力度，完成中非合作论坛、全国两会等重要时段的广播电视保障工作。开展“清源、净网、秋风、护苗”专项行动，关闭违规视听节目账号近2万个，清理下线政治有害视听内容7万条、色情淫秽血腥暴力和低俗视频200万条、网络电影175部、网络剧7部、网综21档。发现疑似“黑广播”线索45批次、274条次，打击“黑广播”窝点27处，收缴违法设备29套。

二、精品生产

精品创作“北京模式”基本形成。即坚持“五个一”创作思想，强化“引一把、领一把、扶一把”长效机制，开展“三会三课”系列活动，有力推动了精品创作。加强题材规划，围绕改革开放40周年、新中国成立70周年、建党100周年等重大历史节点，结合习近平总书记对北京重要讲话、重要指示的时间节点，结合全国文化中心建设、“三个文化带”建设等重大项目，着力开展主题创作，统筹制订重大主题项目规划，建立北京题材、奥运题材、扶贫题材等精品种子库，确立《最美的青春》等电视剧（纪录片、电视动画片）选题80部，推出《启航》等一批献礼电视剧。

强化扶持引导电视剧的发展。成立首都影视发展智库，完善北京市影视出版创作基金。《我们的四十年》等39个广播电视项目、《虎啸龙吟》等56个网络视听项目、98个优秀公益广告项目获得专项扶持。

繁荣电视剧创作生产。全年生产电视剧55部2503集，电视动画片16部494集5196分钟。规划备案网络剧343部，网络电影3073部，影视类动画片24部，网络综艺等重点栏目155档，网络纪录片3部；上线备案网络剧216部，网络电影1910部，影视类动画片20部，网络综艺等重点栏目136档1534集，网络纪录片2部。《初心》《沙海老兵》《最美的青春》在央视综合频道黄金档播出，《诚中堂》在央视8套播出，《美好生活》《归去来》《正阳门下的小女人》《你迟到的许多年》登陆省级卫视。

三、公共服务

完善广播电视公共服务设施运维机制，加强转播站、行政村发射站以及媒资共享平台运行维护。继续开展应急广播示范项目建设和高清交互数字电视惠民工程，加快农村偏远地区高清交互数字电视的推广和普及。到2018年底，北京市有线电视注册用户594.55万户，其中高清交互数字电视用户将达526.45万户，其中有线电视4K超高清用户达到60万户。

深化京津冀协同发展，签订《京津冀广电科技协同发展项目合作协议》，全面落实《关于建设北京（承德）影视产业基地的框架协议》，引入北京银行50亿元意向性表内外授信额度支持。完善扶贫工作机制，助力怀柔区长哨营满族乡老西沟村打造村级影视拍摄基地，组织文艺工作者开展扶贫创作采风主题实践活动，向西藏、新疆和青海扶贫协作地区捐赠电视剧播出权。

加快北京城市副中心广播电视公共服务规划设计，推进北京广播电视台融媒体中心建设。组织企业赴通州调研，推动优势资源向城市副中心聚集。承办中非媒体合作论坛，人员规模、承办规格、取得成果等均高于往届。

四、行政审批

制定优化营商环境三年行动计划，落实行政审批制度改革，动态调整权力清单1项，4次对9个行政许可办事指南进行修订，精简政务服务事项59项。开展标准化梳理、优化审批流程专项改革工作，压缩审批时限、减少审批材料，初步完成“一网通办”年度任务。在中国怀柔影视产业示范区设立政务服务站，实现企业“少跑审批路”。建立公平竞争审查制度，健全失信联合惩处机制和失信“黑名单”制度。全年共办理广播电视业务各类业务6698件，同比增长12.6%。截至2018年12月31日，批准北京地区广播电视节目制作持证机构9895家，信息网络传播视听节目持证机构125家。

五、产业发展

开展大调研工作。坚持问题导向，聚焦行业发展中存在的突出问题把脉问诊，精选调研主题，聚焦四大方面，组成50个调研组，走访100余家单位和企业，召开100余次座谈会。两份调研报告得到市委常委、宣传部部长杜飞进的批示和肯定，一份被《宣传通讯》刊发，“京十条”等政策措施酝酿出台。制定支持民营企业发展的工作方案，建立一对一的联系机制，探索建立调研工作长效机制。

推动产业优化升级。着眼顶层设计，制定《关于推动北京影视业繁荣发展的实施意见》。聚焦科技创新，推动产业升级，建设北京市广播影视科技信息资源平台，服务广电科技发展。制定《推动我市4K/8K超高清电视应用和产业发展的实施意见》，推动2022年北京冬奥会8K超高清赛事转播试点落地。聚焦内容创作生产基地、内容集成分发交易平台、播出平台和传输网络、创新研发平台、超高清电视产业集群、北京冬奥会8K超高清转播六大任务，推进产业转型升级。深入开展银企合作，畅通企业融资渠道，推动点众科技等有关企业上市。

打造文化活动品牌。2018 春、秋两季北京电视节目交易会参展节目共 2200 多部 11.67 万集，举办节目交易、发展论坛、新剧发布会、看片会、专项推介会等多项活动，交易会影响力进一步扩大。第二届北京纪实影像周举办六大主体活动，首次承办国家广播电视总局的“记录新时代——第六届国产纪录片及创作人才推优活动”，并实现纪录片签约交易额近 2 亿元。

六、对外交流

探索“走出去”工作新思路。制定《关于贯彻落实中央〈意见〉精神推动北京影视出版对外交流的工作思路》。四达时代等 14 家广播电视及互联网企业获评首批首都新闻出版广电“走出去”示范企业。制定《北京市提升广播影视业国际传播力奖励扶持专项资金管理办法》，建立广播影视业国际传播力奖励扶持项目库，入库项目 106 个，43 个项目获得奖励扶持。

开展对外交流活动。20 余家企业携 30 余部作品参加戛纳电视节，北京益游网络科技有限公司与法国育碧娱乐软件公司就《饥饿龙》动漫项目达成约 500 万欧元的签约额。北京优秀影视剧海外展播季系列活动继续开展，28 部作品走进英国、希腊、俄罗斯、哈萨克斯坦、印度，与希腊雅典等签订影视合作谅解备忘录。非洲展播季挑选 400 集电视剧、17 部电影分别译成英、法、葡、斯瓦西里等 7 种语言非洲电视展播。10 家广播影视科技企业参展 NAB2018 展览会，达成意向签约额 4111.61 万元，直接签约额 215 万元。

七、队伍建设

加强行业人才培养选拔，起草《关于进一步做好新闻出版广播影视行业密切联系人才工作的实施意见》。举办第六届北京地区新闻出版广播影视人才招聘会。策划开展职业技能大赛，做好各类领军人才、创新人才等高层次人才选拔培养。完成新闻、出版、数字编辑、广播电视播音专业高级和新闻、广播电视播音专业中初级职称评审工作。

（北京市广播电视局办公室）

北京市新闻出版广电局直属机关工会概况

北京市新闻出版广电局直属机关工会成立于 2015 年 7 月，在原北京市新闻出版局和原北京市广播电影电视局合并后的基础上组建。主要职责：代表和反映全局职工的意愿和要求；对局属 37 个工会小组实行宏观指导和分类指导；参与涉及全局职工切身利益的有关政策、法规的制定；为基层工会提供理论政策、法规咨询和信息服务，维护职工和工会组织的合法权益。

2018 年主要工作：

一、服务保障

突出强化职工日常关爱。一是拓展“职工之家”服务功能。持续推进暖心工会工作，加强和谐机关建设，局工会在“职工之家”增设“说吧”“书吧”“棋牌吧”“饮品吧”等午间休闲放松功能区。二是加大遇极端天气送温暖慰问力度，为全局干部职工发放防暑降温饮品两次，送上组织关怀。三是推进“职工心灵驿站”“母婴关爱室”专享服务，为数百人次提供服务。四是为会员送去生日祝福。局工会依据相关规定，每年为全体会员发放生日蛋糕券，进行慰问。

积极推进心理健康服务。一是承办市直机关干部职工心理健康专场讲座活动。二是积极发挥好“职工心灵驿站”功能功效。“职工心灵驿站”分为“系统反馈减压”“体感放松减压”“音乐书籍减压”和“聊天释放减压”四个区域，采用多种方式方法，帮助干部职工缓解疲劳，释放压力，调整情绪，保持积极乐观的心态。

深化开展探望慰问。研究制定《北京市新闻出版广电局直属机关工会探望慰问制度管理办法》，增设“会员结婚生育”慰问金，维护保障干部职工切身利益，并提交工会委员会研究审议通过。注重加大日常走访慰问力度。局工会除端午、元旦、春节期间集中开展送温暖探望慰问活动外，日常探望慰问活动依托各工会小组和基层工会具体组织实施。2月8日农历小年，局工会和有关部门负责人到北京市政务服务中心，看望慰问局行政窗口一线职工，送去组织关心和温暖；端午节前期，为全体干部职工发放节日慰问品；组织探望住院干部职工、慰问结婚生子、亲属去世等90人次，并发放慰问金4.1万元。

大力做好紧急救助关怀。局工会着力为困难会员排忧解难，及时把组织温暖带给会员，帮助干部渡过难关，真正把组织温暖送到家、送到位，切实当好第一知情人、第一报告人和第一帮扶人。向市总工会和市直机关工会反映局困难职工的实际困难为全局3名职工申请专项补助金近4万元，为历年最高。在局福利工作领导小组和工会统筹协调下，支出总计5万余元福利经费和工会经费，按照三个档次标准，给予确定年度符合条件的30余名困难职工一次性资金补助。依规为全局干部职工办理了团体意外伤害、重大疾病和女工特急等三类保险。

二、表彰活动

加大正向表彰激励。一是做好“三八”红旗集体、“三八”红旗奖章宣传。经北京市妇女联合会、北京市人力资源和社会保障局、北京市总工会评选审定，局新闻报刊管理处，信息中心副主任路梅荣获三八红旗集体和三八红旗奖章，进一步引导全局干部再接再厉，不忘初心、牢记使命，在本职岗位上做出新的更大贡献。二是认真组织劳模、先进等评选并做好服务保障工作。三是遴选4名获得市级荣誉一线优秀职工赴北戴河疗休养。

三、文体活动

广泛组织开展文体活动。一是积极备战市直机关第五届运动会。局工会结合干部职工兴趣爱好和日常活动实际，报名参加“长走健步”“羽毛球”“三人篮球”“乒乓球”“八段锦”“24式太极拳”“第九套广播体操”和“名家名医进机关”等全部四大系列比赛项目。二是立足实际开展丰富活动。春节前夕，举办第一届职工趣味冬运会暨迎新春联欢活动，全局近300名干部职工参加了此次比赛和联欢活动。组织“走进延庆高山转播站”第二届春季踏青健步活动，全局近200名干部职工参加踏青健步活动。完成局第三届摄影作品评选工作。6月，局工会组队参加国家广电总局第七届“CCBN杯”足球邀请赛。三是关注特定群体举办主题活动。“三八”妇女节期间，积极开展“温情三月，关爱女工”系列活动。组织女职工观影专场活动；举办“树清廉家风，创最美家庭”主题活动；与政策法规处共同举办“婚姻家庭继承及妇女权益保护”法律知识专题讲座。

四、机构和制度建设

依据《工会法》《中国工会章程》《工会基层组织选举工作暂行条例》等有关规定，呈报局党组和上级工会批准，完成增补工会委员会委员、经审委员会委员推荐人选工作。同意财务处副处长孙益洁同志经选举当选工会委员会委员及经审委员会主任，推进全年工作持续向上发展奠定坚实基础。研究制定《北京市新闻出版广电局机关工会工作职责》《北京市新闻出版广电局机关工会经费审查委员会工作职责》《北京市新闻出版广电局工会小组长工作职责》《北京市新闻出版广电局职工之家管理规定》《北京市新闻出版广电局机关工会财务人员岗位职责》《北京市新闻出版广电局机关工会经费支出审批制度》《北京市新闻出版广电局机关工会内部控制制度》《北京市新闻出版广电局机关工会固定资产管理规定》和《北京市新闻出版广电局直属机关工会探望慰问制度管理办法》等9项规章制度，确保工会工作规范正规。

局工会财务制度完善，收支情况正常，经费使用和管理符合有关规定，未发现重大违法财经纪律问题，顺利通过2017年度财务专项审计。

（北京市新闻出版广电局直属机关工会）

北京市广播电视局离退休人员管理服务中心概况

北京市广播电影电视局离退休人员管理服务中心成立于2000年11月，前身为北京市广播电视局老干部活动站。2009年3月31日，由北京市广播电视局离退休人员管理服务中心更名为北京市广播电影电视局离退休人员管理服务中心。主要职责：负责离退休人员的日常管理、服务工作；负责离退休人员政治学习和思想教育工作；负责离退休人员政治待遇和生活待遇的协调和落实；组织离退休人员开展各种文化、体育活动；开展其他有关工作。

2018年主要工作：

一、政治理论学习

一是主要领导亲自上阵。局党组书记局长杨烁做动员并进行授课辅导，利用集中机会与老同志们见面征求意见，同时宣讲党的路线方针政策，向老同志通报全市情况以及新闻出版广播影视事业的发展情况。重阳节后组织理论学习推进会。二是准备工作求细致。为每名老同志专门印制“老干部政治理论学习本”，将全年学习计划、学习要点、学习资料编制在学习本中。此外，还采取快递和登门的形式，为行动不便的老同志送学上门、送书到家。三是唱响主题搞活动。针对离退老同志数量大、分布广、集中难的特点，探索利用社交平台进行随机教育。比如，“2018年政府工作报告”“纪念马克思诞辰200周年大会”召开当天，数十位老同志发来观看大会实况照片及感受，在微信群进行学习体会交流。开展“增添正能量、共筑中国梦”主题活动，广泛动员离退休干部发挥优势作用。根据离休老干部周顺理工作经历撰写事迹材料，配合其参加市委宣传部“我看改革开放新成就”专题调研会，讲述亲身参与、经历的首都广电事业发展的故事；退休人员王健生以“平板车推出蓬勃业”为主题，给全局在职党员上优良传统党课；退休人员陈小红不辞辛苦，编排京剧戏歌，参加“北京市离退休干部庆祝改革开放四十周年文艺演出”。

二、党组织建设

多次组织主题党课、主题党日参观见

学等活动。离退休党支部与延庆区北关新区党支部共同组织“不忘初心，缅怀英烈”主题党日活动；组织党员参观门头沟“京西古道”“斋堂爱国主义教育基地”“北京排水集团怀房再生厂”和“丽泽商务区”。还利用活动中心、兴趣小组开展活动等时机，开展组织活动，倡导离退休党员就近参加组织生活。经常性创新工作，运用互联网和信息化手段加强离退休干部党建工作，建立党小组微信群，将党课资料发送到手机上，鼓励有条件的离退休党员在线学习。采取转账、微信支付、亲属代转等方式，方便行动不便离退休干部党员交纳党费。

三、管理服务工作

一是走访慰问用真情。重点走访16名局级离退休老同志，将慰问品送到129名离退休老同志手中，向34名家庭困难、身患疾病的离退休老同志发放慰问金，共计18000元。二是生活服务求精准。制定定期沟通制度，工作人员坚持每周联系十几位老同志，了解他们的生活、身体情况，并作记录，对交流中发现的问题，主动帮助解决并及时回访，如为一位离休老干部解决急需住院难问题。根据离退休老同志反映住养老院难、贵的实际情况，历经半年，在京冀周边多次考察，确定与燕郊燕达养老养护中心的共建关系，并签订了协议，既享受优惠待遇，也缓解了养老资源紧张的情况。三是日常管理抓经常。就老同志出京、出境、微信微博、保密工作、交通出行、防火意识，提出具体要求，将老同志的因私护照全部纳入集中管理，掌握老同志的出境情况。

（北京市广播电影电视局离退休人员管理中心）

北京市广播电视局后勤服务中心概况

北京市广播电影电视局后勤服务中心成立于2006年8月，是正处级全额拨款事业单位，前身为北京市广播电视局机关后勤服务部。主要职责：负责机关并指导所属单位安全保卫工作；负责机关及所属单位交通安全、能源管理、户籍管理、房管房改、局属产权房改造、绿化、印刷、医疗、爱国卫生、计划生育等行政事务性工作；承担机关及部分所属单位固定资产管理工作；承担机关及部分所属单位食堂、会议、办公设施、办公用品等后勤管理、保障和服务工作；承担机关及部分所属单位供水、供电、供暖、供冷、通信网络等技术保障工作；负责相关基本建设项目。承担市广播电视局交办的其他有关工作。

2018年主要工作：

一、党建工作

完成支部换届选举，做好党员的发展和转正工作。严格落实“三会一课”基本制度，规范开展支部活动。通过建立健全组织生活会、民主评议党员、谈心谈话、主题党日、党员进社区等制度，对支部工作进行量化考核。设立党建学习阵地，引导党员充分运用北京长城网、党员E先锋等党建平台，强化支部政治功能，提高支部建设质量。

二、业务工作

安全保卫工作。承担北京市广播电视局朝阳门内和建国门外两个办公区的安全保卫工作，从日常安保严格管理、重点位置全面监控、人员车辆出入管控、巡逻检查双管齐下、增强意识提高能力等诸多方面落实办公区安全保卫的各项措施，2018 年未发生任何安全事故。

公务用车管理。做好节日期间公务用车封存工作，全年未发生违纪行为。为公务用车安装 37 部车载定位 GPS 系统。做好公务用车的维修、年检、续保工作，强化司勤人员安全行车意识。2018 年完成派车任务近 700 次，行车里程超过 12 万公里，无责任事故。

房管房改工作。清查测量朝内办公区部分办公用房。组织朝内物业公司对朝内办公区设备设施进行检查监测、维护维修。每月统计局机关及统发事业单位职工物业补贴、采暖补贴数据表。审核发放机关及统发事业单位无房老职工 2018 年住房补贴等工作。

固定资产管理。开展 2018 年度 5 个资产账户资产清查盘点工作。完成上年度局本级报废 108 件、账面价值近 137 万元实物资产的账务处置核销。做好本年度新增资产的入库登记、资产管理信息系统更新。

医疗保障服务。为全局在职、离退休和医疗照顾人员近 300 人提供医疗保障服务。在市人保局、社保中心等单位办理变更医院、医药费报销等工作 200 余人次；组织全局在职和离退休干部职工 400 余人的年度体检工作。

朝内食堂管理。加强对职工食堂安全培训和卫生环境监管。全年粗略统计，职工食堂早餐用餐人数近 3 万人次，午餐人数近 4 万人次，晚餐 3000 余人次；办理就餐卡充值近 1500 人次，充值金额 30 余万元。

其他服务保障。2018 年，承担着局机关和部分事业单位办公用品和办公耗材管理、办公设施设备维修、朝内办公区会议室音响设备管理、建外办公区会议室和审查室（厅）日常会议审片服务保障等众多基础性服务保障工作。

（北京市广播电影电视局后勤服务中心）

北京市广播电视局信息中心概况

北京市广播电影电视局信息中心 2006 年下半年注册成立，于 2007 年 1 月 18 日正式成立。主要职责：承担本市有线电视、共用天线以及地面接收卫星电视节目新建工程的检验检测工作，负责本系统信息化建设工作，承担局机关电子政务、网络运行的技术保障工作。

2018 年主要工作：

一、安全保障

开展信息系统安全测评，做好重点时期值守，全力保障网络信息安全。一是完成机构改革期间各信息系统优化和调整。11 月 16 日，按时完成局政府网站、局综合业务服务平台、局官方微博和微信公众号的账户更名和功能调整，并及时发布北京市广播电视局挂牌工作的相关信息。完成网站在线申报事项调整 12 项，保留新闻出版和版权的相关办事服务功能，完成局综合业务服务平台后台程序调整共 206 项。二是开展全局信息系统安全测评和电子政务网络安全自查工作。完成全局 17 个信息系统的测评工作，全面排查系统安全风险点和薄弱环节，根据测试结果协调相关部门进行加固整改。三是开展全局软件正版化检查工作。对全局 193 个计算机终端进行软件正版化检查，并围绕软件正版化和局网络信息安全工作进行了培训。四是开展重要保障时期应急值守工作。完成春节、全国两会等重要保障时期执行 7×24 小时领导带班值守，局政府网站 24 小时读网，数据机房和电视电话会议室 24 小时专人值守等安全保障任务。

二、内网运维

稳步推进业务信息系统运行维护，保障全局各项业务工作顺利开展。继续做好综合业务服务平台维护，增加行政审批政务信息公示功能，调整线上合同管理模板和局长信箱控制权限，调整值班规则增加三级值班管理，增设“影视资源”和“网络文学大会”栏目。完成对 63 个审批事项的梳理和对接工作。完成政务服务事项调整。对 32 项事项（含 53 个小项）进行流程梳理，完成网上办理流程的建设工作，与市政务服务中心审批系统的数据同步，确保用户、表单和审批流程的一致。

三、网站运维

做好局网站栏目信息维护等工作。进一步明确工作分工和职责，建立信息发布审核、监督考核和应急保障机制，定期发布信息更新情况通报，自 2018 年 1 月 1 日至 12 月 31 日，共计发布信息 1736 条。完成市两会专题链接，“群众办事百项堵点疏解行动”图片链接，以及“党中央国务院信息”和“市委市政府信息”栏目的建设工作。

四、相关管理工作

开展全局信息化规划和顶层设计课题研究，加强信息化项目统筹力度，提升全局信息化水平。认真梳理现有的信息系统现状，信息资源的产生、使用、共享、存储现状，优先回答“有什么”的问题。摸清所有行政办事事项流程及各个事项之间的联系，创建数据的联络，以推进流程的整合和调整，形成业务链条，并发掘急需的外部数据资源，解决“需要什么”的问题。深入业务处室座谈，了解行政人员对信息化的实际需求，创新思路调整定位，以行业机构的身份体验信息系统的使用效果，并主动要求参加各信息系统的使用培训，深入了解各个数据指标项的提取和利用情况，明确“做什么”的问题。

（北京市广播电影电视局信息中心）

北京市广播电视监测中心概况

1991 年 10 月 30 日，经北京市机构编制委员办公室批准，北京市广播电视监测台成立，是隶属于北京市广播电视局的事业单位，2001 年 5 月起隶属于北京广播影视集团，2005 年 3 月起又划归北京市广播电视局。2006 年，北京市广播电视监测台更名为北京市广播电视监测中心，加挂北京市广播电影电视局信息网络视听节目传播监管中心和北京市广播电视安全播出调度中心的牌子。负责对北京市广播电台、电视台等播出机构、有线电视网络的播出、传送及运行情况以及互联网传播视听节目进行监测；对北京地区的广播电视频率覆盖和干扰进行测量；对北京地区非法广播电视无线电频率进行测量。

2018 年主要工作：

一、监测工作

监测中心提前对年初全国两会和 9 月召开的中非合作论坛北京峰会的所有监测系统设备反复进行巡检维护，发现问题立即排除解决。保障期期间每日安排领导干部带班，领导靠前指挥、双人双岗，按照局管理部门要求每日上报北京市新闻出版广电系统内安全播出及网络安全运行情况，严格执行事故事件处置、报告流程和制度，确保各保障期安全播出，未发生一起漏监漏报责任事故，圆满完成保障任务。

截至12月底，日常广播电视监测情况如下：对北京市30套（103路）广播节目信号实时监测，共计89.4万频时；对北京市19个站点169套（780路）电视节目信号实时监测，共计725.2万频时；监测到广播、电视播出及传输异态493频次，其中重大事故2起；通过预警信息发布平台收发预警信息751条，15630人次接收。

二、运维保障

“北京市广播电视监测系统数字化及全覆盖升级改造调研”项目被列入2018年局重点调研课题后，技术部门深入开展调研工作，向相关单位印发《广播电视监测点情况调查表》，按照调查表内容反复进行现场查看核实，并多次召开协调会议、完善项目方案，组织搭建节目轮循监测实验平台，并形成调研报告。

5月底监测中心组织歌华有线公司传送部及各分公司相关技术人员举办广播电视监测设备技术维护培训，总结上一年度广播电视传输监测设备维护情况，听取各单位对监测设备维护工作的意见和建议，讨论下一步监测系统升级改造相关事宜，通过技术交流，提高各单位对监测设备的维护能力。“网络视听新媒体综合监管平台（一期）”项目申报财政预算并于8月底完成财政评审工作。9月上旬，召开《北京市新闻出版广电局网络视听新媒体综合监管平台（一期）》项目工作部署会，监测中心加强与相关部门的沟通配合，集中技术力量，加快编制和完善项目技术需求和招标文件，待预算资金批复后，中心立即启动项目招标工作，推进落实项目建设。

三、查处非法广播

开展非法调频广播查处工作。按照北京市新闻出版广电局工作要求，配合局传媒处和市无线电管理局、北京市文化市场行政执法总队，积极开展非法调频广播查处工作。每月两次或随时按照局传媒处要求对非法调频广播进行监听、取证，并及时上报。重点时段从每两周一次的对非法调频广播进行监听、取证改为每周一至两次，并及时上报。截至年底，上报非法调频广播监听报告40次，在固定点监听27次，外出监听50次，监听到非法调频广播频率累计235个，其中录音、录像取证33次。从5月开始各区相关单位每月对本地区非法调频广播进行监听，并将监听情况报监测中心，由中心统计后出具报告报局传媒处和局科技处。监测中心拓展非法调频广播监听取证信息渠道，与广电总局监管中心相关监测台达成监测数据共享机制，充分调动东城、西城、朝阳文委及各区广电中心、北京人民广播电台和电台热心听众等多方人员技术力量，制定《关于加强治理非法调频广播问题的实施办法》规范监测中心工作，初步形成对非法调频广播五位一体的监测体系。5月中旬，中心会同局科技处组织部分文委和各区广电中心在顺义进行无线广播信号干扰应急处置演练。

四、应急演练

5月中旬中心会同局科技处组织部分文委和各区广电中心在顺义进行了无线广播信号干扰应急处置演练，进一步提高了各单位迅速判断、查找无线广播干扰信号的能力，进一步熟练掌握了场强仪、800M集群电话等专业设备操作使用技能，增强了对广播电视安全播出突发事件的应急处置能力。

五、队伍建设

按照“一规一表一册一网”及“B+T+X”体系要求开展落实各项工作，制定中心党支部学习计划和活动方案，定期组织党员干部开展学习教育和主题党日活动。召开主题组织生活会，学习宣传部部长杜飞进在宣传系统庆祝建党97周年活动上的党课报告《大就要有大的样子》。7月底，监测中心、审查中心党支部前往白洋淀，联合组织开展主题党日活动。8月中旬，党支部组织党员及入党积极分子前往中国国家博物馆，参观“复兴之路”及“复兴之路·新时代部分”大型主题展览。9月中旬，监测中心党支部开展“铭记历史 勿忘国耻 坚守信念 筑梦未来”主题党日活动，参观西洋楼遗址及“三一八”烈士墓。

（北京市广播电视监测中心）

北京音像资料馆（北京广播电影电视研究中心）概况

北京音像资料馆成立于1986年，主要从事音像资料译制、收藏、观摩、制作等工作。2008年9月加挂“北京广播电视研究中心”的牌子。2009年9月更名为“北京广播电影电视研究中心”。主要职责是承担本市广播电视方面的政策研究和重点课题的研究工作，承担有关音像资料的收集、整理、研究以及挖掘和补救工作。先后译制200余部国外影视资料片；与全国各广播影视音像系统交换影片300余部；目前收有150余部“50年公共版权”范畴的电影作品；近年来还特别收藏了具有浓郁北京历史文化特色的老北京影像资料和专题片《这里是北京》155集，共7000余分钟。收集、制作并收藏了1995年至2005年北京广播电影电视精品荟萃《声屏华彩》，共约3000小时。购置2套非线性编辑设备、1套数字录音设备、3套数字摄像设备、1套数字照相设备、1套光盘自动检索设备、1套媒资管理设备。馆藏资料库容100余平方米，存储各种载体的音像资料3万余部集、7万余盘、册。其中，视频节目1.5万余部集，音频节目1.5万余盘。编辑研究月刊、年度研究成果汇编等刊物和书籍。

2018年主要工作：

一、研究工作

完成10期《北京广播影视决策参考》月刊编发工作，刊登文章约300篇，刊发各种行业动态信息200多条；完成《北京广播影视发展研究文集（2017）》一书的编辑出版发放工作，共收录文章33篇，27万字，分管理篇、广播篇、电视篇、新媒体网络篇等，优选编辑来自北京市广播电视局、北京北广传媒集团、北京电台、电视台和中国电影博物馆和区广电中心的优秀研究成果及重大课题的文章。

二、资料工作

每月完成50至60盘、3000余分钟的老旧音像资料内容整理、移交登记、磁带修复、归档登记、库房存储等工作；全年完成共计650余盘，约39000余分钟。

拍摄“口述历史”项目工作，先后采访10余名老同志，拍摄时长约5000分钟，查找调阅北京电台、电视台、馆藏资料（素材）约500多分钟，全部完成成片。“口述历史”所有影像资料全部留存于媒资系统，并以高清DVD形式保存入光盘塔。

三、史志年鉴工作

2018年10月，召开第二轮《北京志·广播电视志》复审评议会。12月7日，召开第二轮《北京志·广播电视志》复审会，与会专家一致同意第二轮《北京志·广播电视志》通过复审，根据提出的意见修改复审稿，并于年底上报终审稿（初稿）。完成《政府志》《信息志》等供稿和校对工作。

编纂《北京广播影视年鉴（2018）》工作。在编辑进度上继续采取制定时间节点、明确栏目责编、优化编辑流程等措施，完成特载、专项纪事、概况等19个栏目的编纂工作。6月底，完成向《中国广播电视年鉴》《中国新闻年鉴》《北京年鉴》等上级年鉴供稿，提供概况、大事记、节目播出、新媒体等13个栏目、8万字左右的稿件。在全国史志工作年会上，为北京市新闻出版广电局赢得2017—2018年度年鉴工作先进单位称号。

（北京音像资料馆/北京广播电影电视研究中心）

北京市广播影视作品审查中心概况

2006年，北京市广播影视作品审查中心成立，是由1994年11月成立的原北京市电视节目供片中心改建而成。主要职责：承担组织北京地区新出品及引进广播影视节目内容的审查、复审相关工作；收集、加工、整理广播影视作品各类信息以及有关公益性宣传资料片；建立和维护影视作品数据档案库；承担北京市广播影视协会秘书处日常工作。

2018年主要工作：

一、作品审查情况

全年共审查北京地区出品的影片410部，同比增长17.1%，其中国产数字电影385部，中外合拍片25部。重审影片161部次，其中全片重审42部次；初审电影剧本1012部次，同比减少12.8%，其中重审剧本226部次。审查展映影片90部，同比减少32.8%，涉及立陶宛、阿根廷、法国、德国、塞尔维亚、西班牙、印度、中国香港等8个国家和地区。

组织审查国产电视剧70部3131集，动画片20部555集5556分钟。引进节目2部，引进动画片1部28集。复审电视剧134部次，其中协助广电总局上星复审24部次。审读剧本3部77集，审读电视剧备案公示636部，审读备案论证5部117集。召开疑难问题剧沟通会7次。在所审的70部国产电视剧中，当代题材40部占57%，现代题材2部占3%，近代题材21部占30%，古代题材7部占10%。

组织初审网上引进境外电视剧94部次，其中初审68部960集，复审26部次，复审率为38.2%；不予通过5部，通过率为92.6%。同比初审增加15部，增长率为28.3%，集数增加257集，增长率为36.6%。初审网上引进境外电影162部次，其中初审132部，复审30部次，复审率为22.7%；不予通过16部，通过率为87.9%；同比初审减少51部，减少率为27.9%。

共组织690多次专题审查讨论会，收集处理7200多份审查意见。

二、送审作品情况

国产电影。故事电影为主，占审查影片总数的91%；动画电影占审查影片总数的2%；纪录电影占审查影片总数的5.8%；特种及科教电影5部，占审查影片总数的1.2%。完成片审查数量持续大幅增长，剧本审读数量有所减少。国产影片审查数量较2017年同期增长17.1%；剧本审读数量较2017年同期减少12.8%。在电影审查综合评分5分制中，4分及以上（优秀）15部，占总数的3.7%；3~4分（良好）55部，占13.4%；3分以下（较差）340部，占82.9%。2018年，不予通过的影片共计31部，占7.6%，建议不予通过影片2部，占0.5%。

国产电视剧。审查数量略有减少，质量有所提升。综合评分4分以上作品17部，占总量的24%。现实题材作品依然占主流，大部分作品贴近生活、接地气。夸张雷人的抗战剧减少，尊重史实、创作角度新颖、场面宏大的作品增多。过于追求娱乐化的“闹剧”减少。2018年推荐优秀电视剧4部：当代都市题材《你迟到的许多年》《启航》，当代涉案题材《走火》，古代传奇题材《虎啸龙吟》。推荐优秀动画片6部：《茶娃传奇（1—52）》《酷杰的科学之旅——史前动物》《酷杰的科学之旅——海洋探秘》《酷杰的科学之旅——人体奥秘》《宇宙护卫队》《冰雪冬奥村》。整体看，思想性、艺术性和观赏性俱佳，向上向善的作品越来越多，价值取向偏差、泛娱乐化和低俗倾向等得到有效的遏制和改变。

网上境外影视剧。综合评分7分以上的中上等作品占85%以上，其中8分以上的优秀作品占引进总数的三分之一。其中优秀电影41部，占总数31.1%；优秀电视剧19部，占总数27.9%。

境外电影片源涵盖美国、英国、法国、加拿大、德国、日本、泰国、西班牙、墨西哥、丹麦、芬兰、比利时、荷兰、印度、以色列、荷兰和中国香港、中国台湾等19个国家和地区；境外电视剧片源涵盖美国、英国、日本、泰国、新加坡和中国台湾、中国香港等8个国家和地区。题材除都市、农村、古装、传奇、传记、涉案等常见类型外，还包括国内少有的科幻、悬幻、魔幻等。

通过审查，引进的境外影视作品政治导向、价值导向、审美导向符合中国国情和主流价值观。一些与中国传统道德观念和意识形态不相符的作品，通过修改也符合中国相关规定要求，使作品的泛娱乐化和低俗倾向得到改变。对于少数存在严重问题的作品不予引进。

三、审查工作措施

加强审查队伍和管理队伍建设。千方百计扩大筛选渠道，择优补充新审委，在知识结构、年龄结构等方面更加优化组合。同时继续向北京市广播电视局申请增加编制，引入政治理论基础好、有相关专业技能的管理工作人员。加强完善审查工作制度，在严格审查纪律的同时，对审查时间、审查工作量提出新要求。加强对重大题材和特殊题材的关注和审查把关。积极配合业务处室，做好工作的对接和协调。继续提前通知业务主管部门派员参加影视剧的审查讨论。审查意见作为局里做出行政决定的重要依据和参考。

四、队伍建设

突出政治理论学习，开展特色党日活动，落实“三会一课”制度，积极开展讨论，谈心活动，规范化建设进展顺利，继续加强党风廉政建设。

（北京市广播影视作品审查中心）

北京市广播影视协会概况

北京市广播影视协会前身为北京市广播电视学会，成立于1987年7月15日，是北京市地方广播电视学术团体、社团组织，主管单位是北京市广播电视局。2013年6月25日协会召开第六届会员大会，正式更名为北京市广播影视协会，现任会长为杨淑琴。

协会的业务范围：开展调查研究和广播影视学术研讨活动，编辑出版学术期刊、学术著述和研究报告；加强行业自律，规范行业行为，逐步建立行业倡导、协调、保障、约束和仲裁等机制；协同有关部门组织广播影视评奖活动，促进广播影视节目、频道（频率）不断创优创新，多出精品，多出人才，推动广播影视质量的提高和学术研究的开展；协同有关部门进行从业人员培训，为建设北京市政治强、业务精、纪律严、作风正的广播影视队伍服务；维护广播影视行业和从业人员的合法权益，反映广大广播影视从业人员的意见和要求；开展有关业务的社会咨询，开展同国内、国外有关团体的交流与合作；承办有关团体和部门、业务主管单位委托的与本协会宗旨相关事宜。

2018年主要工作：

一、评选优秀节目

完善2017年度北京市优秀广播电视节目评选办法。推选工作历时两个月，严格按照评选程序和办法，经组织专家审听审看、讨论评议、投票表决和分级公示等程序，经报北京市广播电视局批准，评选出优秀节目153件，其中，北京广播电视台98件、歌华传媒集团下属公司8件、区广播电视中心47件。

二、各类奖项推选

按时完成“第二十七届北京新闻奖”“第二十八届中国新闻奖”“第十五届全国广播影视学术论文评选活动”和“2017年度中国广播影视大奖·广播电视节目奖广播电视新闻类节目评奖”的推选工作，其中由协会组织向第二十八届中国新闻奖推荐的参评作品有5件，还有部分中国新闻奖参评作品，由市记协从市广播影视协会推荐到第二十七届北京新闻奖的参评作品中选拔（2件获得一等奖、2件获得二等奖、1件获得三等奖），向第二十七届北京新闻奖推荐参评作品55件（2件获奖组织策划奖、11件获得一等奖、16件获得二等奖、21件获得三等奖），向第十五届全国广播影视学术论文评选活动推荐参评论文4篇（1篇获得新媒体研究类一等奖、1篇获得媒体经营研究类一等奖、1篇获得内容研究类二等奖），向2017年度中国广播影视大奖推荐参评作品10件。

三、评优推奖管理

参照中国新闻奖、中国广播影视大奖以及北京新闻奖有关规定，北京市广播影视协会组织的一系列评优推奖工作，均要求所有参评单位层层把关，填写《诚信参评承诺书》，并逐级公示。通过评优推奖工作鼓励创新创优，切实提高党的新闻舆论传播力、引导力、影响力、公信力。

四、学刊编辑出版

编印12期《北京广播影视》学刊，围绕中心，服务大局，配合北京市广播电视局工作部署组织稿件，重点突出，文图并茂，成为全市广播影视行业交流经验、开展研究的园地。

五、协会建设

参加"'记录新时代'创作规划座谈会"，与首都广播电视节目制作业协会、北京网络视听节目服务协会、首都纪录片发展协会、北京影视动画协会等联合发出倡议，号召协会及其会员单位坚持以人民为中心的创作导向，积极拥护党和政府的各项举措，始终把社会效益和社会价值放在首位，坚守专业、敬业、精益求精的创作态度，推动首都电视文艺作品在新时代焕发新气象，实现高质量发展。及时学习掌握有关行业组织管理的相关政策法规，自觉遵章守纪，不断完善协会内部的规章制度，顺利通过2017年度财务审计和社团年检。配合巡视组完成协会巡视检查工作，组织撰写巡视整改报告。参加市民政局社团办组织的社团评估工作并取得3A等级。

（北京市广播影视协会）

北京广播电视台概况

北京广播电视台成立于2010年5月31日，是在原北京北广传媒集团、北京人民广播电台、北京电视台的基础上组建而成的大型传媒机构，是市委、市政府直属事业单位。2015年11月29日，北京广播电视台启动新一轮改革。2018年，所属单位包括：北京人民广播电台、北京电视台、北京广播电视报社、北京广播电视台服务中心和北京新媒体（集团）有限公司。

2018年主要工作：

一、宣传报道

围绕习近平新时代中国特色社会主义思想、党的十九大精神、社会主义核心价值观等重大理论、重大主题，推出《新时代、新气象、新作为——践行十九大精神基层行》《新时代、新航程》等一系列具有重大影响力和引导力的主题报道。加强理论宣传创新，积极探索以"小视角"体现"大格局"，推出"红墙意识"系列电视报道，以丰富细腻的报道方式取得良好宣传效果。庆祝改革开放40周年，分别推出"壮阔东方潮　奋进新时代"广播电视专栏，制作播出《改革开放，关键一招》《中关村——变革的力量》等特别节目。围绕市委市政府中心工作，密集推出《疏解整治促提升》《街乡吹哨，部门报到》等主题宣传报道。推出社会民生类节目《向前一步》，得到社会各界的广泛关注和一致好评。落实完善重大主题宣传联动工作机制，完成市两会、全国两会、博鳌亚洲论坛、上合组织青岛峰会、中非合作论坛北京峰会等重大报道工作，启动第三季《天涯共此时——"一带一路"》《壮阔东方潮　筑梦京津冀》等大型新闻行动，与通州广电中心签订战略合作协议加强新闻宣传和频率资源领域合作。

二、精品生产

坚持新闻立台，做强做优新闻节目。电视新闻《北京您早》《北京新闻》收视位列同时段省级卫视第一，新闻广播微信公众号"问北京"、交通广播微信公众号"1039调查团"多篇报道获市委市政府领导批示。持续打造"北京春晚""跨界系列"《养生堂》《档案》等众多内容。《2018年北京电视台春节联欢晚会》连续五年蝉联省级卫视同时段冠军。推出《上新了·故宫》《国粹+》

等新节目。突出内容策划编排的现实主义特色，策划《中共中央在香山》《中关村》《新运河人家》三部广播剧，播出《美好生活》《好久不见》等多部现实题材电视剧。举办第八届北京国际电影节、第三届“诚信北京315晚会”“主播新势力”北京电台华语广播主持人大赛、“听见经典”系列大型诵读活动，开展《美丽乡村，筑梦有我》《牵手蓝天》等大型公益行动以及“北京榜样”评选、“V蓝·北京”等活动。截至12月底，北京卫视全天时段和晚间时段35城、52城排名均双双夺冠，在收视竞争上取得历史性突破，改写一线卫视竞争格局。

三、融合发展

融媒体报道渐成常态，多项重要报道成效显著。围绕第五届京交会、上合组织青岛峰会、高考等重要会议和重大活动高频次推出融合报道。自主策划打造多款颇有影响力的新媒体产品，超级月亮、春节灯谜猜猜猜等多款热点节目产品。“全国两会全景虚拟演播室”实现新媒体端报道的规模化呈现。举全台之力组建成立融媒体中心，全力打造以广播、电视、移动端等音视频为载体的新型主流媒体。推出“北京时间”网站及App的4.0版本，日均访问用户数（UV）达6000万、日均页面浏览量（PV）4亿。完成“听听FM”客户端改版上线工作。北京电台与大兴区委签署深度融合战略合作协议，携手打造全市首个区属媒体+市属媒体多方协作、融合传播的新型融媒体平台。

四、技术保障

完成元旦、春节、全国两会、北京市两会、上合组织峰会、中非合作论坛北京峰会、国庆等重要保障期内的安全播出和信息网络安全保障工作。加强对运维人员的管理，制定《北京电视台运维人员管理办法》《北京电视台运维人员绩效考核管理办法》等管理措施。完成SNG卫星车的系统改造，增加光传输设备。完成电视台《新闻融合媒体制播网络系统》深化设计、建设、调试及培训工作，《北京新闻》栏目制播迁至该系统，标志着电视新闻融合制播网络系统正式上线运行。完成北京电视台《融合媒体云平台项目》基础设施建设和安装调试工作，北京电视台《广告业务数据分析与管理系统》招标工作，北京电视台物理监控系统四期项目全平台大规模扩容及上线运行工作。全力推进北京电台录音制播区域改造项目，建设融媒体新闻报道指挥调度中心、融媒体演播室和融媒体产品矩阵运营中心。继续推进北京电台融媒体节目制播平台“讯听云”建设，实现平台化、私有云部署、个人设备安装移动端等重点业务目标。

五、经营创收

各栏目积极开发节目衍生品、增加冠名收入、加强联盟合作、开拓产业链条，拓展经营渠道。北京电台探索台级大型报道活动的商业开发；青年广播为国际航空客户定制系列节目《我爱我的国》，开创季播节目的商业合作新模式；“1039探路车”活动通过广播节目连线、视频直播等融媒体的形式实现营销创收115万元。北京卫视频道、京视卫星公司召开北京媒体与企业沟通会，同50多家市属重点企业进行深入对接；京视电广公司通过产业与栏目深度合作，在家装、旅游、旅居、电商四大产业发力。新纪实传媒公司与日本NHK公司及英特维公司共同筹资制作“守望者”系列纪录片第二部《美人谷》。

在拓展经营的同时，资本运营工作也取得新进展。与北京文投集团共同发起成立总规模30亿元的文投京视影视产业投资基金。京视传媒与天星世纪公司战略合作，获得6000万元的资金支持，用以投入公司自主开发或合作开发的影视项目。截至2018年10

月，北广文资歌华基金投资9个项目，17380万元；北京合音基金投资5个项目，1810.5万元。全台资产总额187.74亿元，同比增长9.2%；实现营业收入50.82亿元，同比增长1.3%。

六、内部建设

落实意识形态工作责任制，出台《北京广播电视台意识形态工作责任制实施细则》，成立北京广播电视台意识形态工作领导小组。加强意识形态研判和舆情通报工作，全年6次专题研究意识形态有关工作。加强新闻宣传管理和内容安全管理，在策、采、编、审、播、宣、评等各环节加强舆论导向把关，认真落实节目选题申报与播前审查审看制度、重播重审制度，健全完善内容安全责任追究处罚制度。按照“谁主管谁负责、谁主办谁负责”的原则，加强对台属企业各类意识形态阵地的管理，将正确宣传导向要求贯穿到新闻宣传和产业经营工作的各环节和全过程。坚持舆情研判与舆情防控相结合，统筹全台资源，开辟绿色通道，建立和完善反应灵敏、协调顺畅、运转高效、应对科学的突发公共事件新闻报道应急管理体系，及时、准确报道突发公共事件信息。

梳理全台全民所有制企业情况，推进9家企业的改制工作，如推进北京广播影视人才服务中心转企改制工作。制定企业压减工作实施方案，确定三年压减15家企业的目标。制定《北京广播电视台关于所办企业清理规范实施方案》。积极稳妥推进深化改革工作，制定《北京广播电视台深化改革实施方案》。

按照全市宣传战线大调研工作动员会议精神制定实施方案，开展课题调研110项。

（北京广播电视台）

北京人民广播电台概况

北京人民广播电台（英文缩写“RBC”）成立于1949年2月2日，最初称北平新华广播电台；历经几次更名变迁，1951年3月11日改称北京人民广播电台（以下简称北京电台）。

2018年，北京电台拥有10套开路广播，即新闻广播、城市广播、故事广播、体育广播、音乐广播、交通广播、文艺广播、外语广播、青年广播、动听调频等十个专业频率；拥有15套有线调频广播、14套DAB数字广播、1个数字电视频道、1套卫星广播，全天播出栏目182个、播音时间343小时，总发射功率213.5千瓦。

北京电台的海外合作，2018年扩展到四大洲11个国家和地区的19家电台媒体，包括3个国家级电台，在美国、俄罗斯、加拿大、法国、澳大利亚、新西兰、新加坡、韩国等。

2018年，北京电台收听率为2.669%，同比上升0.72%，市场份额为71.83%，同比上升5.54%，收听率和市场份额继续占据北京广播市场第一的位置。2018年北京电台总收入9.57亿元，其中北京广播公司及所属企业收入5.71亿元。截至2018年年底，北京电台总资产28.5亿元，其中北京广播公司总资产6.64亿元。

2018年主要工作：

一、主题宣传

2018年，北京电台推出新节目27档，开展重大宣传报道53次，开设专栏100多个。围绕主题宣传，特别推出《习近平总书记视察北京讲话四周年特别报道——北京八分钟》；多个专业频率联合推出《贯彻党的十九大精神 践行红墙意识》宣传报道；围绕“庆祝改革开放四十周年”主题，五频一网联手推出“壮阔东方潮 奋进新时代”专栏，通过近百篇报道立体展现北京改革开放的时代宏图。同时，围绕落实城市总体规划、疏解整治促提升、推动首都经济高质量发展、加快城市副中心建设、促进京津冀协同发展、筹办冬奥会冬残奥会、大气污染防治等与人民生活福祉相关的主题，精心策划宣传。新闻广播“思想的光芒穿越时空——《共产党宣言》问世170周年”特别报道，获得中宣部表扬；纪念“一带一路”倡议五周年大型报道《独行快，众行远》实施全媒体传播；北京两会和全国两会期间，北京电台播发报道700余篇，获得中宣部点名表扬。

二、特色节（栏）目

“三新”专栏在新闻广播、交通广播成为常态专栏，推出首周即得到中宣部点名表扬，专栏发稿300多篇；“奋斗创造幸福——新时代我们的故事”专栏采用广播录音、系列微视频等形式，展现新时代奋斗者的新风貌；“一路向前，中国加速度”大型报道通过实地探访，呈现高铁发展给人民生活带来的改变；城市广播《市民对话一把手》邀请政协委员、政府部门一把手，在全国首次直播提案办理过程；体育广播推出《激情冰雪，魅力冬奥》系列报道和落地活动，新闻、交通、体育、外语4个频率开设“2022相约北京”专栏12个，积极为冬奥会做好舆论引导。

新闻广播微信公众号“问北京”立足《新闻热线》栏目，展开追踪报道和舆论监督，多篇报道获得市领导批示，直接促成问题的解决；一些区、委办局将“问北京”纳入问题反馈机制。交通广播与市政府服务热线12345合作的热线栏目《12345，我们在行动》开播一年来，播发129篇热线调查，并制作成《市长电话值班专报》。微信公众号“1039调查团”推出半年，有3篇热线调查得到市领导的批示。北京电台“问北京”和“1039调查团”两个微信公众号报道的问题，被市委督查室信息处纳入督办机制。

新闻广播推出《主播在线》节目，强化主播个性和风格塑造；《大城小事》扩版后更加注重故事性和京味特色；城市广播《教育面对面》《健康加油站》线上线下活动结合，影响力持续提升；文艺广播《打开文化之门》《诵读小站》及交通广播《1039听天下》等节目聚焦文化历史，从内容和表现的维度创新；品牌节目《一路畅通》拓展融合传播路径；音乐广播《你的故事我的歌》利用多媒体打造情感类音乐互动节目；体育广播《冬奥加速度》短音频碎片化传播尝试获得听众认可；故事广播打造京味文学，推出《胡同范儿》《老爷子朱旭》等精品有声阅读作品；动听调频特色栏目《麻雀特工》，行走足迹覆盖的城市已达23个；青年广播打造《青年说》等青春励志节目，在青年群体中彰显引导力；外语广播双语教学节目《小鬼当家》增加“魅力中国”等板块突出文化传承，被列入广电总局年度少儿节目精品发展专项资金扶持项目。

北京电台全年有5件作品分别获得第二十八届中国新闻奖一等奖、二等奖、三等奖；5件作品获2015—2016年度中国广播影视大奖（2018年1月16日揭晓）；8件作品获2015—2016年度中国广播影视大奖提名奖；17件作品获第二十七届北京新闻奖；总编辑王秋获第十五届长江韬奋奖。

同时，北京电台得到中宣部《新闻阅评》及领导批示表扬8次，市委宣传部《新闻阅评》及“走转改专刊”表扬6次；收到来自国家教育部、市人大常委会、市政府服务热线、市外宣办等部门的感谢信 7 封。

三、品牌建设

举办各类品牌活动 33 项、300 多场。“北京榜样”大型主题活动，配合全市中心工作展开，入选“北京榜样”的人物数量多、分布广，影响力显著扩大。城市广播举办第八届“北京魅力社区评选表彰”，展示出社区生活新风貌。故事广播举办“餐桌上的 40 年”征文，从餐桌角度抒写首都市民生活 40 年的变化。音乐广播“歌唱北京”原创歌曲征集活动，助力全市文化精品工程打造。外语广播举办“我的冬奥梦”全国青少年英语大赛，覆盖北京近 200 所中小学校。听听 FM 客户端推出“壮阔四十年 书香伴耳边”活动，以 40 多部有声阅读精品展示改革开放的文化硕果。2018 年“主播新势力”华语广播主持人大赛， 吸引 600 余名全球华语主持人参赛。北京电台品牌传播部举办“听见经典”系列大型诵读活动；北京电台主持人版小剧场话剧《奋不顾身的爱情》全年商演 21 场；《乐享四季 · 北京广播音乐会》系列公益活动，打造出独具特色的“空中广播音乐会”。文艺广播《诵读小站》通过节日和纪念日主题诵读活动，提升公众阅读兴趣与体验。交通广播“好司机养成记”App 的 18.8 万注册用户，65% 有行程记录。多种展示传播活动，使北京广播的品牌形象愈加鲜明。

四、媒体融合

北京电台媒体融合的主运营平台“听听 FM”改版升级，重点打造互动直播、社区社群、精品音频板块；2018 年 11 月，新版上线后呈现版权节目 12 万集，音频专辑 1400 张，同时推出网络首播的 6 档音频点播节目以及 3 档音视频直播节目，自制节目一个月更新近百期。北京广播网扩大原创占比，提升传播效果；电台微信矩阵的 83 个微信公众号，形成微信统一阵地；“建外 14 号”小程序四次升级，开发出背景声音播放、视频直播新功能。北京电台与新媒体合作有序推进，新开拓网易新闻、新浪看点、抖音等 11 个平台，合作官方账号 28 个，全年推送图文稿件 1500 余条、视频 400 余条、直播 300 余场，视频播放量 5000 多万次。

五、技术保障

推进录音制播区域工程项目改造，建设融媒体新闻报道指挥调度中心、融媒体演播室和融媒体产品矩阵运营中心，改造建筑面积 4953 平方米。截至 2018 年 12 月底，北京电台融媒体节目制播平台“讯听云”共完成 24 个版本的迭代，2.0 至 2.7 版顺利上线，推出云桌面、线索库、选题库、图片转文字等功能，实现媒资生产网与讯听采编云平台的系统对接；同时，用户数据管理系统项目完成并通过专家论证和验收。交通广播完成节目直播信息系统的融合，基本解决主持人直播多屏切换的问题。青年广播引入多镜头视角、多平台推送等可视化技术设备，进一步提升广播可视化技术水平。

优化频率覆盖效果。技术部门先后进行涉及 10 个调频频率的 16 次覆盖测试，摸清全台调频广播覆盖优化的切入点，发现并清理违法黑广播频率 10 余个。92.3MHz、94.5MHz 、95.4MHz、98.2MHz 四个调频获得在两个站点发射的正式批复，并开始正式运行发射，覆盖效果和安全播出保障水平得到提升。

六、产业发展

策划举办“广告资源推介会”，以舞台化形式推介电台的传播能力和营销价值；举办广告代理公司授权仪式，与代理公司共同探讨新形势下的经营策略。推出“听见经典”“改革开放四十年”等广告产品，“2018 俄罗斯世界杯”及交通广播“国际车展 + 品牌焕新”等产品，品牌投放总量超 900 万元。

“1039探路车”活动、为“国航”定制的节目《我爱我的国》等，尝试发掘商业合作传播新模式。北京电台为汽车厂商量身定制软性合作，提前完成年度广告投放；与“阿里集团”年度框架协议合作企业增至84家；与“业之峰”客户灵活配合，提前签署次年协议，投放同比上浮50%。另外，“公益广告套餐”“小微客户广告套餐”产品受到客户认可。全年创作公益广告47条，公益广告播出刊例价格9900多万元。《父亲专注十五分钟的陪伴》获得2018中国公益广告黄河奖金奖。

北京广播公司由全民所有制改为有限责任公司，更名为北京广播集团有限公司。同年，北京广播公司申报成为国家级“国家知识服务模式（综合类）试点单位”。根据相关方案，企业压减管理层级，减少法人户数，在34家企业中，关停注销15家，转让4家，企业层级从四级减少到三级。

广播大厦管理公司实现营业收入10372万元，利润总额801万元，完成全年预算的114%。北广家购开通“北广生活时间”微信商城，并成为北京2022年冬奥会特许零售商。1039俱乐部获“2018中国广播创新融合十大案例”奖项，其“声动南极”活动，150人包船客均单价超过9万元，刷新同业纪录。悦库时光公司出品的《北京老规矩》获“2018年度北京影视出版创作基金优秀数字出版物项目奖励”。北广合意公司推出的大型话剧《茶餐厅》演出15场，并获2018年度国家艺术基金250万元资助。截至2018年年底，北广文资歌华基金共投资9个项目，完成投资金额共计19880万元。北京合音基金投资5个项目，完成投资1822万元。同时，北京电台8个节目团队全年实现收入3868万元，其中线上广告收入3180万元。

（北京人民广播电台）

北京电视台概况

北京电视台成立于1979年5月16日，英文缩写“BTV”。开办有北京卫视、新闻、文艺、科教、影视、财经、体育、生活、青年、卡酷少儿、纪实、外宣12个频道，播出17个频道，其中，北京卫视、新闻、文艺、影视、体育5个频道高标清同播，纪实频道高清播出。北京卫视、卡酷少儿、纪实、外宣是上星播出频道。每天播出时间383小时，全年播出14万小时。

2018年主要工作：

一、宣传报道

做好党的十九大精神和庆祝改革开放40周年重大主题宣传。重点推出《在习近平新时代中国特色社会主义思想指引下——新时代新作为新篇章》《壮阔东方潮　奋进新时代——庆祝改革开放40年》等系列专栏和习近平视察北京四周年系列报道《新时代、新航程》以及《新时代大家谈》大型谈话节目。北京卫视频道于12月18日上午与中央电视台综合频道同步直播“庆祝改革开放40周年大会”盛况，各档新闻栏目及时报道首都各界踊跃收听收看庆祝改革开放40周年大会实况的情况，并配发相关评论。探索理论节目通俗化，策划制作播出大型通俗理论广播电视融媒体节目《改革开放，关键一招》。各频道于11月至12月期间，陆续播出《这里是通州》《中关村——变革的力量》《中关村——四十年的足迹》等多部大型纪录片和专题片。北京卫视播出庆祝改革开放40年现实主义题材电视剧《正阳门下小女人》《大江大河》，卡酷少儿频道《穿越吧少年——飞行员爷爷的礼物》被评为国家广电总局“庆祝改革开放40周年”优秀少儿节目。

围绕全市中心工作宣传报道，密集推出宣传报道。开设《疏解整治促提升》《街乡吹哨部门报到》《优化营商环境我们在行动》等专栏。参与城市公共治理，推出社会民生类节目《向前一步》，该节目数次位列全国同时段收视第一名，成为省级卫视周末晚间黄金档收视冠军，被国家广电总局评选为创新创优节目。承制市委组织部《新时代新担当新作为》基层党员访谈特别节目，共17期。“市民对话一把手”升级为大型直播访谈节目，两度与观众见面，成为协商议政新平台；与天津电视台、河北电视台联合打造大型新闻行动《壮阔东方潮　筑梦京津冀》，全面展现京津冀协同发展4年来的成果。推出“初心·使命·家书——廉洁颂主题纪律教育”、礼让斑马线、行走京西生态绿廊、北京大工匠等特别报道。

进一步提升传播力，融媒体报道不断加强。2018年8月，北京广播电视台融媒体中心挂牌成立。高水平建设全新的600平方米融媒体演播室，采用先进的舞美设计，引入新型视觉呈现手段。2018年初开始，北京电视台与北京电台、新媒体集团联袂在“不负京华好春光”“红墙意识”“上海合作组织国家媒体北京论坛”“上合组织青岛峰会”“京交会”“高考”等重点报道中展开融媒体报道。启动第三季“天涯共此时——‘一带一路’”大型新闻行动、“BTV庆祝改革开放四十周年”等系列视频展开跨屏传播攻势，屡次登上各大互联网平台首页，占据热搜榜前列。“全国两会全景虚拟演播室”实现新媒体端报道的规模化呈现，受到国家广电总局《收听收看日报》的肯定。国庆升旗短视频《近十五万群众天安门观礼　共祝祖国生日快乐》，播放量全网超过500万，得到中宣部表扬。打造“BTV新闻”“京视频”“BTV养生堂”“法治进行时”“BTVi生活”等一批颇具影响力的新媒体账号，自主策划的多款融媒体产品在全网播放量达到千万量级。

拓宽报道格局，新闻影响力不断提升。在北京卫视开设《首都晚间报道》，形成覆盖早中晚夜的新闻报道格局。加大国际新闻报道量，做到本土、国内、国际新闻全覆盖，实现节目样态和报道水平的提升。全年共采访、编辑、制作、播出新闻超过5万条，向中央电视台供稿3100余条，《新闻联播》发稿95条。《北京您早》《特别关注》《北京新闻》三档新闻同比上年收视涨幅均超过20%，其中《北京您早》和《北京新闻》竞争力始终稳定在高位，均位列同时段省级卫视第一。全台共有27件作品分别获得中国新闻奖、中国广播影视大奖、电视文艺“星光奖”等国家级和市级奖励。

二、品牌创新

北京卫视夺得全国卫视收视冠军。同时，北京卫视连续多年保持收视高位增长，成为2018年省级卫视第一阵营中唯一实现收视增长的卫视。卡酷少儿频道位列全国省级卫视上星频道全天时段排名第9，首次进入省级卫视和上星频道前10。在北京地区所有频道品牌价值排名前10中，北京电视台占据7席；有10个频道进入排名前20位。

大型活动反响热烈。《2018年北京电视台春节联欢晚会》取得收视和口碑双丰收，35城、52城收视率排名第一，连续五年蝉联省级卫视同时段冠军。第八届北京国际电影节受到国内外广泛关注，共有79家企业的38个重点项目现场达成签约合作，总金额达到260.8亿元，同比增长约49%。与黑龙江台和河北台联合举办的《2019年环球跨年冰雪盛典》反响热烈。举办《第八届喜剧幽默大赛》、第三届“诚信北京3·15晚会”、第六季“带本书给家乡的孩子”《阅读“益”起来》大型公益活动。重点节目热度不减。推出《非凡匠心》（第二季）、《传承中国》、《创意中国》、《中国故事大会》（第二季）、《我是演说家》（第四季）、《北京评书大会》等季播节目，做好首都文化大文章。《跨界歌王》《跨界喜剧王》等大型综艺节目弘扬社会正能量，实现社会效益与市场效益双赢。

北京卫视播出的《上新了·故宫》是故宫博物院首次与省级卫视联手推出的大型文化节目，播出后广受好评，在电视端收视率第一、互联网端热度第一。文艺频道推出“最美”系列活动及大型文化项目《国粹＋》——“水路 戏路”大运河年度戏曲精品大汇。科教频道推出“决胜执行难”主题大型融媒体直播报道。财经频道推出《京津冀大格局》《诚信北京》。体育频道直播世界杯64场比赛盛况。生活频道品牌节目《生活这一刻》《全民健康学院》《美食地图》升级节目形式。青年频道开发《国际双行线》系列节目。卡酷少儿频道爱国歌曲改编新唱竞演节目《童声英雄》，献礼改革开放40周年，获得国家广电总局专题表扬。历史文化体验类节目《爱上博物馆》打造“大博物馆”概念，获国家广电总局“庆祝改革开放40周年”优秀少儿节目一等奖。纪实频道打造重大题材纪录精品，与东盟中心合作4K东盟全景纪录片《嗨！东盟——一带一路之东盟行》，与国资公司合作五集系列片《双奥之城》，彰显北京电视台创作实力和文化品质。

影视剧播出口碑收视俱佳。北京卫视品质剧场、上午剧场、午茶剧场收视表现优异，均位列35城、52城省级卫视第一，在省级卫视晚间黄金剧场全年收视排名前五的电视剧中，《风筝》《娘道》《正阳门下小女人》占有3席。在播出的14部剧中，有7部收视过1%，6部同时段排名第一。《风筝》《娘道》《面具》等剧成为年度“现象级”大戏。26集大运河文化主题动画片《大运河奇缘》项目纳入中宣部和国家广电总局“中国经典民间故事动画创作工程”项目。庆祝改革开放40周年12集动画短片《动画时光机》获得国家广电总局2018年重点动画项目扶持资金。

三、技术保障

圆满完成元旦、春节、市两会、全国两会、上合组织青岛峰会、中非合作论坛北京峰会、国庆节等共49天重保期的安全播出保障任务，未发生一起重大安全播出事故和重大网络安全事件。严格落实意识形态工作责任制，建立全台新闻宣传舆情通报与研判机制，成立北京电视台国家安全人民防线建设小组。进行保密工作大检查，增强全台保密意识。重新修订《北京电视台节目内容安全管理办法》，严格执行三级审看和重播重审，细化备播工作流程，优化备播岗位值（排）班制度等措施，节目部门与技术部门密切配合，排除了多起安全隐患。2018年7月，市新闻出版广电局委托第三方专业机构，在全市宣传单位开展安全播出及网络安全检查，并对重要系统进行安全等级评测，北京电视台安全播出及办公网系统等级保护测评成绩突出。

技术保障项目全面推进。网管部和制作部负责的融合媒体生产云系统业务试运行。推进云架构升级转型，通过资源整合调配、能力聚类共享、工具灵活迭代，全面提升融媒体业务支撑能力，为融媒体环境下“一次采集、多元生产、多端传播”创造技术条件。在新闻云项目建设中，部署移动文稿和视频采集工具，建设统一指挥调度系统，实现内容采集、生产过程中的异地协同，内容策划、分发环节的台网协同，对人员、资源进行统一调度，适配融媒体环境下新闻内容生产要求。播出部和总工办负责的播出系统高清化改造项目完成前期规划、招标采购和合同签订任务，进入实施阶段，引入智能化监测、处置手段，实现应急处理自动化，优化播出中心岗位配置，提高安全播出保障水平。总工办、制作部、转传部负责的移动多通道系统完成项目前期规划、立项申报、财政评审任务，提高视、音频传输能力和通话系统的稳定性。总工办积极推进超高清电视技术系统建设工作，参与奥林匹克转播公司（OBS)在中央电视台组织的4K转播研讨会，为2020年东京奥运会和2022年北京冬奥会转播工作做好技术准备。配合落实北京奥运频道技术系统建设方案，积极推进4K超高清项目建设规划。完成SNG卫星车的系统改造，增加光传输设备，为新闻SNG节目直播做好技术支持。制作部推出“一条龙一站式服务”的创新模式，应对不断变化的节目生产需求。

安全生产工作成绩突出。全年北京电视台17个播出频道共播出节目约140473.5小时，停播率约0.14秒/百小时，创历史最好成绩。

四、产业经营

广告经营新措施产生效果。广告部与节目中心共同组建融合小组；在经营工作中坚守广告价格体系，全力维护全台利益和平台价值；对广告业务系统进行平台化升级改造；建立收入通报机制，规范节目经营统筹协调领导小组的工作流程；对违法、违规广告进一步加强监管。

企业清理和经营取得实质性进展。制定企业清理方案，推动企业清理工作，新纪实卫星公司股权转让工作已完成；产业集团下属企业的清理规范工作取得进展；南戴河400亩地处置进入最后审批、签约环节；4家企业的改制工作已经完成，1家企业的改制正在推进。按照企业经营发展的规律，逐步强化企业的薪酬管理和利润导向。台属企业积极参与节目运营，拓展经营渠道。

（北京电视台）

北京广播电视报社概况

北京广播电视报社是北京市属广电系统的传媒机构。正式成立于1988年9月，原隶属于北京市广播电视局，2001年5月起隶属北京广播影视集团，2010年5月起隶属于北京广播电视台。

《北京广播电视报》的前身，是北京电台1953年4月12日创办的《广播周报》，后更名为《北京人民广播电台节目报》。1976年1月9日停刊。1979年9月14日复刊。1989年更名为《北京广播电视报》。1989年1月起实行自办发行。当年发行量从邮局时最高的每期40万份，很快跃升到50万份、60万份和70万份。1990年至1993年每期分别递增到80万份、85万份和90万份。最高单期曾创115万份纪录。1995年，报社独家承办《北京电视》月刊，1998年，由月刊改为周刊。2002年9月，《北京广播电视报·人物周刊》办。2016年上半年，《北京电视》更名为《北广人物》，原《北京电视》版面内容平移至《北广人物》，于4月7日正式出版。此外，2005年，取得数字电视《置业频道》的经营权并正式开播。同年还创建北广报刊网，2018 年更名为北广网。

2018 年主要工作：

一、报刊出版

2018 年，报社在内容生产上，贯彻落实意识形态主体责任，积极推进媒体融合，报社一报一刊策划“阅读北京”“燕京八绝”等系列媒体联动报道，新媒体即时推送；策划多期重点报道纪念“改革开放 40 周年”，包括《纪念改革开放四十周年北广人物文化访谈录之播音主持篇——声音的故事》《纪念改革开放四十周年特别报道：王春元讲述 40 年两代人的创富故事》等，从北京广电人、观众、电视剧多角度对改革开放 40 年进行回顾和报道，引起广泛关注和好评；积极配合北京广播电视台及所属北京人民广播电台、北京电视台做好宣传服务工作，并采用媒体联动的报道形式；继续推行“重点和摘编选题会商制度”，通过会商减少选题重复，统一思想，增强采编人员的责任意识和导向意识。

二、新媒体传播

2018 年，报社两微一端一网，通过持续改造，逐步形成自身的特色。报社完成网络改造升级工作，出版流程无纸化持续推进，内网在平台全面铺开运行；做好报刊电子版外销工作，与“喜马拉雅”FM 平台达成合作意向，进一步拓展报社内容外销的渠道；大力推进图片库建设工作，满足报社一报一刊及新媒体的需求。报社官微以宣传报道老北京文化、新北京精神为主。推出北广家园微信和 App，与暖心屋合作的北广精选购物平台初见成效；报社第一档原创视频栏目“北广金点子”，10 月 28 日正式上线，为广大粉丝提供生活窍门及生活经验；人物官微根据《北广人物》周刊办刊特色，结合新媒体更新及时、表现形式丰富的特点，在社会突发事件中抢新闻，做主题式人物，弘扬正能量；北广网不断推陈出新，主页面改版 6 次，子页面改版 20 余次，上传文章近 7000 篇，北广网的平均日点击量达 5000 次；与北京市公安局政治部联合推出的《北京警察英烈谱》报道，20 余位英雄烈士登上《北京警察英烈谱》；组建团队，全面负责西城人大微信公众号的维护工作。全年推送公号 60 余次，采访 60 余次，摄影千余张，摄像近百小时。

三、经营创收

2018 年，报社经营环境与上年同期相比保持稳步增长的态势，虽然报刊发行量下滑幅度较大，但主营业务收入较上年同期增长 30 万元，全年收入总计 2110 万元，支出总计 1921 万元，经营利润 189 万元，比 2017 年增加 113 万元。在非传统广告经营活动方面，探索各种合作机会，不断开拓新的经营收入增长点，包括水晶云科技有限公司服务费、西城人大微信平台服务费、手机报服务费、北广家园服务中心宣传费等。

四、社会活动

2018 年，报社坚持以活动促经营理念，通过落地服务，努力挖掘各项社会活动的市场价值。开办北广朗诵团、摄影团、舞蹈队、太极队等多支文艺团队；组织二七车辆厂、龙顺成家具厂、景泰蓝公司、翠湖湿地公园摄影活动；举办十余次北广巴士、慢生活旅游等活动；积极组织读者参加“北广读者内容创新研讨大会”，为报社内容创新建言献策，实现开门办报。积极参加影视器材展、文博会、冬奥会等推广活动。文博会上，蔡奇书记来到报社展台前，他肯定《北京广播电视报》是一份深受京城老百姓喜爱的报纸。

（北京广播电视报社）

北京广播电视台服务中心概况

北京广播电视台服务中心成立于1990年10月，原称北京广播电视服务中心、北京广播影视物业管理中心，2011年变更为现名称。主要负责原北京市广播电影电视局、北京广播电视台产权房屋管理及职工住房房改；建外、安乐林、皂君庙办公区、歌华有线丰台总部基地办公区及职工宿舍区域的服务管理；集体户口管理；酒仙桥、铁匠营、礼士路宿舍区物业管理；经营建外、安乐林、皂君庙办公区、歌华有线顺义办公区、歌华有线志新桥办公区餐厅。以上后勤服务管理区域共10处，中心所管的房屋面积约25万平方米，员工260余人。

2018年主要工作：

一、安全保障

全年完成元旦、春节、两会、清明节、五一、端午、防汛、中秋、国庆等保障重要时间节点的播出安全。

定期对辖区内的发电机进行带荷或空载实验，对辖区内的主变压器和高压设备进行高压预试或检测，并完成辖区的避雷安全检测工作。定期对辖区内的高低压供电设备进行检查维护。定期检修维护建外办公区大楼景观照明设备。完成北京电台配电室增容改造工作，保障北京电台供电安全运行。加强供电设备的日常检查维护工作，发现问题及时解决。排除设备隐患，保障设备安全运行。加强报修工作，及时更换灯具。面对突发故障，值班人员均按应急预案及时倒闸处理，保证安全供电。全年供电设备零事故。

做好日常消防巡视检查工作。所有消防值班人员按要求进行巡视检查，发现消防隐患并及时排除解决，基本做到小问题当天解决不过夜。做好消防设备的维护保养工作，确保设备正常运转。时刻保持消防报警系统主机正常工作，及时清洗更换烟感探头，防止出现漏报误报现象。对北京电台消防喷淋稳压泵前端单向阀进行全面更换，定期检查辖区内的消防设备，确保消防设施设备正常。

完成北京广播电视台办公楼电梯的试运行，及时整改排除故障，及时敷设电源、报检建外办公区9部客货电梯，顺利通过质监局的安全检验，确保电梯安全运行。

完成建外北京电台技术楼五层直播机房、网络机房、微波机房等重要部门的空调保障工作，确保电台的安全播出。及时检修保养辖区内的空调，确保正常供冷。

二、后勤服务

完成签约单位服务管理费及水、电、暖等各项费用收取工作。完成办公区和宿舍区的房屋修缮工作，确保房屋正常使用。做好辖区内排水口清理疏通工作，配合单位做好防汛工作。完成安乐林电锅炉检修工作、皂君庙锅炉改造施工，并于供暖季节实现正常供暖。完成辖区内春秋两次室内外玻璃的清洗，合计6万平方米，完成丰台总部基地的电梯、照明、空调、门窗等设备维护保养工作，为各单位创造干净整洁的办公环境。完成话务和报修电话的日常服务工作。完成辖区内日常保洁工作和各项临时性任务。定期清运建外办公区生活垃圾，共计200余吨。定期检查并更换老化地漏，做好雨季防汛工作。完成所辖宿舍区“大排查、大清理、大整治”专项工作，对各宿舍进行拉网式的清理。

三、就餐服务

职工食堂部更新就餐模式，提升用餐服务。改善就餐环境：粉刷建外餐厅室内墙面，改造二楼北侧屋顶，检修食堂故障灯具，更换餐厅门窗，并在后厨安装监控设备，落实“明厨亮灶”工作，使后厨操作透明化，让职工吃得更健康、更放心、更舒适。职工食堂部在改善食堂硬件的同时，也不断提升食堂软件：加大教育培训力度，不断提升餐厅服务人员的服务水准。不定期开展用餐人员满意度调查工作，根据各办公区实际情况及职工建议不断提升餐厅服务水平。

四、经营接待

全年共接待客人8000余人次，较好完成节日期间的服务接待工作及重要保障期的安保任务，多次组织接待领导干部党员培训活动。采取采购多元化、多渠道及网购等方式，多家对比，减少开支。在加大人员培训力度的同时，积极拓宽销售渠道，满足各种接待需求。全年经营收入比2017年增加20%，逐年减亏。

（北京广播电视台服务中心）

北京新媒体（集团）有限公司概况

北京新媒体（集团）有限公司（以下简称北京新媒体集团）工商注册于2015年12月，是北京市委宣传部领导，北京广播电视台所属，剥离北京电视台新媒体业务板块，与北京文投集团共同出资组建的强势主流新媒体平台。作为北京电视台新媒体业务唯一出口、全市媒体资源统一平台。北京新媒体集团下设北京新闻媒体有限公司（以下简称“新闻公司”）、北京时间股份有限公司（以下简称“时间公司”）两家子公司。“新闻公司”是北京新媒体集团旗下全资子公司，承担北京新媒体集团、“时间公司”所有新媒体平台和产品的内容生产。“时间公司”是北京新媒体集团与奇虎360公司共同出资成立的，负责运营“北京时间”网站和新闻客户端。2016年4月，北京新媒体集团及新闻公司、时间公司挂牌成立并开始运营，北京时间网站和新闻客户端同步上线。2018年，“北京时间”网站的专业直播和新闻短视频赢得主流价值传播的竞争优势。

2018年主要工作：

一、主题报道

在全国及北京市两会、改革开放40周年主题宣传活动、“红墙意识”、中非合作论坛北京峰会、上合组织青岛峰会、中国国际进口博览会等多次重大宣传报道任务中，多次取得流量佳绩，日均UV（访问量）均可达百万量级，所有报道未出现安全事故。北京时间除做好为北京市组织部以及北京16区组织部、国家大剧院、市网信办网评处、平安北京等政府和市属机构开通的30余个政务时间号的日常维护运营工作外，同时也依托北京大工匠、北京市文创大赛、京津冀非遗联展、“相约强军新时代”宣传等活动及报道任务，继续深化和加强与相关机构的合作。初步统计，新闻公司全年共发布原创新闻近万篇，直播1600多场，视频（含短视频）五千多条；另有多条创意H5，成为重大主题报道中的独特力量。

二、品牌建设

诞生于2017年的北京时间短视频品牌“时间视频”，经过一年多的运营，迈入泛资讯短视频领域第一阵营，暖视频成为品牌特色。@时间视频微博公众号粉丝203万、微博MCN粉丝总数近400万，相比2017年同期，粉丝增长率提高近600%。日均发布各类短视频50条左右，日均阅读量2000万+，同比增长30%，周视频播放量1亿+，同比增长20%。继续位列泛资讯短视频第一阵营。日均影响力超过98.9%媒体领域博主，平均每天都有原创话题成为微博热搜。

三、运营情况

2018年，北京新媒体集团积极推进北京IPTV市场发展，通过不断提高平台影响力，提升用户体验、增加内容的数量、质量，让产品更贴合用户需求，北京联通侧用户数突破200万，北京电信侧用户数突破20万。北京IPTV用户数较2017年同比增加30%以上，实现用户数、收入、利润都超过30%的增长。

［北京新媒体（集团）有限公司］

北京紫禁城影业有限责任公司概况

北京紫禁城影业有限责任公司成立于1997年，是一家集影视策划、制作、营销为一体的专业影视制作公司。成立20多年来，北京紫禁城影业公司的经营业绩一直稳居中国电影生产企业的前列，多部影片票房居当年年度票房冠军、亚军地位，总票房超过30亿元，影片还行销到美国、法国、日本、韩国等多个国家和中国香港、中国台湾地区。自成立以来，公司共摄制完成影片70余部，电视剧千余集。其中有《狼图腾》《甲方乙方》《不见不散》《没完没了》《刮痧》《红色恋人》《赤壁》《倩女幽魂》《大海啸之鲨口逃生》《小时代》等商业大片，也有《离开雷锋的日子》《张思德》《生死牛玉儒》《背起爸爸上学》《法官妈妈》《紫日》《香巴拉信使》《山乡书记》《一个人的奥林匹克》《铁人》《第一书记》《杨善洲》《天河》《百团大战》《定军山》等主旋律影片；公司摄制出品的《重案六组》《玉观音》《少年天子》《天下第一楼》《牟氏庄园》《人是铁饭是钢》《李春天的春天》《双城生活》《怪医文三块》《传奇大掌柜》《神机妙算刘伯温》等电视连续剧在中央电视台和各地电视台播出后，均创造极高的收视率。公司出品的作品，连续获得过“华表奖”“五个一工程奖”“金鸡奖”“百花奖”“金鹰奖”“百合奖”等多个国家级大奖以及开罗、莫斯科、东京、北京等国际电影节的大奖。2018年8月，北京紫禁城影业有限责任公司进行董事会成员改选，确立公司新的领导班子，任命金川为北京紫禁城影业公司董事长兼任总经理职务。

2018年主要工作：

一、电影创作发行

以雷锋班历任班长的事迹为素材，组织创作的电影《与雷锋有关的日子》于2018年初杀青，进入后期制作、修改、审查阶段，正在加紧与资方及发行公司的沟通，对电影进行后期修改和确定发行方案；电影《致命底线》（原立项名：《铁幕重案》）由于电影资本市场变化，融资难度增大，工作一度陷于停滞。经过与主创团队和制片人的反复沟通，项目调整制作预算，制定更加切实可行的融资方案，重新启动。2018年4月和2018年10月，组织摄制小分队进行春季外景和秋季外景的抢拍和选景定景工作，为特效制作赢得充裕时间并对展现影片主题和提升艺术品质起到重大作用；党建题材电影《狱中八条》已完成剧本初稿，并获得广电总局备案立项公示。该片已被中国文联列为精品工程项目，不断完善剧本和广泛寻求合作；为了迎接2022年冬奥会，拟开发动画电影《冰球特工队》，该项目已经已完成立项备案工作，处于剧本创作和前期策划阶段；主旋律电影《帅孟奇》经过多方协调，确定重新启动该项目，已经初步确定编剧人选，正在进行前期收集资料和实地采风工作。

二、电视剧创作发行

由紫禁城与京视传媒共同参与投资的电视剧《高兴遇见你》于2018年9月登陆腾讯视频，上档一周即取得点击过亿的好成绩，截至十月中旬专辑播放已超过三亿；围绕北京市疏解整治促提升等工作内容，为编写好社区工作题材电视剧《朝外头条》数次组织编剧下社区体验生活，走访基层社区，召开社区调研及座谈会，完成剧本梗概及分集大纲，进入详细剧本创作阶段；由北京紫禁城影业有限责任公司立项与厦门冉冉升起公司合作的电视剧《冰球小子》已完成公示，北京电视台影视剧中心参与指导项目开发创作；北京紫禁城影业有限责任公司与天艺星国际文化交流公司、澳门文化发展促进会、国际文化产业协会（澳门）联合摄制30集电视连续剧《澳门街》，经与电视台及网络平台洽谈沟通，已完成剧本修改，正在进行备案立项工作。

（北京紫禁城影业有限责任公司）

北京歌华传媒集团有限责任公司概况

北京歌华传媒集团有限责任公司（以下简称“歌华传媒集团”）是经市委、市政府批准的市属一级企业，成立于2015年12月，由北京北广传媒集团有限公司和北京文创国际集团有限公司合并重组而成。歌华传媒集团拥有核心企业15家，职工近5000人，旗下拥有有线电视传输网、无线单频网等大型传输网络，搭建公交电视、地铁电视、楼宇电视、手机电视、户外大屏、平面媒体等多种媒体形态，具有较强的音视频节目生产和影视剧生产能力，提供境外电视节目落地、视频节目交易、文化演艺、文化展览等多种综合性文化服务，为首都乃至全国人民提供全方位和高品质的服务。截至2018年底，歌华传媒集团资产总额为206.75亿元；全年实现营业收入35.97亿元，利润总额6.87亿，净利润为6.64亿元。根据业务形态，主要分为四大业务板块。

一、网络传输业务

网络传输业务主要由北京歌华有线电视网络股份有限公司、北京北广传媒数字电视有限公司和鼎视传媒股份有限公司三家公司负责运营。北京歌华有线电视网络股份有限公司是全国首家有线电视网络上市公司，形成覆盖北京市16个区县，可承载视频、语音、数据的超大信息化基础网络。歌华有线肩负着北京市及郊区县有线广播电视网络的建设、运营、维护以及双向网改造、高清交互数字电视的建设推广工作，主要从事广播电视节目收转传送、视频点播、网络信息服务及传输平台业务开发等多项业务。圆满完成北京市政府为民办实事项目中的“村村通”工程和“村村响”工程，在全国率先完成北京市直播卫星“户户通”工作，同时，大力发展高清交互数字电视业务，高质量完成文化惠民工程目标。近年来，歌华有线实施深化“一网两平台”战略发展规划，全力做优、做强、做大高清交互数字电视新媒体，积极拓展融媒体业务，基本实现“由传统媒介向新型媒体、由单一有线电视传输商向全业务综合服务提供商”的战略转型。歌华有线在全国率先实现“一市一网”，2018 年歌华有线与百度、爱奇艺联合发布提供有线网 + 互联网优质内容服务的 AI 融合机顶盒“歌华小果”，迈出了突破 IPTV、OTT 围堵的关键一步。北京北广传媒数字电视有限公司为北京地区数字付费电视节目制作和集成商，为数字电视用户提供视频、广播、数据业务等三大类服务。鼎视传媒股份有限公司是全国四大数字付费电视集成平台之一，为全国数字电视内容提供商提供专业服务，为 4 个频道提供卫星传输加密服务，代理 18 个频道的落地销售服务，为 5 个电视购物频道提供落地发行业务。

二、户外及新媒体业务

户外及新媒体业务主要由北京北广传媒移动电视有限公司、北京北广传媒城市电视有限公司、北京北广传媒地铁电视有限公司等户外电视媒体以及北京中广传播有限公司等公司负责运营，包括公交电视、楼宇电视、地铁电视、户外大屏幕以及 CMMB 手持电视等多类终端，是北京市政府公共信息平台、城市应急预警平台、乘客生活资讯平台和企业广告宣传平台。截至 2018 年底，公交电视、地铁电视、楼宇电视、户外大屏数量分别达到 20000 块、20000 块、6000 块和 9 块。歌华传媒集团旗下户外媒体的全面发展使北京位于全国户外媒体发展前列。

三、影视内容生产业务

影视内容生产业务主要包括北京电视艺术中心有限公司、北京北广传媒影视股份有限公司等影视剧生产单位以及北京北广新新传媒有限公司等节目制作单位。歌华传媒集团影视内容生产始终坚持打造原创、当代、北京的精品力作，立足选取反映时代、反映百姓生活的广播影视题材，努力创作生产思想性、艺术性和观赏性俱佳的文化产品，重点打造一批符合首都地位、具有鲜明时代特色的影视精品剧目，年均电视剧产量稳定在 10 部左右。影视公司 2018 年拍摄纪念新中国成立 70 周年和建党 100 周年的重大革命历史题材电视剧《觉醒年代》，获得“北京宣传文化引导基金”500 万元和“北京影视出版创作基金”1000 万元两项扶持，并被评为“北京影视出版创作基金优秀电视剧特别项目扶持”项目。另外，还投资拍摄 40 集农村题材电视剧《温暖的土地》。北艺公司 2018 年研发影视作品 3 部，《不说再见》《流光之城》和《诚信得天下》；参与立项、制作的影视作品有电视剧《我爱北京天安门》《新一年又一年》入选广电总局首期百部优秀影视剧推荐剧目、市广电局 2018—2022 年 53 部重点扶持推荐项目。

四、文化综合业务

文化综合业务主要由北京歌华集团发展集团、北京音像公司、北京瑞特贸易影音公司和北京北广置业有限公司等单位组成，主要涵盖文化会展、演出、音像制品、境外卫星电视节目服务及文化地产开发、基金等业务。北京歌华文化发展集团成立于 1997 年 12 月，致力于开发文化设施、文化创意、文化内容集成、文化贸易、文化金融等领域服务。以中华世纪坛为依托提供公共文化服务，打造基于国际的世界艺术、当代艺术、数字艺术三个展览项目品牌，通过展览、演出、活动以及文化创意类项目形成文化内容集散平台。2018 年，歌华集团组织“北京国际设计周”“北京国际摄影周”等重大品牌项目，重点推动项目和产品的市场转化能力，助力首都产业升级转型。

（北京歌华传媒集团有限责任公司）

北京歌华文化发展集团有限公司概况

北京歌华文化发展集团成立于1997年12月，是北京市大型国有文化运营机构。2018年，歌华文化发展集团完成企业改制，更名为北京歌华文化发展集团有限公司（以下简称歌华文化集团）。2018年，歌华文化集团按照文化服务供应商的发展方向，以高质量发展为主线，紧紧围绕“一核两翼”主营业务，完善法人治理结构和现代企业制度，在品牌建设、项目运营、经营收益、国际交往、融合发展等方面获得显著提升，实现社会效益与经济效益的统一。

2018年主要工作：

一、打造以设计服务业务板块为核心、文化会展和大型活动两个业务板块为两翼的发展格局，通过多种模式创新推动经营方式转型，推动产业升级

1. 设计服务

2018年，歌华文化集团通过开放平台联合运营、IP开发、品牌授权等多种模式，推动北京国际设计周从文化活动项目向产业创新平台转型。完成设计周公司股份制改造方案，完成中（国）丹（麦）创新中心和设计周主题园区、专题园区的规划建设可行性方案，为设计服务主业板块升级发展打下良好基础。根据市委宣传部的工作要求，在市文资办的带领下，歌华文化集团经过近半年考察论证，基本确定在通州建设北京国际设计周主题园区的最终选址地点。

2. 文化会展

2018年歌华文化集团继续汇聚资源，打造传统文化季这一品牌活动，取得较好社会效益。通过馆线巡展、衍生商品销售等多种模式拓宽营收渠道，并积极搭建基于IP孵化、投资与运营的运作平台，从单一的项目展演向IP全产业链开发运营升级。歌华文化发展集团作为“伟大的变革-庆祝改革开放四十周年大型展览”的三家设计与制作单位之一，承担了中央企业等重要板块的设计制作任务，得到中宣部的表扬。另外，还承担庆祝广西壮族自治区成立六十周年成就展、中关村改革开放四十周年创新文化展、北京市反腐倡廉警示教育基地等重点展览活动。

3. 大型活动

2018年3月16日，歌华文化集团所属北京歌华大型文化活动中心有限公司与北京世界园艺博览会事务协调局等单位签署协议，正式成为2019年中国北京世界园艺博览会高级赞助商，优先为本届世园会开闭幕式、会期文化活动、开园仪式等主体活动提供包括方案策划、组织实施在内的一系列文化服务供应。策划并完成“世园会倒计时200天系列文化活动”等预热工作。组建2019北京世园会开闭幕式主创团队，制定了开闭幕式的初步创意策划方案。另外，歌华文化集团承接了市委宣传部交办的国庆70周年庆典活动中请柬票证和纪念品的设计制作工作。

二、精心组织落实推进重点品牌项目，取得了较好的社会效益和经济效益

2018北京国际设计周。2018北京国际设计周于9月22日至10月7日在北京举办。本届设计周由开幕活动、主题展览、主宾城市、设计周奖项、北京设计论坛、设计博览会、创新设计服务大会、非遗设计、设计之都·设计之旅、时尚北京10个板块组成，共

设置49个分会场，举办上千项设计活动，展览及活动面积达到100万平方米，带动社会资源投入3.5亿元。来自三十多个国家的万余名设计师及设计机构代表参与了本届活动，吸引现场观众超过800万人次，另有国内外1.5亿人次通过网络展览、在线直播等形式关注设计周。

北京国际摄影周2018。北京国际摄影周2018于10月20日至10月29日在北京举办，以“影像：时代·方位”为学术主题，由开幕活动、系列展览、摄影市场、摄影讲堂、特约活动5个板块组成，共设置7个分会场，来自31个国家的摄影师、策展人、艺术机构的3047幅摄影作品及52个视频作品组成66个展览，还举办了33场论坛、讲座和10余场推介活动。活动期间主、分会场吸引到场观众超过25万人次，另有国内外30万人次通过网络在线直播、摄影大讲堂线上平台等形式参与。

中美创客大赛。2018“共创未来——中美青年创客大赛”总决赛于8月13日—17日在中华世纪坛举办。跨学科、跨领域的众多参赛作品，体现了当下科技创新趋势，带动了青年科技创新的热情，促进了中美两国的人文交流。

2018北京创客盛会。2018北京创客盛会（Maker Faire Beijing）于10月17日—23日在国家奥林匹克森林公园国家体育馆东广场举办。

中非合作论坛北京峰会配偶活动非物质文化遗产互动展示活动。根据外交部及市外办的相关工作部署和要求，受北京市文化局直属单位北京非物质文化遗产保护中心委托，歌华文化集团圆满完成中非合作论坛北京峰会配偶活动——非物质文化遗产互动展示活动。

中华世纪坛文化季。2018年，歌华文化集团进一步完善中华世纪坛艺术节总体规划，强化四个方向的创意策划，加大、加深与相关领域社会资源供应商的全面协作，提升资源整合能力。传统文化方向包括以“中华家风”主题展为核心的文化展览板块，以“寻梦2018迎新晚会”展开的系列演出活动板块，以及以城市推广、非遗传承、市集活动为主题的文化市集活动板块；世界艺术方向推出“岁月夏宫——俄罗斯彼得霍夫国家博物馆馆藏文物特展”，获得社会各界的广泛关注和普遍好评；当代艺术方向举办2018国家文化月——意大利文化月、2018中国艺术新视界——国家艺术基金巡展、筹备了2018全国美术馆策展人论坛活动，推动了国内外艺术的交流与合作；艺术科技方向的“未来艺术实验室”围绕未来音乐实验室、摄影文化实验室、动态影像实验室、AR艺术馆实验室四个专项联合实验室，研发推出《音影艺述系列讲座》《未来超立方体计划装置》2期、《AR中华千秋颂》1期等项目。

三、调整资产结构和法人治理结构，完善现代企业制度，降低企业负债率，压缩股权层级，搭建三个主营业务板块，通过体系建设和规范管理，全面推动歌华文化集团经营管理工作

调整资产结构，降低企业负债率，加快处理闲置性资产，提高资产流动性，减轻企业负担，为高质量发展打好基础。2018年度，在歌华传媒集团的具体指导下，集团共归还各类贷款11亿元，公开发行的企业债券的本金及利息全部支付完成，在上海证券交易所及中央国债登记结算有限责任公司完成注销工作。集团资产负债率从年初的57%下降到年末的43%，下降了13个百分点。

2018年，根据歌华传媒集团企业改制工作要求，完成歌华文化集团及所属四家全民所有制企业（歌华展览公司、歌华美术公司、

华北酒店管理中心、北京文化艺术总公司）改制方案及相关文件的制定工作，并获得上级单位批准。按照改制程序完成歌华文化集团及所属四家全民所有制企业改制后公司章程的制定及法律审核工作；改制后公司名称工商预核准工作；确定了集团所属四家全民所有制企业改制后公司董事、监事、经理人选。五家全民企业年底完成变更。

结合企业改制工作，歌华文化集团进一步理顺企业投资关系，压缩股权层级，围绕“一核两翼”主业发展定位进行了集团及下属公司股权架构调整工作，基本完成第一阶段“业务职能归类、压减管理层级”的工作目标，通过体系建设和规范管理，全面推动歌华文化集团经营工作。

（北京歌华文化发展集团）

北京歌华有线电视网络股份有限公司概况

北京歌华有线电视网络股份有限公司（简称“歌华有线”）成立于1999年9月，2001年在上海证券交易所上市（股票代码600037），是国内有线网络首家上市公司、国内第一批三网融合广电试点企业、北京市第一批文化体制改革试点单位、北京市高新技术企业，2012年被中宣部等四部委评为全国文化体制改革工作先进单位，先后四次被评为全国文化企业30强，连续被评为纳税信用A级企业和上交所上市公司治理样板企业。截至2018年底，公司拥有26个部门、15个分公司、9个控股子公司（含2个二级控股子公司），3700多名员工（含子公司）。

2018年主要工作：

2018年，公司营业收入27.25亿元，同比增长1.00%，净利润6.97亿元，同比下降8.37%。截至2018年底，公司资产总额为159.36亿万元，净资产130.5亿元。

截至2018年底，公司传输数字电视频道185套，提供回看频道120套，在线视频点播类节目数量接近15万小时。公司电视云平台还提供院线、游戏、教育、文化、健康、政务、生活、营业厅、生活圈等多种栏目和应用。拥有有线电视注册用户594.5万户，其中高清交互数字电视用户526.7万户；家庭宽带在线用户62.3万户；双向网络覆盖超过650万户。

2018年，公司积极应对行业调整和市场变化，保用户，稳市场，谋创新，拼服务，保持平稳健康发展。年内，公司全面加强党建和思想政治工作，提高党员干部队伍的凝聚力和战斗力；扎实推进隐患排查整改，圆满完成全年安全传输保障任务；开展“服务质量提升年”活动，显著提升用户体验；推进4K超高清频道入网和4K机顶盒推广置换，高清超高清交互用户继续领跑；市场运营稳中有进，有线电视注册用户和家庭宽带用户持续增长；集客业务发展提速，业务能力、承载能力、服务能力进一步提高；推进媒体融合发展，积极参与北京市、区两级融媒体建设；加强内容建设，积极开展政务、教育、健康、文化、民生服务；基础网络支撑能力不断提升，技术平台持续优化升级；服务首都战略发展，高标准完成城市副中心信息化设施建设，积极推进2022年北京冬奥会有线电视专网规划；创新企业管理，推进职级体系深入实施，进一步完善绩效考核体系；加强资本运作，与腾讯、人民网共同出资成立人民视频公司；开展低收入村定向帮扶，合作启动面向视障群体的光明影院工程。

一、党建和思想政治工作

公司以习近平新时代中国特色社会主义思想为指导，认真学习贯彻党的十九大精神，深入落实新时代全面从严治党新要求，全面加强党建和思想政治工作。强化政治引领，全面贯彻落实管党治党责任，加强思想建设，不断增强“四个意识”。积极配合市委巡视，抓好反馈意见整改落实。坚持从严治党，推进落实党风廉政建设。推进精神文明创建工作，发挥群团组织作用，营造良好氛围。

二、安全保障工作

公司在本年度完成中非合作论坛峰会、春节、两会、国庆节等重要保障期的安全传输保障工作，连续3年安全传输无重大事故，较好完成各项安全传输保障任务，在2018年广电总局安全播出指挥部全年工作总结大会上受到表扬。

三、“服务质量提升”工作

坚持开展服务专场进社区工作，全年开办服务现场1645个，同比增加41%，覆盖注册用户195万户；做好高清交互电视推广工作，推广高清交互机顶盒26万户，总数达到526万户，居各省市前列；全面提高终端服务水平，完成3款共计150余万台老旧终端的升级改造工作。与爱奇艺、百度联合研发推出歌华小果智能机顶盒；积极推进整转机顶盒市场化置换工作，在全市范围实施整转机顶盒市场化置换方案，并通过开展“服务进社区”、上门置换等方式方便用户进行机顶盒置换；加强日常维护服务工作，组织电缆分配网维护技能培训，继续完善网格化管理实施方案，实现网格化管理全市覆盖。全年启动两批电缆分配网络优化专项工作，累计优化上行通道1415个，覆盖用户近40万户；积极拓展多样化电子渠道、积极开展宽带静态出口招标采购工作和互联网内网资源优化工作、简化业务受理流程、持续提升客服水平，全力做好重要用户服务保障工作，成立工作专班，做好中央机关办公区和首长住地4K超高清频道收视服务保障工作。

四、加快融合媒体发展，丰富优质节目资源，提升核心竞争力。

积极参与融媒体中心建设。区级融媒体建设方面，主动对接各区委宣传部，分别与东城、海淀、通州、门头沟、平谷、延庆等区达成区级融媒体平台建设合作意向。成功中标门头沟区融媒体云平台建设项目和延庆区融媒体中心技术平台建设项目。同时，公司积极致力于为各区融媒体中心提供面向家庭的电视信息展示服务。2018年，上线“海淀电视政务大厅”，成为公司云平台承载上线的首个区级融媒体中心电视端服务项目。市级融媒体建设方面，与人民网、人民日报媒体技术公司共同提出“北京云”项目整体规划方案。

大力开展超高清等优质内容资源建设。2018年10月1日，入网央视4K超高清频道。上线央视4K专区和“4K视界”专区；与全国七大互联网电视牌照方合作，基于歌华云平台，在存量机顶盒上实现DVB+OTT的内容集成模式，为用户提供优质互联网视频服务。实现七大互联网电视牌照方产品全面上线DVBIP“看吧”栏目。

打造北京公共文化服务平台，开展教育、健康、文化服务，与市教委合作推动优质教育资源信息化建设，完成录制“名师驾到”系列课程总计700余课时。文化专区实现“电视图书馆”线上线下订购相结合。购物专区正式上线运营。游戏专区总注册用户数超过395万人；与市委组织部合作搭建“北京组工”学习平台，为全市超过209万党员提供视频学习服务。应急发布项目。公司与市应急办合作，通过全频道滚动字幕发布“空气重污染预警”等提示，2018 年全年发布提示信息 4000 余次。

五、大力发展智慧广电业务

积极拓展家客业务，打造广电智慧家庭。大力发展集客业务，建设智慧城市。一是无线北京“-MyBeijing-”项目顺利推进。完成全市 9813 个 AP 的开通工作。二是雪亮工程项目扩大落地。通州、平谷、大兴、昌平、怀柔、朝阳等分公司实施了“雪亮工程”建设项目。三是歌华视联网项目稳步发展。新增与朝阳、怀柔、延庆、门头沟、海淀综治办业务合作。与视联动力建立独家合作模式。四是金融行业和大型企业业务取得新的发展。五是“智慧广电”项目亮点纷呈。有通州的“红绿灯联网工程”、昌平“平安校园”项目、平谷加油站监控项目、怀柔自来水远程抄表项目、密云“一键呼”二期智慧养老项目等。六是“歌华生活圈”系列产品运营模式取得进展。上线项目累计达 17 个，覆盖 9 个区，全年点击量达到 5720 万次。

六、不断提升基础支撑能力

云平台建设，歌华全媒体应用聚合云服务平台（简称“歌华云平台”）有效激活存量机顶盒终端能力，大幅提升业务支持能力，实现对“云计算”、“大数据”技术的融合、吸收，面向全媒体、移动化应用建成“跨终端、跨平台”的视频能力体系，展现云平台作为开放型服务能力平台的业务潜力，为公司进一步发展奠定良好技术基础。

网络建设。不断加强网络建设，累计开通双向网 650 余万户。积极推进机房、网络升级，百兆宽带覆盖用户达到 500 万户，基本实现北京地区城镇以上区域百兆网络全覆盖。全面推进有线网络传输 IP 化，推进 IPv6 的实施，加快推进光纤入户，解决有线传输最后一公里问题。

此外，公司完成东城区“百街千巷”管道建设项目全部 331 条道路工程建设工作。全年共完成核心区胡同缆线入地 1403 条，主次干路缆线入地 312 条。

有线无线融合网建设。根据广电总局科技司批复，公司开展有线无线融合业务实验网建设实验工作。

七、积极开展副中心项目建设和冬奥会有线电视专网建设工作

积极做好副中心信息基础设施建设和运维工作。完成行政办公区 7000 余个点位的建设和验收，按进度完成机顶盒安装；制定实施专项保障方案，启动行政办公区运维服务保障工作；完成互联网接入、无线网络信号户外及楼内覆盖，以及管理平台搭建工作；完成应急指挥系统专网、金财专网的迁移工作；为市政府及各委办局搬迁提供坚实的网络保障；推进冬奥会有线电视专网工作，完成冬奥会项目规划方案的编制和场馆专网设计文件审核。

（北京歌华有线电视网络股份有限公司）

北京电视艺术中心有限公司概况

北京电视艺术中心成立于 1982 年 9 月，2010 年 8 月 4 日转企改制，更名为北京电视艺术中心有限公司。现隶属北京歌华传媒集团有限责任公司，主要从事影视节目策划、制作、营销等业务。内设党建工作部、总经理办公室、计财部、策划部、项目部、技术部等部门，拥有导演工作室、制片人工作室。下属公司为北京电视艺术中心音像出版社有限公司。

截至2018年底，公司共制作生产电视剧200部，3327余集，译制片百余部千余集，及一大批电影、专题片。多部优秀作品获“金鹰奖”、“飞天奖”、“五个一工程”奖，并取得连获全国大奖的四连冠佳绩。

2018年主要工作：

公司内部管理方面，本年度进一步完善公司制度建设，修订完善《关于进一步加强党员管理的暂行办法》《意识形态工作责任制实施制度》《北艺公司绩效考核办法及流程》等多项管理制度；党总支完成换届改选；根据《北京市国有文化企业改制工作指引》的通知精神，完成企业减压工作；完善部门调整：设立党建工作部，并通过严格的选拔程序，提拔任用中层干部一名；撤销制作部、发行部和企划部，合并成立项目部。将原来的策划宣传人员、制作生产人员和发行人员统一到制片人一个岗位，实施责权利统一；按照相关规定进行上一年度财务决算报表审计、企业所得税汇算清缴审计、企业工资内外收入专项审计、影视行业2016—2018年度涉税审计；做好老干部服务工作；履行安全生产责任，全年无安全及质量事故发生。

北艺公司坚持正确舆论导向和弘扬社会主义核心价值观，牢记责任与使命。电视剧播出情况：《诱惑》在天津、江苏地面频道播出；《杀尽豺狼》在湖南、上海、江苏地面频道播出，广东卫视、互联网平台签约；《铁血军歌》在江苏、湖南地面频道播出。2018年拍摄完成电视剧4部：《不说再见》、《我爱北京天安门》、《破局1950（原名“铁道卫士”）》、《新一年又一年》，其中前三部由北艺公司立项、出品；剧本合作创作6部：《流光之城》、《青年周恩来》、《社区医院》、《诚信得天下》、《灵州盛会》；自主研发储备影视剧作品2部:《金谷银山》、《冬日焰火》。

行业内取得成绩及获得专项奖项有：主旋律电视剧《我爱北京天安门》、《新一年又一年》入选广电总局首期百部优秀影视剧推荐剧目、北京市广电局2018—2022年53部重点扶持推荐项目。其中，《我爱北京天安门》获北京市广电局影视出版创作基金优秀电视剧剧本扶持，及北京市委宣传部剧本孵化扶植基金；《不说再见》获北京市广电局影视出版创作基金优秀电视剧剧本扶持，及国家广电总局2018年度电视剧引导扶持专项资金剧本扶持；获中国电视剧制作业协会“2016—2017年度坚持正能量贡献突出单位”；获首届中国电视剧网剧制作播出艺术合作会颁发的“中国剧制播艺术影响力”“中国最具艺术影响力的电视剧出品机构”奖。

（北京电视艺术中心有限公司）

北京音像有限公司概况

北京音像有限公司原名北京市广播电视服务公司，成立于1979年。1985年7月，北京市广播电视服务公司与北京音像出版社合并成立北京音像公司，2006年5月，在全国出版行业中率先完成转企改制，2018年12月由全民所有制企业改为国有一人有限责任公司。是具有音像制品出版发行、录音录像、节目复制、境外音像制品引进出版和影视节目制作、电视剧（乙级）拍摄和技术推广服务及专业承包等多种经营范围的国有企业。

公司始终以弘扬民族传统文化为宗旨，录制上万小时的节目，包括民族声乐、器乐、戏剧、曲艺、少儿节目、通俗歌曲、外语教学等；出版、发行上千品种的音像制品，开山之作是——中央电视台的《跟我学》和北京人民广播电台的外语教学节目辅助教学盒式录音带；拍摄《姊妹行》《军魂》《康熙大帝》《中方雇员》《警苑神掌》《美容院》《那个年代》《小井胡同》《都市名片》《独行侍卫》等多部电视连续剧和《成语故事》《星星点灯》《张灯结彩》等电视系列短剧，《雍和宫》《智化寺音乐》《孙中山在北京》《侯宝林》等专题片，其中有些电视剧和专题片还远销海外；多次获得国家和北京市颁发的奖项。同时，公司还引进出版来自于美国、加拿大、法国、俄罗斯、日本等国家的优秀音像制品。

近年来，重点录制反映改革开放成果和百姓喜爱的影视流行歌曲系列《时光倒流二十年》《张勇吉他》系列专辑、赈灾公益歌曲《汇爱成川·点燃希望》《中国时尚民乐》专辑第一张和国庆 60 周年献礼作品、北京市出版工程项目《歌声回首六十年》经典歌曲专辑，出版发行了由著名导演张艺谋导演的鸟巢版大型景观歌剧《图兰朵》DVD 和电视连续剧《最后的王爷》《老师错了》《原谅》等，承接北京市广播电影电视局《影视精品》和《影院安全公益宣传片》项目制作。

2018 年主要工作：

公司继续加强内外合作，拓展业务。承揽大型企业和机关团体宣传册、盘制作任务；完成北京市新闻出版广电局专项资金项目《北京典籍与经典老唱片数字化出版项目》35 集和该项目公司网站上线；作品《一带一路》获得北京市广播电视公益广告扶持项目（改革开放主题）电视类三类补贴；优秀数字出版物《中国时尚民乐》CD、《唱支山歌给党听》CD 项目分获北京影视出版创作基金重点扶持项目扶持资金；公司获北京市 2017 年度制作机构类公益广告扶持项目三类补贴；完成资料馆《馆藏视频资料抢救》旧版修复工作和《口述历史》项目拍摄；完成北京市东城区《东城资讯》栏目制作；承接城市电视 4G 模块安装和视屏工程安装维修及仓储业务。营业收入实现扭亏为盈。

（北京音像有限公司）

北京瑞特影音贸易有限公司概况

北京瑞特影音贸易有限公司成立于 1993 年 3 月 3 日，是经北京市广播电视局批准并指定的北京地区唯一从事境外卫星电视节目代理业务的机构。负责向北京市广播电视局批准的机构销售经国家广播电视总局批准的境外（包括香港、澳门）卫星电视节目及解码器，拥有 HBO、CNN、STAR-MOVIES、AXN、凤凰电影等 28 套亚太 6 号卫星平台上的境外加扰卫星电视节目。于 2018 年 12 月完成国企改制工作，由全民所有制企业改为国有一人有限责任公司，股东是北京北广传媒集团有限公司。瑞特公司承担的业务主要是境外卫星节目收视的服务和代理、电视节目接收系统工程等，截至 2018 年 12 月，有境外卫星节目收视用户 500 家。

公司经营范围包括销售音像制品、广播

设备、五金交电、机械设备、电器设备、百货、医疗器械、建筑材料；承办生活消费品交易市场；新技术开发；信息资讯服务；卫星、电视加扰设备（解码器）安装、销售；有线电视台、站及共用天线设计安装。

2018 年主要工作：

一、两会保障

2018 年 3 月，确保全国两会期间接收卫星传输电视节目的播出安全，由市广电局、市国家安全局、市文化市场执法总队和瑞特公司等单位成立联合检查组对两会代表驻地接待单位的卫星电视前端机房及相关运行设备进行现场检查，圆满完成保障任务。

二、“中非论坛”保障

2018 年 7 月初进入“中非论坛”的保障工作中，确保“中非论坛”接待酒店有线电视和境外卫星电视接收安全，圆满完成“中非论坛”保障工作。

三、卫星保障任务

3 月 24 日，协助钓鱼台国宾馆完成朝鲜领导人金正恩访华接收境外卫星电视节目的工作；4 月初，技术援助博鳌亚洲论坛 2018 年会接待酒店接收卫星电视节目；5 月底，技术援助青岛上合组织峰会接待酒店接收卫星电视节目；6 月 2 日，协助华尔道夫酒店、王府井希尔顿酒店接待俄罗斯总统普京下榻临时接收境外卫星电视节目；6 月 18 日，再次协助钓鱼台国宾馆完成朝鲜领导人金正恩访华接收境外卫星电视节目工作；10 月底，协助王府半岛酒店接待俄罗斯总理梅德韦杰夫下榻临时接收境外卫星电视节目。所有活动保障期间，瑞特公司指定专人值守并调配备用设备待命，随时提供技术咨询和支持服务，确保信号清晰稳定，高效完成保障任务。

2018 年，获得中视卫星电视节目有限责任公司颁发的“优秀地方服务机构奖”；获得中视卫星电视节目有限责任公司颁发的“全国十佳地方服务机构”；被卫视体育台节目商评为 2018 年度“全国最佳经销商”；被国家地理亚洲频道节目商评为 2018 年度“全国最佳经销商”；被卫视国际电影台评为 2018 年度“全国最佳经销商”。

（北京瑞特影音贸易有限公司）

北京北广传媒数字电视有限公司概况

北京北广传媒数字电视有限公司成立于 2003 年 7 月，注册资金 7500 万元。内设节目部、市场部、数据部、播出部和财务部、办公室。开播付费频道 11 套；经营管理《四海钓鱼》《优优宝贝》《新娱乐》《车迷》《环球旅游》和《教育·就业》6 个具有全国播出资质的频道；运营《京视剧场》《爱家购物》《动感音乐》《弈坛春秋》《置业》5 个面向北京地区播出的频道；搭建先进的数字电视节目播出平台。播出公司自有 11 套数字付费频道，为 4 个外省付费频道提供代播服务，为 2 套有直播业务的付费频道提供应急垫播服务，并为鼎视平台提供技术服务；继续联合北京市福利彩票发行中心开办北京福彩宣传项目，搭建福彩公益金使用与玩法趣味性宣传平台；提供数字电视节目信息服务，为北京地区广大数字电视用户提供详实准确的节目信息服务，通过歌华有线电视网络上载播出的数字电视频道及有线广播节目信息共 204 套。

2018 年主要工作：

一、经营情况

截至 2018 年 12 月底，数字电视公司共管理数字付费电视频道 11 个及 2 个数字音频广播。在坚持播出权，审核权，甲方定价权和品牌所有权的基础上与社会节目内容制作公司合作，共同打造专业化垂直性的节目内容。11 个数字电视频道分别为《优优宝贝》、《车迷》、《教育就业》、《四海钓鱼》、《环球旅游》、《新娱乐》、《置业》、《弈坛春秋》、《动感音乐》、《京视剧场》和《爱家购物》。其中前六个为全国资质频道，由鼎视传媒股份有限公司进行集成上星和全国销售，后五个为北京频道，在歌华有线电视网内传输播出，覆盖 560 万北京电视用户。在北京地区上述 11 个频道为免费收看。

根据鼎视传媒股份有公司 2018 年数据统计，6 个全国付费频道落地覆盖省网和地网数量为 204 个，覆盖用户 1.3 亿。

在基于有线网的节目发行收入基础上，积极拓展互联网端、移动互联网端新媒体的节目发行收入，以实现内容的增值收入。同时结合频道定位的专业领域，积极开展频道的内容与线下经营互动，获取线下经营收入。

二、节目栏目

2018 年，受欢迎程度高节目有专题服务类栏目《湖库突击队》《酷车驾到》、《车迷会》《养护宝典》和谈话类节目《车迷演播室》及新闻资讯类节目《彩讯及时通》等。

三、获奖情况

2018 年 11 月，公司申报的《现场急救你得会：脑梗片 A》在北京市广播电视公益广告工作促进专题会上被评为 2017 年度北京市广播电视公益广告专项扶持项目三类作品；《福彩公益广告篇：心愿》被评为 2017 年度北京市广播电视公益广告专项扶持项目二类作品。《湖库突击队》在 2017 年度中国广播电视数字付费频道行业创优评析节目评优中获全国播出频道一等优秀栏目；《竞技风云》在中国广播电视数字付费频道行业十五周年创优评析节目评优获全国播出频道三等优秀栏目。此外，该公司还在中国广播电视数字付费频道行业十五周年创优评析节目评优和人才评优中获奖。

四、新媒体产业经营

频道在有线电视网播出的基础上，数字电视公司积极进行 11 个频道向新媒体网络内容发行的业务，与全国多个省份 IPTV 开展频道节目直播、点播等多项业务的合作，并在爱奇艺、优酷视频、企鹅直播，今日头条等视频网站移动端进行节目内容合作，扩大频道用户覆盖量。

同时，各频道立足于本频道的专业定位，开办频道的专业网站和微信公众号，订阅号等新媒体终端，实现频道的融媒体发展。扩大与收视用户的双向互动，提高节目内容收视的便利性，传播的广泛性和服务的多样化。

（北京北广传媒数字电视有限公司）

北京北广传媒移动电视有限公司概况

北京北广传媒移动电视有限公司成立于 2003 年 8 月，是北京市属开发运营广播电视新媒体的专门机构之一，由北京北广传媒集团有限公司、北京电视产业发展集团、北京广播公司、北京歌华有线网络电视股份有限公司和北京歌华投资中心有限公司共同发起组建。2004年2月14日，国家广电总局正式批复同意集团在公交、地铁、轻轨、出租车等交通工具及其他公共场所试行开办移动电视节目，呼号为：北京移动电视。北京移动电视成为经国家广电总局批准的北京地区唯一运营地面移动数字电视的机构。

北京移动电视采用数字电视技术，利用北京DS－48和DC-22单频网发射两套无线数字信号，实现地面数字设备实时接收电视节目。在中央电视塔、京广中心、名人广场、491发射台、建设了一主三辅4个数字发射机站，形成有效覆盖北京市区六环内的数字单频网，日覆盖受众数百万人次。

2008年主要工作：

一、安全播出

2018年，移动电视坚持正确舆论导向，完成全国两会、上合组织峰会、中非合作论坛北京峰会等相关宣传报道工作，加强隐患排查并在重点时段值守。2018年，共实现公交频道安全播出6021小时，城市频道安全播出5291小时，地铁频道安全播出6205小时，完成春晚、新闻联播延时等各项临时转播工作99次，各频道累计转播时长414小时。确保多个重要保障期的安全播出，圆满完成本年度安全播出任务。

二、委办局合作

积极探索实施与委办局合作项目化运作，释放潜在经济效益，推动合作水平整体提升。2018年与北京市人民政府外事办公室合作推出规范外语标识宣传片，优化城市国际语言环境；与朝阳区防范和处理邪教问题办公室合作，推出反邪教系列宣传片，提高广大人民群众识邪、防邪、拒邪和反邪能力等。利用公益宣传片宣传安全预警，倡导公序良俗，积极培育人们正确的社会主义价值观；全年共上播公益宣传片总时长13906.5分钟。

三、网络视频

移动电视设立网络视频组，根据不同时期的网络视频热点适时调整工作方向。在网络直播项目中，内容侧重北京文化、地域特色、文化休闲等方面，着力从民生入手，挖掘普通人身边的稀罕事儿。推出吃在北京《舌尖风暴重庆火锅火在哪儿？》、玩在北京《全程高能！烧脑探案，你敢挑战吗？》等诸多节目。【与你同行】订阅量达到8万，稳居网易直播号TOP100第2位。移动电视还承担《百姓宣讲视频制作》和《美丽乡村》项目，制作多个视频短片，对外承接节目制作多点开花。

四、市广电局技术维护项目

2018年，移动电视继续落实市广电局2017—2018年度行政村发射站运维项目和媒资共享平台运维项目，共完成320个行政村发射站的巡检和维修工作，完成14个区媒资节点的巡检和维修工作，并承办项目总结和培训会。与各区广电中心密切联系，为昌平和密云广电中心提供行政村发射站移机服务两次。

（北京北广传媒移动电视有限公司）

北京北广传媒影视股份有限公司概况

北京北广传媒影视股份有限公司成立于2003年12月，2015年6月4日更名为现用名。是由北京电视台、北京人民广播电台、北京歌华文化发展集团、北京歌华有线电视网络股份有限公司、北广传媒集团共同注资成立的国有股份制公司。隶属于北京歌华传媒集团有限责任公司，是一家具有品牌影响力和实力的集投资、策划、制作、发行于一体，具有较高专业水准的综合性影视机构。

公司始终把握正确的舆论导向，坚守精品战略，深挖现实主义题材，注重剧集品质，在实现较好经济效益的同时，也创造了良好的社会效益。公司曾获中国广播电视协会“十佳电视剧制作单位”提名奖、中国电视艺术委员会“行业领跑机构”等荣誉称号。

公司成立以来，制作生产了《苍天有眼》《行走的鸡毛掸子》《杨三姐告状》《爱了散了》《最后的王爷》《原谅》《雾柳镇》《风车》《五湖四海》《买房夫妻》《姥爷的抗战》《罗龙镇女人》《我的二哥二嫂》《情满四合院》《复婚前规则》《忘情歌》《鼓楼外》等影视作品。始终牢牢把握正确的舆论导向，坚守精品战略，深挖现实主义题材，注重剧集品质，推出一批制作精良、脍炙人口、弘扬先进文化的影视作品。

2018 年主要工作：

10 月，公司投资拍摄 40 集农村题材电视剧《温暖的土地》，描写大学肄业回乡的大学生与几位农民发展绿色农业的故事。2018 年 11 月，公司拍摄纪念新中国成立 70 周年和建党 100 周年的重大革命历史题材电视剧《觉醒年代》在横店影视城开机。该剧描写从新文化运动到中国共产党成立的历史，通过聚焦革命历史题材和现实题材，聚焦实现中华民族伟大复兴中国梦主题，鲜活地融入中国精神、中国价值、中国力量，擎起民族精神的火炬，再现党的光辉历史和丰功伟绩，激发广大人民群众的爱国热情和家国情怀。该剧获“北京宣传文化引导基金”和“北京影视出版创作基金”两项扶持，并被评为“北京影视出版创作基金优秀电视剧特别项目扶持”项目。筹备新中国成立 70 周年献礼电视剧《香山叶正红》。

电视剧《罗龙镇女人》获评四川广播电视台“2017 年度省网收视剧王”；《情满四合院》获吉林电视台都市频道“收视贡献奖”、沈阳广播电视台“2017 年度收视贡献大奖”、北京卫视“2017 年度影视京榜年度金奖”、第 29 届中国电视金鹰奖“优秀电视剧奖”等；该剧男主演何冰获 2018 年上海电视节“白玉兰奖”最佳男主角奖。北京北广传媒影视股份有限公司获城市联盟“2017 年度优质合作公司奖”。电视剧《姥爷的抗战》获“全国电视剧播出联盟最佳收视贡献奖”。

（北京北广传媒影视股份有限公司）

北京北广传媒城市电视有限公司概况

北京北广传媒城市电视有限公司成立于 2004 年 12 月 16 日，是北京市属开发运营电视新媒体的专门机构之一，主要从事楼宇电视和户外大屏电视的经营管理。内设行政部、财务部、媒体运营部、媒体开发部、广告部、技术部 6 个机构。城市电视作为政府公共信息发布和城市应急预警平台，担负着政府政令、城市信息、城市预警等社会公共信息传播任务，旨在为大众提供完善、及时、权威的资讯服务。

城市电视作为北京市户外宣传阵地，主营业务为楼宇电视联播网及户外大屏电视联播网。其中楼宇电视平台终端安装数量不低于6500屏；大屏联播网共集合9处10块LED户外大屏，包括中汇大屏、富力大屏、天阶大屏、工美大屏、来福士大屏、春平大屏、望京大屏、丰联大屏、酒仙桥电子城大屏，其中酒仙桥电子城大屏是唯一拥有两块LED的自建大屏，于2018年12月正式播出。

2018年主要工作：

一、媒体传播

城市电视媒体播出内容主要包括新闻资讯、突发事件播报、时尚娱乐、经济金融、体育人文、时事政策解读、交通信息、天气预报、股市动态等各式公共信息。每天自早7点至晚10点，连续15小时播出。在播栏目包括《城市播报》《演艺罗盘》《城市一刻》《我的工会我的家》等，其中新增《数说40年》《新时代青年说》《城市视觉志》《汽车小知识》《保利剧院》5档栏目，同时对《城市播报》、《城市视觉志》两档栏目进行了改版升级。依托于自有两大媒体平台的独特属性，城市电视在栏目制作、内容合作方面探索出一条特色路径。

城市电视在改革开放40周年之际，充分利用两大自有媒体平台全面深入宣传党的十九大以来各项重点方针政策。全年围绕党和国家重点工作、重大会议、重大活动、重大节庆日、重大转直播组织主题宣传项目开展重点宣传，内容涵盖全国两会、北京两会、改革开放40周年、中非合作论坛、习近平主席“金句”等。以新闻宣传、内容生产为着力点，做精做强各项重点政治宣传工作，切实肩负起舆论引导工作的职责使命，唱响时代之音。

二、渠道建设

充分借助首都资源优势，城市电视以打造最具影响力的户外政务信息平台为目标，逐步实现并扩大在北京市各级委办局、政府机关、高档写字楼等重点渠道的媒体布局。截至2018年末，全网政务渠道安装屏数达2663屏，政务网渠道占比突破至40%，政府委办局渠道合作单位数量达38家。

三、安全播出

2018年，城市电视严守安全播出底线，切实保证全年安全播出零事故。除做好技术安全保障外，在节目编辑、制作、内容审核等方面，切实保障内容安全、导向正确。尤其是在党的十九大、改革开放四十周年等重点保障期间，加强监播、监控、值守力度，同时严格落实信息网络安全要求，切实保障重点安全播出。

四、获奖情况

2018年，城市电视各类行业排名优异，获得户外行业专业性媒体排名奖项“中国品牌最具影响力户外媒体”“亚洲品牌500强”等荣誉称号，并被行业授予中国户外媒体年度新锐力量、最具影响力户外媒体、《超级月亮慢直播第二季》创意营销类优秀奖、亚洲品牌500强、中国品牌最具影响力户外媒体等荣誉奖项。此外，还获得北京市新闻出版广电局“公益广告优秀传播机构”奖项。

（北京北广传媒城市电视有限公司）

北京北广传媒地铁电视有限公司概况

北京北广传媒地铁电视有限公司成立于2007年，是由北京北广传媒移动电视有限公司和北京市地铁运营有限公司共同发起并组建的有限责任公司。公司下设办公室、财务部、技术部、运营管理部、节目部5个部室。2018年有员工23人。公司以强大的交通运营和传媒资源为依托，努力把地铁电视打造成为政府公共信息平台、城市应急预警平台、乘客生活资讯平台和企业广告宣传平台。

地铁电视节目播出时间与地铁运营时间同步，达到18.5小时，主要是通过在北京市地铁运营有限公司目前具有运营权的地铁线路上的列车车厢、站台和站厅内的电视终端上接收、播放节目和广告。地铁电视公司在歌华大厦投资建设了独立的节目播控中心，策划、制作、发布地铁电视节目并独家经营地铁电视广告业务。

2018年主要工作：

2018年，公司按照全年行政工作总要求，以推进公司“十三五”发展规划实施，助力首都“四个中心”功能建设和“四个服务”水平提升为主线，贯彻落实北京歌华传媒集团“调、转、升”工作部署和北京地铁运营公司建设更高水准的“六型地铁”工作部署，以公司减亏为重点，着力推进广告招商工作，着力完善规划业务布局，推进高质量发展，着力建设更高水平的“四个平台”，为落实首都城市战略定位，建设国际一流和谐宜居之都做出贡献。

一、经营方面

完成经营班子换届工作。新领导班子到位，公司经营管理正常化，完成广告代理签约工作。新领导班子把广告招商作为主攻方向，2018年5月，公司与华信电子企业集团全资子公司北京华信浩达科技有限公司签订《北京地铁1号、2号、13号和八通线地铁电视资源合作协议》，同意授予北京华信浩达科技有限公司北京地铁1号线、2号线、八通线和13号线地铁电视系统独家广告经营权，并在约定时长范围内开展节目宣传合作；实现公司大幅度减亏。广告代理业务的签约和按时付款，公司的广告经营工作恢复正常。同时公司经营班子带领全体员工积极开展收费类公益广告宣传片和收费类节目的创收工作。2018年全年实现收入1688.27万元，比2017年实现收入676.81万元增长约150%。公司盈利情况从2017年的亏损1572万元减少到亏损785.24万元。

二、安全生产和技术保障工作

实现安全播出和全方位安全零事故。2018年，公司在节目和广告审查、节目传输、节目播出终端等安全播出环节，在生产安全、消防安全、保卫安全、交通安全等各个方面都实现安全零事故；完成播出终端开机率保障和音量改善工作，公司扎实做好对1、2、13、八通线车载系统的巡视、维护、维修工作，克服了设备老化，设备故障频发，部分设备无法维修等困难，保持了地铁电视系统的稳定运行。2018年，累计巡视车组4770列，巡查总屏数达到198656块，其中未正常显示屏数2225块；修复故障车载屏54台、机顶盒43台、分配器16台，总开机率达到98.88%，其中1号线99.75%、2号线99.62%、13号线96.55%、八通线99.58%。公司积极与运分公司沟通协调，寻求统一、稳定的音量方案。1号线车辆除个别列车广播系统音频板问题需要进一步分析解决之外，所有车辆按照60-65DB标准整体调试完毕，基本解决无声问题；积极配合地铁通号公司完成MPS工程建设，解决了13和八通线部分车站内列车通过时无信号的老大难问题；同时，13号线和八通线站台、站厅显示屏增加了535块。

（北京北广传媒地铁电视有限公司）

鼎视传媒股份有限公司概况

鼎视传媒股份有限公司原称鼎视数字电视传媒有限公司，为全国性数字付费电视节目集成运营机构，成立于2005年12月。2014年11月由有限公司整体变更为股份有限公司。鼎视传媒是国内领先的数字电视内容集成分发运营商，为数字电视内容供应商提供专业的技术服务和营销服务，主营业务包括传输加密业务、付费频道销售业务、电视购物频道发行业务。公司内设销售部、客户服务部、传输业务部、财务部、技术部、行政人力部。

2018年主要工作：

2018年，鼎视传媒股份有限公司继续巩固节目落地区域，共集成传输20套数字付费电视频道、13套高标清卫视频道、8套购物频道、代理发行4套购物频道。付费频道销售业务直接签约合作网络公司共计250家。累计数字电视用户总数为14442.92万户，占全国现有数字电视用户21000万户的69%，电视购物频道发行共计落地102个地区，累计机顶盒用户达到7809万户。

传输的28套数字标清节目有：《教育·就业》《车迷》《优优宝贝》《环球旅游》《新娱乐》《收藏天下》《央广健康》《百姓健康》《四海钓鱼》《证券资讯》《快乐宠物》《电子体育》《休闲指南》《家庭理财》《中国气象》《音像世界》《人物》《财富天下》《家政》《美食天府》20个数字付费频道。同时，还为《快乐购物》《央广购物》《优购物》《时尚购物》《风尚购物》《家有购物》《家家购物》《环球购物》8个数字电视购物频道提供集成传输及发行服务。传输的13套数字高标清卫视节目有：北京卫视、湖南卫视、金鹰纪实、深圳卫视、广东卫视、黑龙江卫视、山东卫视、湖北卫视、北京纪实高清、辽宁高清、三沙卫视、厦门卫视、福建东南卫视。

（鼎视传媒股份有限公司）

北京北广置业有限公司概况

北京北广置业有限公司成立于2006年12月15日，由北京北广传媒集团有限公司投资组建。公司以开发北京影视城项目，整合北京广播电视台房地产资源，按照集影视制作、文化创新、艺术教育、文化商品交流、影视文化观光等为一体的多元化经营战略进行开发建设。北京影视城项目是北京市的重大文化产业项目，项目一期占地面积930亩，已经建成的项目包括中国电影博物馆、影视节目制作中心。

2018年主要工作：

公司按照2018年双效统一的工作任务和目标，党支部和经营班子密切配合，以积极研究推进置业公司“调转升”，做好北京影视城项目和农转工工作为重点，各项工作取得一定进展。

一、明确企业调转升的思路和措施

研究厘清管理经营思路和实施步骤。

2018年，结合企业改制和事业单位的撤销，按照“调转升”的要求，研究置业公司定位和发展规划，分析置业公司经营状况和发展前景，分析与现代公司、东方艺苑、影视城管理中心和森润公司之间的关系，提出理顺企业管理体制和财务管理的基本思路和措施，适时逐步推进。

推动全民所有制企业改制和事业单位的撤销。2018年11月，完成现代公司改制，成为集团第一家完成改制的企业。北京影视城管理中心的撤销正常进行，东方艺苑改制暂缓进行。

探索新经营模式。探讨影视城土地的利用，与森润公司达成协议，缓解置业公司2018年其他收入减少对置业公司经营状况的影响。

推进内部管理和考核。完善相关考核激励办法，加强对出勤、工作量、工作成果的考核，细化年度评议，规范工资结构和发放。做好农转工管理工作，召开座谈会，在筹措解决好农转工安置费用的基础上，加强对在职农转工职工的管理和考核，鼓励勤劳肯干、踏实工作的农转工。

二、研究影视城项目遗留问题解决思路和方案

研究分析影视城项目存在的问题和解决问题的思路。根据市委第一巡视组反馈意见和市委宣传部领导的批示，系统全面地研究分析影视城项目存在的问题，理出包括农转工的安置、土地的权属和管理、项目的投资和债务债权、600余亩土地的利用、全民所有制企业的改制和事业单位的撤销、违章建设的拆除等六大问题，配合市文资办和集团公司开展调研工作，提出解决问题的思路和方案，为市委宣传部等上级领导的决策提供依据。

积极研究600余亩土地的权属和利用问题。会同歌华文化和森润公司，研究策划600余亩土地利用的方案，初步提出“北京国际设计周青少年设计教育营地项目”“北京国际艺术主题公园初步方案”等，综合分析项目的效益。

积极协调解决影视城征地土地性质与土地部门档案资料土地性质不符的问题。6月底，将市广电局申报资料递交国土部门，申请解决影视城项目征地土地性质与土地部门档案资料土地性质不符的问题、此项工作进展保护了征地的安全。

推进违章建设的拆除工作。与规划国土委对接，与崔各庄乡政府、城管密切联系和配合，共同研究和推进违章建设的拆除措施和方法，聘请有资质的专业拆迁公司进驻现场，律师全程跟进。将违章建设作为朝阳区崔各庄乡拆除的重点，明确措施和方案。

制定完善土地巡查的制度和管理办法，进一步明确巡查的责任，实行定期巡查，发现问题及时报告处理，加大管理和处罚的力度。及时处理多起破坏围墙、乱倒垃圾、粪便的情况，移交城管。

三、推进西方城市景区项目开发建设

配合森润公司稳步推进西方城市景区开发建设，置业公司的派遣人员充分发挥作用，对接市区主要管理部门，协调解决问题，保证项目的推进。主体工程建设、市政建设基本完成，2018年11月实现部分房屋交付。

四、节目制作中心经营管理工作

维护供电、水源热泵系统、安防系统、消防系统、排水系统等正常运转，提高节目制作中心的运行保障能力。

按照水务、环保部门的要求研究污水治理工程方案，对接有关管理部门开展节水、节电工作，解决空调系统不规范排水的问题。对食堂进行整改，探讨结合使用农转工的运营模式。委托专业机构负责绿化养护和管理

工作。

五、临时负责协调中北有关工作

北广传媒集团拥有的中北公司40%的国有股权无偿划转给置业公司，由置业公司作为大股东，组织进行中北公司、中北国际和中北学校的清算和注销工作，同时开展中北中心事业单位的撤销工作。接收中北公司后，及时清退有关人员，采取各种办法筹措资金120余万元，联系探讨合作经营的路子，应对多起法律诉讼和经济审计，聘请律师团队为清算工作服务。

六、规范党支部工作

贯彻集团党委下发的《2018年度党建工作要点》、《2018年党风廉政建设工作要点》，较好完成集团党委布置的各项工作，按照加强国企党建工作总要求的“四个坚持”，突出发挥企业党组织的领导核心和政治核心作用，发挥基层党组织的战斗堡垒作用和党员的先锋模范作用。

（北京北广置业有限公司）

北京中广传播有限公司概况

北京中广传播成立于2009年，2017年起推进媒体融合发展，基本实现从网络运维服务到媒体服务再到文创科技产品创作、生产、销售转变，初步建立起内容、技术、载体三位一体发展模式。2018年，北京中广的业务收入主要来源于四个方面：北京地区移动多媒体广播电视网运行维护；太原高铁与沈阳高铁列车全媒体传播平台；融合媒体北京社区政务公共融合平台传播合作业务收入；以传承中国优秀传统文化为宗旨的主题文创产品及文化产品销售。

2018年主要工作：

一、确保北京地区移动多媒体广播电视网络正常运行

自2012年起，中广传播集团为党和国家领导人及党和国家机关副部级以上领导提供移动多媒体广播车载电视。车载电视成为中央领导收看广播电视的重要手段。2017年10月16日，广电局及中广传播集团收到中办警卫局《关于为新增中央公务用车安装移动多媒体车载电视的函》，要求中广传播集团在十九大后负责新增中央公务用车安装项目的联络和协调工作，指派专人负责中办警卫局指定用车车载电视维护，应在两小时内做出响应，保证车载电视终端正常运行。

为确保广播电视安全播出，网络安全和安全保卫，强化主体责任，监督责任、分级管理、分工责任，层层压实责任，特制定2018年度《北京地区公务用车安装服务管理规范》，牵头建立、完善服务体系，建立健全质量管理保障体系。落实个发射点运行维护责任，明确运行维护、故障抢修工作流程，完善各项规章制度，保障车载电视安全播出。

二、睛彩北京高铁电视项目

北京中广传播与铁道影视中心等单位从高铁传播方式整合升级角度出发，形成太原铁路局管辖范围93组列车，及沈阳铁路局管辖范围285组列车电视的播放载体范围。太原铁路局高铁电视每月受众达2513591人，沈阳铁路局高铁电视每月受众达7229324人。睛彩北京高铁电视项目建成全方位立体化、多载体、多内容的全媒体立体传播载体。

三、以政务公共融合平台为载体，提供智能化信息基础设施建设服务

2018年，北京中广传播与北京文化局文

化中心、西城区消防支队签署合作协议，与海淀、丰台、顺义、房山四区宣传部门明确合作，与北京市150家社区物业管理单位签署合同，1600余台社区公众党建宣传柜投入使用。

北京中广传播户外公众党建宣传柜，以“两通一空间”为基础，以通光缆、通电力、提供机电一体化设备存放空间，以“价值共享、合作共赢”为核心，把户外媒体基础设施共享与基层党建宣传相结合，形成通信+广电+户外媒体深度融合整体推广合力。在近三年的实践中，社区户外公众党建柜充分体现出长期性、安全性、可靠性、稳定性的优势。截至2018年12月，北京中广传播于北京移动通信开展业务合作的分公司达到八家，占北京移动通信分公司的三分之二。

四、推进文化+科技融合发展

《4k超高清电视播控系统》获国家版权局计算机软件著作登记证书，四款《鉴存游艺》系列故宫皇家织秀艺术纸巾获中国版权保护中心颁发的美术作品类版权作品登记证书，与小米科技Miui联合推出故宫文化主题手机壁纸。

文化融入产业和公共服务，香山24小时新华书店坚持现代公共文化服务体系便民服务出发点，坚持以人为本、为读者服务，让香山居民、游客享受均等、便捷的文化服务。

（北京中广传播有限公司）

朝阳区广播电视新闻中心（融媒体中心）概况

朝阳区广播电视新闻中心正式成立于2003年6月，在原北京市朝阳区广播电视局、北京市朝阳区新闻中心、北京朝阳有线电视、朝阳报社、北京市朝阳区有线电视网络中心基础上组建而成。中心隶属于朝阳区委、区政府，是受区委宣传部的直接领导的全额拨款事业单位，主要负责朝阳区新闻宣传、舆情处置、应急处突、新媒体建设等工作，经过十五年的发展建设，形成了“一报、一台、一网、一端、两微”的全媒体宣传平台，即《朝阳报》、朝阳有线电视台、朝阳新闻网、“北京朝阳”App、“朝闻道”政务微信公众号、“北京朝阳”政府微信公众号。2018年6月19日，朝阳区广播电视新闻中心加挂朝阳区融媒体中心牌子，朝阳区融媒体中心成立。

该中心编制为120人，现有总人数173名，是北京市率先实行全员聘用制的区级广播电视新闻机构。中心下设办公室（保密科）、总编室、人事科、财务科、资料室、新闻科、电视采访科、电视摄像科、电视编辑科、电视技术保障科、报纸采访科、报纸编辑科；下属两个自收自支事业单位，分别是北京朝阳传媒中心和朝阳传媒影视技术服务中心。

一、融媒体发展

年内，北京市朝阳区融媒体中心获颁“2017—2018中国十佳融媒体中心”。

二、电视频道

中心所属的朝阳有线电视拥有3个电视播出频道：在北京电视台公共频道以每天3个时段、共4.5小时播出（7：30—9：00；12：30—14：00；19：30—21：00）；通过朝阳有线28频道和北京歌华有线电视网络股份有限公司“801朝阳社区频道”6：00—24：00播出。中心所属《朝阳报》周一、周三、周五出报，每期发行5万份。中心所属朝阳新闻网，每年点击量数百万次。

［朝阳区广播电视新闻中心（融媒体中心）］

海淀区新闻中心（融媒体中心）概况

海淀区新闻中心于2006年2月28日成立，在撤销原海淀区广电中心和原《海淀报》社建制的基础上由两个单位合并而成，是区委区政府所属相当正处级全额拨款事业单位。2018年7月21日，海淀区融媒体中心正式挂牌运行。中心整合“报、台、网、端、微”资源，建立适合报纸、电视和网络新媒体的“策、采、编、发、存、评”工作流程，形成“一体策划、一次采集、多种产品、多媒传播”的现代传播格局；“海淀版的中央厨房”海淀融媒云端技术平台“媒e家”正式运行并投入使用，实现了内容生产、流程设计、播发调度、效果评价、人员管理、绩效考核、技术支撑等方面的融合。

一、电视、报纸

1. 坚持全媒体平台融合策划

同步落实宣传计划，做深做透主题宣传报道，共完成学习贯彻七次全会精神、两会报道、全国两会保障、中关村改革开放40年、中关村科学城建设、优化营商环境、“街镇吹哨、部门报到”、（北京·海淀）比利时布鲁塞尔葡萄酒大赛、双创周等重大主题58个。“一报两刊”共出版报纸244期，编辑版面1570个，约800万字，其中刊发记者稿件7200余篇，530余万字，报纸发行稳步增加；完成365期电视《海淀新闻》，新闻3660余条，在北京台播发新闻近280余条；原创各类题材微视频1100余个，在优酷、腾讯、抖音、快手等公号平台引起广泛关注。

2. 重点做好栏目宣传

重点在《海淀新闻》《创新中关村·核心区》《文明风尚汇》《海淀风物志》等栏目中进行高频度、高密度宣传。

重点报道落实区委十二届七次全会精神。海淀区融媒体中心统一开设了深入学习贯彻区委十二届七次全会精神的专栏《挖掘新动力　构建新形态》，着重宣传各单位立足新时代、勇于创新的新思路、新举措。

突出报道“中关村科学城”建设的最新进展。《我区正式发布“海淀创新发展16条”》《我区努力搭建优质平台，助推中关村企业创新发展》《中关村大街改造体现“科技风创新路国际范”》等新闻均围绕区委、区政府关于“中关村科学城”建设所做出的新部署、新举措作重点报道。

精心组织“中关村创新发展40周年”主题宣传报道。4月16日起，中心统一推出“中关村创新发展40周年”专栏，推出320余篇（条）时间跨度长、内容形态活、社会影响广的大型主题系列报道、60个专刊专题片、280多个微视频。实现栏目统一开设，节目同步刊播发。

重点宣传区优化营商环境的新举措。专栏《优化营商环境，助推高质量发展》先后推出《一揽子便利化服务为企业“减负”》《海淀建设项目行政审批改革打出“组合拳”》等新闻，重点报道丰台区优化营商环境先试先行的新举措，共260余篇。

二、融媒体发展保障

1. 体制保障

根据媒体业务特点和融合发展需要，实施“大部制”改革，将原有19个科室整合为八大中心，构建起扁平化、融合型体制架构，深化新闻业务融合。

2. 机制保障

依托“媒 e 家”云平台，完善新闻融合生产机制，开好每日调度会和周末讲评会，确保各媒体策采编发全流程一体化、融合化、规范化。

3. 激励保障

建立健全与媒体融合相适应的绩效考核机制，既重生产质量，又重传播效果。

中心利用区属媒体舆论引导优势，围绕区委、区政府中心工作开设专栏、制作图文并茂的资讯、及时转载中央、市级媒体重点报道。截至目前，海淀网络新媒体日均发布新闻 150 多条次，海淀网日均点击量超 15 万人次；北京海淀政务网站群日均访问量近 50 万人次，北京海淀微信粉丝量近 24 万人，海淀新闻微博粉丝量超 39 万人，掌上海淀移动客户端下载量超 27 万次。

[海淀区新闻中心（融媒体中心）]

丰台区广播电视中心（融媒体中心）概况

北京市丰台区广播电视中心的前身是丰台区广播站，成立于 1957 年 2 月，到 2001 年 11 月 更名为北京市丰台区广播电视中心。2018 年，丰台区广播电视中心（丰台区融媒体中心）以区融媒体中心建设为龙头，加强基层主流媒体建设，构建区域融媒体生态圈。7 月 5 日，丰台区融媒体中心正式挂牌。

一、组织机制运行方面

区广电中心与区新闻中心合署办公。在人员融合方面，中心按照融合发展、移动优先原则，停播多档电视栏目，仅保留一档新闻节目《丰台新闻》。在此基础上，调整一线业务骨干到新媒体岗位。在机制建设运行方面，成立区融媒体中心运行指挥部，设策划调度中心、采访中心、编辑中心、发布中心、评审中心等运行单位，初步形成融媒体指挥调度机制，完善指挥调度会议制度，对丰台新闻、丰台报现有业务流程进行改造提升。

二、融媒体建设方面

同央广网深度合作。丰台区融媒体中心依托驻区企业资源，与中央广播电视总台央广网在媒体融合领域开展全面合作。借助央广网云指挥调度和采编平台系统开展融媒报道业务测试及试运行工作，采编流程再造工作同步推进。经过合作，丰台区融媒体产品生产能力显著提升，日产量从 7 ~ 8 条，提升到 20 条左右，类型涵盖电视新闻、图文新闻、音频节目、短视频以及电子海报、H5 融媒体产品等。

融媒体产品传播。丰台区融媒体中心抓住传统节日和重大活动契机，以网络直播、短视频、交互 H5 为突破口，创新研发融媒体产品。策划发布“点亮家灯 · 传递祝福”和“一封家书 · 见字如面”两款中秋祝福 H5 产品，重点在微信、微博移动端社交媒体推广，有效参与人数达到 36 万。“卢沟晓月”中秋音乐会网络直播和在中国戏曲文化周期间的短视频传播也深受观众喜爱。此外，还新增社区网络直播服务，对社区文化活动、群众体育活动进行网络直播。北京丰台微信公众号一个月时间，新增粉丝近 15000 人，总计粉丝数达到 11.5 万。

软硬件加快建设。丰台区融媒体中心向市区两级财政申请融媒体中心建设项目，预计 2019 年专项建设资金达到 3500 万元规模，新址基建改造项目单独列支并同步推进。借助央广网云指挥调度和采编平台系统开展融媒报道业务测试及试运行工作。

“新闻＋政务”“新闻＋服务”等方面，丰台区融媒体中心结合区政府网站集约化建设工作，主动与区政府办对接，计划承担政务信息发布工作。在“政府与您零距离”政务开放日活动期间，依托集丰台报、丰台新闻、“北京丰台”新媒体于一体的区域全媒体宣传服务平台，持续发布40多篇（个）图文报道、电视新闻、抖音短视频等，权威解读和生动展示政府在提升公共服务、保障改善民生、优化营商环境等方面的工作成效和进展情况，受到群众欢迎。

与高校、科研机构、中央市属媒体开展合作。丰台区融媒体中心与首都经贸大学文化与传播学院、中国戏曲学院合作设立区融媒体学院。与中央广播电视总台央广网、北京日报新媒体中心等展开深度合作。

［丰台区广播电视中心（融媒体中心）］

石景山区广播电视中心（融媒体中心）概况

石景山区广播电视中心，成立于1987年12月，前身为石景山广播电视局，2001年10月更名为石景山区广播电视中心，拥有石景山有线电视媒体平台。作为石景山区委、区政府重要的新闻宣传机构，中心承担全区对内、对外电视宣传任务。2018年6月，石景山区融媒体中心正式挂牌成立，探索机制、人员、平台融合运营，统筹主流媒体、社会媒体共同发声，直播点击量高达310万人次。

一、开设新闻专栏、推出系列报道

在《石景山新闻》中开办《携手奔小康》《打赢大气污染防治攻坚战》新闻专栏，播发“深化结对帮扶，推动脱贫攻坚”“石景山区广电中心赴称多县开展文化帮扶工作”等“精准扶贫”主题新闻近30条；“打赢大气污染防治攻坚战”“首都的蓝天”等“大气污染防治攻坚战”主题新闻20余条；制作“防范化解重大风险”主题公益广告2部。特别成立四个摄制组，6批次深入到条件艰苦的对接地区，聚焦支撑点，聚焦优势产业，进行专题采访报道，推出“携手奔小康”记者走一线系列报道，播出深度专题节目3期，真实反映贫困地区现状和对口支援工作的开展情况和帮扶成果。

此外，《冬奥让城市更美好》《疏解整治促提升》《优化营商环境　石景山在行动》《街道吹哨、部门报到》等新闻专栏和《人勤春来早　实干正当时》《不忘初心　凝心聚力 疏解整治促提升》等专题片也展示了区域发展新形象，营造了良好的外部舆论环境。

二、打造精品节目

中心举办“讲述身边的红十字故事”“堡垒是这样筑成的”“初心”等大型主题活动。“讲述身边的红十字故事”突破传统晚会模式，以五个代表性事件串联，展现红十字工作的精神内涵和工作者的精神风貌，同时，借助网络直播平台与现场形成实时互动，让网友与故事主人公实现现场问答。

全力做好百姓系列栏目，开办石景山区首档中医文化类节目《京西国医堂》，讲授中医养生知识，传播中医药文化。截至10月，广电中心共有《记者视线》《政协之窗》《法制聚焦》等自制栏目12档，制作播出328期，栏目涉及民生、教育、法治、政务、文娱等方面。

三、制作公益广告

融媒体中心拍摄制作《爱很简单》《五十余载 不忘初心》《防诈骗》《身边的安全》《改革开放40周年》等近十部公益广告，弘扬社会主义核心价值观和中华优秀传统文化。多部作品获北京市年度广播电视公益广告三等奖，中心获公益广告优秀传播机构一等奖。

四、积极推进融媒体中心建设

加强融媒体建设，努力实现媒体深度融合。广电中心成立专班，实地到今日头条、昌平融媒、海淀融媒、京西杂谈等十几家单位调研学习。6月份挂牌成立融媒体中心，坚持采编例会制度，策划新闻选题，统一调度，集中力量展开宣传报道。

传统媒体与新媒体整体联动。8月18日，中心对北京市第十届民族体育运动会开幕式进行台网直播，采取融媒体报道形式，指挥部集中策划、统一调度，图文组一体采集、各终端多元分发。第一次实现真正意义上的“区域媒体生态圈”。从开幕式联排到正式演出的24小时内，北京电视台播发相关新闻5条，网络直播点击量达310万人次。国庆日出直播、第31届重阳游山会直播活动也分别吸引110万、184万观众的收看。

［石景山区广播电视中心（融媒体中心）］

门头沟区广播电视中心（融媒体中心）概况

门头沟区广播电视中心的前身是门头沟广播站，成立于1958年7月，2002年5月更名为区广播电视中心。2018年6月30日，区融媒体中心正式挂牌。中心努力为门头沟区开创现代化生态新区建设新局面营造良好舆论环境。截至10月底，《门头沟新闻》共播出新闻2875条，在央视、北京电视台完成外宣143条。自办专题节目《门头沟·视点》完成39期。自办生活服务类栏目《信息高速路》制作播出52期。《京西时报》出刊82期328版，文150余万字、图700余张。

一、围绕重点，强化对内宣传

全年围绕学习宣传贯彻党的十九大精神、区两会、重点工程、为民办实事项目、党风廉政建设、农村低收入帮扶、优化营商环境、改革开放40周年等全区重点工作进行宣传报道。

二、打造亮点，突出对外宣传

整合区级资源，围绕门头沟区地区特色和重点工作打造外宣亮点，提升门头沟区影响力和知名度。2018年前三季度，在北京台外宣数量位列所有记者站前5位，继续在全市各区县保持领先态势。在“北京优秀新闻节目”评选中，门头沟电视台选送的《1.3万农户弃煤用电“清洁能源”改造成效显著》被评为2017年度优秀广播电视节目，并入围“华彩杯北京新闻奖”评选。

三、创新形式，提升宣传效力

运用评论文章增强宣传效果。《京西时报》在原有的评论专版刊登评论文章的基础上进行调整，在每期报纸一版、二版的重要位置刊登评论文章，结合市、区的重点宣传工作的新闻稿件进行评论，取得新闻宣传和评论文章1+1 > 2的宣传效果。

四、夯实基础，强化阵地建设

一是完成门头沟电视台台标更换及频道整体包装。二是强化编前会制度。每周一召开编前会，明确一周重点宣传报道内容，改进新闻报道方式，加大记者自采新闻力度，社会新闻、民生新闻比重增加。三是做强《京西时报》光影版。截至10月底，共刊登光影版31期，光影版刊登照片280余张，文字稿件辅以亮点照片，突出区重点工作开展情况。四是加大公益广告宣传力度。全年制作播出公益广告18部，被北京市新闻出版广电局评为2017年度广播电视公益广告专项扶持项目一类机构；知识产权类公益广告和法制类公益广告也分别获奖。五是强化队伍建设。加强从业人员管理，全年共有2人取得播音员主持人资格证，2人取得记者证，人员队伍综合素质进一步提升。

五、强化媒体融合，推进融媒体中心建设

区融媒体中心2018年6月30日正式挂牌以来，一直积极推进相关资源整合，力争构建“统筹策划、多元传播”的宣传模式。中心出台《2018年度门头沟区融媒体中心建设实施方案》，注册“门头沟融媒”微信公众号，积极推进融媒体中心建设，促进平台、信源、产品、渠道、技术、人才等六方面的融合。

[门头沟区广播电视中心（融媒体中心）]

房山区广播电视中心（融媒体中心）概况

房山区广播电视中心成立于2001年11月，前身是房山县广播站、房山县人民政府广播科、房山区广播电视局。拥有房山电视台、房山人民广播电台和房山广电传媒网等传媒机构。2018年7月12日，房山区融媒体中心揭牌成立。

一、坚持多元聚合，打造“北京房山”宣传品牌

成立融媒体建设推进工作组和项目工作小组，整合全区新媒体平台资源，形成“一网一微一端”即“北京房山网＋北京房山微信公众号＋北京房山客户端”的新媒体宣传格局，打造“北京房山”宣传品牌。中心还与市级媒体签署了融媒体战略合作协议，打通信息输送渠道，实现房山区对外信息统一发布，同时借助各大媒体平台优势，确保房山信息快速、高效对外传播。

二、坚持融媒宣传，提升主流媒体舆论引导力

房山电视台《房山新闻》栏目对大会区委八届六次全会进行及时、准确、客观、全方位、多角度的宣传报道；房山人民广播电台打通新闻、专题时段，开辟25分钟专题报道，详实解读报告、全文播发决议；“北京房山”微信公众号刊发《一图读懂中共房山区委八届六次全会工作报告》等动态消息，用简洁清晰的图文形式解读全会精神。

三、坚持“移动优先”，提升突发事件应对能力

融媒体中心成立后，着力加快打造移动传播阵地，推进实施“移动优先”，借助新媒体提升主流媒体应对突发事件的舆论引导能力。在大安山X209军红路山体崩塌事件发生后，融媒体中心迅速做出反映，第一时间核实信息来源、追踪事件进展，打破传统报道模式，通过“北京房山”微信公众号迅速发布官方信息，实现了“移动优先”。

四、坚持技术先行，做好媒体融合发展顶层设计

融媒体中心技术系统实施顶层设计，邀

请广电总局设计院、北京歌华集团、北京北大方正等公司专业技术人员，结合中心实际工作状况，从人员、产品、设备、理念、运行模式等方面进行探讨交流；组织专业技术人员参加市局举办的广电融合媒体发展培训，了解融媒体发展现状与发展趋势；邀请专业咨询公司结合昌平传媒中心建设经验，对中心工作流程再造和全媒体采编移动管理进行深入学习探讨。

五、坚持品牌创建，提升服务水平

1. 创新节目形式，强调服务功能

《房山新闻》《今日关注》等多档栏目增加民生新闻和社会新闻的报道力度，拉近新闻报道与人民群众的距离。《创意房山》栏目从原有的多板块组合式报道调整为主题系列报道，推出系列节目《创意·匠心》《创业·初心》《创想·同心》，为百姓提供更加便捷、周全的生活服务。

2. 主动深入基层，提升服务质量

中心开展“百名记者下基层”采访活动，多路记者深入基层一线，深入群众生产生活，挖掘群众身边的生动故事，推出《记者下基层 美丽乡村行》《聆听基层好声音 记录时代新作为》等贴近基层、贴近群众的专题系列报道。中心还先后在全区 24 个乡镇分别成立融媒体记者站，逐步建立起网格化的管理模式，实现信息多元汇集，更好地服务基层。

3. 加快升级改造 加强维护管理 确保安全播出

稳步推进全媒体演播室高清化建设、房山地面数字电视建设等重点项目建设工作。特别是房山电视台高清频道于 2018 年 9 月 12 日入网北京 IPTV，成为北京地区首家通过“SDH 以太方式”接入 IPTV 的区县级电视台，进一步扩大高清覆盖范围，提高宣传效果。

[房山区广播电视中心（融媒体中心）]

大兴区广播电视中心（融媒体中心）概况

北京市大兴区广播电视中心是大兴区重要的新闻宣传机构，成立于 2001 年 10 月。其前身是大兴区广播站、大兴县人民政府广播科、大兴县广播电视局；现拥有大兴人民广播电台、大兴电视台、中华兴网、微信公众号“大兴新闻”、“这里是大兴”和“大兴人民广播电台 FM986”，主要负责本区的广播电视宣传工作，电视节目纳入北京电视台公共频道播出。2018 年，大兴区广播电视中心全力推进区融媒体中心建设。6 月 12 日，大兴融媒体中心正式挂牌成立，巩固壮大主流宣传思想文化阵地，为建设首都南部发展新高地提供强大精神力量和舆论支撑。

一、创新体制机制，加快融合发展

（一）整合资源，积极响应，开启融媒体工作新格局

2018 年，中心将自有的广播、电视、网络、微信公众号等资源先行自我整合，统筹协调，加强业务培训。6 月 12 日，与北京广播电视台签署深度融合战略合作协议，携手打造本市首个区属媒体 + 市属媒体多方协作、融合传播的新型融媒体平台，开启市区两级媒体融合采集、全方位立体传播时代。中心以此为契机，紧紧围绕区委、区政府中心、重点工作，全力打造融媒体传播矩阵。

（二）依托平台，强化练兵，全力推进融媒体建设进程

中心结合区委、区政府中心、重点工作，

依托媒体平台，提前进行策划部署，努力将宣传工作做深、做精、做透。

1. 强化教育培训

通过“请进来，走出去”的方式，开展多场关于融媒体方面的培训会，邀请新华社专家为员工们进行有关现场云方面的培训；邀请中央电视台专家进行关于新闻融合方面的培训；组织采编播人员分别到中国传媒大学和人民日报社的全媒体运行中心进行参观学习；积极参加市委组织部开办的推进区级融媒体中心建设培训班。中心共组织各类培训共10余场，参与培训百余人次。

2. 引入传播新渠道

加快适应新的传播平台，引入直播、抖音等传播新渠道。结合区内特色活动，推出西瓜创意美食大赛、麋鹿大会、畅游大兴美丽乡村等70多场视频直播，每周推出1～2场直播，形成常态化传播。首届北京南海子文化论坛直播，总观看人数301万人次，点赞人数189万次。同时统筹区级官方两微一端，联盟各区内平台，协调市外宣办、新浪微博等79家机构，同步矩阵传播推广。半年来，积极与中央、市属媒体对接协作，坚持一次采集，多元生成、多渠道发布，逐步形成了“1+3+3+148”的融媒新格局。

截至12月，中心制作抖音短视频80余个，浏览量达351.7万次，其中北京大兴国际机场回迁房短视频，点击率近200余万人次，获赞1.3万个，评论218条。12月10日《大兴新闻》更名为《大兴融媒》，全年推送微信1759条，总点击率约90万次；《这里是大兴》全年推送1200余条微信，点击量最高单条突破1.3万。

二、积极对接，全力推进融媒中心建设

中心以推进区融媒体中心整体影响力为目标，一是深入调研学习，加深对新闻舆论工作新环境、新任务、新规律的认知理解，结合中心实际工作，撰写形成中心机构改革调研报告。二是加快推进平台建设，积极与区经信委、财政局等相关部门对接，11月27日，融媒体中心空间平台建设项目方案正式通过区政府审批，12月13日，评审公司对该项目工程费用部分完成审定，进入招投标阶段。技术平台建设项目按照区财政局的要求进行多次完善修改。

[大兴区广播电视中心（融媒体中心）]

通州区广播电视中心（融媒体中心）概况

通州区广播电视中心成立于2001年10月。前身是通县广播站、通县人民政府广播科、通县广播电视局、通州区广播电视局。下辖通州人民广播电台、通州电视台和大运通州网三家通州主流媒体。2018年7月18日，通州区融媒体中心正式挂牌成立。通州区广播电视中心围绕北京城市副中心建设和迎接市级机关搬迁入驻等事件，强化舆论引导、强化媒体融合、强化规范管理，各项工作取得新成绩新进展。全年通州电台共播出6570小时，电视公共频道共播出1643小时，综合频道共播出2008小时，通州文艺共播出3276小时。

一、推出专栏与特别报道

2018年《通州新闻》继续加大十九大精神宣贯力度，推出《沿着总书记指引的方向——习近平总书记视察北京城市副中心周年》特别报道。5月9日，《通州新闻》将十九大精神宣贯的重点栏目统一设置为“在习近平新时代中国特色社会主义思想指引下——新时代新作为新篇章”，全年播出相关新闻300余篇。

针对市委书记蔡奇对通州区采取“四不两直”方式开展拉练检查的批示，《通州新闻》自主策划上下篇系列报道，每周日第一时间播出书记拉练检查的新闻，让广大居民及时了解全区疏解整治工作新动向，形成全区上下共同努力，开创“疏解整治促提升”工作新局面。深入开展创城常态化宣传，巩固文明城区创建成果。

《通州新闻》以“创城永远在路上”专栏，在节日前后开展烟花禁限放、移风易俗等宣传报道，教育引导广大市民崇尚文明、摒弃陋习。围绕区创卫复评、环保督查等重大环境整治行动，设立专栏，宣传报道该区各部门共同努力打好环保攻坚战的典型案例。2018年北京电视台共采纳通州新闻报送稿件120余条。

二、推出系列专题节目

2018年全年播出《小强·听说》《情暖副中心》《安全》等17档、387期专题节目。同时，还制作完成《通州监委这一年》《政协优秀委员宣传片》《机关工委党建系列专题片》等十八部临时专题片。参与录制《2018年新春团拜会》《2018年通州榜样评选颁奖》《七夕晚会》等大型现场晚会。围绕改革开放40周年，策划推出《风吹这方土——纪念改革开放40周年》系列节目，全年制作播出十期。

三、完成电台新节目试播

5月2日，北京人民广播电台与通州区广播电视中心正式签约，双方达成战略合作协议和业务合作协议，对北京城市副中心广播全新升级，突出“北京城市副中心专有广播频率”和“属地广播”的概念，开辟国内广播行业的特有经营模式，向城市副中心及周边区域形成文化辐射，同时也为“京津冀协同发展战略”提供舆论引导。5月16日，完成电台新节目试播，增设晚直播《晚安，通利福尼亚》，并开设微信公众号新城Radio。6月16日，开设早直播《早安副中心》。

四、推动融媒体中心建设

6月22日，区委书记专题会听取了关于通州区融媒体中心建设方案的汇报。会议强调要加快区融媒体中心建设。在获得市编办批复后，7月18日上午，通州区融媒体中心正式挂牌成立，并与人民网、北京广播电视台、歌华有线公司分别签订战略合作框架协议，共建融媒体中心。通州区属媒体形成“两台、一报、一网、多平台运行”的工作格局。

［通州区广播电视中心（融媒体中心）］

顺义区广播电视中心（融媒体中心）概况

顺义广电中心成立于2002年，为全额拨款正处级事业单位。下辖顺义电视台、顺义人民广播电台、《顺义时讯》报社三家媒体，拥有电视、广播、报纸、顺广传媒综合媒体平台四种媒体形式。2018年，顺义区融媒体中心深入贯彻落实中央、市委关于推进媒体融合发展和加快区级融媒体中心建设的重要要求部署，3月，顺义区媒体融合改革启动，

6月，顺义区融媒体中心成立。一年来，围绕媒体融合，顺义区融媒体中心多措并举，亮点频出，突出表现在：

一、政策引领，媒体融合发展思路清

顺义区融媒体中心确立了“坚定一个决心、做强两个平台(以“中央厨房”为核心的“全媒体融合运行平台”和“全媒体综合信息发布平台”)、实现三步走目标(第一步已完成了区属主流媒体深度融合。第二步将完成区属主流媒体资源和体制内宣传平台的深度融合。第三步将完成区属主流媒体、体制内宣传平台、区域社会媒体、自媒体融合发展)、把握四个原则(正确、改革创新、移动优先、“新闻+”)、实现五个融合(机制、产品、人才、平台、内外)、抓好六个环节(策采编发评用)”的发展思路，加快推动顺义区媒体深度融合发展。

二、优化整合，“3+8”主流媒体传播矩阵强力构建

融合顺义电视台、顺义人民广播电台、顺义时讯报社三大传统媒体，北京顺义App移动客户端、北京顺义官方微信公众号、北京顺义官方微博、北京顺义今日头条号、北京顺义抖音号、顺义网城新闻栏目等八家优质新媒体，构建起了一台(顺义广播电视台)、一报(顺义时讯)、一网(顺义网城新闻版块)、一端(北京顺义App移动客户端)、两号(北京顺义今日头条号和北京顺义抖音号)、三微(北京顺义官方微博、北京顺义官方微信公众号、顺义网城微信公众号)为主体的融媒体矩阵。

三、技术支撑，两个平台建设加快推进

以“中央厨房”项目为核心的“全媒体融合运行平台”一期工程目前已接近尾声，进入融媒采编系统的培训使用阶段。依托“中央厨房”项目，顺义区融媒体中心构建起“统一策划、一次采集、多种生成、多元传播、科学评价、有效应用”的全新业务模式和工作流程。

“北京顺义”客户端建设项目作为融媒体中心“全媒体综合信息发布平台”，坚持“新闻+政务+服务+电商+……”的理念，实现让受众只需要下载一个客户端即可满足在顺义生活所需。该项目预计于今年12月底提交苹果和安卓应用市场上线审核，审核通过后即可上线。

四、再造流程，“策采编发评用”业务模式初形成

随着“中央厨房”项目建设，中心构建起了“策采编发评用”的全新业务模式和工作流程。“策”即定期开展对重大新闻选题的统一策划 。“采”即优化整合队伍资源，实现新闻信息的一次采集、资源共享。“编”即各新闻媒体结合自身特点对采集信息进行分头编辑制作。“发”即各新闻媒体多渠道发布，同时利用“3+8”的传媒矩阵发布。“评”即对新闻宣传效果及社会舆情进行评估分析。“用”即为区委区政府决策和新闻宣传提供智库支持。“策采编发评用”构建起了新闻舆论闭环工作机制。

五、舆论清朗，主流声音更强劲

今年，中心围绕深入学习宣传贯彻党的十九大精神、深入落实新版北京城市总体规划和顺义分区规划编制，围绕坚决服务“四个中心”功能建设，围绕抓好“三件大事”、打好“三大攻坚战”，围绕纪念改革开放40周年、撤县设区20周年，抓好大党建，保障和改善民生等重点工作，开设专栏、专版20余个。中心报、台、网、微、端借助媒体融合同向发力，浓墨重彩开展“新时代·新作为·新篇章”“优化营商环境，助力经济发展”“疏解·整治·促提升”“壮阔东方潮·奋进新时代”等主题宣传，唱响了主旋律，加强了舆论引导，让社会公众充分了解区委区政府的工作和决策，最大程度地获得群众的理解和支持，切实为推动区域改革发展稳定各项工作营造良好舆论氛围。

六、内容创新，融媒产品更动人

适应移动互联网传播特点，积极借助微视频、短音频等技术传播融媒产品。今年服务于顺义区第七届道德模范评选活动，融媒体中心为20位候选人录制了微视频放在微信平台待公众投票，7天时间23.5万人次参与投票。顺义人民广播电台制作的系列短音频《习近平用典》栏目，用别样的方式学思想，悟经典，感受"平语近人"，受到听众的好评。中心组织的第四届"我为妈妈献才艺"活动，通过集中录制、全媒体展播、微信集赞，展示了教育成果、传播了"孝"文化，受到了社会各界的一致好评。在微信集赞阶段，仅60个小时，就吸引了89.6万人次为孩子们点赞。

[顺义区广播电视中心（融媒体中心）]

平谷区广播电视中心（融媒体中心）概况

平谷广电中心成立于2002年，前身是平谷县广播站、平谷区广播电视局，拥有平谷人民广播电台和平谷电视台。2018年6月29日，平谷区融媒体中心在区广电中心正式挂牌。2018年，平谷区广播电视中心牢牢把握舆论导向，继续深化改革，努力攻坚克难，加快创新发展，为传播平谷声音，讲好平谷故事，提升平谷的影响力营造良好氛围。

一、坚持正确导向 唱响时代主旋律 提升舆论引导能力

1. 区内宣传

围绕平谷区委、区政府中心工作及发展战略，精心筹划设计、组织实施，各项宣传报道主题突出，内容翔实，2018年全年《平谷新闻》共播出新闻5530条。

2. 外宣方面

加强与北京电视台等市级以上媒体沟通，精心筹划报道选题。突出节点、重点节日、重大活动、重要会议，2018年在市级以上新闻媒体播出稿件109条，其中中央台等新闻栏目播出26条。

二、坚持创新创优 提升栏目影响力

《热点进行时》《百姓身边》《美丽平谷》《政府与市民》《警法在线》五档专题栏目紧紧围绕平谷区委、区政府的中心工作，积极做好舆论宣传引导、政策解读等工作，创造良好的舆论氛围，传递政府声音。2018年全年制作各类专题片131部，其中先进人物专题55部、法治专题52部，完成各类实况录像34场。

完成改版电台。广电中心认真调研农民需求，对原有电台栏目进行改版，加大"三农政策"和区委区政府惠民举措宣传力度，在保留传统节目的基础上，新开设6档对农广播节目，分别是《政策问答》《善行至美》《农民与法》《农业科技》《卫生与健康》《美丽乡村》。新栏目于2018年11月7日正式开播。

精选文艺节目。选剧的标准遵循"小大正"的思路，即用小资金购买大情怀、正能量的影视作品。2018年购进电视剧10部388集，专题片一部《将改革进行到底》，安全播出24部886集约715小时。

三、坚持媒体融合 提升媒体传播力

1. 加快融媒体改革进度

推进装修改造、办公家具设备采购项目、指挥平台建设项目。

2. 加强新媒体传播力度

“平广传媒”微信平台碎片化实时推送，聚焦全区中心工作，推出《平谷区打击盗采专项行动纪实》《平谷春节文化庙会宣传片》等15个专题片、宣传片，共150分钟；针对H7N9、景悦府房预售等谣言，播出《抵制网络谣言维护公共秩序》《不传谣不信谣新建商品房政府审批后方可预售》等新闻，视频浏览量达1.3万次，及时有效引导社会舆论。

中心完成抖音——平谷融媒中心公众号、快手——平谷融媒公众号注册登记，及时发布环长城100国际越野挑战赛、金海湖红叶、平谷区首届电视楹联书法大赛、首届农民丰收节、四座楼文玩核桃品鉴季、北寨红杏、桃王擂台赛等作品，其中桃王擂台赛的点击量突破80万次。

[平谷区广播电视中心（融媒体中心）]

昌平区传媒中心（融媒体中心）概况

昌平区广播电视中心成立于2001年10月。前身是昌平县广播站、昌平县人民政府广播科、昌平县广播电视局、昌平区广播电视局。拥有昌平人民广播电台、昌平电视台和昌平广播电视网。2017年7月，昌平融媒体中心成立。2018年，传媒中心持续推动“本土化定位、融媒化宣传、平台化发展”战略落地，改革经验入选全国宣传思想文化工作案例，媒体传播力、引导力、影响力、凝聚力持续增强。

一、充分释放先发优势，聚力打造区县级融媒体中心“范本”

（一）打造适宜的融媒体运行组织架构

一是突出融媒宣传核心职能。整合广电中心、新闻中心和网管办的组织机构和职能，在合并总编室职能的基础上新成立总编辑部，聚力打造集融媒体指挥、协调、调度为一体的“神经中枢”。二是聚焦内容生产关键职能。实行采编分离，统一成立采访中心，将原有分散在各媒体的专业记者进行统一管理，按照全媒体记者“一专多能”的要求进行培养使用。三是合并重复行政职能。精简后勤、财务、人力资源等行政部门人员。形成符合融媒体发展的“职能—矩阵”式组织架构，既能满足高效指挥的需求，也能保证资源的灵活匹配。

（二）建立高效的内容生产传播机制

1. 建通道

按照“一次采集、多次生成、多元传播”的融媒体宣传路径，根据实际确定“线索挖掘、选题确定、任务分发、现场采集、产品制作、产品推送、落地反馈”等关键流程，并绘制了采编发业务流程总图，畅通流程渠道。

2. 破壁垒

引入质量管理先进理念，将关键流程按照“策划—执行—监测—改进”四个方面流程管理职责进行部门分解，打通了部门之间横向协调的通道，构建了新型的采编业务关系。

3. 推项目

及时建立采编联动平台，打造项目运作

载体，根据选题申报情况，各媒体编辑和采访记者在线上编组，形成采编项目小组，实施采访任务，推动采访力量、车辆、设备等资源围绕项目高速流转。全年在采编力量投入较往年压缩近35%的情况下，内容生产量提升近30%。

（三）建设自主可控的传播平台

依托“北京昌平”手机App实现信息、问政、服务资源汇聚。

1. 聚合新闻资讯

邀请政府、社会机构、其他媒体入驻，开通10个新闻资讯栏目，围绕受众喜好推出全方位的新闻信息聚合服务。

2. 构建问政生态

设置问政端口，对接行政督办和舆论监督体系，累计反馈处理各类问政信息1600余条。

3. 打包民生服务

围绕百姓密切关注的政务办事、生活需求，打造一系列具有本地特色的政务办事、公共服务、特色活动，共提供权威可信的政务服务、民生服务共33项。自3月1日上线以来，总下载量超32万，总阅读量超150万。打造出昌平最大的网上社群。

二、始终聚焦主责主业，做强做大主流舆论

（一）坚持重心下移，深耕本土内容

1. 聚焦基层一线

不断深化“走转改”，抓好记者站建设，依托“来自基层的报道”“民生·热线”版的亲民优势，发动记者围绕百姓关切、群众反映、人民乐见的新闻视角深挖新闻线索，2018年全年累计采制新闻8000余（电视2000余条、电台2000余条、报刊4000余条），推送新闻报道20000余条（北京昌平手机App本地新闻14700余条，“北京昌平”“昌平圈”微信共推送文章1290条，《昌平报》、北京昌平微博发送4800条），基层民生新闻占比始终控制在80%以上。

2. 突出重大主题

坚持贯穿“学习宣传贯彻习近平新时代中国特色社会主义思想和党的十九大精神”这条主线，围绕“纪念改革开放40周年”“疏解整治促提升”“三个文化带建设”“回天地区三年行动计划”等主题，电视《昌平新闻》先后推出24个主题系列报道，《昌平报》推出200多个专版，电台《乐享时光》全年直播话题264期，累计132小时，全方位反映昌平改革发展的生动实践。

3. 抓好专题策划

注重发挥经典栏目的品牌优势，电视《真情故事》《视角》《古今昌平》等栏目下力挖掘典型、梳理昌平文脉，探寻文化基因，全年生产节目达1000余期。《全国首个超低能耗整村农宅项目落户昌平》《把法治文明的种子播撒在雪域高原——记昌平区首位援藏女律师郭宏》等6个广播电视作品入选北京市广播影视协会年度优秀广播电视节目。

（二）坚持立体丰富，展示昌平形象

1. 强化产品创新

紧跟短视频潮流，策划制作“高考，你们的独家记忆”“35℃高温，撼不动的坚守”等100余条原创内容；试水直播互动，嘉年华期间，北京昌平微博还开设8场视频直播活动，与网友互动，浏览量超过20余万。打造H5精品，《昌平2018》《昌平两会邀你进群聊》《昌平40年，我在哪儿段时光里》等作品深受欢迎。其中浏览量100万+作品达到3个，10万+作品就有9个，1万+作品超35个。

2. 拓宽传播渠道

与腾讯、字节跳动等互联网媒体合作，成立“企鹅融媒体实验室”，借力优质平台资源宣传昌平特色、放大昌平声音、展示昌

平形象。推出北京昌平抖音号，联合推广魔术大会、北京国际设计周、昌平美食季、回天有我等活动的相关抖音视频，共发布视频46条，粉丝5.1万，获赞达11.6万。

3. 加大外宣力度

向市级以上主要媒体报送新闻素材170多条次，其中被北京电视台选用新闻素材67条次，中央电视台选用新闻素材20条次，北京电台连线报道2条，录音报道1条。

[昌平区传媒中心（融媒体中心）]

怀柔区广播电视中心（融媒体中心）概况

北京市怀柔区广播电视中心成立于2001年9月。前身是怀柔县广播站、怀柔人民政府广播科、怀柔县广播电视局、怀柔县广播电视中心。拥有怀柔人民广播电台和怀柔电视台媒体。电视台有两个频道。2018年区广电中心加快推进融媒体建设，6月28日，怀柔区融媒体中心正式挂牌。高水准做好新闻宣传工作，进一步提高舆论引导能力。

一、做强主题主线宣传

先后开办《深入学习宣传贯彻党的十九大精神　更加奋发有为地推动怀柔新发展》《不忘初心　牢记使命　做新时代的追梦人》等新闻专栏，扎实做好习近平新时代中国特色社会主义思想和党的十九大精神宣传工作；以改革开放40周年为主线，推出20集系列报道《庆祝怀柔改革开放40年》，生动反映怀柔区坚持改革开放40年发展变化。

二、聚焦全区中心工作做好新闻宣传

开办《疏解整治促提升》专栏，集中做好专项行动宣传；电台、电视台各栏目先后开辟《聚焦科学城》《优化营商环境　怀柔在行动》等专栏，做好规划解读、动态报道、成就展示；推出系列专访，持续报道怀柔区新时代新农村建设；紧紧围绕文明城区创建、推进全国文化中心建设，积极报道全区各镇乡街道、各部门落实工作的新思路、新举措、新进展；新媒体策划推出系列报道《村史》，大力传播怀柔文化；围绕精准帮扶、生态涵养、环境保护、怀柔首届农民丰收节暨怀柔区第六届长城板栗文化节”、宝山镇越野户外挑战赛等重点工作、重要活动，持续报道怀柔的新举措新成效，凝聚发展共识。

三、进一步做好对外宣传

中心与北京电视台科教频道《创新北京》栏目对接，开展长期合作，围绕“怀柔速度”“百日攻坚”等内容，策划怀柔科学城系列6期（条）特别专题报道，时长近1小时。加大地域传统文化宣传力度，春节期间与北京电视台策划推出“京郊年味浓”怀柔系列报道。截至2018年9月30日，在市级媒体共播出怀柔方面的新闻、专题160条（期）。其中，电视各栏目中播出98条，官方微博新媒体平台播出15条。北京人民广播电台《整点新闻》栏目中播出记者现场连线报道8次。

四、大力推进广电节目创新创优创品牌

一是持续加大电台节目创新力度，推出法制类广播栏目《法海扬帆》，全年播出52期；推出读书类广播栏目《行走怀柔》，全年播出104期。二是突出本土特色，深入挖掘怀柔乡土文化内涵，新媒体、《文化怀柔》栏目组合作推出《守艺人》系列微视频，探索3分钟内的精品系列微视频制作。三是进一步树立精品意识，依托中影高清演播室，

加大对电视台现有各专题栏目的内容改版、资源整合和创新实践力度，对各专题栏目进行整体包装，强化品牌栏目培育。

五、加快推进融媒体建设

按照传统媒体和新兴媒体优势互补、一体发展，人员先后赴新华网、人民网等考察学习，完成怀柔融媒体中心挂牌工作。借鉴资深新媒体平台经验，加紧完善怀柔“中央厨房”设计方案。同时，增强互动性、服务性，开展“第二届童心看天下小主持人大赛”等线下活动，不断扩大“恋上怀柔”新媒体的关注度、点击量、影响力。积极对接千龙网、今日头条等市级以上新媒体平台，依托“怀柔首届农民丰收节暨怀柔区第六届长城板栗文化节”开幕，怀柔区全力应对汛期强降雨等重要节点，形成区内新媒体新闻宣传对外出口，构建多渠道全媒体矩阵，努力打造怀柔城市媒体综合服务平台。

六、研究编制区融媒体中心“三定”方案等配套政策

围绕“重组、再造、融合”三大关键词重新梳理业务流程，完成《区融媒体中心新“三定”方案》《区融媒体中心薪酬绩效分配方案》《区融媒体中心科级后备干部培养方案》《区融媒体中心干部职工思想教育工作制度》《区融媒体中心党组议事规则》等制度编制。

［怀柔区广播电视中心（融媒体中心）］

密云区广播电视中心（融媒体中心）概况

北京市密云区广播电视中心成立于2001年，前身是密云县广播站、密云县人民政府广播科、密云县广播电视局。2018年7月2日，区委区政府在区广电中心举行揭牌仪式，加挂北京市密云区融媒体中心牌子。密云区广播电视中心发挥融媒体中心作用，开展新闻宣传工作，为加快建设生态富裕创新和谐美丽新密云提供强有力的的舆论支持和保障。年内，密云一套、密云二套电视节目合并累计播出5789小时33分钟；调频广播节目全年累计播出5700小时5分钟；上载电视剧18部共705集。

一、全力推进媒体融合，宣传思想工作再上台阶

（一）坚持“一主两翼三结合”的新闻宣传模式

《密云新闻》利用新媒体融合平台，围绕密云发展的总目标，讲好密云故事。深入开展“纪念改革开放40周年”“密云水库开工建设60周年”“密云解放70周年”“德润人心　孝满密云”等主题活动，通过密云视界手机App、“宜居密云”等多平台同期推出系列节目，收到了良好的效果。

7月16日，区广电中心派出新闻记者120多人次深入密云冯家峪、石城两镇遭受暴雨袭击的灾区采访，制作播出电视新闻60多条，在央视新闻频道、北京电视台发稿20余条，同时制作《洪水中，我们筑起生命的防线》专题片，全面报道密云防汛救灾的各项工作。区广电中心和两个新闻摄制组分别获2018年密云区防汛抗灾工作先进集体的称号。

（二）体现本土特点，办出地方特色

2018年密云电视台共设《事事关心》《檀州大舞台》《密云警视》等十余档专题节目。资讯专题《事事关心》子栏目“在身边”“说事儿”从老百姓关心的大事、小事、身边事入手，多角度全方位报道密云新鲜事儿，广受观众好评。区广电中心与区文委合作，在密云电视台开设《密云区文化人才六个一千工程电视培训系列讲座》专题栏目。此外，为观众提供诵读、声乐、舞蹈、摄影、曲艺、绘画、戏曲、书法八个艺术门类的学习平台。

（三）广播电台推陈出新，提高节目可听性

为进一步创新融合传播，密云人民广播电台8月31日在“宜居密云”微信公众号开办了《密云一周事》音频栏目，关注具有吸引力的上周新闻事件。传统节目《音乐随身听》更加注重“品牌”和“包装”，6月15日中心在首师大附属密云中学策划举办《音乐随身听》开播五周年生日会暨公益进校园活动。活动当天，通过“一直播”手机App对本次公益生日会进行了全程视频直播，同时主持人张博研的新浪微博也进行了同步图文直播。据统计，“一直播”共有50.5万人次观看本次公益生日会，视频点赞数达39.4万，充分发挥了媒体融合传播互动作用。

（四）积极探索并推进媒体融合发展工作

广电中心借鉴学习先进经验，开展《密云视界》微博、微信、App和广电中心网站业务。对于多渠道信息汇聚，包括：记者采集的视频信息、4G回传信号、PGC采集的音视频、平面媒体、网站信息等信息资源，根据不同的信息发布渠道，重新规划、梳理信息发布流程，为实现媒体融合发展奠定了基础。融媒体指挥调度中心、“中央厨房”等工程和平台建设有序推进。

［密云区广播电视中心（融媒体中心）］

延庆区广播电视中心（融媒体中心）概况

延庆区广播电视中心（延庆电视台、北京市延庆区新闻中心）下辖延庆人民广播电台、延庆电视台、延庆区新闻中心（负责《延庆报》采访编辑出版）。2018年7月，延庆区融媒体中心成立。中心负责制定广播电视新闻事业发展规划并组织实施；负责广播电视新闻业务研究、培训、交流等工作；负责广播电视节目的采录、制作、播放、转播等工作；负责广播电视事业的技术服务、设备管理与维护等工作；负责农村广播电视覆盖工作；负责新闻采访、编辑、制作、发布等工作；负责主报出版等工作。

延庆区广播电视中心下设15个科室：办公室、人事科、财务科、总编室、媒体融合科、新闻科、专题科、文艺科、广播科、社教科、广告科、技术科、播控科、纸媒采访科、纸媒编辑科；3个科级事业单位：北京市延庆区电视转播站、北京市延庆区广播电视记者站、北京市延庆区广播电视服务部。中心内设6个部门：基层报道部、基层新闻部、党建办、工会、食堂、内保科。延庆区融媒体中心下设总编室、采访部、编发部、新媒体部、技术部、综合服务部、工程办。机构改革前，两套机构并行。年内在岗干部职工175人。

一、强化主题主线报道

围绕持续深化学习宣传贯彻党十九大精神，《延庆新闻》推出《学习贯彻党的十九大精神　攻坚决胜冬奥世园筹办》《在习近平新时代中国特色社会主义思想指引下——新时代新作为新篇章》栏目，播出新闻286条。

《延庆报》开设《深入学习贯彻十九大精神 攻坚决胜世园会冬奥会筹办》专栏，刊发相关报道30余篇。

二、扩大世园冬奥报道力度

围绕做好世园冬奥两大盛会服务保障工作，中心推出“学习贯彻党的十九大精神 攻坚决胜冬奥世园筹办”“冰雪延庆 筑梦冬奥”“冲刺奔世园”“世园改变生活”相关新闻369条。《延庆报》刊发“飞向2022”“花开新时代 冲刺奔世园”“来自世园一线的报道”冬奥主题稿件220篇、世园主题报道253篇。电视专题栏目《聚焦时分》制作“服务冬奥促就业 人才提素促增收”“备战冬奥世园 服务地方百姓 延庆卫生医疗保障全面提速”等世园会专题19期。延庆区融媒体中心6月挂牌后，在“延天下”微博微信播发冬奥主题报道45条、世园工程进展信息45条。

围绕疏解整治促提升和创城、创卫、创森工作，《延庆新闻》推出“疏解整治促提升”“人人当好东道主 同心同向迎盛会”“向五大不文明行为宣战”“烟花爆竹全禁放”相关新闻436条，创城、创卫、创森公益广告100余次。《延庆报》刊发疏解整治促提升、创城、创卫专版专栏60余个，刊发相关报道150篇。《聚焦时分》《创城，我们的生活改变了什么》《创卫的这些事儿，这群人》及文明出行、文明养犬、礼让斑马线等节目。“延天下”微博微信报道相关新闻90余条。社教类栏目《卫视新视野》和《绿色家园》全年24期节目播出创卫、创森内容。

三、加强改革开放40年宣传报道

围绕改革开放40周年，《延庆新闻》推出“改革开放40年 看世园延庆新变化”“改革开放40年图片展”“改革开放40年 述说身边新变化”相关报道25条，播放公益广告8次。《延庆报》开辟《华彩40年走笔看妫川》专栏，完成有关专版20个。《聚焦时分》围绕改革开放制作3期专题节目。新媒体开展改革开放40年系列报道35条。

2018年，“延天下”微信、微博正式上线。“延天下”双微发布各类信息1900余条；建立15个微信公众号粉丝群；双微粉丝超79000人。抖音短视频注册账号20余个，制作发布短视频2000余条。H5传播总量达2000万人次。进行网络直播12次。新媒体部运营5个渠道小号及多个公众号，共发送各类信息2000余条，建成9个新媒体矩阵小号。

［延庆区广播电视中心（融媒体中心）］

大事记

2018 年北京市广播影视大事记

1 月

1 月 3 日　北京电视台财经频道正式播出《京津冀大格局》栏目。该栏目结合最新公布的《北京城市总体规划》，立足北京市推进京津冀协同发展重大国家战略的行动和举措，集中展示习近平总书记重要思想在京华大地形成的生动实践、阶段性进展和重大成果。

1 月 3 日　北京市新闻出版广电局副局长杨培丽一行，到北京市无线电管理局对加强北京城市副中心广播覆盖等工作进行研究。

1 月 8 日　北京紫禁城影业有限责任公司与黑龙江东北电影制片有限公司签署关于电视剧《朝外头条》投资协议。

1 月 11 日　北京市新闻出版广电局、天津市文化广播影视局、河北省新闻出版广电局在北京联合召开京津冀广电科技协同发展项目推进会。京津冀三局签订《京津冀广电科技协同发展项目合作协议》，三地有线网络公司、电台、新媒体部门分别在北京冬奥会有线电视专网、京津冀 CDR 数字音频广播一体化覆盖、京津冀 IPTV 集成播控平台互联互通项目上签署合作协议。

1 月 16 日　北京广播电视报社携手北京电台“诵读小站”开启“北广报京味儿文化传播与推广”活动。该次活动邀请京味儿作家刘一达为读者讲述北京的“胡同范儿”。通过胡同变迁，讲述北京人生活变化，追寻京城历史。

1 月 18 日　北京市新闻出版广电局、市文化市场行政执法总队，昌平区文化委、回龙观派出所等部门采取联合行动，对回龙观镇二拨子村的非法卫星地面接收设施（均为“小耳朵”）进行执法查处，共拆除“小耳朵”510 套。

1 月 21 日—29 日　北京市两会期间，北京电台在人代会会场和政协委员驻地搭建直播间，组织 50 人采访报道团，多方式传递两会声音。北京电台推出直播访谈节目《“两会”直通车》《市民对话一把手》；推出原创栏目《一瞬》；网络媒体中心推出微视频《关于“两会”你特想知道的》《一分钟告诉你为啥政协常有名人》，并用卡通动画形式介绍“两会”相关知识。

1 月 22 日　北京电台外语广播推出 8 期系列采访报道《十九大后看北京——外国驻华记者（新闻官）系列》。

1 月 24 日　北京市新闻出版广电局在 2018 年全国广播电视宣传管理工作会议上就收听收看大数据监管平台分享经验，介绍平台任务派发、节目监看、证据采集、稿件编辑、人员管理、数据汇总、节目预警、资料查询、安全保障和行政管理等十大功能模块。

1 月 24 日—25 日　北京市新闻出版广电局组织召开转播站、行政村发射站以及媒资共享平台运维工作总结和运维培训会。

1 月 25 日　北京海润影业股份有限公司电视剧《和平饭店》在浙江卫视首播。

1 月 31 日　《听见美 · 濮哥读美文朗诵会》登陆保利剧院，该朗诵会由著名表演艺术家濮存昕策划，邀请众多艺术家和普通市民登台，是北京人民广播电台2018“听见经典·听见美”大型诵读系列活动的首场展示。

1月31日　北京北广传媒城市电视公司通过旗下6块LED户外大屏对“月全食+超级月亮+蓝月组团”现象进行全程“天文级”实景图片联网直播。

2月

2月1日　爱奇艺、优酷、今日头条、一直播等11家互联网直播企业共同参与并签署首都互联网直播行业发展倡议书，宣告北京市“新时代网上正能量直播矩阵”正式成立并运行。

2月1日　北京电台2018“广播过大年欢乐好声音”脱口秀春节联欢晚会在东方梅地亚中心M剧场录制。晚会引入年轻人喜爱的脱口秀、辩论、演讲等表达方式，重语言、轻歌舞。2月6日—11日，脱口秀晚会花絮以3分钟小专题的形式在九个专业广播的有关直播栏目中滚动播放。

2月7日　“广播三下乡 情暖一家人”活动暨村广播改造启动仪式在门头沟雁翅镇淤白村举行。该活动是北京电台定期开展的一项推进农村精神文明建设的品牌活动，已连续开展12年。

2月12日　“广播过大年，欢乐好声音”北京电台2018年春节特别节目播出。北京电台九个专业广播和北京广播网、北京时间、一直播、映客、今日头条进行同步音视频直播。该节目直播间与晚会现场的切换衔接完全同步，在播出技术上真正实现音频与视频的同步直播。

2月13日　北京市新闻出版广电局召开市重点持证视听节目服务网站工作会，部署2018年春节、全国两会期间网络视听节目宣传和播出管理任务。爱奇艺、优酷、搜狐视频等15家视听节目服务网站相关负责人参会。

2月15日　北京市新闻出版广电局约谈市属19家开办网络直播答题活动的视听网站代表，重申国家新闻出版广电总局管理要求，清理整顿直播答题活动违法违规现象，引导网络直播平台坚持正确导向，营造风清气正的网络空间。

2月22日—27日　北京电视台新闻节目中心推出六集大型系列专题片《新时代　新航程》，聚焦习近平总书记“2·26”视察北京四周年。

2月25日　北京电台交通广播“声动南极”活动结束，150位听众从南极大陆回到北京。本次活动邀请听众一起到南极收听交通广播为他们量身设计的广播节目，同时让北京电台的声音抵达南极。

2月27日　《教育面对面——2018北京高招咨询》举行启动仪式，这是北京电台城市广播《教育面对面》节目第16年携手北京市教委、北京教育考试院推出大型高招直播咨询节目。节目于3月1日开播。

2月28日　北京市委宣传部召开专题会议。部长杜飞进听取北京市新闻出版广电局局长杨烁、副局长戴维关于北京电视节目交易会申请变更主办单位及2018年春交会活动方案汇报。确定2018年开始，市委宣传部作为北京电视节目交易会主办单位。

2月　北京市新闻出版广电局、市文化市场行政执法总队联合约谈新浪微博、新浪视频、凤凰网、秒拍、百思不得姐、水木社区等6家网站，依法查处上述擅自从事互联网视听节目服务、违反《互联网视听节目服务管理规定》、持续传播炒作导向错误、低俗媚俗等违法违规的视听内容以及在内容审查和用户管理等方面的管理漏洞，责令6家网站立即停止违规行为并限期整改。

3 月

3 月 2 日　北京歌华有线电视网络股份有限公司与人民网、腾讯公司在人民日报社签署战略合作协议，联合成立视频公司，发力直播和短视频领域。

3 月 3 日　全国政协第十三届第一次会议在北京人民大会堂正式开幕。北广传媒城市电视完成转播政协开幕式任务。

3 月 4 日　大型京剧文化传承节目《传承中国》即日起每周日 21：18 在北京卫视播出，该节目共 10 期，每期约 70 分钟，旨在传承、传播中国传统文化。

3 月 7 日　北京市新闻出版广电局局长杨烁带队对西京文化传媒（北京）股份有限公司、蓝海（北京）集团有限公司、北京华韵尚德国际文化传播有限公司、北京时代华语图书股份有限公司、北京四达时代通讯网络技术有限公司等五家“走出去”企业进行调研。

3 月 7 日—9 日　北京、天津、河北三地的新闻广播频率在全国两会期间联合推出《对话京津冀》节目。邀请来自京津冀的全国人大代表、政协委员、三地政府官员做客节目，三期节目的主题分别是：“生态建设，京津冀新环境”、“互联互通，京津冀新融合”和“以人为本，京津冀新发展”。

3 月 8 日　北京市新闻出版广电局副局长王野霏带队赴承德开展《关于建设北京（承德）影视产业基地的框架协议》落实情况专题调研。

3 月 16 日　北京市新闻出版广电局局长杨烁主持召开北京新闻出版广电企业“走出去”工作座谈会，博纳影业、掌阅科技、阿里巴巴文娱集团、完美世界等 8 家“走出去”企业负责人到会介绍自身海外发展情况以及在“走出去”过程中遇到的问题，并围绕国际市场开拓、海外发行渠道建设、政府支持等方面提出意见及建议。

3 月 16 日　北京歌华大型文化活动中心有限公司与北京世界园艺博览会事务协调局等单位签署协议，正式成为 2019 年中国北京世界园艺博览会高级赞助商，将优先为本届世园会开、闭幕式、会期文化活动、开园仪式等主体活动提供包括方案策划、组织实施在内的一系列文化服务。

3 月 21 日　中宣部新闻局《新闻阅评》第 91 期发表专题文章《北京台“3·15”晚会突出“诚信”主线有特色》。

3 月 22 日　北京市新闻出版广电局局长杨烁主持召开影视精品创作座谈会，围绕繁荣发展影视精品创作主题、北京出品与北京题材、北京影视资源的优势与劣势、影视产业基地建设、人才队伍建设等方面进行研讨。

3 月 23 日　北京市新闻出版广电局联合总局广播科学研究院举办“一带一路”广播影视科技发展论坛。国家发改委、广电总局、商务部等相关部门以及丝路沿线国家哈萨克斯坦信息与通信部、波兰电子通信业商会、新加坡亚广联、北京市广播影视科技企业代表 300 余人参加。

3 月 24 日　北京瑞特影音贸易有限公司协助钓鱼台国宾馆完成朝鲜领导人金正恩访华接收境外卫星电视节目工作。

3 月 24 日—25 日　第 23 届中国国际教育巡回展（北京站）在全国农业展览馆举办。北京电台城市广播《教育面对面》节目作为展会的独家广播合作媒体，在现场搭建展台和直播区，并进行 8 场网络视频访谈直播。

3 月 25 日—28 日　北京电视节目交易会（春季）在北京会议中心举办。该次交易会参展节目达 1221 部。其中，电视剧 867 部，网络剧95部，电影、网络电影27部，纪录片、电视栏目69部，动画片33部，网络文学作品130部。3月26日，2018北京电视节目交易会（春季）开幕式暨2017电视剧京榜发布仪式举办。

3月27日　北京广播电视报社召开“北广产品创新读者座谈会”，18位读者代表参加会议。报社秉承“开门办报”理念，形成“一报一刊一网一微一App三个微信公众号”的新格局，18名老读者从报纸和微信内容、活动举办、发行等方面提出意见及建议。

3月27日　广电总局科技司司长许家奇、副司长杨杰一行到北京歌华有线电视网络股份有限公司调研，听取歌华有线公司技术发展情况汇报，并就提升机顶盒、遥控器体验等相关问题进行交流。

3月29日　北京电台2017年度“获奖听众交流会”在广播大厦举行。活动首次通过北京广播网、一直播、北京时间和新华社客户端四个网络平台视频直播，听众和网友现场与北京电台相关负责人实时互动，由以前的“你说我听”单向传播变成“你问我答”直接沟通。

3月30日　北京电台与繁星戏剧村“打造广播戏剧合作平台暨文艺生活关爱行动”发布会在繁星戏剧村举行。同时，繁星戏剧村一号和二号剧场挂牌为北京电台103.9、87.6剧场。

3月　北京电台“建外14号”微信小程序增加直播功能后台播放通过审核并发布。

4月

4月3日　第31届电视剧“飞天奖”暨第25届电视文艺“星光奖”揭晓，北京三部电视剧获飞天奖，分别是：《深海利剑》《刑警队长》《三八线》；六部电视剧获飞天奖提名：分别是：《外科风云》《警花与警犬》《热血尖兵》《岁月如金》《金水桥边》《谜砂》；北京电视台2017年春节联欢晚会获电视综艺节目大奖；《音乐大师课》（第三季）获少儿电视节目大奖。

4月3日—4日　广电总局在浙江宁波召开全国电视剧创作规划会议，北京市新闻出版广电局党组书记、局长杨烁参加会议并就北京电视剧精品生产介绍经验。

4月8日—15日　北京市新闻出版广电局戴维副局长带队，由局宣传管理处、昌平区广播电视中心、延庆区广播电视中心、北京电视台相关人员组成的5人出访团组赴法国戛纳、巴黎以及希腊雅典，参加2018年法国戛纳电视节，并与希中友好协会、希腊广播电视机构商洽合作项目。活动期间，共举办2场影视推介活动、组织3场签约仪式、出席14场公务活动。

4月9日　北京电视台联合北京市总工会推出《首届“北京大工匠”揭晓典礼》，从工程测量员、数控机床操作工等10个行业（工种）中评选出10位“北京大工匠”。

4月11日　北京电台体育广播与中央电台、上海五星体育广播、河南新闻广播、天津新闻广播、江苏交通广播、浙江之声、浙江音乐调频、安徽城市之声、山东体育休闲广播、南京体育广播、大连体育广播的负责人在北京电台召开2018年度重大体育报道合作方案研讨会，北京电台台长助理李捷参加研讨会。

4月12日　北京市委书记蔡奇对市信访办与北京电视台联合报送的《关于“听民意解民忧”第四季活动总结和第五季活动计划》作出批示：这项活动立足于听民意、解民忧，社会效果好，要继续坚持办好。

4月12日　北京市委常委、宣传部部长杜飞进到北京歌华有线电视网络股份有限公司调研，实地查看北新桥街道社区文化站以及公司新业务体验厅、总前端机房、小街桥营业厅，并主持召开座谈会，听取歌华有线公司服务工作和改革发展总体情况汇报。市委宣传部秘书长张爱军，北京市新闻出版广电局党组书记、局长杨烁等参加调研。

4 月 15 日—22 日　第八届北京国际电影节在怀柔区雁栖湖国际会展中心举行。本届电影节延续“天坛奖”评奖、开幕式、北京展映、北京策划 · 主题论坛、电影市场、电影嘉年华、闭幕式暨颁奖典礼七大主体活动以及电影音乐会、“注目未来”单元、科技单元、纪录单元等 300 余项相关活动。79 家企业的 38 个重点项目在本届电影节电影市场签约仪式现场达成签约合作，总金额 260.825 亿元人民币，同比增长约 49%。

4 月 17、18、20 日　北京电台广告经营中心面向全台 22 家代理公司召开“2018 年频率资源介绍会”，分三场对北京电台九个专业频率的重点资源进行介绍。

4 月 19 日—21 日　北京电视台《北京新闻》《北京您早》《特别关注》推出“在习近平新时代中国特色社会主义思想指引下，新时代新气象新作为——红墙意识”系列新闻专题片，共三集，分别是《西城大妈——四代社区情》《红墙边的街巷长——王俊礼》《红墙下的幸福时光》。

4 月 20 日　承德市文化广电新闻出版局与北京银行石家庄分行在北京国际电影节电影市场签约仪式现场签署《支持北京（承德）影视产业基地建设战略合作框架协议》。

4 月 21 日　北京电台大型诵读原创品牌——“听见经典 · 中外名篇亲子乐读会”在国家图书馆艺术中心举行。

4 月 25 日　北京电台与北京人民艺术剧院在首都剧场举行战略合作协议签约仪式。

4 月 26 日　北京市新闻出版广电局党组书记、局长杨烁与希腊数字政策、通信和媒体部秘书长克莱索斯博士一行，就中希影视发展和合作进行会谈。

4 月 27 日　来自上合组织哈萨克斯坦、吉尔吉斯斯坦、塔吉克斯坦、乌兹别克斯坦和白俄罗斯等国媒体代表来到北京电台，了解广播媒体融合创新的实践与成果，并与北京同行座谈交流。

4 月　由北京电视台、北京其欣然影视文化传播有限公司制作的 58 集电视动画片《快乐集结号》，北京璀璨星空文化发展有限公司制作的 53 集电视动画片《京剧猫之信念的冒险》，获广电总局 2017 年度优秀国产电视动画片称号。

4 月　北京市新闻出版广电局组织 10 家企业以北京展团形式参加美国广播电视展（NAB），并举办新品发布会等系列活动。根据企业数据统计，NAB 展会中直接签约额达 215 万元人民币，与客户达成签约意向金额约为 4111.61 万元。北京多家企业在北美、南美等国家建立代理渠道。

5 月

5 月 2 日　北京人民广播电台与通州区广播电视中心达成战略合作协议。双方在节目制作、频率包装、品牌推广、新媒体内容服务以及广告经营等方面密切合作，通过资源共享、优势互补与业务创新，对 FM107.7 北京城市副中心广播全新升级。

5 月 3 日　北京市新闻出版广电局召开“‘记录新时代’创作规划座谈会”，局党组书记、局长杨烁出席并讲话，首都广播电视节目制作业协会、北京网络视听节目服务协会、首都纪录片发展协会、北京影视动画协会、北京市广播影视协会，以及 80 余家影视制作、生产、播出机构代表和知名导演代表百余人参会。

5月5日—7日　北京电台策划播出三集特别节目《思想的力量、时代的巨人——纪念马克思诞辰200周年》，分别为《一个主义》《一笔财富》《一条道路》。

5月7日—14日　北京市新闻出版广电局携北京市15家重点影视企业，赴希腊、英国举办“2018北京优秀影视剧海外展播季”。出访期间，在希腊雅典和英国伦敦分别举办开幕式，并与希腊、英国影视界举办论坛、商务洽谈、项目推介会等活动，签订政府部门间影视合作备忘录4份、企业间合作备忘录3份。

5月8日　北京东方全景文化传媒有限公司制作的40集电视剧《大牧歌》登陆央视电视剧频道。故事发生在20世纪50年代的新疆，塑造了为保护良种羊而奉献牺牲的一代青年形象。该剧获北京影视出版创作基金扶持。

5月9日　“2018北京优秀影视剧海外展播季”在雅典拉开帷幕。来自博纳影业、华谊兄弟、大唐辉煌、《文化中国》等15家北京影视企业及50余名希腊影视产业代表参加活动，26部具有北京特色、弘扬中国优秀传统文化的影视精品与希腊观众见面。

5月10日—20日　北京人民广播电台与中国美术馆联合推出“声音美术馆”项目，让市民在观看美术作品的同时，还可以听到对相关作品及作者的声音讲述。

5月11日　“V蓝·北京”2018互动传播公益活动在北京西山国家森林公园启动。活动现场视频回顾2013—2017年“文明北京蓝天行动”的成果，分享2017年环保真人秀节目《“V蓝·北京”讲环保》以及“供暖季 我行动”活动的精彩瞬间；表彰2017年度“优秀环保公益组织”及“绿色生活好市民”，发布“V蓝·北京”专属环保手势，同时部署2018年活动的重点任务。

5月15日—17日　在“IAI国际创享节2018暨第18届IAI国际广告奖颁奖盛典”中，北广传媒城市电视有限公司获企业、案例、人物类三项大奖。

5月20日　北京歌华有线电视网络股份有限公司联合中国传媒大学、东方嘉影电视院线传媒股份公司，在朝阳区广外南里社区文化站举行“光明影院”启动仪式。

5月20日—6月3日　北京人民广播电台主办的2018“我的冬奥梦”双语小记者全国选拔赛北京赛区初赛举办。北京赛区覆盖东城、西城、海淀、朝阳、石景山及房山6个地区近200所中小学校，分“小学低龄组”“小学高龄组”“中学组”三个组别。初赛以冬奥为主题开展双语知识竞答和双语演讲。

5月26日—6月1日　北京人民广播电台推出融媒体报道“看北京——上海合作组织成员国媒体北京论坛暨北京行”，北京电台、北京电视台、北京时间对该活动进行宣传。

5月28日—6月1日　“看北京——上海合作组织成员国媒体北京论坛暨北京行”活动举办。来自吉尔吉斯斯坦、巴基斯坦、塔吉克斯坦、乌兹别克斯坦等8国13家主流媒体受邀来京，参加文化、科技、奥运、媒体交流等不同主题的访问交流。

5月29日　台湾中华广播节目协会和台北市广播节目制作业职业工会一行34人，到北京人民广播电台考察交流。

5月29日　北京市新闻出版广电局评审提升广播影视国际传播力奖励扶持专项资金项目。包括广播影视节目对外传播译制、广播影视节目版权输出和广播影视国际传播平台建设三个重点类别。确定43个奖励扶持项目，总金额4407万元。

5月30日　北京市新闻出版广电局中国（怀柔）影视产业示范区政务服务站举行揭

牌仪式。

6 月

6 月 1 日　培新小学挂牌成为“北京电台双语学生广播基地培新小学分站”，这是第四所正式挂牌为北京人民广播电台广播基地的学校。

6 月 12 日　北京广播电视台与北京大兴区深度融合战略合作签约仪式在大兴举行。双方携手打造北京市首个区属媒体 + 市属媒体协作、融合传播的新型融媒体平台。合作以广播节目为核心，辅以网络、电视、平面及移动新媒体。

6 月 14 日—7 月 15 日　俄罗斯世界杯期间，北京青年广播联合团市委大学生部推出“982 游戏世界杯”系列节目，试验升级广播可视化生态。使用“游戏 + 虚拟背景”技术，首次把PS4游戏机设备和虚拟背景技术结合，让球迷玩家、解说员、FIFA 足球游戏画面“同屏呈现”，成为全国第一个把“真实赛事 + 足球游戏”进行融合的广播可视化节目。

6 月 17 日　首届上合组织国家电影节闭幕。本届电影节邀请了中国、印度、哈萨克斯坦、俄罗斯等上合组织的 8 个成员国和 4 个观察员国的电影代表团参加。评奖以“金海鸥奖”命名，设置了最佳影片、最佳导演、最佳编剧、最佳男演员、最佳女演员、评委会特别奖共六项大奖。北京市重点扶持的影片《进京城》、阿富汗影片《米娜向前走》获首届上合组织国家电影节最佳影片奖。

6 月 19 日　2018“北京最美乡村故事”征集启动仪式在北京人民广播电台举行，13 个涉农区代表参加。征集主题为“乡村振兴，美丽同行”，反映村民生活、体现乡村变化。本年度的活动是组建一支“大学生志愿采访团”，利用暑期深入乡村，实地采访，同时鼓励人们以文字与播讲的双重创作形式参与其中。

6 月 19 日　北京电视台《北京新闻》推出《壮阔东方潮 奋进新时代——庆祝改革开放 40 年》系列报道，展示 40 年来特别是党的十八大以来，北京在经济、政治、文化、社会、生态文明等方面的成就。

6 月 21 日　北京市新闻出版广电局召开“北京市向扶贫协作地区捐赠电视剧工作会”，北京市扶贫协作和支援合作办相关领导，北京市十余家影视文化捐赠企业，西藏、新疆和青海扶贫协作地区代表，首都广播电视制作业协会等有关人士参会。

6 月 21 日　第十届北京人民广播电台青少年英语大赛暨 2018“我的冬奥梦”双语小记者全国选拔赛正式启动。本届大赛主题为“从青少年的角度学习冬奥知识，以双语小记者的身份向国际社会介绍中国人民对举办冬奥会的自信和热情”。

6 月 22 日　北京人民广播电台 2018 年“听评月”视频直播结束。活动从 6 月 4 日起共直播 13 期，点赞量 192 万。22 日为视频直播访谈最后一天，总编辑王秋通过视频与网友听众面对面交流，单场观看量达 38 万。

6 月 24 日　北京人民广播电台城市广播《教育面对面》联合新浪网举办的“2018 北京高招咨询会”启动。来自全国包括香港地区的近百所高校到场，为家长和学生提供约五万人次的报考咨询服务。

6 月 26 日　第四届中非媒体合作论坛在北京举行。来自 45 个国家的 460 余位代表参加论坛及相关活动，发表《关于进一步加强中非媒体合作的共同宣言》。

6 月 28 日　北京市妇联新媒体中心正式在北京新媒体集团挂牌。

6 月 29 日　北京电视台推出全国首档人和公共领域沟通、城市公民与公共政策的对话节目《向前一步》。

7月

7月1日　北京人民广播电台与北京市妇联签署战略合作备忘录。北京电台、全国妇联宣传部、北京市妇联领导出席仪式。

7月3日　西藏拉萨市新闻出版广电局局长，拉萨市广播电视台台长、副台长以及藏历新年电视联欢会总导演，到北京人民广播电台，与北京电台领导沟通2019年春节藏历新年电视联欢会的合作事宜。

7月4日　《北京新闻》节目正式启用全新生产网播出，以更好兼容电视新闻生产和手机、网络等信息源，提高融媒体新闻的生产和发布效率。

7月16日　北京交通广播作为市政府授牌的“应急广播”，6点33分开始发布“京加线怀柔段梧桐豪路段出现塌方”的信息，特殊天气报道应急预案也随之启动。各路记者从防汛、高速、公交、民航、园林、消防等方面了解情况，通过《一路畅通》等节目发布报道。

7月20日　北京市新闻出版广电局组织召开北京市广播电视公益广告扶持项目再次征集终评会，此次征集重点聚焦“纪念改革开放40周年”重大主题，共征集电视作品90个和广播作品35个。

7月22日　强降雨导致密云区石城镇黄裕口村172名群众被困，北京市公安局等部门展开紧急救援。北京电视台新闻节目中心迅速调集采访报道力量，与密云融媒体中心等联合启动融媒体报道机制，连续14个小时对救援行动展开报道，并通过电视、新媒体进行同步传播。

7月23日—24日　北京人民广播电台新闻广播推出“百姓遇见大师”公益活动。其间，北京人民艺术剧院著名导演顾威、表演艺术家杨立新亲临电台授课，围绕经典剧目《茶馆》《龙须沟》为普通市民提供专业艺术指导。

7月24日　北京市新闻出版广电局史志办组织召开《北京志·广播电视志》复审稿审核意见汇总工作会。包括总局、中央电视台、中央电台、国际电台、北京广播电视总台、北京两台、局相关处室、各区县广电中心、歌华传媒集团所属相关单位等共计50余家志书参编单位对志书复审稿（初稿）进行审核，反馈了修改意见。

7月31日　北京市新闻出版广电局举办全市新闻出版广电系统安全播出及网络安全培训班。邀请公安部信息安全等级保护评估中心、国内知名网络安全防护公司专家授课，主要从国际国内网络安全形势、国内网络安全责任事故案例、新形势下的网络安全等级保护制度、融媒体网络安全风险及应对等几个方面讲解目前安全形势及防御方法。北京广播电视台、北京歌华传媒集团及所属各安全播出责任单位，北京出版集团、北京发行集团、各区融媒体中心等单位主管领导及技术负责人约80余人参加培训。

8月

8月2日　电视剧《最美的青春》开播发布会在北京人民大会堂新闻发布厅举行。该剧是北京市委宣传部和北京市新闻出版广电局共同主抓的重点项目，讲述了几代人克服重重困难，使荒漠变绿洲的故事。

8月3日　第二届北京纪实影像周开幕在中华世纪坛举办。第二届北京纪实影像周由国家广播电视总局宣传司指导，北京市新闻出版广电局主办。国家广电总局和北京市相关领导及全国20多个省、市、自治区新闻出版广电机构的负责人出席开幕式。

8 月 4 日　由国家广播电视总局主办、北京市新闻出版广电局和北京广播电视台承办的第六届国产纪录片及创作人才推优在北京举行。北京选送的作品和机构共获 9 大类 15 个奖项：《记录北京的人》获优秀国际传播奖；《绝境求生》、《寻找手艺》、《传家本事》（第二季）获优秀长片奖；《不老的车轮》《当他们渐渐老去》《恐袭后的 12 小时》获优秀短片奖；《贡嘎》获优秀撰稿；《贡嘎》《绝境求生》获优秀摄影；《奇妙之旅》获优秀栏目类奖；北京广播电视台纪实频道、北京三多堂传媒股份有限公司获优秀制作机构；北京广播电视台纪实频道获优秀播出机构；北京市新闻出版广电局宣传管理处获优秀组织机构。

8 月 6 日—10 日　北京电视台推出五集系列纪录片《双奥之城》，通过走访北京奥运会亲历者、奥运场馆建设者、奥组委及奥促会相关专家，记录北京打造世界首个双奥之城的故事。

8 月 7 日　北京紫禁城影业有限责任公司召开股东会、董事会，通过新一届董事会成员及新一届领导班子议案，任命金川为北京紫禁城影业有限责任公司董事长兼任总经理。

8 月 8 日　四达时代集团与北京银行战略合作协议签约仪式暨中国（北京）影视译制基地和首都新闻出版广电“走出去”示范企业授牌仪式在四达亦庄总部基地举行。

8 月 11 日　2018 年北京奥运城市体育文化节——成长勋章小铁人三项赛举办。活动由北京人民广播电台主办，北京奥运城市促进会支持，北京银龙广播电视节目制作有限公司和北京顺义生态旅游集团有限公司承办。由北京电台运动体验团队负责运营执行。小铁人三项赛包括游泳、自行车、跑步三个项目，面向 6 ~ 15 岁小朋友，是国内首个公开水域小铁人三项赛。来自京津冀地区的 300 多名小选手参赛。

8 月 13 日—17 日　由教育部主办，北京歌华文化发展集团等单位承办的 2018“共创未来——中美青年创客大赛”总决赛在中华世纪坛举办。大赛吸引了中美 6000 余名青年创客参加，75 支中美创客团队晋级决赛。

8 月 15 日—17 日　“首届全国有线电视网络客户服务高峰论坛”在京举行。参会嘉宾以“新时代、新生态、新服务、新价值”为主题进行交流分享，来自全国 22 家广电网络公司的客服负责人，以及航空、金融行业从业者 80 余人出席。

8 月 18 日—19 日　北京电台动听调频与猫王收音机在敦煌联合举办第二届“电台复活节”。全球 20 余位知名 DJ 接力，连续 24 小时直播音乐节目。

8 月 22 日—23 日　北京人民广播电台纪念“一带一路”倡议五周年大型系列报道《独行快、众行远》两路报道组分别启程，前往捷克、斯洛伐克、匈牙利、土耳其、波兰和俄罗斯，采访报道沿线国家合作的进展情况。

8 月 22 日—24 日　第二十七届北京国际广播电影电视展，在北京国际展览中心开幕。北京广播电视台作为首都重要媒体单位参与展会。

8 月 26 日　由北京人民广播电台主办的 2018“我的冬奥梦”双语小记者全国选拔赛上海赛区在上海展览中心正式启动。

8 月 27 日　北京广播电视台融媒体中心成立仪式在北京电视台举行。

8 月 30 日　新疆广电网络董事长吐尔洪・阿不力孜一行到北京歌华有线电视网络股份有限公司考察，双方就融媒体建设、有线网业务经营等深入交流。

8 月 31 日—9 月 1 日　北京市新闻出版广电局实施北京影视剧非洲展播季项目。项目挑选京审及北京参与制作的 400 集电视剧和19部电影分别译成英语、法语、葡萄牙语、斯瓦希里语、豪萨语、乌干达语、约鲁巴语等七种语言，共2800集电视剧、119部电影在四达时代非洲中文影视频道、功夫频道及各专门语种频道播出。项目开展期间，举办了启动仪式、新闻发布会、图片展、中非影视机构交流和第二届“中国影视剧斯瓦西里语配音大赛”、走入非洲乡村“中国影视大篷车”等活动。

9月

9月1日　北京卫视《养生堂》联合市卫计委、市教委共同推出特别节目《开学健康第一课》，邀请多位医学、营养、教育专家，向孩子们讲解青少年身心健康知识。

9月3日—4日　中非合作论坛北京峰会在北京举行。北京瑞特影音贸易有限公司确保接待酒店有线电视和境外卫星电视接收安全，完成“中非论坛”保障工作。

9月4日　由北京歌华大型文化活动中心有限公司承办的中非合作论坛北京峰会配偶活动在京举办。活动以“国粹芳华”为主题，现场展示了11个非遗项目，体现了首都历史底蕴、北京特色和中非友谊，受到国家主席习近平夫人彭丽媛以及参加峰会的非洲国家元首、政府首脑配偶的高度赞赏。

9月6日　北京市商务委员会、北京人民广播电台共同主办的“餐桌上的四十年”庆祝改革开放四十年主题征文活动，在朝阳门社区文化生活馆二十七院举行。

9月10日　北京市新闻出版广电局完成中非合作论坛北京峰会有线电视和卫星接收信号服务保障工作。

9月20日　由北京市政府新闻办公室和北京人民广播电台外语广播联合主办的“2018悦享·秋——中非一家亲”活动，在延庆县原乡里三司民宿举行。

9月22日—10月7日　由文旅部、北京市人民政府主办，北京歌华文化发展集团、北京工业设计促进中心承办的2018北京国际设计周成功举行。设计周以“致敬生活”为主题，共设置10个活动板块，在京津冀49个分会场举办上千项设计活动，吸引800万人次观众，带动社会资源投入3.5亿元。

9月26日—29日　北京电台品牌传播部章珏莹、节目制作中心朱云创作的公益广告《父亲专注十五分钟的陪伴》获中国公益广告最高奖项“黄河奖”金奖。北京青年广播创作的宣传片花《时光穿梭机》获“中国广告长城奖”铜奖。北京电台广告管理部选送的其他6条公益广告、2条商业广告，分别获“黄河奖”优秀奖和“长城奖”优秀奖。

9月28日　北京歌华有线电视网络股份有限公司组织召开与百度、爱奇艺战略合作签约暨“歌华小果”新品发布会，并签署三方战略合作协议。

9月　北京歌华有线电视网络股份有限公司完成中非合作论坛北京峰会有线电视服务保障。

9月　歌华传媒集团引入百视通等七大互联网电视牌照方内容，与百度、爱奇艺联合发布提供有线网+互联网优质内容服务的AI融合机顶盒“歌华小果”。

10月

10月10日　北京电台青年广播与中国国际航空公司联合举办大型知识竞赛类可视化直播系列节目《我爱我的国》，正式推出第一期节目。该档视频直播知识竞答节目的参赛选手来自首都各高校在校生，首期节目以四川成都为主题，通过历史、美食、风景、人文等题目，多方面比拼选手的知识储备。

10月15日　由北京广播电视台、河北广播电视台、天津广播电视台共同主办的2018京津冀银发达人大型评选活动，分别在京津冀三地举办选手展示活动。本届银发达人评选经过报名、海选、京津冀三地交流、网络点赞等环节评选出30名候选人，通过网络投票和专家评选，最终评选出10组“十佳银发达人”和20组“优秀银发达人”。

10月20日—29日　由文旅部、北京市人民政府主办，北京歌华文化发展集团承办的2018北京国际摄影周举行，来自31个国家的摄影师、策展人、艺术机构的3047幅摄影作品及52个视频作品组成66个展览，吸引观众25万人次。

10月25日　北京市新闻出版广电局召开整治城市副中心区域“黑广播”专项行动部署会，加大打击治理“黑广播”力度，防止党和政府的声音受到干扰。

10月25日　北京广播电视台以“融媒体中心”形象参与第十三届中国（北京）文化创意产业博览会。北京人民广播电台围绕“融合·发展”和“文化·产业”两大主题，将FM94.5动听调频、FM98.2青年广播、听听FM、悦库时光四大融媒体单元做重点展示。北京市委书记蔡奇、市委宣传部部长杜飞进等到北京广播电视台展位参观。

10月27日　北京人民广播电台悦库时光文化传媒《茅盾文学奖精选有声作品集》首发仪式在第十三届中国国际文化创意产业博览会举行。北京电台邀请众多知名演播艺术家，将《白鹿原》《钟鼓楼》《生命册》《长恨歌》《历史的天空》《张居正》等多部茅盾文学奖获奖力作，以有声阅读的方式呈现给公众。

10月29日—30日　北京海润影业股份有限公司参加在美国洛杉矶举办的第十四届中美电视节，电视剧《和平饭店》获本届电视剧最高奖金天使奖，海润影视董事长刘燕铭获最佳制片人奖，电影《幕后玩家》获第十四届中美电影节年度金天使奖。

10月31日　外交部新闻司高文棋参赞率非洲记者团到北京人民广播电台参观。记者团成员包括来自埃及、冈比亚、肯尼亚、南苏丹等20个非洲国家的主流媒体记者。

10月31日　2018美国电影交易市场在洛杉矶开幕。北京市新闻出版广电局组织的北京电影代表团设立联合展位，向世界宣传、推广北京电影和电影企业。北京电影代表团6部影片《红海行动》《幕后玩家》《快把我哥带走》《羊皮筏子》《西蒙·波卡涅拉》《过春天》参加展映。国家大剧院出品的《西蒙·波卡涅拉》入围中美电影节金天使奖；博纳影业出品的《无双》、万达影视《快把我哥带走》、海润影业《幕后玩家》获中美电影节年度金天使奖；《无双》男主角周润发获年度最佳男主角；博纳影业影片《幸福马上来》获中华文化传播力奖；《红海行动》作为闭幕式电影获年度最佳影片。

10月31日　北京广播电视台、天津广播电视台、河北广播电视台在河北雄安新区联合举行庆祝改革开放40年大型新闻行动“壮阔东方潮 筑梦京津冀”采访启动仪式。

11月

11月2日　由北京电影代表团和美中影视产业博览会联合主办的中国论坛活动在美国电影市场（AFM）举行。论坛有两个主题，一是电影内容制作如何在全球范围内获得成功，二是电影在中国发行的情况介绍和现状研讨。

11月2日　“北京范儿·潮我听”北京人民广播电台2019年广告资源推介会在北京饭店国际会展中心举办。18名北京电台主持人作为“推介人”，在六个版块中分别以脱口秀、访谈、情景剧、歌舞秀等表演互动形式，展现北京电台受众传播优势及商业营销实力。

11月8日　北京人民广播电台“壮阔四十年 书香送耳边”精品有声阅读主题活动暨“听听FM”改版上线发布会举行。北京电台携手人民文学出版社、作家出版社、北京十月文艺出版社等机构，旨在记录中国改革开放40年的奋斗史。

11月9日　北京海润影业股份有限公司参加在香港举办的第二十四届华鼎奖颁奖盛典晚会，电视剧《和平饭店》获四项大奖。

11月10日　第27届中国金鸡百花电影节暨第34届大众电影百花奖在广东佛山闭幕。北京出品的《红海行动》获最佳故事片、最佳导演、最佳男配角、最佳女配角、最佳新人等五项大奖；《战狼2》获最佳男主角奖。

11月13日—17日　北京电视台纪实频道节目中心相关负责人赴日本放送协会（NHK）参加中日业务合作年度工作例会。就日本放送协会4K、8K频道的筹备情况和2020年东京奥运会及残奥会的宣传报道规划进行调研交流。

11月14日　京津冀协同发展IPTV合作项目开通仪式，在天津滨海新区举行。

11月16日　北京市广播电视局揭牌仪式举行。

11月19日　北京电视台举办“上新了·北京卫视——2019北京卫视营销共赢大会”，发布北京卫视2019年重点综艺、季播节目、新闻节目、春晚、电视剧资源和全新营销计划，并与文投控股股份有限公司签订文投京视影视产业投资基金战略合作。

11月20日　北京海润影业股份有限公司出品的电视剧《兵临村下》在海口举办的第四届全国电视剧联盟交易会上获年度收视冠军称号，电视剧《铁血武工队传奇》获最佳收视贡献奖。

11月23日　在2018年度北京广播电视台节（栏）目创新奖颁奖暨年度优秀节目分享会上，《北京广播电视报》的《名嘴致敬父亲节 我们给父亲的一封信》和《“京昆”戏曲文化系列报道》两部作品获图文产品创新奖。

11月24日　北京广播电视台联合河北广播电视台、天津广播电视台，推出“壮阔东方潮　筑梦京津冀”系列报道，三地记者通过行进式报道，从疏解非首都功能、产业转移、示范区协同发展、交通一体化、共同治理大气污染等角度，展现京津冀协同发展的成果。

11月30日　在第六届中国网络视听大会上，由人民日报全国党媒公共平台和人民网联合主办的2018全国党媒优秀原创短视频评选中，北京电视台新闻节目中心新媒体团队创作的动画短视频《非洲，原来你是这样的》获2018全国党媒“十佳创意短视频”。

11月　北京推荐的6部作品全部获国家广播电视总局电视剧司2018年度电视剧精品发展扶持专项资金剧本扶持项目优秀剧本扶持。海润影视制作公司申报的《新一年又一年》被评为重点扶持项目；电视剧《最美的青春》《启航》《不说再见》3部剧被评为一般扶持项目。由北京推荐的中直机构申报作品《读心》《都是一家人》获剧本资金扶持。

12月

12月3日　北广传媒城市电视楼宇终端正式亮相北京副中心行政办公区。

12月5日　“4K视界”专区在北京歌华有线电视网络股份有限公司DVB-IP平台的点播栏目中上线。首批上线的4K节目达600小时，涵盖电影、电视剧、纪录、音乐、生活 5 大类，覆盖北京 50 多万 4K 超清智能机顶盒用户。

12 月 7 日　第二轮《北京广播电视志》编委会组织召开北京广播电视志复审会。国家广电总局、中央广播电视总台（央广、国广、央视）、中国教育电视台、北京电台、北京电视台等单位编委会成员和相关工作人员、北京市地方志编纂办公室有关领导及该书撰稿人、责编等参会。

12 月 9 日　“中国广播电影电视社会组织联合会有声阅读委员会”在北京正式成立，有声阅读委员会微信公众号正式上线。北京人民广播电台总编辑王秋出任中广联有声阅读委员会会长。

12 月 13 日　北京歌华有线电视网络股份有限公司与北京市委组织部合作搭建的“北京组工”学习平台上线，集合了“新时代、新担当、新作为”“榜样党员”等党建专题视频内容。

12 月 24 日　北京市广播电视局通报 2018 年度北京影视出版创作基金奖励扶持情况：影视出版创作基金项目申报作品 975 个，经项目资格认定、初审、复审、公示、审议等程序，对 370 个项目进行奖励扶持，累计扶持金额 2.18 亿元。其中广播电视、网络视听作品 95 部，扶持金额 9000 余万元。

12 月 24 日　北京市广电局发布《2019—2022 年“记录新时代工程”北京市重点选题规划片名单》，该名单共八大类 112 部作品。其中包括《觉醒年代》《芝麻胡同》《启航》《新世界》等 54 部电视剧，《大运河奇缘》《冰雪冬奥村》等 11 部电视动画片，《共和国·1949——中共中央在香山》《紫禁城》等 21 部电视纪录片，还有网络电影 1 部，网络动画片 3 部，网络纪录片 10 部，网络综艺片 10 部。

12 月 25 日　北京市委宣传部、首都文明办主办，北京广播电视台、北京人民广播电台、北京电视台承办的“2018 北京榜样”颁奖典礼在 BTV 大剧院举行。

12 月　北京歌华有线电视网络股份有限公司被公安部评为“2018 年网络安全管理优秀团队”。

2018 年　北广传媒影视公司迎接建党 100 周年献礼片《觉醒年代》获北京市广电局出版创作基金 100 万元和北京市宣传引导基金 500 万元支持。

2018 年　北京电视艺术中心有限公司完成主旋律电视剧《不说再见》的拍摄；主旋律电视剧《我爱北京天安门》《新一年又一年》入选广电总局首期百部优秀影视剧推荐剧目、北京市广电局 2018—2022 年 53 部重点扶植推荐项目。

2018 年　北广传媒移动电视制作的《雪域高原上播撒爱的“园丁”》获北京市广播影视奖电视新闻类优秀作品。

2018 年　北广传媒数字电视申报的《现场急救你得会：脑梗片 A》和《福彩公益广告篇：心愿》分别被评为北京市广播电视公益广告专项扶持项目三类、二类。

2018 年　北广传媒城市电视获北京市新闻出版广电局“公益广告优秀传播机构”奖项。

2018 年　北京市广播电视局全年共扶持公益广告项目 116 个，扶持资金 1000 万元，择优推荐优秀作品获总局扶持 13 个，扶持资金 108 万元。

2018 年　北京瑞特影音贸易公司服务党和国家对外交往，处理市广播电视局临时交办的多项卫星保障任务：主要是外国领导人如金正恩、普京、梅德韦杰夫等及博鳌亚洲论坛、青岛上合组织峰会等活动的境外卫星电视节目接收工作。

2018 年　瑞特影音贸易公司获多个奖项。包括中视卫星电视节目有限责任公司颁发的“优秀地方服务机构奖”“全国十佳地方服务机构”，被卫视体育台节目商评为“全国最佳经销商”，被国家地理亚洲频道节目商评为“全国最佳经销商”，被卫视国际电影台评为“全国最佳经销商”等。

2018年　北京北广传媒影视股份有限公司获多个奖项。公司获城市联盟“2017年度优质合作公司奖”，电视剧《情满四合院》获第29届中国电视金鹰奖“优秀电视剧奖”、北京卫视“2017年度影视京榜年度金奖”、天津电视台“2017年度电视剧优秀品质奖”、吉林电视台都市频道“收视贡献奖”、沈阳广播电视台“2017年度收视贡献大奖”、中美电影节“评委会金天使奖”，电视剧《罗龙镇女人》获“全国电视剧播出联盟年度收视冠军奖”、四川广播电视台“2017年度省网收视剧王”，电视剧《姥爷的抗战》获“全国电视剧播出联盟最佳收视贡献奖”，电视剧《觉醒年代》获2018年北京宣传文化引导基金支持、获2018年北京影视出版创作基金优秀电视剧特别项目扶持。

2018年区县广播影视大事记

1月

1月1日　朝阳区广电新闻中心电视在技术、内容、频道包装上全面升级。实现采、编、播、存、传全流程高清化，原有歌华有线网单路标清播出升级为主备双路高清播出，《朝阳新闻》《一周新闻综述》《平安朝阳》《走进朝阳教育》等12档自制栏目及公益广告、公益宣传片等实现高清制作、高清播出。

1月3日　平谷区广播电视中心对电台设备进行改造，主备服务器增加存储盘阵。

1月8日　房山电视台《房山新闻》栏目推出“新时代·新气象·新作为”专栏，重点报道全区在推动经济发展、促进社会建设、强调生态引领、提高党的建设、探索乡村治理等方面取得的成绩。

1月23日—26日　朝阳区广电新闻中心全媒体平台验收合格，并组织中心各部门人员进行相关培训。

1月26日　北京市西城区委常委、宣传部部长陈宁带队到昌平区传媒中心调研媒体改革工作，昌平区委常委、宣传部部长刘绍坚陪同调研。

1月30日　延庆区广播电视中心领导到昌平区传媒中心进行交流调研。

1月30日　朝阳广电新闻中心就朝阳区潘家园旧货市场升级2.0版本及开设首家自主设计、经营新模式“潘家园礼物”文创店等内容，邀请北京日报、北京电视台等近20家媒体采访报道。

1月　门头沟区广播电视新闻中心被北京市人民政府评为2017年度安全生产先进单位。

1月　顺义电视台《顺义新闻》“我的故事”专栏改版升级。

1月　顺义区广播电视中心开设“疏解整治促提升”专栏，报道各单位、属地及职能部门拆除违法建设、占道经营、无证无照和“开墙打洞”整治、疏解一般制造业、疏解物流中心、压缩培训机构、地下空间整治、群租房治理、棚户区改造、直管公房清理整治等11项工作开展情况，营造“比、学、赶、帮、超”氛围。

2月

2月1日　门头沟电视台更换台标及频道整体包装工作完成。

2月8日　房山区委宣传部领导到昌平区传媒中心进行交流调研。

2月22日　房山区电视台与区改革办联合制作的《改革进行时》系列专题报道在《房山新闻》栏目中播出。对全区分阶段推进的环卫、供热、公交、水务、园林、文化、医疗、教育八个方面改革工作进行报道，展现全区改革的新变化、新特点、新成就。

2月27日—3月16日　顺义电视台《情暖顺义》栏目播出“三八”巾帼系列专题节目，分别为《因材施教助子成长》《校长妈妈》《环保战线的“拼命三郎”张乙铭》《和垃圾打了20年交道的女人》。

2月　大兴区广播电视中心参与中国交通广播春运直播节目《温暖回家路》。

3月

3月1日　昌平区传媒中心“北京昌平”客户端正式上线运行。

3月1日　平谷区广播电视中心大洋与索贝、冠华、万维信达签订合同，对平谷区广播电视中心采编、播出设备及系统进行运维服务。

3月6日—17日　北京市委常委、宣传部部长杜飞进先后到顺义区广播电视中心、昌平区传媒中心、通州区广播电视中心、朝阳区广播电视新闻中心、延庆区广播电视中心、怀柔区广播电视中心、密云区广播电视中心、丰台区广播电视中心、石景山区广播电视中心、海淀区新闻中心、门头沟区广播电视新闻中心、平谷区广播电视中心调研，部署融媒体建设工作。

3月15日　昌平区传媒中心召开“北京昌平”手机App交流调研座谈会。区委常委、宣传部长刘绍坚，区委宣传部副部长周文健出席会议，北京思源政通科技集团有限公司负责人和中心领导参加会议。

3月20日　石景山区委宣传部及区广电中心领导、门头沟区委宣传部及区广电中心领导分别带队到昌平区传媒中心进行交流调研。

3月21日　山西省榆林市广播电视台领导到昌平区传媒中心进行交流调研。

3月21日　平谷区广播电视中心景台山转播站遭强雷电袭击，造成UPS电源系统被击坏、避雷系统保护器被击穿，停播近3小时。事故发生后，中心组织技术人员及时上山抢修，以最快速度恢复播出。

3月22日　怀柔区委宣传部领导带队到昌平区传媒中心进行交流调研。

3月22日　怀柔区广播电视中心与中国传媒大学南广学院共建实践教学基地。

3月23日　河北省邢台市清河县广播电视台领导带队到昌平区传媒中心进行交流调研。

3月26日　平谷区广播电视中心撤销《快乐宝贝》栏目，栏目组人员调整到《热点进行时》，并开设子栏目“政府与市民”。

3月26日　北京市广播电台就媒体融合发展主题到海淀区新闻中心调研。

4月

4月9日　朝阳区广播电视新闻中心领导到昌平区传媒中心进行交流调研。

4月19日　平谷区广播电视中心成立由

43 人组成的应急抢险救援队。

4 月 21 日　第六届北京农业嘉年华“小记者之星”活动 20 名入围选手到昌平区传媒中心进行媒体体验，了解新闻采编、制作等流程。

4 月 28 日　北京市新闻出版广电局副局长王野霏到延庆区转播站检查转播设备安全运行情况并调研工作。

4 月 30 日　大兴人民广播电台采制的《政府帮助农民当上飞机加油员》《华北地区第一家 24 小时城市书屋在大兴区正式开放》，被北京市广播影视协会评为 2017 年度优秀广播电视节目；《政府帮助农民当上飞机加油员》获北京新闻奖三等奖；大兴电视台获 2018 年北京市第十二届“和谐杯”乒乓球比赛优秀报道奖。

4 月　房山区广播电视中心在《奋进新时代，美丽新房山》栏目中开设“聚焦机关作风整顿”版块，反映各乡镇街道、各委办局整顿作风、优化营商环境的风貌。

4 月　丰台区广播电视中心“听丰读书会”公众号正式运营，专注音频节目创作和读书活动、讲述丰台故事等内容，浏览量 22 万余次，好友转发 4.7 万次，互动达 13.6 万人次。“听丰读书会”11 月 30 日起登陆“中国广播”App 和 PC 端。

4 月　朝阳区广电新闻中心技术保障科负责人刘洋获 2018 年首都劳动奖章。

5 月

5 月 1 日　房山电视台《天气预报》栏目正式开播。新版《天气预报》主持人出镜播报和图文播报相结合，丰富了“重点园区”气象信息版块和“形象宣传”版块，突出地域特点，形式更加多样。

5 月 2 日　通州区广播电视中心与北京人民广播电台签署战略合作协议和业务合作协议。通州区人民政府、区委宣传部、北京人民广播电台、北京悦龙传媒科技有限公司负责人出席签约仪式。

5 月 3 日　大兴区广播电视中心举办“大兴区第一届小记者颁奖典礼”，来自全区 44 所小学的小记者参加，共 48 名小记者获奖。

5 月 3 日　潘竞被任命为朝阳区广播电视新闻中心党组书记。

5 月 5 日　房山区广播电视中心 60 余名记者对“2018 年春季北京国际长走大会”进行跟踪报道。其中，房山电视台《房山新闻》《今日关注》《Funhill 面对面》等栏目进行报道；区电台并机三个半个小时进行直播；中心传媒微信公众号开通微信视频直播窗口，关注人数达 4000 人。

5 月 17 日　大兴区广播电视中心直播安定桑葚节开幕式，并陆续推出西瓜创意美食大赛、麋鹿大会、畅游大兴美丽乡村等 70 多场视频直播。

5 月　《顺义时讯》开设“漫说安全”小栏目，每周一期，每期以一幅或几幅漫画形式对生产生活中各类安全注意事项进行提示。

6 月

6 月 2 日　由顺义区广播电视中心策划筹办的京承汇杯“我为妈妈献才艺”第四届青少年才艺大赛收官。此次活动以纪念改革开放 40 周年、庆祝顺义区撤县设区 20 周年、以及展示顺义教育发展成果为主线，分设幼儿、小学、初中、高中六个组，全区 108 所公立、民办学校的 1161 名师生和家长共同参与。

6 月 6 日　石景山区融媒体中心举行挂牌仪式。

6 月 11 日　延庆区广播电视中心与光明网签署新媒体战略合作协议。双方在重大主题宣传、新媒体账号建设、孵化新媒体产品、城市形象品牌宣传推广等方面展开合作。光明网总裁、总编辑杨谷出席签约仪式。

6月11日　“延天下”微博微信正式上线，这是延庆区广播电视中心与光明网合力打造的新媒体产品，弥补了中心新媒体从无到有、消息发布不及时、忽视年轻人及低龄化人群需求等问题。

6月12日　大兴区融媒体中心挂牌成立，接手“北京大兴”App，并与北京广播电视台签署深度融合战略合作协议，携手中央、市属、区内媒体，打造本市首个区属媒体+市属媒体多方协作、融合传播的新型融媒体平台。

6月16日　延庆区融媒体中心揭牌成立，成为国内首家“广电+报业”模式的“中央厨房”，成为集报纸、电视、广播和新媒体于一身的全媒体发展平台。北京市市委宣传部、人民网、延庆区委区政府等领导出席揭牌仪式。

6月19日　朝阳区融媒体中心挂牌成立，实现平台、信源、产品、渠道、技术、人才、数据、存储等八个方面的深度融合，通过统一办公，统一指挥调度，统一宣传发动，实现区域媒体平台全覆盖，有效管理政务资源与宣传内容。

6月28日　怀柔区融媒体中心举行揭牌仪式。

6月29日　“平谷区融媒体中心”在平谷区广播电视中心挂牌成立。

6月30日　门头沟区广播电视中心加挂门头沟融媒体中心牌子。

6月　怀柔区广播电视中心周训玖被中共北京市怀柔区直属机关工委评为优秀党务工作者；崔丹、李臻被评为区直机关优秀共产党员。

6月　《顺义时讯》开设“年轮——我与改革开放40周年”专栏，以读者口述形式讲40年改革发展的故事。

7月

7月2日　密云区融媒体中心举行揭牌仪式。北京市委宣传部领导出席并揭牌。

7月4日　巴勒斯坦国家电视台同人到石景山电视台进行业务交流访问。

7月5日　丰台区融媒体中心挂牌成立。

7月6日　北京市东城区融媒体中心正式挂牌。

7月9日　顺义电视台访谈节目《法治顺义》首播。

7月12日　房山区融媒体中心揭牌。北京市委宣传部、区委领导出席揭牌仪式。

7月15日　朝阳区融媒体中心召集等保运维单位及设备运营商，在中心召开网络防攻击应急会，并进行网络渗透测试。针对测试出的潜在问题，制定出具体整改方案并于7月底整改完毕。

7月16日　密云冯家峪、石城两镇遭受暴雨袭击，密云电视台、电台、报纸、“两微一端”齐上阵，连续10天，报道密云防汛救灾各项工作。区广播电视中心和两个新闻摄制组，分别获2018年密云区防汛抗灾工作先进集体称号。

7月18日　通州区融媒体中心挂牌成立。北京市委宣传部、区委、区政府等领导出席揭牌仪式。仪式上，通州区融媒体中心与人民网、北京广播电视台、歌华有线公司分别签订战略合作框架协议，共建融媒体中心。

7月21日　海淀区融媒体中心挂牌成立。北京市委宣传部、区委领导出席揭牌仪式。

7月　朝阳区融媒体中心加强汛期宣传，开启不间断模式。中心通过融媒体指挥调度系统，集体会商、统一调度、上下联动、突出重点，进行融媒体报道；及时利用微信、

App 等平台，发布暴雨预警提示性信息推出的融媒体产品超过 30 个。

8 月

8 月 8 日　房山区融媒体中心全媒体演播厅高清改造政府采购项目完成招标，工程建设正式启动。

8 月 10 日　密云区融媒体中心“纪念改革开放 40 周年暨密云水库开工建设 60 周年”微视频大赛正式启动。

8 月 11 日　房山区融媒体中心针对房山区大安山乡军红路 K18+350 处山体发生严重地质崩塌事件迅速做出反应，“北京房山”微博及时发布消息，房山电视台《房山新闻》当晚发布《大安山乡发生山体塌方　无人员伤亡　各部门紧急应对》节目。

8 月 14 日—15 日　朝阳区融媒体中心举办 2018 年朝阳区新闻宣传工作培训班。培训围绕融媒体环境中如何做好新闻宣传策划、突发新闻事件应急和媒体舆情处置、政务新媒体运维技巧等相关内容展开。

8 月 18 日　石景山区融媒体中心与区互联网协会联合开展北京市第十届民族体育运动会报道，网络直播总观看突破 700 万人次。

8 月 20 日　怀柔区直机关工委批复，杨桂霞任怀柔区广播电视中心机关总支书记。赵海青不再担任机关总支书记职务。

8 月 29 日　朝阳区区委常委、宣传部长刘军胜带队调研朝阳区融媒体中心。对融媒体建设工作提出“学”“融”“强”“联”“拓”“警”六字要求。

8 月 30 日　朝阳区融媒体中心做好中非合作论坛北京峰会服务保障工作。一是朝阳报、“朝阳有线”开设“当好东道主文明迎峰会”版块，“两微一端”新媒体报道峰会期间道路交通提示等；二是启动中非合作论坛期间舆情专项监测；三是不间断开展网络安全、播出安全、公共安全等方面的自查，排查设备、网络、水、电等安全隐患。

8 月 31 日　密云区融媒体产品《密云一周事》上线。

8 月　顺义区融体中心融媒采编系统正式上线运行。

8 月　房山电视台《房山新闻》推出《高温下的劳动者》系列报道，宣传烈日高温下各行各业坚守一线的劳动者。

9 月

9 月 6 日　南苏丹新闻通讯邮政部副部长贾斯汀・阿里尔・德梅恩一行到昌平区传媒中心考察，了解中国区县级广播电视发展现状。

9 月 10 日　国家广电总局发展研究中心党委副书记崔承浩带队，调研朝阳区融媒体中心建设工作。

9 月 10 日　《房山新闻》栏目推出《新时代 新气象 新作为》专题报道，报道在学习贯彻习近平新时代中国特色社会主义思想和党的十九大精神过程中，全区广大党员干部群众的新作为。

9 月 11 日—15 日　朝阳区融媒体中心围绕 2018 北京 CBD 创新发展年会，策划 1 场区领导专访、5 场新闻发布会、4 场重点论坛图文直播，组织发改委、金融办、商务委、农委、CBD 管委会等 17 个部门，发布朝阳区各领域建设成果，邀请《人民日报》、中央电视台、《北京日报》、北京电视台等近 40 家中央、市属媒体及专业类媒体进行采访报道；媒体报道及重要网络转载共计 850 余篇次；人民日报等新媒体平台，搜狐、网易等门户网站，发布推送 340 余条，阅读量 140 万余人次；《人民日报》App、人民网和凤凰网直播阅读量 400 万余人次。

9 月 11 日　中宣部部长黄坤明、北京市委书记蔡奇到海淀调研融媒体中心建设情况，海淀区委书记于军，北京市委宣传部常务副部长赵卫东陪同调研。

9 月 12 日　房山电视台高清频道入网北京 IPTV。至此，房山地区联通侧 IPTV 用户全网可收看房山电视台高清频道，房山电视台成为北京地区首家通过“SDH 以太方式”接入 IPTV 的区级电视台。

9 月 13 日　北京市新闻出版广电局党组书记、局长杨烁率相关处室负责人调研朝阳区融媒体中心建设工作。

9 月 16 日　顺义人民广播电台举行第六届听众节。听众节以“融合创新听见顺义”为主题，整台演出着重突出广播与听众的互动性。

9 月 28 日　昌平区传媒中心召开 2018 年融媒体质量体系认证颁证仪式，昌平传媒中心成为全国首家通过国际质量管理体系认证的融媒体中心。

9 月 30 日　朝阳区广电新闻中心就“我爱你中国”灯光秀、建外“我和我的祖国”快闪活动、节日服务保障、假日文化活动等内容，对接中央电视台、《北京日报》、北京电视台、《新京报》、《北京青年报》等媒体进行拍摄、直播等现场采访。

9 月　石景山区区属媒体机构和人员进行剥离整合，完成广电中心、《石景山报》编辑部和新媒体中心人员合并，实行集中办公。

9 月　大兴区融媒体中心制作的北京大兴国际机场短视频，抖音点击率达 220 余万人次，获赞近 1.3 万个。

10 月

10 月 8 日　朝阳区委常委、宣传部部长刘军胜率区委宣传部（文明办）班子成员集体调研朝阳区融媒体中心新址，实地察看融媒体指挥调度平台、机房以及办公区的建设进展情况。

10 月 18 日—11 月 3 日　朝阳区融媒体中心围绕第十三届北京文博会朝阳分会场活动，按照“1+4+16”模式进行整体宣传策划，即 1 场新闻通气会、4 个主会场新闻发布、16 场分会场文化活动。

10 月 23 日　怀柔区融媒体中心挂牌后，首次与央视新闻网、新华网、北京电视台、北京人民广播电视台等媒体，网络直播“万类霜天竞自由——飞跃长城之旅”，多角度直播慕田峪秋色。直播时间为 9:30 至 10:30，4 个小时超过 80 万网络播放量。

10 月 24 日　中宣部副部长徐麟到延庆区融媒体中心调研，北京市委常委、宣传部部长杜飞进陪同调研。

10 月　《朝阳报》刊出朝阳区建区 60 周年特刊“六个 60”系列报道：60 图、60 数、60 景、60 人、60 奖、60 事，从有代表性的图片、数据、景点、人物、奖项、事件 6 个方面还原建区 60 年来的发展变化。共 180 个版，分 6 期刊发。

10 月　“朝阳群众”抖音号正式上线。截至 12 月底，共发布 45 条抖音视频，总播放量 2300 余万次，总点赞量 19.6 万。

10 月　2018 年昌平微信公众号排名名单出炉，北京昌平、昌平圈公众号分获昌平区域排行榜第一名和第三名。

10 月　大兴融媒体中心参与《美丽中国在耳边》全国联播活动，通过国家级媒体和几十家地方电台对大兴的文化及风土人情进行宣传。

11 月

11 月 1 日　房山广播电台《房山新闻》

新增《经典诵读》节目，以“全民阅读、诵读经典、传承我国优秀传统文化”为主题，邀请诵读爱好者走进电台录播间，分享经典诗词、优秀名篇，倡导听众参与全民阅读。

11月1日　房山广播电台推出系列专题节目《聆听基层好声音 记录时代新作为》，电台记者深入基层，走进一线，讲好房山新故事。

11月8日　密云区融媒体中心举办庆祝“第十九个记者节”诗歌诵读会。

11月12日　朝阳区融媒体中心新址朝阳区姚家园南路1号惠通时代广场A1座正式入驻启用，初步实现融媒体指挥调度及舆情监测与分析、新媒体编辑、视频编辑等业务工作集中办公。

11月22日　顺义区举办第七届道德模范颁奖典礼，活动由顺义广电中心承办，通过播放短片、致敬礼赞、颁授奖杯、节目表演等形式，展现道德模范的事迹。

11月23日　房山区发现非洲猪瘟疫情，区融媒体合力应对。《房山新闻》迅速制作播出《一场没有硝烟的战斗——权威专家回应非洲猪瘟疫情防控热点》；北京房山微信公众号同日发布《农业农村部出台非洲猪瘟疫情防控八条禁令》；随后，又相继发布《北京市市长陈吉宁：全力以赴做好非洲猪瘟防控处置工作》《莫要慌，非洲猪瘟不传人！》《非洲猪瘟防控小贴士》等推送，累计阅读量10万人次。

11月26日　门头沟区融媒体中心开通微信公众号“门头沟融媒”。

11月27日　朝阳区广电新闻中心被北京市新闻出版广电局评为“2017年度北京市广播电视公益广告专项扶持项目一类传播机构”。由广电新闻中心制作的《2022年冬奥会公益广告》《禁毒公益广告》被评为2017年度北京市广播电视公益广告专项扶持项目三类作品。

11月　朝阳区融媒体中心就朝阳区在进口博览会期间举办“优化营商环境　加强经贸合作共享开放成果”主题活动，发布全市首个外商投资发展报告，《北京日报》头版及整版、北京电视台《北京新闻》《新京报》整版、《北京青年报》头版、《北京晨报》头版、《北京晚报》《法制晚报》等媒体进行报道。

11月5日　朝阳区广电新闻中心被北京市安全生产委员会办公室授予2018年北京市安全生产月优秀新闻报道奖。

12月

12月6日　房山区融媒体中心全媒体演播厅通过验收，正式投入使用。

12月10日　《大兴新闻》公众号更名为《大兴融媒》，全年共发布微信新闻1021条，总点击率约90万次。

12月13日　朝阳区融媒体中心在中国融媒体发展论坛上被评为“2017—2018中国十佳融媒体中心”。

12月18日　通州区政府第30次常务会议研究决定，任命焦善鸣为北京市通州区广播电视中心主任；免去刘磊北京市通州区广播电视中心主任职务。

12月20日　“北京顺义”手机客户端预上线试运行。

12月21日　延庆区融媒体中心移动融媒工具在苹果、安卓市场审核通过，正式上线。

12月28日　中宣部、科技部“宣传思想文化工作与大数据应用”项目联合调研组调研朝阳区融媒体中心建设工作。

12月28日　房山区融媒体中心完成乡镇（街道）所有记者站挂牌，实现全区24个乡镇街道全覆盖。

12月　房山区广播电视中心电视类公益

广告作品《远离毒品 牵手幸福》，获“健康人生 绿色无毒”——2018 首都禁毒公益广告大赛一等奖。

12 月　房山区广播电视中心制作的专题片《援藏，我们在路上》，获由北京市新闻学会颁发的第二十七届北京新闻奖二等奖。专题片展现了房山区首批“组团式援藏医疗队”在为期一年的对口帮扶工作中，不计得失、服务群众的事迹。

2018 年　丰台区融媒体做大做强扶贫宣传：《丰台报》《丰台新闻》《北京丰台》公众号开设专刊专栏播发扶贫文章；电视新闻推送图文报道 30 余篇；《新华社》《北京日报》等媒体客户端同步转载推送，累计 67 万余人次浏览关注；以“我从草原来之‘寻味扎赉特’”为主题，直播丰台区对口扶贫内蒙古扎赉特旗优质农副产品的推介活动，逾 21 万人次参与围观互动。

2018 年　丰台区融媒体平台传播效果明显：新华客户端北京丰台频道发布文章 117 条，总阅读量超过 1000 万；今日头条发布文章 89 篇，总阅读量为 9 万余次；熊掌号发布文章 469 篇，总阅读量为 2 万余次。丰台区融媒体中心与新华社合作，首次推出丰台百姓故事短视频《“40 年！他‘镜’中的城市这等变幻”》，浏览量达 103 万人次。

2018 年　怀柔区广电中心策划 104 集系列报道《村史》。跟踪拍摄本土传统手艺人，推出《花会督官》《家谱》等 9 集《守艺人》系列微视频，探索 3 分钟内的精品系列微视频制作。

2018 年　顺义人民广播电台新闻部以《顺义新闻》为主要载体，开设《新时代 新作为 · 新篇章》专栏。专栏围绕深入学习贯彻党的十九大精神，报道全区各行各业新气象，全年采制播出 43 期，每期 2 分钟，全年共 90 分钟。

2018 年　顺义区《顺义时讯》完善评论员文章创作机制，发动各方力量参与评论写作。对外邀请区委办、发改委、商务委等部门的“笔杆子”，同时在报社内部挖潜，鼓励记者报题撰写，全年刊发评论员文章 21 篇。

2018 年　顺义电视台在北京市广播电视公益广告扶持项目评审活动中，获优秀传播机构类二等奖，顺义人民广播电台《整点公益时报》获广播类优秀作品三等奖。

2018 年　朝阳区融媒体中心共组织策划新闻发布与媒体采访活动 180 余场次，媒体报道与重要网络转载 3.5 万篇次。“北京朝阳”政务微信共推送各类宣传内容 297 条，粉丝增长近 1.9 万人，累计阅读量超 152 多万人次；“北京朝阳”App 共计发布相关报道 4208 篇次，全年信息发布量同比增长 42.3%，全年阅读量同比增长 13.8%；“朝闻道”共推送图文 901 条，累计阅读量达 530 多万人次。

频率频道

2018年北京市属广电机构频率频道设置情况

北京人民广播电台频率一览表

频率名称	开办时间	播出时间	主要栏目设置	2018年新增节目栏目
新闻广播 FM100.6 AM828	1993年 3月1日	0:00—24:00	《新闻晨报》《新闻热线》 《转播中央人民广播电台新闻和报纸摘要》《北京新闻》 《气象服务》《整点快报》 《主播在线》《夹叙夹议》 《财富新动力》《议政论坛》 《生态北京》《新闻天天谈》 《话里话外》《警法在线》 《健康北京》《大城小事》 《新闻2018》《纪实文学连播》 《照亮新闻深处》《成长日记》 《博物馆奇妙夜》《世说新语》 《小小圆桌会》《声音档案》	《主播在线》 《成长日记》 《博物馆奇妙夜》 《声音档案》
北京城市广播 FM107.3 AM1026	2005年 3月1日	5:00—24:00	《城市文化范》《京城帮帮团》 《记忆的唱片》《旅行号1073》 《职场帮帮团》《楼市好声音》 《健康加油站》《教育面对面》 《财富大搜索》《健康投资家》 《今夜私语时》《空气质量播报》	《健康投资家》
故事广播 AM603	2009年 1月1日	6:00—24:00	《品读时分》《读书俱乐部》 《知识开讲》《纪实传奇》 《长书天地》《人物空间》 《今晚拍案》 《故事酒吧的一千零一夜》 《光影留声》《传奇书场》 《风从哪里来》	《纪实传奇》 《风从哪里来》
体育广播 FM102.5	2002年 1月1日	5:00—24:00	《体育新世界——雄鸡唱晓》 《冬奥加速度》《天下体育》 《1025动生活》《激情赛场》 《体育新闻》 《体育新世界——喜鹊登枝》 《健康相对论》《老年之友》 《营养最时尚》《快乐小足球》 《界内界外》《体育新世界——金戈铁马体育的101种可能》 《超级体验团》《1025美丽指南》 《体坛夜话》	《营养最时尚》 《1025美丽指南》

（续表）

频率名称	开办时间	播出时间	主要栏目设置	2018年新增节目栏目
音乐广播FM97.4	1993年1月23日	0:00—24:00	《千千阙歌》《早安音乐秀》《汽车音乐汇》《带上音乐去旅行》《你的故事我的歌》《永恒的魅力》《古典也流行》《和你一起唱》《娱乐最王牌》《中国歌曲排行榜》《乐影留声》《歌飞扬》《音乐加速度》《全球华语歌曲排行榜》《节奏驾到》《974liveshow》《爱得更久点》《男左女右》《国家大剧院》《周末夜现场》《特别创意》《974半点资讯》	《千千阙歌》《带上音乐去旅行》《你的故事我的歌》《和你一起唱》《乐影留声》《974LIVE SHOW》《周末夜现场》
文艺广播FM87.6	1994年4月1日	0:00—24:00	《话说天下》《评书连播》《空中笑林》《我们出发吧》《娱乐72变》《乐享生活》《艺海说宝》《好歌会说话》《小说连播》《环球旅行家》《住在876》《开心茶馆》《四点有戏》《吃喝玩乐大搜索》《打开文化之门》《听听糖耳朵》《演艺群英会》《戏迷乐》《今晚我们说电影》《广播剧场》《午夜拍案惊奇》《876资讯》《诵读小站》	《住在876》《四点有戏》《打开文化之门》《诵读小站》
交通广播FM103.9	1993年12月18日	0:00—24:00	《有我陪着你》《音乐旅途》《一笑堂》《徐徐道来话》《1039新闻早报》《交通新闻》《交通新闻热线》《今日交通》《交通天气预报》《路况信息》《1039一路畅通》《欢乐正前方》《汽车天下》《1039慧旅行》《一起午餐吧》《警法时空》《航空在线》《1039听天下》《百姓TAXI》《1039交通服务热线》《联E会》《音乐来了》《行走天下》《长书连播》《梦想行动派》《新闻晚知道》《1039都市调查组》《蓝调北京》《十点谈心》《爱车公众号》	《1039听天下》

（续表）

频率名称	开办时间	播出时间	主要栏目设置	2018年新增节目栏目
外语广播 AM774	2004年9月17日	6:00—24:00	《英语早餐》《环球30分》《悦生活》《张道真自学英语》《英语广播剧场》《英语万花筒》《音乐节拍》《快乐游》《英语PK台》《小鬼当家》《海外有个家》《感受北京》《大学生英语在线》《留学时间》《今日北京》《全景中国》《海外连线》《冬奥英语》《快乐游》	《英语万花筒》《音乐节拍》《快乐游》
青年广播 AM927	2009年1月18日	5:30—24:00	《活力MUSI 客》《青年说》《职场有高招》《青春联盟》《魔力X档案》《潮流梦工场》《漫游嗨翻天》《挑战新歌声》《十点答录机》	
动听调频Metro Radio FM94.5	2015年5月18日	0:00—24:00	Wake up & Drive On Air With Ryan SeacrestMetro Night Mix High Tea Refill Metro U−Turn 8+ X FunWeekend BrunchiHeart Radio Countdown Weekend Go! The Remix Top30 CountdownX FUN	X FUN
有线教学广播 FM99.4	2002年1月1日	6:00—24:00	《英语早餐》《大学生英语在线》《趣味青春英语》《怪怪故事屋》《环球30分》《留学时间》《欧美音乐节拍》《感受北京》《英语PK台》《听世界》《张道真自学英语 》（第一、二、三、四册）、《英语300句；日语300句；德语300句；法语300句；俄语300句》《澳大利亚广播英语》《赖世雄美语经典》《读书》《英语万花筒》《悦生活》	
有线古典音乐广播 FM98.6	2002年5月1日	0:00—24:00	《钢琴世界》《华夏神韵》《交响空间》《POPS音乐》《CD博览》《魅力演奏厅》《歌舞剧场》	
有线通俗音乐广播 FM97.0	2002年5月1日	0:00—24:00	《经典专辑》《劲舞节拍》《爵士庄园》《浓情乐坊》《咖啡时间》《世界音乐》	
长书广播 FM104.3	2002年5月	0:00—24:00	《广播剧欣赏》《经典戏剧故事》《武林天下》《言情小说》《拍案惊奇》《小说连播》《精品小说》《诺贝尔获奖小说》	

（续表）

频率名称	开办时间	播出时间	主要栏目设置	2018年新增节目栏目
有线戏曲曲艺广播FM105.1	2002年5月	0:00—24:00	《长安大戏院》《梨园金曲》《评剧大观园》《戏剧空间》《电影录音剪辑》《空中曲苑》《地方戏》	
欢乐时光广播FM106.5	2006年9月6日	6:00—24:00	《田立禾侃相声》《边走边听》《娱乐百宝箱》《相声大会》《电影百年》《今古奇观》《纪实广播小说连播》《娱乐杂货铺》《哈哈剧场》《评书连续听》《开心聚会》	
怀旧金曲广播FM107.5	2006年9月6日	6:00—24:00	《经典走四方》《旧单车老情歌》《下一站的回味》《金曲无终点》《音乐在旅途》	

北京电视台频道一览表

频道名称	开办时间	播出时间	主要节目栏目设置	2018年新增节目栏目
BTV北京卫视	1979年5月16日开播。2012年1月1日起标识变更为“BTV北京卫视”	06:00—次日06:00	《北京评书大会》《光阴》《暖暖的味道》《养生堂》《档案》《大戏看北京》《暖暖的新家》《生命的礼物》《档案》《念念不忘》《生命缘》《创意中国》《我是大医生》《中国故事大会》《我是演说家》《非凡匠心》《跨界歌王》《跨界喜剧王》《传承中国》《但愿人长久》《爱幼星球》《舞力觉醒》《向前一步》《上新了·故宫》《时光的味道》《我们结婚吧》《向往的空间》《暖暖的新家之这样装齐了》	《爱幼星球》《舞力觉醒》《向前一步》《上新了·故宫》《时光的味道》《我们结婚吧》《向往的空间》《暖暖的新家之这样装齐了》

（续表）

频道名称	开办时间	播出时间	主要节目栏目设置	2018年新增节目栏目
BTV文艺	1988年12月30日开播	06:00—次日02:00左右	《笑动剧场》《我看行》《每日文娱播报》《我爱书画》《影视风云》《星夜故事》《加油吧孩子》《美味人生》《春妮的周末时光》《周末喜乐汇》《文化之约》《欢天戏地》《文化京津冀》《笑动欢乐秀》《喜剧合伙人》（2019年更名为《全能爸妈》）《解码中华地标》（2019年变更为季播节目）《2018年北京电视台春节联欢晚会》《2018年北京电视台元宵晚会》《2018中国城市春晚》《第八届北京国际电影节闭幕式》《第二十二届京张心连心大型文艺演出》《2018最美科技工作者发布仪式》《希腊、爱尔兰“北京之夜”文艺演出》、《最美警察》主题活动、《国粹+》——“水路·戏路”大运河年度戏曲精品大汇项目	《解码中华地标》《美味人生》
BTV科教	1999年12月27日开播，前身为1993年11月1日开播的以教学节目为主的27频道	06:00—次日02:00左右	《现场说法》《法治进行时》《第三调解室》《法治中国60’》《健康北京》《记忆》《警法目录》《庭审纪实》《最北京》《创新北京》《非常向上》《留学生》《律师帮帮忙》《翩翩少年》《护航2018》《奇趣大自然》	《律师帮帮忙》《翩翩少年》《护航2018》《奇趣大自然》
BTV影视	1992年5月4日开播	06:00—次日06:00	《电影时间》《电影时间先导片》《气象星播报》	
BTV财经	2001年7月1日开播	06:00—次日02:00左右	《财富大魔方》《品味消费在北京》《大牌价到》《问鼎世界》《首都经济报道》《数说北京》《京津冀大格局》《税收天地》《总裁读书会》《财富剧场》《财经商圈》《财富故事》《对话大咖》《影响者》《说画》《拍宝》《天下财经》《理财》《理财周末版》	《财富大魔方》《京津冀大格局》《对话大咖》《说画》
BTV体育	1986年12月30日开播	06:00—次日06:00	《欢乐二打一》《天天体育》《体坛资讯》《健身圈》《足球100分》《想瘦联盟》《BTV赛场》《特别节目“海洋沙滩狂欢节”》	《想瘦联盟》

（续表）

频道名称	开办时间	播出时间	主要节目栏目设置	2018年新增节目栏目
BTV生活	1996年11月8日	06:00—次日02:00左右	《生活这一刻》《美食地图》 《食全食美》《生活+全能改造》 《生活+家装攻略》 《生活+周末开聊》《四海漫游》 《我爱我车》《生活+第一房产》 《迷尚北京》《医者》 《成长加油站》《生活供》 《选择》《生活广角》 《快乐生活一点通》 《我们退休啦》《我就是拳王》 《生活面对面》（5月18日起更名为《全民健康学院》） 《亦春秋》 《我的世界因你而改变》 《北京大工匠》《遗脉相承》 《北京味道第二季》《北京体魄》 《生活这一刻特别节目——新国门新大兴》 《生活这一刻特别节目——我的北京我的家》	《我就是拳王》 《我们退休啦》 《迷尚北京》 《亦春秋》 《我的世界因你而改变》 《北京大工匠》 《遗脉相承》 《北京味道第二季》 《北京体魄》 《生活这一刻特别节目——新国门新大兴》 《生活这一刻特别节目——我的北京我的家》
BTV青年	前身为2002年1月1日开播的BTV青少频道。2012年1月1日起调整为青年频道，频道标识变更为“BTV青年”	06:00—次日02:00左右	《国际双行线之天才父母》 《国际双行线之时尚生活》 《国际双行线之厉害了我的课》 《国际双行线之游学致造》 《成长大会》 《国际双行线之完美行动》 《国际双行线之新歌来啦》 《评书大会》《青春快乐季》 《青年探秘者》《戏里戏外》 《谁在说》《书香北京》 《青年下午茶》《小童大艺》 《解码区块链》《报告！我来了》	《小童大艺》 《解码区块链》 《报告！我来了》
BTV新闻	前身为2003年1月1日开播的BTV公共频道。于2011年1月1日推出BTV公共·新闻频道。2012年1月1日起调整为新闻频道，频道标识变更为“BTV新闻”	06:00—次日02:00左右	《北京您早》《北京新闻》 《特别关注》《红绿灯》 《红绿灯——平安行》 《都市晚高峰》《首都晚间报道》 《美丽乡村》《都市阳光》 《北京议事厅》《新闻手语》 《新时代新担当新作为》 《这里是北京》	

（续表）

频道名称	开办时间	播出时间	主要节目栏目设置	2018年新增节目栏目
BTV卡酷少儿	2004年9月10日开播动画频道。2007年1月1日更名为卡酷动画卫视。2012年1月1日调整为卡酷少儿频道，频道标识变更为“BTV卡酷少儿”	06:00—次日06:00	《卡酷幼儿园》《大玩家》《剧星派》《穿越吧！少年》《妈妈育上娃》《卡酷动物园》《闪天下》《七色光》《维他命家族》	《维他命家族》
纪实频道	前身为2008年7月30日正式播出的奥运高清频道。2011年7月1日全新推出纪实高清频道。2013年7月，正式更名为“北京电视台纪实频道”。2014年6月8日，正式上星播出，首播节目从开播时每天3.5小时调整为现在的每天5.5小时，全天播出时间也从开播时的14个小时调整为20个小时	06:00—次日02:00	《纪实天下》《奇妙之旅》《时尚印象》《昨天的故事》《影事》《纪录中国》《寰宇客》《中国故事》《探索》《奇趣自然》《这里是北京（晚间纪实版）》《档案（纪实版）》《纪录时间》《丝路时间》《奇趣自然》（2018年6月6日停播）	《纪录时间》《丝路时间》
长城平台北京电视台频道（国际频道）	2004年10月1日开播	每天首播7.22小时、24小时滚动播出。		该频道以人文节目为主打，荟萃了BTV10个频道的精选内容，在长城平台上坚持“无电视剧纯自制栏目”播出。

其他：

1.《电视先锋榜》各频道播出

2.《BTV 电视购物》BTV 财经播出

北京北广传媒数字电视有限公司频道一览表

频率名称	开办时间	播出时间	主要节目栏目设置	2018年新增节目栏目
环球旅游	2005年4月8日	20:00首播4小时，全天24小时轮播	《英雄儿女》《国家相册》《寰旅天下》《侣行》《和明星去旅行》《雅获跑世界》《郑和下西洋》《厨房新主张》《主任说车》	《英雄儿女》《国家相册》《寰旅天下》《侣行》《和明星去旅行》《雅获跑世界》《郑和下西洋》《厨房新主张》《主任说车》
车迷	2003年11月1日	19:00首播6小时，全天24小时轮播	《庞大车世界》《环球车讯》《车迷会》《酷车驾到》《摩托范儿》《养护宝典》《车主说》《车迷演播室》《车语》	
教育·就业	2003年11月1日	16:00首播8小时，全天24小时轮播	《高考古文观止》《器乐考级大全》《剑桥少儿英语大奖赛》《国学大讲堂》《高考数学百题》《考研直通车》《新概念英语》《中国书法技法大全》《东方名家》《考试直通车》	
四海钓鱼	2004年1月1日	19:00首播6小时，全天24小时轮播	《钓赛进行时》《去钓鱼》《展会最前线》《黑坑江湖》《海钓玩家》《竞技风云》第二季《野钓江湖》《鱼浪非常黑坑》《我的7日江湖》第二季《黑坑遍中国》《大鱼争霸赛》	《竞技风云》第二季《野钓江湖》《鱼浪非常黑坑》《我的7日江湖》第二季《黑坑遍中国》《大鱼争霸赛》
优优宝贝	2004年1月1日	8:00首播6小时，全天24小时轮播	《爹妈有话说》《全球育儿资讯》《婴幼养生》《育儿专家热线》《明星妈妈》《成长指标》《产科病房》《健康风向标》《明星爸爸》	
弈坛春秋	2005年3月18日	8:00首播4小时，全天24小时轮播	《大赛精华》《围棋TV棋友联赛》《五佳瞬间》《猫哥讲定式》《超好用布局》《天下棋闻说》	
置业	2005年7月8日	20:00首播4小时，全天24小时轮播	《购房团》《中华墨迹》《海外地产》《置业法眼》《艺术与收藏》《乐享空间》《海外建筑欣赏》	
爱家购物	2003年9月1日	00:00首播12小时，全天24小时轮播	电视购物类节目	

（续表）

频率名称	开办时间	播出时间	主要节目栏目设置	2018年新增节目栏目
新娱乐	2005年7月22日	00:00首播5小时，全天24小时轮播	《超级星美味》《全能综艺班》《烧脑电影、专属浪漫》《金曲时刻、娱乐开讲》	
京视剧场	2003年9月1日	0:24首播12小时，全天24小时轮播	电视剧	
动感音乐	2003年9月1日	21:00首播4小时，全天24小时轮播	《高温派对》《华语至尊地带》《谁比我原创》《天籁村》《东张西望》	
戏曲广播	2003年11月1日	16:00首播，全天24小时轮播	《评书联播》《梨园金曲》	
爵士音乐广播	2003年11月1日	16:00首播，全天24小时轮播	《爵士经典》《爵士列车》	
北京之窗主频道	2009年4月30日	17:00—次日17:00	福彩合作“公益北京”系列节目：《公益周报》《彩讯及时通》《彩票大家玩》《福送万家》等	
北京之窗首都政务频道	2009年4月30日	17:00—次日17:00	《这里是北京》《数说北京》《百姓就业》《大吉成长记》	
福彩开奖（图文栏目）	2010年9月15日	17:00—次日17:00	福彩公告、北京市福利彩票各个彩种开奖信息	

北京北广传媒移动电视有限公司频道一览表

频道名称	开办时间	播出时间	主要节目栏目设置	2018年新增节目栏目
北京移动电视	2004年5月28日	05:58—23:00	《移动播报》《今天提示》《畅行北京》《我的工会我的家》《3分钟美食》《中国梦——365个故事》《教育新闻》《我在北京挺好的》《96310纪事》《演艺罗盘》《百姓就业》《一路同行》《国家大剧院》《秀逗爱生活》《身边的好学校》《翻滚吧地球》《周末去哪儿》《请您欣赏》《玩票》《移动播报》《游在北京》《博览天下》《我看演出》《洛宝贝》《高光点》《城市一刻》《罐头视频》《城市播报》	《玩票》《移动播报》《游在北京》《博览天下》《我看演出》《洛宝贝》《高光点》《城市一刻》《罐头视频》《城市播报》

北京北广传媒城市电视有限公司频道一览表

频道名称	开办时间	播出时间	主要节目栏目设置	2018年新增节目栏目
城市电视	2005年8月1日	7:00—22:00	《城市播报》《体育新闻》 《实时财经》《环球财讯》 《百姓就业》 《我的工会我的家》 《96310城管纪事》 《演艺罗盘》《光影大视界》 《中国梦——365个故事》 《高光点》《城市天气站》 《绿动北京》《罐头小厨》 《视知视频》《城市一刻》 《保利剧院》《汽车小知识》 《城市视觉志》 《新时代青年说》 《数说40年》	《保利剧院》 《汽车小知识》 《城市视觉志》 《新时代青年说》 《数说40年》

北京北广传媒地铁电视有限公司频道一览表

频道名称	开办时间	播出时间	主要节目栏目设置	2018年新增节目栏目
地铁电视	2010年8月10日	6:00—23:00	《新闻地铁报》（一）、《新闻地铁报》（二）、《新闻地铁报》（三）、《国家大剧院》《请您欣赏》《生活一点通》《开心速递》《精彩足球》《空气质量播报》《身边的好学校》《京城美食秀》《医学微视频》《玩票》《新华微视频》《奇趣自然》《城市一刻》《高光点》《罐头视频》《洛宝贝》《城市播报3分钟》一二三四《城市播报1分钟》一四《制播中心图播1分钟》《制播中心体育新闻2分钟》《视知视频》等	《洛宝贝》《玩票》《奇趣自然》《城市播报3分钟》一二三四《城市播报1分钟》一四《制播中心图播1分钟》《制播中心体育新闻2分钟》《城市一刻》《高光点》《视知视频》《罐头视频》

2018年北京市各区广电机构频率频道设置情况

北京市朝阳区广播电视新闻中心频道一览表

频道名称	开办时间	播出时间	主要节目栏目设置
BTV−9 新闻频道 朝阳时段	2003年1月	首播 19:30—21:00； 重播次日 07:30—09:00、 12:30—14:00	《朝阳新闻》《一周新闻综述》 《朝阳名师讲堂》《走进朝阳教育》 《地税你我他》《全民健身》《安全视界》 《话说朝阳群众》《对话成长》 《社会学堂》《校园万花筒》

北京市海淀区新闻中心频道一览表

频道名称	开办时间	播出时间	主要节目栏目设置	2018年新增节目栏目
BTV 新闻频道 海淀时段	2003年1月	首播 19:30—21:00 重播次日 07:30—09:00 12:30—14:00	《海淀新闻》《文明风尚汇》 《创新中关村·核心区》 《海淀风物志》《城管视点》 《火线》《海淀1时间》 《海淀教育》《警方在线》 《文明海淀》 《海淀百姓故事》 《健康海淀》	《海淀百姓故事》 《人口与家庭》2018年更名为《健康海淀》
海淀 数字频道	2009年6月	每天 07:30— 23:30 共16个小时	《海淀新闻》《文明风尚汇》 《创新中关村·核心区》 《海淀风物志》《城管视点》 《火线》《海淀1时间》 《海淀教育》《警方在线》 《文明海淀》 《海淀百姓故事》 《健康海淀》	《海淀百姓故事》 《人口与家庭》2018年更名为《健康海淀》

北京市丰台区融媒体中心频道一览表

频率频道名称	开办时间	播出时间	主要节目栏目设置	2018年新增节目栏目
BTV 新闻频道 丰台时段	2003年1月	首播 19:30—21:00 重播次日 07:30—09:00 12:30—14:00	《丰台新闻》	

（续表）

频率频道名称	开办时间	播出时间	主要节目栏目设置	2018年新增节目栏目
803丰台数字频道	2007年11月	首播 19:30—23:46 重播次日 06:30—19:30	《丰台新闻》	

北京市石景山区广播电视中心频道一览表

频道名称	开办时间	播出时间	主要节目栏目设置
BTV新闻频道石景山时段	2002年12月20日	首播： 19:30—21:00 重播: 07:30—09:00 12:30—14:00	《石景山新闻》《记者视线》《新闻盘点》《生活与信息》《天气预报》
804石景山数字频道	2009年11月9日	06:00—24:00	《教育新视线》《法治聚焦》《旅游》《政协之窗》《石景山服务》《百姓剧场》《走进演播室》《百姓故事》《生活与信息》《天气预报》《石景山新闻》《记者视线》《新闻盘点》

北京市门头沟区广播电视新闻中心频道一览表

频道名称	开办时间	播出时间	主要节目栏目设置
BTV新闻频道门头沟时段	2002年12月20日	首播 19:30—21:00 重播次日 07:30—09:00 12:30—14:00	《门头沟新闻》《门头沟视点》《信息高速路》《电视门诊》《工商在线》《法治门头沟》

北京市房山区广播电视中心频率频道一览表

频率频道名称	开办时间	播出时间	主要节目栏目设置	2018年新增节目栏目
房山人民广播电台FM107	1989年9月	06:00—24:00	《房山新闻》《FUNHILL时间》《生活广场》《评书连播》《音乐加甜点》《新城故事》《汇生活》《经典音乐》	
房山人民广播电台FM96.9	2010年7月			
BTV新闻频道房山时段	2003年1月	07:30—09:00 12:30—14:00 19:30—21:00	《房山新闻》《今日关注》《法治与生活》《创意房山》《funhill面对面》《文化纪事》《我行我秀》《学通房山》《都市生活》	

北京市大兴区广播电视中心频率频道一览表

频率频道名称	开办时间	播出时间	主要节目栏目设置	2018年新增节目栏目
大兴人民广播电台FM98.6	1995年1月	06:25—24:00	《这里是大兴》《音乐随心听》《乌鱼来了》《悦听经典》《兴阅读》等	《兴阅读》
BTV新闻频道大兴时段	2003年1月	首播19:30—21:00 重播次日07:30—09:00 12:30—14:00	《大兴新闻》《10分·关注》《言之有礼》等	《言之有礼》

北京市通州区广播电视中心频率频道一览表

频率频道名称	开办时间	播出时间	主要节目栏目设置	2018年新增节目栏目
综合高清频道	2015年10月18日	首播18:30—22:30 重播次日早7:30—9:00 12:30—14:00	《通州新闻》《看通州》《安全》《大家看法》《就业保障》《玉桥我们共同的家》《小强听说》《新闻一周》《文明通州》《情暖副中心》《健康通州》等	《健康通州》
综合频道	1994年2月	同上	《通州新闻》《看通州》《安全》《大家看法》《就业保障》《玉桥我们共同的家》《小强听说》《新闻一周》《文明通州》《情暖副中心》《健康通州》等	同上
BTV新闻频道通州时段	2003年	首播19:30—21:00 重播次日7:30—9:00 12:30—14:00	《通州新闻》《看通州》《安全》《大家看法》《就业保障》《玉桥我们共同的家》《小强听说》《新闻一周》《文明通州》《情暖副中心》《健康通州》等	同上
文艺频道	2011年11月8日	首播18:30—23:30 重播次日12:30—17:30	《影视界》影视动态资讯 《健康大讲堂》文化惠民主旋律电视剧 《参娃与天池怪兽中华德育故事》	动画片《参娃与天池怪兽中华德育故事》
广播调频107.7兆赫	1991年	每日6:00—24:00	《晚安，通利福尼亚》（直播）《早安，副中心》（直播）《通州新闻》《百秒资讯》《只听歌不听话》《音乐夜未央》	《早安，副中心》《晚安，通利福尼亚》

北京市顺义区广播电视中心频率频道一览表

频率频道名称	开办时间	播出时间	主要节目栏目设置	2018年新增节目栏目
顺义人民广播电台FM92.9	1998年1月20日	06:25—23:30	《新闻60分》《燕京书场》《929广播小说》《越来越动听》《燕京书场》《传奇》《越聊越开心》《百年听书时》《大家帮助大家》《读书品人生》《因为遇见》《中华好故事》等	《中华好故事》
顺义电视台一套	1994年9月2日	10:10—23:00	《顺义新闻》《情暖顺义》《健康有约》《教育驿站》《师说日》《乐学动漫》《转型升级 接力发展》《法制顺义》等	《法制顺义》
BTV新闻频道顺义时段	2003年1月1日	首播 19:30—21:00 重播次日 07:30—09:00 12:30—14:00	《顺义新闻》《情暖顺义》《健康有约》《教育驿站》《师说日》《乐学动漫》《纪录片》《法制顺义》等	

北京市平谷区广播电视中心频率频道一览表

频率频道名称	开办时间	播出时间	主要节目栏目设置	2018年新增节目栏目
平谷人民广播电台FM89.2	1992年3月11日	06:30—08:20 11:00—12:00 18:30—19:30	《平谷新闻》《天气预报》《公益广告》《评书联播》《老柴说平谷》《政策问答》《善行至美》《农民与法》《农业科技》《卫生与健康》《美丽乡村》	《政策问答》《善行至美》《农民与法》《农业科技》《卫生与健康》《美丽乡村》
BTV新闻频道平谷时段	2003年1月1日	首播 19:30—21:00 重播次日 07:30—09:00 12:30—14:00	《平谷新闻》《警法在线》《美丽平谷》《百姓身边》《热点进行时》《电视剧》	

北京市怀柔区广播电视中心频率频道一览表

频率频道名称	开办时间	播出时间	主要节目栏目设置	2018年新增节目栏目
怀柔人民广播电台FM101.3	1996年11月	06:29—15:35 17:00—22:30	《怀柔新闻》《行风热线》《科普园地》《成长》《健康伴你行》《音乐无限》《故事会》《空中书场》《生活百事通》《药品边防线》《天气预报》《明星魔幻秀》《消费生活新主张》《工商之声》《文学草堂》《水煮娱乐》《电台情歌》《请您欣赏》《丽人榜样》《生活E时代》《德云剧场》《往事》《音乐旅途》《饭点说吃》《梦想旅行日志》《恋上怀柔》《远誉快车道》《汽车立体声》《金色年华》《都市杂货铺》《天下档案》《悦读时间》《奶妈奶爸总动员》《保林叔叔讲故事》《法海扬帆》《行走怀柔》《音乐客栈》《品读时分》《话说天下》	《法海扬帆》《行走怀柔》《音乐客栈》《品读时分》《话说天下》
BTV新闻频道怀柔时段	2003年1月	首播 19:30—21:00 重播次日 07:30—09:00 12:30—14:00	《怀柔新闻》《文化怀柔》《法治时刻》《今日三农》《安全在线》《文明在身边》《环境时空》《生活大观园》《童心看天下》	
怀柔一频道(HRTV1)(高标清同播	2009年5月	06:00—24:00	《怀柔新闻》《文化怀柔》《法治时刻》《今日三农》《安全在线》《文明在身边》《环境时空》《生活大观园》《童心看天下》	

北京市昌平区广播电视中心频率频道一览表

频率频道名称	开办时间	播出时间	主要节目栏目设置	2018年新增节目栏目
昌平人民广播电台FM103.1	1987年7月	06:28—21:32	转播《昌平新闻》，自办《乐享时光》《与法同行》等	
BTV新闻频道昌平时段	2003年1月	19:30—21:00 07:30—9:00 12:30—14:00	《昌平新闻》《时空关注》《走进三农》《农民课堂》《相约》《真情故事》《百姓话题》《古今昌平》《视角》《法治昌平》《落实回天地区行动计划》《蓝天保卫战》《优化营商环境》《我家门口看变化》	《昌平新闻》中新增加《落实回天地区行动计划》《蓝天保卫战》《优化营商环境》《我家门口看变化》等特别版块

北京市密云区广播电视中心频率频道一览表

频率频道名称	开办时间	播出时间	主要节目栏目设置	2018年新增节目栏目
密云区人民广播电台：FM94.1兆赫	1989年	06:30—23:30	《密云新闻》《今日密云》《法治传真》《我的社区我的家》《教育园地》《密云经济在线》《三农有约》《健康时空》《音乐随身听》《评书联播》《广播剧场》《我爱国粹》等	
BTV新闻频道密云时段	2003年1月	首播18:25—23:40 重播次日07:25—18:00	《密云新闻》《事事关心》《檀州大舞台》《教育专线》《疾控在线》《游遍密云》《科普大篷车》《密云警视》《中华德育故事》《阳光餐饮》《北大医院专家在密云》《就业直通车》《密云科普开讲啦》《密云区文化人才六个一千工程电视培训系列讲座》等	《密云科普开讲啦》《密云区文化人才六个一千工程电视培训系列讲座》

北京市延庆区广播电视中心频率频道一览表

频率频道名称	开办时间	播出时间	主要节目栏目设置	2018年新增节目栏目
延庆人民广播电台FM 92.8	1997年1月	06:30—22:10	《延庆新闻》《生活导航》《今日农村》《快乐调频928》《佳作欣赏》《工商进万家》《大东说消费》《食药连着我和你》《世园连着我和你》《名家讲坛》《百家书场》《广播剧场》《小说连播》《远誉快车道》	
BTV新闻频道延庆时段	2003年1月	首播19:30—23:30； 重播次日上午07:30、中午12:30	《延庆新闻》《聚焦时分》《天气预报》《印象妫川》《百姓大舞台》《妫川英语大家说》《消费风向标》《万事大吉》《宏超讲故事》《卫生新视野》《水润妫川》《妫川说法》《妫川税务》《金盾之光》《法庭内外》《检察视点》《阳光民政》《绿色家园》《一路平安》《延庆教育》《乐游延庆》《德蕴清风》《工商视点》	《乐游延庆》

节目栏目

2018年北京市属广电机构重点节目栏目简介

北京电台

《专车发展路在何方：放开特许经营，让市场说话》 新闻资讯类节目。在北京交通广播《今日交通》栏目2015年1月18日，时长6分49秒。记者采访相关领域的专家，探讨是否可以放开对汽车租赁企业的数量控制、让市场调节，专家还对私家车进入营运市场的可能性、其利其弊进行了分析。最后，记者联系到出租车的特许经营，提出如下观点：各类出租车也好、专车也好，最终是要放开特许经营，让消费者说话，让市场调节。节目获得2015—2016年度中国广播影视大奖“广播类节目大奖”。采访：王丹、任雪娇；制作：王丹。

《照亮新闻深处》 新闻资讯类栏目。新闻科普栏目，播出频率为北京新闻广播（FM100.6）每天20：15播出，时长40分钟。栏目以“汇集科学之光，照亮新闻深处”为宗旨，以谈话为主，邀请与新闻事件有关领域的科学家做客直播间，解读新闻事件中蕴含的科学道理。该栏目深受听众欢迎及科学界认可，获得第二十八届中国新闻奖一等奖新闻名专栏，主创人员段玉龙获得《全民科学素质行动计划纲要》“十二五”实施工作先进个人，北京科普宣传大使等荣誉称号。编辑、记者、主持人：段玉龙、张艳。

《再见，天意市场》 新闻资讯类节目。北京新闻广播（FM100.6）2017年9月16日18时21分《新闻2017》栏目播出，节目时长3分15秒。天意市场闭市是北京疏解非首都功能工作的标志性成果，但市场闭市能否顺利，商户、市民、市场管理者以及政府部门的态度如何，市场疏解有哪些启示，记者采访了元老级商户和两位市民，还设法找到市场方和西城区政府相关负责人，通过采访全面反映市场各方的态度，随后记者连夜采制节目，同时配发评论《再见的不只是市场》。节目获得第二十八届中国新闻奖（2017年度）广播消息二等奖。主创人员：张煜。

《急诊不急让人着急》 新闻资讯类节目。消息，北京新闻广播（FM100.6）2015年1月16—18日播出，节目时长9分钟。记者选取本市门急诊量最高的5家医院，连续5天，每晚7点在急诊高峰时间蹲守，系统调查急诊拥堵的原因所在，并选取几个有代表性的患者，用小事让更多人重新认识急诊的功能，给生命留出绿色通道。记者提前一周策划、蹲守，充分采访，及时把调查情况反映给相关部门，召集同行一起加入报道引起主管部门重视，最终得到官方有力回应。节目获得2015—2016年度中国广播影视大奖“广播类节目大奖”。主创人员：韩萌。

《来自香港的礼物——健康快车20年纪事》 新闻专题类节目。中国国际广播电台全球华语广播《今日北京》节目2017年12月24日播出，时长3分11秒。20年间，健康快车为19万多名白内障患者实施复明手术，同时也由一列壮大为四列。2018年，北京电台兵分两路赴新疆、山西等地进行实地采访，主创人员还对健康快车全年的公众开放日、发车仪式等重点关注，采集了大量音响素材。这篇报道获得第28届中国新闻奖国际传播三等奖，还先后在美国、加拿大、澳大利亚、新西兰、新加坡、韩国以及法国落地播出。健康快车还接到来自海外的咨询电话和境外赞助商表露赞助意向，对其开行"一带一路国家"的国际光明行起到推动作用。主创人员为曹军生、洪新、戴蔚然、崔英杰。

《穿越四十年对话高考》 新闻资讯类节目。北京新闻广播（FM100.6）2017年6月4日6点14分播出，节目时长10分31秒。本篇新闻专题提前策划，邀请1977年恢复高考后的第一届大学生对话2017年将要参加高考的高三生，以展现40年的改革开放给我国学子以及社会生活带来的巨大改变。这期节目以访谈版、专题版和新闻版三种形式在北京新闻广播多轮播出，并通过北京新闻广播"问北京"官方微信号呈现新媒体版，阅读量和点赞量均高于同一时间段的其他文章篇目。许多听众来电、留言表达了对这期节目和主创人员的肯定。节目获得第二十八届中国新闻奖（2017年度）广播专题一等奖。记者史喻、吴思。

《思想的力量、时代的巨人——纪念马克思诞辰200周年》 新闻资讯类节目。北京新闻广播（FM100.6）2018年5月5日—7日播出，时长47分钟。从纪录片、电影、电视剧当中搜集、引用了大量珍贵历史音频、视频资料，同步采录或转码，寻找马克思主义产生过程及其影响中一些鲜为人知的历史细节，挖掘马克思主义在当下的意义。在节目形态上"整体把握+逻辑推演"，在突出"音频"效果的基础上，借助车载移动、微信、微博、移动客户端等终端，调动图片、微信等多种手段，对作品进行新媒体二次创作。节目2018年获得北京广播电视台总台节目创新奖金奖。策划：陈晓海、景兵、杨洪；制作：江宁、杨迪、王曼宁、李瑞先。

《公立医院医生成医托，患者权益难保障》 新闻资讯类节目。连续报道，2017年3月21日、25日、27日北京新闻广播（FM100.6\中波828）早晨6点《新闻热线》栏目播出。分为三篇，第一篇抛出了公立医院医生私自介绍患者转诊引发医疗纠纷的行为；第二篇继续关注另一位患者带着母亲去同仁医院就诊时也碰到的类似情况；第三篇则指明公立医院医生打着医师定点执业的旗号在民营医院有偿执业，直接导致患者权益受损的现象。报道揭示了"医师定点执业"在实际执行中的监管不足。此作品获得第二十七届（2017年度）北京新闻奖一等奖，第二十八届中国新闻奖（2017年度）三等奖。主创人员：杨帆。

《水——一个村庄的命运》 新闻资讯类节目。对外广播专题，2016年11月18日中国国际广播电台全球华语广播《全景中国》节目播出，时长16分20秒。记者以随访形式，走进吐沙拉乡居民图儿孙大娘家，以白描的手法，用声音呈现出当地居民关于水的欢乐与哀愁。在10多分钟的节目里，讲述了当地从"活命水"到幸福水的变化，反映出援疆事业的可贵和力量。以情动人，以细节感人是这篇作品的最大特色。节目获得2015—2016年度中国广播影视大奖"广播类节目大奖"，主创人员：张悦、曹军生、洪新。

《长城内外是故乡》 综艺益智类节目。音乐节目，2018年6月17日在北京音乐广播《特别创意》播出，时长24分27秒。节目将诞生于不同年代、不同体裁长城主题音乐的精华呈现出来，音乐素材包括民歌、艺术歌曲、随想曲、交响乐和歌剧等，表现了长城主题音乐在不同时期在描绘山川、表情达意、鼓舞人心、凝聚力量、沟通传播方面的作用，在北京电台2018年度最佳节目评选中被评为优秀节目，在北京电台2018年度优秀节目评选中获得二等奖。采访编辑：关晓松；播音：陈光；录音制作：马笑宇。

《滋味北京》 专题服务类节目。社交类节目，2018年2月16日在北京新闻广播（FM100.6）播出，时长30分钟。也是一档声音纪录片系列节目，节目要素以音响、音乐、同期、解说组成，每期节目时常控制在5～6分钟，节目通过北京人民广播电台官方微博、微信发布，并通过“头条号”等新媒体渠道多次传播，仅新闻广播微信公众号即达到上万次阅读量。在2018年获得北京广播电视台总台节目创新奖金奖。策划：石兴瑞、郭兆龙；文稿：石兴瑞、郭兆龙；后期制作：石兴瑞、郭兆龙；播音：郭兆龙。

《北京八分钟》 新闻资讯类节目。新闻广播（FM100.6 AM828）2018年2月25日22点在《整点快报》播出，时长8分整。节目把“平昌冬奥会会旗交接”现场当作一个新闻由头，把记者放置在与北京冬奥会相关的鸟巢、延庆、京张高铁、崇礼，从不同侧面介绍冬奥筹备进展情况。时空场景通过记者的现场报道交替进行，让四平八稳的“成就报道”有了“新闻性”和“动感”。该节目在国家广播电视总局首次举行的2018年度第一季度全国优秀广播电视新闻作品评选中获优秀奖，还获北京广播电视台重大主题宣传创新节目奖。策划及后期：林俐、马骏；采访：林俐、马骏、王劲清、宗晓畅、王悦、林苑。

《城市文化范——老字号新江湖》 专题服务类节目。北京城市广播（FM107.3 AM1026）1月1日—3月12日每周一周二7：30播出。节目邀请到吴裕泰董事长赵书新、北京王致和食品有限公司总经理陈红宣、北京龙徽酿酒有限公司的总经理赵利斌等老字号企业的负责人和传承人做客直播间，介绍老字号的历史渊源、文化传承以及当下的创新发展。每期节目后配发微信公众号内容，展现老字号在新的市场经济环境下的风采。该节目在2018年北京广播电视台节（栏）目创新奖。主创人员：刘晶、章维、刘聪、郝爽、黄彦、刘冰。

《〈财富大搜索〉——个税修法透出哪些新动向》 专题服务类节目。2018年6月20日在北京城市广播（FM107.3 AM1026），播出，节目时长35分钟。节目在《个人所得税法修正案草案》提请13届全国人大常委会第三次会议审议的消息发布的第二天播出，针对新华社报道的部分草案内容邀请权威税法专家进行解读。本期节目的亮点在于嘉宾从专业的角度提出了修改个税的积极性意义、提高起征点是否应该公布测算标准及未来实施过程中可能会遇到的困难。编辑、主持：李湘麓。

《中国首次主导制定全球汽车法规 电动汽车安全技术法规通过实施》 新闻资讯类节目。2018年4月4日在北京交通广播《交通新闻》播出，时长1分25秒。记者捕捉到“中国首次主导制定全球汽车法规”亮点，采访政府部门相关负责人和行业权威专家，用短短一分多钟的时间，对新闻进行多方位的解读和挖掘。从三个方面挖掘新闻事件的深远意义。首先，技术标准的制定是核心技术的体现，对汽车行业来说是重大突破。其次，新标准实施有利于整个行业提升转型，进而实现弯道超车的目标。最后，主导标准意味着国际话语权，为中国电动汽车走向世界提供了通行证。记者：戚天。

《青年说》 新闻资讯类节目。青年广播（FM98.2 AM927）每天早8点至10点播出，在微信公众号“关爱青年计划”也可以收看。节目的受众以18～38岁居多，采用轻松的直播方式，每天邀请一位优秀的青年代表做客直播间，和大家分享他的奋斗故事。《青年说》采用广播可视化的传播方式，不仅可以听，还能搭配背景图片在网络直播平台观看，是北京人民广播电台强势推出的融媒体品牌栏目。下设《奇葩青年有话说》《青年会客厅》《恕我直言》等版块。该节目每天音频听众人数30万，网络直播观看人数5万。主持人：张悦、曼宁、夏冰、孔文、楚函、王淞、宇维、大左等。

《时光穿梭机》 专题服务类栏目。2017年5月青年广播（FM98.2 AM927）播出。青年广播开播阶段宣传片花，以当下年轻人热衷时空穿越为主线，营造未来科技感，并穿插叙事片段，体现青年广播（活力调频）活力向上的频率调性。该节目获2018年度中国广告业大奖——长城奖铜奖。主创人员：文熹、殷立航。

《胡同范儿》 综艺益智类节目。北京故事广播（调频94.5兆赫、中波603千赫），2018年12月13日—30日8：30播出，共18集，时长24分10秒。《胡同范儿》是京味儿文学作家刘一达回忆老北京胡同文化的文集。节目演播上采用一人演播+多人演绎的全新模式，以“微广播剧”将情景再现融入有声文学作品。主讲人是青年主持人尚远，参与微广播剧演播的有主持人：郭炜、陈光、刘继彤；配音演员：刘琮、徐佳琦等人。制作人根据文字内容配以大量京味儿配乐及相关音效，书中提及的电影、经典曲艺作品也在音频素材上有所体现。该节目获得北京电台2018年度优秀节目文艺类节目长篇连播一等奖。策划：孟庆煜、李琳；制作：杨丹（程涵）；演播：尚远。

《个体餐馆第一家》 专题服务类节目。播出频率为北京故事广播（调频94.5兆赫、中波603千赫），2018年12月21日在《人物空间》播出，时长24分49秒。本期节目是故事广播“餐桌上的40年”——纪念改革开放40周年大型故事征集活动采制的30期专题节目之一，以小见大展现百姓餐桌40年的变化历程。本期节目采访改革开放以来第一家获批经营的个体餐厅悦宾餐厅，嘉宾郭华是创始人的孙女，节目中她讲述三代人经营餐厅近40年的故事。作为悦宾餐厅的第三代经营者，郭华慢慢理解长辈们的坚持，也有了长辈们不敢想的想法：把悦宾做成百年老店，这也是节目所传达的第三个主题：传承。该节目获得北京电台2018年度优秀节目社教类节目对象性节目一等奖。策划：王蕾；主持：刘利。

《揭开蒙面DJ的神秘面纱——DT专访艾伦·沃克》 综艺益智类节目。动听调频2018年5月18日在《MetroU-Turn》播出，时长30分3秒。自挪威的DJ艾伦·沃克（Alan Walker）2015年发行单曲Faded红遍全球，他的舞台造型神秘，总是身着帽衫、口罩，因此得名“蒙面DJ”。2018年5月，艾伦·沃克来到北京奶油田音乐节演出，其间动听调频主持人DT对他进行了面对面专访，从大众熟知的歌曲Faded爆红深挖艾伦内心：虽然16岁少年成名，依然脚踏实地，不忘初心，弘扬积极正能量。该节目从艾伦蒙面造型的灵感谈起，揭示了一个爱编程、爱画画、爱游戏、想用音乐改变世界的阳光少年，乐趣横生地揭开了这位DJ的神秘面纱。主创人员：王唯。

《看北京——上海合作组织成员国媒体北京论坛暨北京行》 专题服务类节目。在北京人民广播电台、北京电视台、北京时间等多个平台播出，播出时间为2016年11月18日，节目时长16分20秒。活动及报道成效显著，是借嘴说话、借筒传声的成功实践，作品把握重大主场外交活动大势，大力度创新媒体融合报道，宣传报道收效显著，为上合组织青岛峰会营造良好的舆论氛围，对推动媒体融合发展有积极引领和示范效应。主创人员：总指挥：王秋、李秀磊。

（北京人民广播电台）

北京电视台

《2018年北京电视台春节联欢晚会》 综艺益智类节目。北京卫视、BTV文艺频道于2018年2月16日19：35播出，时长200分钟。晚会以“最美新时代、最爱中国年”为题，立足新时代、新北京，把握时代发展之脉和生活幸福之情，将“留住你幸福的样子”作为情感主线，设置为“致春天”“致城市”“致时光”“致所爱”四个篇章。唤起老百姓的真情实感，舞美、编排有设计；新生代与老戏骨的完美混搭，热播现实剧实现春晚场景化聚首；使用先进的直播设备和技术，一万米长的国际先进360度发光成像珠帘幕，成为舞美核心亮点。北京春晚连续五年蝉联CSM35城省级卫视同时段收视冠军；收视率大满贯：CSM35城收视省级卫视春晚第一、CSM52城收视省级卫视春晚第一、CSM全国网收视省级卫视春晚第一，四个网络核心数据均为第一。据索福瑞数据显示，晚会北京地区北京卫视收视率12.81%，市场份额40.56%。全国52测量仪城市北京台春晚收视率为2.35%，市场份额为8.71%，全国52城市省级卫视同时段排名第一位，索福瑞全国网北京台春晚收视率为1.06%，市场份额为3.81%，累计6738.71万人（到达率）收看北京台春晚。主创人员：总策划：李春良、王珏；策划：徐滔、潘全心、庄小红；总导演：秦峥；执行总导演：辛宁、斯蕾；技术保障：总工办、制作部、转传部、网管部、播出部。

《双奥之城》 优秀电视片。北京电视台纪实频道于2018年8月6日—10日播出，每天播出1集，共5集，每集时长30分钟。2018年是北京奥运会成功举办的第十个年头，《双奥之城》系列片以“记忆”“探索”“人文”“生机”“冬奥（未来）”为五集内容主题，从北京奥运结束后，对奥运场馆的再利用，从奥运核心区到整个城市的升级改造，以及奥运会对北京市民生活、交通、休闲方式的改变，寻找体育界、文化界、企业界的典型人物和典型事件，以小切口反映大时代的变化，并引发对北京未来发展的思考。以奥运会绿色、环保的发展理念，讲述从2008年夏季奥运会到2022年北京冬奥会的可持续发展故事，更好地诠释北京这座世界上唯一的双奥城市的“北京方案”。该片营造良好冬奥氛围，播出后得到中宣部阅评员的撰文表扬。获2018年国家广电总局评选的第三季度推优作品。主创人员：制片人：张洁、潘旭、钱丹丹、俞恺、赵怡；导演：陈玉、汪琳、李欣、陈正、孙志远、李多莉莎。

《这里是通州》 优秀电视片。北京卫视、北京电视台新闻频道、北京电视台纪实频道于2018年11月19—24日首播，共6集，每集时长30分钟。该纪录片展现通州两千年来在政治、军事、商业、文化等多领域的历史渊源，并呈现未来之城的愿景。这是一次与通州、北京城市副中心多维度的深度对话，是对运河文化的深度挖掘，为观众呈现出最原汁原味的通州故事。以全景描绘的方式，通过航拍、延时、水下摄影等多种拍摄手法，展示通州历史文化遗迹和当代城市体系，以恢弘壮阔的视觉语言，诠释通州作为京畿重镇的重要地位，以唯美的镜头充分展示“蓝绿交织、水城共融”的文化发展脉络。创作团队以严谨的问学态度，深挖历史古籍资料，汇聚多领域专家学者智囊。在卫视频道8：00—8：30时段北京地区平均收视率为1.63%，市场份额28.09%，北京地区同时段收视第一名。在播出期间进行融媒体传播，话题量400余万，形成长视频与短视频的矩阵传播，全网播放量500万次。纪录片得到史学界专家与传播学者的赞誉，入选国家广电总局第四季度优秀纪录片。主创人员：李欣、张晓达、宋敏怡、唐远、牛俊恒、朱嘉。

《中关村——40年的足迹》 优秀电视片。北京卫视、北京电视台新闻频道、北京电视台纪实频道于2018年12月17日—22日首播，每集时长30分钟。该片以时间为轴线，在对百余位历史当事人详尽采访的基础上，系统梳理各个年代具有代表性的人物和故事，对中关村的发展历程做了具象化的描绘。全片分六集，每集覆盖十年左右的历史，以人物个体切入的方式，以故事化、细节化的叙事手法，将时代洪流、改革浪潮、产业发展、观念变迁、生活迭代熔于一炉，讲述一个生动、复杂、丰富、很多人未曾了解的中关村成长故事。片中受访人原北京市副市长胡昭广表示：“纪录片叙述脉络非常清晰，中关村在不同历史阶段有不同的使命，是几代人奋斗的结果！创新基因决定了中关村会永不停步地奋进！”原北京民营科技实业家协会秘书长彭树堂说：“科学家科技报国的情怀，和改革者冲决体制樊篱的意志交织，和着春融冰河的开化声，掀开大潮奔腾急、搏浪踵相踪的中关村改革、创业创新的历史画卷。这幅画卷，都体现在每集30分钟的纪录片当中。”已故的中关村创业先行者陈春先的妻子毕蔚萱向摄制组表达感谢：“清晨起来看到纪录片，制作得真好！尤其是尊重历史方面。谨代表家属向摄制组领导和朋友们致敬和致谢！”原中关村科技园区管委会副主任夏颖奇向摄制组致谢：“珍贵的史料，准确的记录，谢谢节目组的辛苦！”主创人员：吴群、陈岳、王宇、朱嘉、林天趣、尹谦、张亚珩、苏畅。

《上新了·故宫》 专题服务类栏目。北京卫视于2018年11月9日起每周五21：05播出，每期80分钟，共10期。节目是大型文化季播节目，融合北京作为全国文化中心和科技创新中心的功能定位，邀请明星嘉宾担任故宫文创“新品开发官”，探访故宫尚未向公众开放的隐秘区域，并与国际知名设计师合作设计推出故宫文创新品，让古老的故宫文物焕发出新的生机。节目播出以来，收视多次位列周五同时段第一，节目话题多次登顶微博热搜榜，主话题阅读量突破19亿，相关话题阅读总量超30亿，豆瓣评分8.2分。《人民日报》《光明日报》、中宣部《新闻阅评》等数十家主流媒体给予高度评价，并荣获国家广电总局2018年第四季度创新创优节目，在国家广电总局的全国视频会议上向全国同行进行经验分享，赢得观众和业内的尊重。主创人员：马宏、程军、刘兵、毛嘉、祝勇、林斐、张玲。

《向前一步》 专题服务类栏目。BTV卫视频道2018年6月29日起每周五21:05播出，每期60分钟，周播节目。作为全国首档市民与公共领域对话节目，节目选取北京城市治理过程中的热点、难点和痛点问题，直面市民与公共领域的分歧和冲突，通过当事人与政府工作人员以及“城市调解团”的沟通对话，起到解读公共政策、普及公共价值、构建公共情感、建立公德意识的作用，推动首都疏解整治促提升专项行动的开展。节目播出后获市委市政府领导多次批示表扬，成为探讨大城市公共治理和基层政府工作的“样板”，被多地政府工作人员学习观看。

全国收视多次位列省级卫视同时段第一名，百度搜索量和视频播放量双双破亿。节目刚刚播出两期后，就被国家广电总局邀请在全国广电系统视频会上进行经验介绍，并被评为第二季度的全国创新创优节目。主创人员：邵晶、李潇、刘虓、秦晓明、杨彦君、刘书含、高笑冉、王任飞、张轶昳、刘径驰、王晓晖、赖永义、刘影慧、尤鑫、周欣征、刘微、苏抒、朱彬、李东巍、耿珅、孔令淼、李嘉博、解非、张育文。

《改革开放 关键一招》 新闻资讯类栏目。BTV 卫视频道。2018 年 12 月 11 日起每日 21：15 播出，每期 38 分钟，共 7 期。作为一档大型通俗理论电视节目，节目通俗化解读新时代以来我国发展所面临的一系列目标任务和重大问题，通过讲好新时代中国特色社会主义的故事，深刻阐述改革开放是决定当代中国命运的关键一招，也是实现“两个一百年”奋斗目标、实现中华民族伟大复兴的关键一招。节目播出后，连续三天收视位列省级卫视同时段第一，全网视频点击量破 4600 万，微博话题阅读量超 1.2 亿，全面引爆青春正能量。主创人员：郑蓉、吴志勇、刘晓彤、黄炜、孙闽一、郝霖、王月玖、胡乐、肖远洁、张聪、陶丽洁、刘辰雨、俞歆、夏雪、倪扬、柏晨波、吕昱璋、成诚。

《传承中国》 综艺益智类栏目。BTV 卫视频道 2018 年 3 月 4 日起每周日 21：05 播出，每期 75 分钟，共 10 期。作为原创京剧文化体验节目，节目充分尊重并借鉴传统京剧的班社文化，创造性地成立京剧“传承社”，邀请京剧名家亲临授课，邀请明星艺人跨界出任“挑班班主”，将京剧程式转化成为节目模式，创造了京剧名家真教、明星班主真学的沉浸式体验感，带领观众感受原汁原味的国粹艺术。节目平均收视位列同时段第四名，微博阅读量高达 10.1 亿，微博电视指数和综艺话题榜排名多次跻身前三。节目应国家广播电视总局的邀请，向全国电视同行介绍创作经验。主创人员：马宏、程军、田川、张玲、彭婉笛、刘天京、许璐、孔洁、林斐、翟娜、岳月、冯胜男、刘蜜、王轩。

《创意中国》 专题服务类栏目。BTV 卫视频道 2017 年 11 月 19 日起每周日 21：18 播出，每期 80 分钟，共 12 期；2018 年 10 月 27 日起每周三 21：18 播出，每期 80 分钟，共 10 期。作为国内首档创意创投类文化节目，通过文化创业者与产业投资人的双向对接，为全国优秀的文创项目搭建展示和交流的平台，在帮助创业者实现梦想的同时，也为文化的创新和传播开辟道路。《创意中国》第二季节目收视率连续 4 周登顶全国卫视晚间同时段栏目首位，视频点击量达 3.32 亿次、微博主话题阅读量累计达 3 亿次。同时，节目获得广电总局多次表扬，人民日报、光明日报、人民网、新华网、今日头条等多家权威媒体高度评价。节目不仅荣获 2017 年国家广电总局创新创优节目奖，更得到中宣部新闻阅评以“北京卫视《创意中国》探索荧屏创投新模式”为题对节目给予的充分肯定。主创人员：第一季：邵晶、郝竞波、马婷、刘萌萌、王凯、张於、李丹、王迪、刘书含、杨威、穆同、王美、裴尧、刘韵、汲宣、张馨雨、吴奕萱、常达、李静、张明娇、崔幸、杨李逸奕、李战威、乔丹丹。第二季：郑蓉、郝竞波、赵楠、王凯、杨李逸奕、李依桐、张萃研、李木子、裴尧、王美、刘韵、张颖勉、廉鸣洋、那倩、李佳、马霄霄。

《新时代新担当新作为》 新闻资讯类栏目。北京电视台新闻频道每周四晚 8：47 播出，时长 20 分钟。为贯彻党的十九大精神，激发广大基层干部新时代新担当新作为，北京市委组织部会同市委宣传部、北京电视台联合制作推出电视访谈系列专题节目《新时代新担当新作为》，重点介绍首都基层党组织和基层党员干部在为民服务、创建美好城市过程中勤恳努力、攻坚克难，为首都建设添砖加瓦的点滴努力，以及普通百姓对基层党员干部工作精神和工作成效的认可与褒扬。节目播出后，受到北京市委书记蔡奇的重视和表扬，被许多基层党组织作为党员教育的重要教材。主创人员：张民、吕雅堃、陈婧嘉、高存、郭亚丽、林丹、孙燕明、马迟、李杨薇。

《2018北京榜样颁奖典礼》 综艺益智类节目。北京卫视2019年1月7日21：09播出，文艺频道2019年1月7日23：03播出，时长76分钟。“北京榜样”是北京这座城市培育和践行社会主义核心价值观的生动见证，也是这座城市弘扬和深化社会主义核心价值观的有力推动和生动实践。颁奖典礼深入挖掘“北京榜样”的精神内涵，通过动人的故事编织出一台有震撼、有惊喜、有泪水、情感丰富、情绪饱满的盛典。典礼秉持“北京榜样——平凡中的力量”理念，分为“情怀篇”“道德篇”“梦想篇”展示榜样风采。颁奖典礼通过人物短片、榜样宣言、颁授奖杯、致敬礼赞等方式，生动诠释“北京榜样”的精神价值。主创人员：出品人：李春良；总监制：王珏、徐滔；监制：潘全心、齐建彤；总导演：李雪萍；执行导演：刘昕冉；主持人：李杨薇、汪洋。

《最北京》 专题服务类栏目。BTV科教频道每周日20：08播出，时长60分钟。节目定位为“行走中的相声，北京人的乡愁”。是一档为北京人、北京城量身定制的节目，以老字号、老街区、老物件等为道具和场景，以现场隐蔽拍摄采访为手段，以演播室三人行的谈话为主要形式，展示北京这座城市在城市生活方方面面的变迁，用京味语言的特点展现地域风情与文化。节目于2015年元旦开播，到2018年是节目播出的第四个年头，也是节目走向成熟，同时致力于品牌建设的一年。全年共播出节目50期，平均收视率1.02%，收视率比2017年同期增长12%。成为BTV科教频道周末晚间节目的一抹亮色。主创人员：制片人：周波；副制片人：孙一歌；主编：程文；编导：张爽、马枥鑫、刘峥、佘小君、李爽；主持人：夏婷。

《生于1978——一起走过四十年》 优秀剧目。2018年11月26日财经频道每周一至周五晚21：35分播出，每集时长30分钟，共20集。献礼改革开放40年20集大型口述历史纪录片《生于1978》是一部历经三年的策划、两年的创作、18个月的拍摄周期、20万公里的采访行程、40位经济领域的风云人物、70万字的文稿量，最终形成了这样一部意义深刻的纪录片。播出后在所有传播平台上全面开花：形成20集的大型口述历史纪录片，即将在北京电视台财经、新闻、高清纪实三频道隆重播出，成为北京电视台篇幅最长的一部纪念改革开放40年的大型纪录片；形成19集的新媒体网络直播节目《请回答2038——王春元对话创二代访谈录》，充分利用采访素材，结合“北京时间”新媒体平台开创一档具有话题流量的大型访谈录；推出40个短视频，已在全台、全网轮番播出，各大平台的转发量节节攀升。《生于1978》提前布局，起到了未播先火的宣传效果；形成了融媒体中心成立以来的第一个现象级网络热点直播活动——“《生于1978》开播仪式——北京时间封存时间胶囊”，20位“创二代”的时空寄语将被封存，他们到底写了什么？期待20年后的开启。这样富有网络传播效应的现象级活动将在开播当天为纪录片的播出引流；与中国青年出版社合作出版30万字的畅销书《生于1978》，该书已被出版社推选参评中宣部组织的“中国好书”评选活动。主创人员：制片人、主持人：王春元；

导演：王春元、张燕、赵曼、毕艳玲、王超、曹星南；编辑：赵武。

《开放北京与世界同行——北京外经贸40年》 优秀剧目。BTV财经、BTV纪实频道于2018年12月13日—18日19:30播出，时长30分钟，共6集。该片是庆祝改革开放40周年，首部全面讲述北京对外经济贸易领域历程的电视片。以时间为轴，根据北京对外经贸不同发展阶段的时代特点，分为六集：第一集《敞开怀抱》，记述1978年到90年代初期，对外开放启动阶段，北京众多“第一”的故事。第二集《活力涌动》，讲述了1992年至新千年，市场经济确立后激情澎湃的商界传奇。第三集《融入世界》，记述中国加入世贸组织后，在新的机遇和挑战下，北京的企业和这座城市的成长故事。第四集《国门之外》，摄制组足迹遍及欧亚非，真实记录走出国门的北京企业，在“一带一路”沿线国家，传播中国文化、带去中国标准、助力当地民生的动人故事。第五集《创新有道》，讲述新时代的北京，作为全球创新链条上的重要枢纽，绽放出的新魅力。第六集《拥抱未来》，描画进入改革开放新阶段，北京对外开放的新格局、新期许。该片集纳几代人的北京记忆，个人命运与时代背景纵横交织，借鉴“口述历史”的方式，采访40多家企业、百余人，通过有感情的讲述，有温度的记录，再现40年北京对外开放历程。片中受访者或为亲历者，或为研究者、知情者，信源的权威性赋予作品历史的厚重感、真实性和亲近性。通过鲜活的人物和生动的故事描述，将改革开放这个宏大话题进行生动的具象解读，展现中国通过改革开放政策走上强国之路的伟大历程，从更接地气的小视角折射出波澜壮阔的大时代。2018年12月13日起至年底，6集纪录片（每集30分钟）在BTV财经、纪实、新闻、卫视完成多轮播出，取得良好的传播效果，累计观众收视规模达到300万人次以上。新浪微博搜索“开放北京与世界同行”关键字，相关阅读量、讨论量达127万。“看北京72变”专题，总阅读量约2100万次。该片在2018年北京电视台优秀节目评选中获得电视新闻类二等奖。主创人员：策划：赵波；制片人：宋北光；总撰稿：乔卫；执行总导演：韩维如、王梓琪；导演：王瑜、蔡继达、朱丹桐、刘逍然；摄像：齐武军；视觉设计：信薇娜。

《生活这一刻》 新闻资讯类栏目。BTV生活频道每日18:40—19:40播出，时长60分钟。栏目以民生新闻为主体、恪守民生取向，秉持平民视角，关注民生百态。立足这一刻，直击生活新闻，探讨生活话题，捕捉社会动势，关注公众热议，强调独家性，第一时间进行具有广泛传播价值的生活解读，传播主流价值观。节目形态杂糅播报、讲述、访谈、演示、评论、实验等多种表现形式，通过生活态区域化演播室设计和大型道具全媒体新技术综合运用，用生动有趣的形式传递新闻资讯与服务信息，热点多、服务实、节奏快、互动强。首播重播整体频道收视贡献率30%。北京地区（含中央台及各大卫视）收视排名前10位。系列节目影响力方面，315特别报道，彰显媒体责任和公信力。系列重点调查在微博、头条号企鹅号等多个新媒体端反响强烈，人民日报、人民网、中国之声、中国新闻周刊等诸多微博大V纷纷转发，微博上观看量均突破了百万次；同时，报道引发的话题多次上榜微博热搜，《卧底网红饮品店》这期节目播出后，陈吉宁市长专门为此做出批示，并推动了全市范围的饮品店安全卫生大检查。新闻行动“赶走小广告 城市洁面 全民行动”媒体干预生活，提升节目影响力。大型公益活动“生活微行动”继续发力，团队被评为北京市学雷锋示范站。主创人员：

制片人：刘春艳；主编：杨苗、李睆、郭笑梅、张楠、张劲松；主持人：高燕、阿龙、吴冰、汪洋、秦天、李向显。

《医者》 优秀剧目。BTV 生活频道每周六晚 20：40 播出，时长 30 分钟。《医者》为全国首部大型医学人文纪录片，由 BTV 生活倾力打造，北京市卫生健康委员会权威指导，演员刘涛大力支持。《医者》力求用客观的记录还原新闻背后的医者群像，从而凸显医者仁心的平凡伟大，促进医患理解，传递生命信仰，树立榜样精神。明确聚焦医生，以真实记录的风格、故事化的讲述，饱满的情感表达，使观众深入了解医生的职业特性，以及那些生命与医学的故事。《医者》纪录片全网点击率破亿。独家策划大型公益活动“为医者点赞”，首个中国医师节霸屏“今日头条”等主流新媒体平台开屏页 24 小时，前后累计触达人数 8 亿。策划大型公益活动“为爱倾听”，20 余位明星自主参与传播，12 小时内登公益话题榜首位。

主创人员：制片人：于菲；主编：魏齐；策划：陈坤；导演：罗中苑、李妍、王怡雯后期制作：杨盛、欧茁。

《第八届北京国际电影节开幕式》 综艺类益智类节目。BTV 卫视 2018 年 4 月 15 日 19：30—22：02 首播，节目时长 2 小时 32 分；BTV 青年 22：48—24：35 重播，时长 1 小时 47 分。2018 年是改革开放四十周年，也是中国电影奋力发展的四十年。第八届北京国际电影节以“砥砺 · 使命”为主题，继续助力中国电影发展。4 月 13 日，中宣部主持召开电影创作调研座谈会，在中宣部（国家电影局）指导下，第八届北京国际电影节于 4 月 15 日盛大开幕。北京国际电影节秉持“共享资源、共赢未来”的主旨，邀请全球著名电影人齐聚北京，见证世界电影发展的最新成果，感受中国电影人和观众的热情，展现开放、包容、多元的新时代中国特色社会主义文化。第八届北京国际电影节开幕式的成功举办，标志着第八届北京国际电影节的全面启动，随之而来的各项活动蓬勃展开。北京国际电影节逐渐成为国际性、专业性、创新性和高端化、市场化的电影盛会之一，为促进中外电影发展搭建交流、交易平台。主创人员：总制片人：张苏、郝洁；总导演：段嵘；执行制片人：崔笑田、石涛；撰稿：赵冰、邹僧、李蓓、张凌云、张亿；开幕式主持人：栗坤、蓝羽、张卫健。导演：李蓓、单岩柏、邓斌、李焕傧、仓海波、丁杨、赵璇、高博精、韦朝阳、赵秋凯、王建佳、乔宇峰、张阳、郝美婷、徐士悦、张媛、夏天天、关歌、高淳溪、白岚等。

《童声英雄》 综艺益智类栏目。卡酷少儿频道 2018 年 7 月 1 日起每周日 20：50 播出，季播节目。节目以“让爱国歌曲再次流行起来”为口号，献礼改革开放四十周年，首创爱国歌曲改编新唱少儿竞演节目类型，挑选了 16 位唱功了得的“小小经典传唱人”，精选了 24 首经典爱国歌曲，加入了全新现代的音乐元素，让这些经典爱国歌曲以崭新的音乐形式被少年儿童再次唱响。北京地区 4 ~ 14 岁核心收视率稳占同时段收视排名首位。全国 35 城 4 ~ 14 岁核心收视同时段卫视排名最高达到第二位。《中国日报》海外版、《中国电视报》、红通社、《北京新闻》、搜狐网等对节目发布专题报道。主创人员：总导演：蒲文苑；执行导演：马子俊、刘若玉、林桐、王媛、路漠；主编：马子俊；责编：路漠；后期制作：王巍巍、王珏。

《2018 卡酷少儿动画春晚》 综艺益智类节目。卡酷少儿卫视 2018 年 2 月 14 日 18：00 播出。贺岁动画剧《2018 卡酷少儿动画春晚》，首次将“一城三带”的西山文化带、长城文化带、运河文化带动画化，小主人公聪聪和伙伴金狗遍寻北京的文化、自然美景，将传统春节的对联、年画、鞭炮等元素带回家，度过红红火火的传统中国年。片中不仅展示了改革开放四十年来，人民生活日新月异的变化，也以动画手段诠释京味儿文化、传统春节，将春节的历史渊源、美妙传说、传统情思蕴于其中。开播核心收视份额北京地区稳占首位，全国35城跻身省级卫视前列，微博阅读量冲上话题榜第一位。主创人员：总导演：李严；导演：杨瑒、郭衍超；导演组：袁媛、李菲菲、王淳、王佳卉、蒿业媛、李玲、王帅霖、帅领、任佳宇、王沛珊、杨钊、朱业、张京、王思岚。

《嗨！东盟》 优秀剧目。北京电视台纪实频道2018年8月28日—9月2日，每天播出1集，共6集，每集42分钟。该片是中国首部东盟十国旅游文化4K全景纪录片，由纪实频道、制作部、总编室联合承制。摄制组走遍东盟十国，通过《衣·装之美》《食·味之魅》《筑·匠之粹》《行·达之道》《购·易之品》《生态·自然之韵》6个主题，溯源“一带一路”上中国与东盟国家间的文化渊源与共生。通过一个个生动的“围观故事”，深度探秘了不同国家和民族文化、宗教与习俗的融合与差异，真实地、全景地记录与展示了东盟十国的自然与人文风情。在内容呈现上，创作团队从细节入手，试图发现更多“熟悉中的不熟悉”故事，记录下“原生态”的社会生活，让观众品味到原汁原味的“东盟人的活法儿”，带领观众浸入式地走进东盟人民的生活，以文化交流促进“一带一路”沿线国家民心相通。该片创新性地采用了“围观故事”式的叙事手段，将散点叙事和焦点架构相结合，在每一集的统一主题下，用一个一个横截面的故事片段串联起全片，意图给观众呈现一种非典型旅游文化纪录片的全新体验。摄影机以一种“围观”的态度，用平实的视角，理性地记录，真诚描绘东盟十国的自然与人文风情。同时，充分发挥4K设备的各种潜能，应用水下摄影、遥控航拍、纪实跟拍等多种拍摄手法，同时还尝试采用了8K延时摄影技术，全景呈现了东盟国家的风貌。该片画面唯美，富有质感，在技术与内容表达方式上进行了大胆创新，全片节奏流畅，故事可视性强。该片同时在爱奇艺和B站播出，之后在北京卫视重播。该片首播时，不仅在纪实频道平台收获良好反响，在新媒体平台播出也取得成效。在首播期间，爱奇艺、B站点击量超过100万次，该片进入B站纪录片排行榜前十榜单，第一集B站弹幕评价6000余条。

该片播出后，中国—东盟中心也对该片给予高度肯定，认为这是中国与东盟国家文化交流的一次成功尝试。在由中国现代国际关系研究院发布的《国际战略与安全形势评估2018—2019》一书中，将《嗨！东盟》作为人文交流不断加强的典型案例予以介绍。主创人员：总策划：王珏、杨秀萍、李岭涛；策划：严崴、Kong Roatlomang（柬埔寨）、郑星、林平、史椰森、周永萍、王浩、孙海峰、陈嘉超、高譊、刘虎；总导演：秦蕾；导演：余海玉、慧玲、王宇、邵彤彤、张海舰、张天阳；视觉总导演：赵新生；剪辑导演：何晓琳、刘晓光、张鹏、武经纬、庞宇；顾问：吴杰伟、骆永昆；艺术总监：陈大立、马晓钢、曾海若；撰稿：秦蕾、孙一心；摄影总指导：贺文林；首席摄像：魏伯寅；摄像：胡嘉隆、张煜、马志伟、王旭；航拍指导：马志伟；航拍：胡嘉隆、魏伯寅、张煜；DIT工程师：郭豪珺、刘浩；调色：武经纬、李红国、刘珞莹、刘浩；特效包装指导：赵新生、贺文林、欧阳三明、黄锐；特效包装制作：朱永宾、王弘、陈鑫、刘睿、莫潘潘；宣传片制作：何晓琳、武经纬、庞宇、刘晓光、张鹏、何鑫、魏伯寅、郭豪珺、胡嘉隆、张煜；技术总监：郑星、林平、王浩、孙海峰；录音指导：姚银壮；导演助理：孙一心、马晓萌、何晓琳、张鹏、马一丹、赵萌萱、田芳宇、王羽萌、陈泽宇；制片人：秦蕾；监制：严崴、周永萍。

（北京电视台）

北京北广传媒数字电视有限公司

《湖库突击队》 专题服务类节目。户外野钓节目，每周六21:00在北京北广传媒数字电视有限公司《四海钓鱼》频道播出，时长50分钟。节目以垂钓任务为主线，表现五位野钓达人挑战自我，为垂钓而战所经历的各种艰辛、磨难和波折。节目尝试着融入真人秀和纪录的拍摄制作手法，播出后在专业钓鱼领域以及泛钓鱼人群中，引起广泛关注。同时在优酷、腾讯、抖音等网络平台的投放也收到较好效果，点击率位于该类别节目前列。制片人：安立新；统筹：陈婧；责编：邵淑杰；主编：张凌雁；导演：康铜、周思彬。

《酷车驾到》 专题服务类节目。在北京北广传媒数字电视有限公司《车迷》频道播出，每周不定时更新，单集时长10～30分钟。该节目根据新国内上市车型及当下热门车型，聘请专业人员对车型进行全方位评测，对性能、特点、外观进行详情介绍，让广大观众率先了解，成为了解热门车型的重要平台。节目播出后，每天都有观众通过屏幕下方热线电话询问相关车型及性能。主创人员：刘玉祥、李伟芳、高策、曾博、袁亚萍、张晨瑶、王释、姚泽明。

《车迷会》 专题服务类节目。在北京北广传媒数字电视有限公司《车迷》频道播出，每周不定时更新，单集时长10～30分钟。该节目旨在提升有车民众的生活品味，记录车迷自驾活动乐趣，介绍各大城市车展，车迷自驾风景名胜古迹，让车迷活动开展得新颖，充满乐趣。主创人员：刘玉祥、李伟芳、高策、曾博、袁亚萍、张晨瑶、王释、姚泽明。

《养护宝典》 专题服务类节目。在北京北广传媒数字电视有限公司《车迷》频道播出，每周不定时更新，单集时长10～30分钟。节目主要体现车辆保护的专业性。讲述汽车保养小常识，介绍专业的汽车养护工具及专业方法，对比汽车养护产品等。节目播出后观众通过电话咨询汽车养护知识技巧。主创人员：刘玉祥、李伟芳、高策、曾博、袁亚萍、张晨瑶、王释、姚泽明。

《车迷演播室》 专题服务类节目。谈话类节目，北京北广传媒数字电视有限公司《车迷》频道播出，每周不定时更新，单集时长20～50分钟。该节目每期拟定相关的汽车行业热门话题，通过与受邀嘉宾的对话，向观众展示汽车相关行业的发展，车迷趣闻，各地风土人情等。主创人员：刘玉祥、李伟芳、高策、曾博、袁亚萍、张晨瑶、王释、姚泽明。

《彩讯及时通》 新闻资讯类栏目。北京北广传媒数字电视有限公司《京视剧场》频道、《北京之窗》频道每周六晚17:00播出，时长10分钟，全年143期。该节目汇聚了彩市新闻热点，一周制作播出三期节目，每期10分钟。在宣传报道上，以福利彩票的娱乐性、公益性和公信力为重点；在内容策划上，注重彩市热点、北京福彩促销活动、北京双色球大奖新闻等。该电视节目在网络视频平台和微信公众号同步播出，每期网络播放量约5000人次，单期最高播放量1.2万人次。主编：席慧，编导：张妍婷、马晖；主持人：赵琦、龚洁。

《彩票大家玩》 专题服务类节目。北京北广传媒数字电视有限公司《新娱乐》频道、《京视剧场》频道、《北京之窗》频道每周五 17：00 播出，时长 20 分钟，全年 100 期。该节目是北广传媒数字电视自制的彩票竞技节目，栏目围绕福彩中心营销与宣传活动热点，走进福彩旗舰店和其他销售网点组织彩民互动活动，提升营销与宣传活动关注度，同时还策划组织开展了“快 3 达人挑战赛”活动，挖掘游戏达人，分享购彩技巧和乐趣。该节目在网络上的视频平台和微信公众号同步播出，每期网络播放量过万。主编：王彤羽；编导：周正、李茜茜；主持人：赵琦、龚洁。

（北京北广传媒数字电视有限公司）

北京北广传媒移动电视有限公司

《我在北京挺好的》 专题服务类节目。6：00—23：00 在北京移动电视播出，每期时长 5 分钟。该节目通过采访在北京工作、学习、生活的典型代表，展现他们在北京生活、工作及学习的情况，讲述他们克服挫折的经历，他们对北京这座城市的感情，对这座城市经济、文明发展的奉献和付出以及他们对未来的期许等。栏目持续向受众传递正能量，弘扬真善美。主创人员：王莹、王琛、隗炜、魏丹、张妍、侯超。

《移动播报》 新闻资讯类节目。6：00—23：00 在北京移动电视播出，每期时长 3 分钟。这是一档自制新闻节目，每周一期，每天播出 3 次。《移动播报》秉承了北广移动电视“服务政府公共管理，服务市民精彩生活”的宗旨，以本市的民生类新闻为主，既突出服务性，更强调可视性。主创人员：王莹、王琛、杨帆、魏丹。

《百姓就业》 专题服务类节目。6：00—23：00 在北京移动电视播出，每期时长 5 分钟。该节目由移动电视与北京市人力资源和社会保障局合作打造，栏目分为四大节目形式和一个固定版块，即新闻专题、人物专题、互动类节目、职介活动特别节目加上服务信息类版块《招聘信息》，内容兼具服务性、可视性及实用性。节目采用四种形式轮换播出、招聘信息固定播出的方式，从不同角度、不同方面为百姓提供服务。主创人员：王莹、王琛、于淼、李信扬。

《博览天下》 专题服务类节目。6：00—23：00 在移动电视公交频道播出，节目时长 1 分钟，以图文形式呈现。是北广传媒移动电视推出的一档博物馆展出预告类专题节目。节目旨在全面、丰富、快速反映京津冀地区展出动态，提供博物馆特展、巡回展出、博览会等多类别展出资讯，为丰富大众精神生活提供更多选择。主创人员：王莹、王琛、杨帆、赵雨辰。

《我看演出》 专题服务类节目。6：00—23：00 在北京移动电视播出，时长为 1 分钟，每周播出一期，以图文形式呈现。该节目是北广传媒移动电视推出的一档演艺信息类专题节目，旨在全面、丰富、快速反映北京地区演艺动态，提供演唱会、话剧、音乐剧、歌舞剧等多类别演出资讯。为大众休闲娱乐提供更多选择。主创人员：王莹、王琛、杨帆、赵雨辰。

（北京北广传媒移动电视有限公司）

北京北广传媒城市电视有限公司

《城市播报》 新闻资讯类栏目。时长为3分钟、1分钟。节目以“好看、实用、服务”为特色，结合新媒体户外播出的特点，选取每日各类新闻资源中的重大新闻事件、重要资讯信息，第一时间发布，随时更新，全天高频次滚动播出。在内容编排上，每条新闻都控制在20秒左右，更适合户外短暂收视。主创人员：闫颖、王阳、于波、张振南。

《演艺罗盘》 专题服务类栏目。是城市电视与北京市文化局联合推出的一档文化信息服务栏目，时长10分钟。该栏目以公益性为宗旨，共设立《演艺速递》《演艺聚焦》《演艺天天看》三大版块，围绕北京文化市场，从不同侧重点介绍演艺市场上各类演出的动态、内容、团体、票务信息等，将首都文化演艺信息详细、全面地介绍给广大观众。《演艺罗盘》是京城新媒体中唯一档专门介绍文化演艺资讯的电视栏目，也是城市电视一档品牌自制栏目。主创人员：巫菁菁。

《光影大视界》 专题服务类栏目，时长2分钟。是一档内容精干、实用性强的户外“观影指南”节目，每期内容为即将上映或正在上映的热门电影，包含影视剧故事的梗概、精彩看点、片场花絮、主创专访以及量化的指标推荐。该节目通过户外和楼宇电视平台播出，为广大观众提供了生动直观的观影引导。主创人员：巫菁菁、杨庭磊。

《我的工会我的家》 专题服务类栏目，时长2分钟。是由北京市总工会、北京人民广播电视合作并由北广传媒城市电视制作播出的一档职工服务资讯栏目。通过“工运动态”“专题报道”“帮服信息”等版块，对各区县工会、总公司工会开展的活动和不同时期的工作重点进行报道，同时提供招聘信息、法律援助、工会维权、生活保障等内容。主创人员：巫菁菁。

《城市一刻》 专题服务类栏目，时长1分钟。该栏目是城市电视与一刻talks合作的一档短视频类节目，以热点人物分享自身创意和想法为内容，极具前瞻性和知识性，主题包罗万象，科学家、艺术家、哲学家、探险家、心理学家等各路有想法的人纷纷登台，观点“响亮”，围绕一个关键词，表现不同人物对它的不同感悟。主创人员：刘颖霄、刘帅、曹雪园等。

《新时代 青年说》 新闻资讯栏目，时长2分钟。是以介绍北京共青团新闻，展现首都青少年风采为主的综合资讯栏目，通过栏目发挥共青团正面效应，倡导新时代青年新形象和社会新风尚。主创人员：姜丽红、熊卓、毛晓刚等。

《数说40年》 专题服务类栏目，时长1分钟。该栏目以“数”为核心，以展现1978—2018年首都40年改革开放社会发展变迁为主题，从首都各个委办局和官方机构收集数据、数字，形成对比，配以资料画面、图表、视频以及“大字幕”视觉表达，展现首都各行各业改革开放40年来的发展变化。主创人员：李兴国、吕善雅、刘颖霄、马磊。

《城市视觉志》 是新闻资讯类栏目，时长1分钟。该栏目是与视觉中国合作的一档视觉性与新闻性兼备的资讯类图片栏目，每日甄选时下社会热点事件，对其进行系列组图或加以简略的文字介绍。主创人员：刘颖霄、杨洋春子、孙爽。

（北京北广传媒城市电视有限公司）

北京北广传媒地铁电视有限公司

《国家大剧院》 专题服务类栏目。以介绍国家大剧院演出信息为主，开办于2010年12月，节目时长5分钟，节目中详细介绍上演歌剧、音乐会、舞蹈、戏剧戏曲等高雅艺术精品的信息查询、在线选座购票方式等资讯信息。主创人员：陈园园、王钦沛。

《生活一点通》 专题服务类栏目。开办于2011年5月16日，时长5分钟。百姓生活中的小发明、小窍门，通过该节目中快乐家庭的日常生活一一展现，使观众在轻松诙谐的家庭气氛中，就可学到简单实用的生活窍门。主创人员：吕阳。

《身边的好学校》 专题服务类栏目。是一档和市委办局合作推出的教育类节目，栏目开办于2014年5月5日，每周一期，时长3分钟。通过这档节目把好的学习资源进行宣传，介绍身边好的中小学校，给公众提供教育类资讯。主创人员：陈园园。

《开心速递》 综艺益智类栏目，开办于2013年8月12日，栏目时长3分钟。该节目以“开心就好”为宗旨，收纳国内外知名视频网站热门搞笑及特色视频，主要分为幽默搞笑、牛人特技、宠物萌宝、疯狂体育等几个方面。节目播出覆盖北京地铁4条主要线路的地铁电视播出终端，在9000块屏幕上全天播放8次以上，收视率达90%以上，受到广大乘客好评。主创人员：马婧、苏妍。

《时尚前沿》 专题服务类栏目。开办于2015年5月11日，时长5分钟。节目内容从旅游购物，护肤彩妆、服饰品牌到各店家举行的活动等讯息，通过北京地铁电视媒体平台，把北京市的一些商家特色或者文化广而告之给更多的观众，给观众提供丰富的时尚前沿信息，使其参与到和时尚有关的话题中。主创人员：陈园园。

《空气质量播报》 新闻资讯类栏目。是与环境保护教育中心合作的一档预告空气质量状况的公益节目。该栏目开办于2015年10月27日，栏目时长1分钟，内容为预报北京市各城区、县的PM2.5浓度范围数值及空气质量状况，提醒人们是否适宜开窗通风及户外活动。主创人员：吕阳、陈潇。

《京城美食秀》 专题服务类栏目。栏目开办于2017年5月1日，节目时长5分钟。紧密围绕都市生活群体日常美食消费领域，提供全面的资讯服务。主创人员：陈园园。

《精彩足球》 新闻资讯类节目。该节目开办于2017年2月20日，节目时长5分钟，是一档以报道国际足坛最新赛事和新闻为主的体育类栏目，集成国际足球精华，吸取优秀足球营养。主创人员：陈潇。

《医学微视》 专题服务类栏目。是一档由中国医学科学院健康科普中心监制并制作的生活服务类栏目。栏目开办于2017年5月9日，时长2分钟。该栏目以“让人们多了解一点医学知识，健康就多一份保障”为宗旨，与大众共享医学专家们的宝贵经验和知识。主创人员：陈园园、景屹。

《洛宝贝》 优秀剧目。是一部专注学龄前亲子共赏的动画片，开办于2018年4月1日，时长5分钟。《洛宝贝》每一集都是7岁的中国女孩洛宝贝和家人、小伙伴们在生活中发生的有趣好玩的故事的真实展现。主创人员：陈园园、景屹。

《奇趣自然》 专题服务类栏目。栏目开办于2018年4月1日，时长5分钟。自然动物类专题栏目，荟萃全球优秀自然类纪录片，网罗天下生灵生存百态。主创人员：王钦沛、吕阳。

（北京北广传媒地铁电视有限公司）

朝阳区广播电视新闻中心（融媒体中心）

《朝阳新闻》 新闻资讯类栏目。1995年1月开播，BTV-9每天19：32首播，时长30分钟。节目始终与朝阳区委、区政府保持一致，坚持正确的舆论导向，坚持“三贴近”原则，关注民生，关注生活，全方位，低角度，积极探索从会议中挖掘有价值的新闻事实，朝着反映政府声音、满足百姓需求的方式不断转变报道形式和风格，取得一定成绩。

《话说朝阳群众》 专题服务类栏目。2017年9月，栏目以传播正能量为主线索，展示了朝阳群众在社会各个领域所做出的重大贡献，展示了具有正义感、包容他人、敢于承担、乐于助人的朝阳群众形象，以及践行社会主义核心价值观、传递向上向善的价值追求群体。借助朝阳群众的故事，提升“四个意识”的大局观，宣传朝阳的发展成果，宣传朝阳，营造氛围，引领社会共同进步。

（朝阳区广播电视新闻中心［融媒体中心］）

海淀区新闻中心（融媒体中心）

《海淀新闻》 新闻资讯类栏目。每晚19：30在BTV新闻频道海淀时段、海淀数字频道播出，时长15分钟。该节目是海淀区新闻中心主打的电视新闻栏目，多年来始终坚持把握正确的舆论导向，围绕区委、区政府的中心工作，宣传全区经济和各项社会事业的发展与成就，及时报道老百姓关心的热点问题。

《创新中关村·核心区》 新闻资讯类栏目。每周三20：00在BTV新闻频道海淀时段、海淀数字频道播出，时长15分钟。由海淀区新闻中心与海淀园管委会联合主办，是全面反映、深度报道和权威发布核心区及中关村海淀园的建设成就、最新资讯的综合性专题栏目。该栏目记录核心区发展历史、宣传核心区建设成就、弘扬核心区创新文化、展示核心区时代风采，为核心区及海淀园的建设发展营造良好的社会舆论环境。

《文明风尚汇》 专题服务类栏目。2014年年初开办，每周一、三、五19：50在BTV新闻频道海淀时段、海淀数字频道播出，时长10分钟。该栏目是海淀区新闻中心为践行社会主义核心价值观，弘扬海淀区文明风尚，通过“今日来播报”“点赞正能量”“欢迎来纠错”“礼仪来知晓”四个版块轮流组合播出，宣传海淀道德模范、北京榜样和各个岗位的先进人物，弘扬正能量，促进海淀区更加文明、和谐地发展。

《海淀风物志》 专题服务类栏目。每周二20：00在BTV新闻频道海淀时段、海淀数字频道播出，时长15分钟。栏目落实区领导海淀媒体要“深耕海淀”的指示精神，进一步繁荣区域文化建设，通过对海淀文化资源进行深度挖掘和广泛普及，引导海淀观众“深读海淀”，推动“全民阅读”活动，推动区域认同。

《海淀百姓故事》 专题服务类栏目。

每周二20:10在海淀数字频道播出，时长5分钟。该栏目定位于“人文生态的真实记录、普通百姓的心灵之光”，以纪实的方式，全景式、多层面、多角度地展示发生在老百姓身边的丰富多彩的美好人物和故事。

[海淀区新闻中心（融媒体中心）]

丰台区广播电视中心（融媒体中心）

《丰台新闻》 新闻资讯类栏目。1986年12月开播，在BTV新闻频道及丰台有线803数字频道周一至周六19:36首播，时长15分钟。该栏目旨在展现丰台发展，关注社会热点，及时发布丰台时政、经济、社会、文化、民生等最新资讯。2018年，《丰台新闻》聚焦南苑——大红门地区、丽泽金融商务区、科技园区等重点功能区建设，着眼疏解整治促提升、民生改善、高质量发展等重点工作以及中国戏曲文化周等文化活动，营造了浓厚的舆论氛围。《丰台新闻》树立“新闻为本”理念，对新闻报道进行统筹规划，重点关注城市治理和民生服务；开设专栏《壮阔东方潮　奋进新时代——庆祝改革开放40周年》《在习近平新时代中国特色社会主义思想指引下——新时代新作为新篇章》等，将原有的栏目进行整合，在新闻中开设《人大在线》《政协视窗》《清风苑》《丰台消防》专栏；推出《有事您说话》《新春走基层》《文化守望人》等专栏；对《丰台新闻》内容进行短视频化，在“丰台广电”和“直播丰台”微信公众号上进行传播。短视频在腾讯视频推送1396条，总浏览量190余万次，较2017年分别提升578.57%和285.56%，其中单条过万的41条，《北京文化创意集市活动在丰台区举办》更是突破“十万+”，达到14.29万次。

[丰台区广播电视中心（融媒体中心）]

石景山区广播电视中心（融媒体中心）

《法治聚焦》 专题服务类栏目。新闻专题、电视杂志类节目，在石景山电视台数字804频道，每周四20:10播出，每期15分钟。栏目于2000年正式开播，由“警法快讯”“直击现场”“法在身边”等不同版块组成，以弘扬法治精神、普及法律知识、推进法治建设、维护公众合法权益为宗旨，主要报道区内各政法单位的重大新闻事件，注重法、德、情的融合。自2012年栏目进一步改版后，栏目重点关注石景山区法治领域热点事件，以独特的新闻视角、第一时间发布法治信息，解读法治案件。主创人员：郭海涛、甄趁勇、高佳、李磊、张林。

《记者视线》 新闻资讯类栏目。是一档新闻深度报道栏目，在石景山电视台每周一至周五19:50播出，每期时长15分钟。该栏目紧紧围绕区委、区政府工作重点，选择百姓普遍关心、社会反响大的问题作为议题，选择焦点话题进行新闻评述。以“评论热点话题，反映社情民意，聚焦百姓生活”为节目定位，有效搭建起政府与群众的桥梁。主创人员：徐晓洁、李阳等17人。

《生活与信息》 专题服务类栏目。2002年创办、2007年初改版的平民化经济生活服务类栏目，每周日 20：15—20：35 在 BTV–9 模拟频道、数字 804 频道播出，该节目风格清新、简约，具有亲和力和平民化，包括“HAPPY 乐园”“健康桥”“吃喝乐购”等版块，围绕百姓衣、食、住、行等方面的需求和问题展开，以引导消费、传递资讯、服务百姓。节目全年共制作并安全播出 52 期，受到广大观众的喜爱。主创人员：孟庆宾、张玉海、孙乐、谷雨等。

[石景山区广播电视中心（融媒体中心）]

门头沟区广播电视中心（融媒体中心）

《门头沟新闻》 新闻资讯类栏目。每天 19：34 在 BTV 公共（新闻频道）门头沟时段播出，时长 15 分钟。节目以全区中心工作为宣传重点，坚持正确舆论导向，弘扬主旋律，坚持“三贴近”原则，关注民生，服务大局，全面、及时、准确报道发生在本区的新闻事件，是门头沟电视台收视率最高的一档新闻节目。主创人员：苏燕平、胡金旺、梁杰、刘越、吴南囡。

《门头沟视点》 新闻资讯类栏目。评论类节目，每周一 19：50 在 BTV 公共（新闻频道）门头沟时段播出，时长 15 分钟。作为新闻节目的延伸，大大增加群众采访的比重，加大评论力度和深度，结合时事对百姓关注的特定话题进行分析说理，以达到舆论引导的目的，为区委、区政府工作大局服务。主创人员：王幸国、蔡森、孟佳。

《百姓说吧》 新闻资讯类栏目。每周五在 BTV 公共（新闻频道）《门头沟新闻》节目中播出，时长 2 ～ 3 分钟。以“弘扬社会主义核心价值观，提升市民文明素质”为主题，每期确定一个“说”的内容，让观众说看法、说想法、说办法。节目内容贴近群众实际生活，成为一档深受群众喜爱的优秀栏目。主创人员：苏燕平、胡金旺、王正、闫菲等。

[门头沟区广播电视中心（融媒体中心）]

房山区广播电视中心（融媒体中心）

广播：

《音乐加甜点》 综艺益智类栏目。直播类音乐节目，FM107 每周四上午 10：00 直播，下午 17：00、19：30 重播；周日 10：00、17：00、19：30 重播，时长 60 分钟。节目内容温暖轻松娱乐，包括生日、结婚、金榜题名、喜得贵子、各类感谢感恩、离别祝福、商家开业祝贺等各种点歌祝福。节目以音乐为主要元素，突出服务性，做弘扬主旋律、贴合房山地气、具有自身特色、互动性强的音乐娱乐节目。

《汇生活》 专题服务类栏目。直播生活服务类节目，FM107 为其播出频率，每周三上午 10：00—11：00 播出，时长 60 分钟。该节目搭建房山经济生活广播新平台，服务房山本地商业机构，引领舆论导向，让生活在房山的朋友了解房山新城的政治、经济、文化、娱乐、体育等生活层面的新发展，为百姓经济生活服务指南。紧叩时代脉搏，把握正确的舆论导向，体现北京世界城市发展规划和房山“新城新业新生活”的定位，反映房山广大市民的心声。

《新城故事》 专题服务类栏目。直播专题类节目，FM 107 每周二上午 10：00—11：00 播出，时长 60 分钟。该节目故事性强，真实感人，旨在把触角伸入社会的方方面面，弘扬房山文化，展现房山悠久的历史文化和人文资源，讲述老百姓身边自己的故事，展示新时期房山的发展变化。

电视：

《房山新闻》 新闻资讯类栏目。在房山电视台有线、无线频道播出，首播时间为 19：36，时长 15 分钟。该节目报道发生在房山区的社会热点、问题以及时政要闻和民生新闻。政令与政策、改革与发展、区情与世相，是本节目的主要报道内容，与地区经济社会发展相结合；坚持正确舆论导向，是本节目的播出宗旨与原则。2018 年，先后推出《新时代 新气象 新作为》《奋进新时代 美丽新房山》《优化营商环境 房山在行动》《改革进行时》等节目。

《今日关注》 新闻资讯类栏目。社会新闻类栏目，在房山电视台有线、无线频道播出，首播时间为 19：58，时长 20 分钟。是一档多版块、突出热点、形式新颖的融服务信息、民生话题于一体的新闻资讯类栏目，重点报道全区发展建设中的热点、焦点、动态，说百姓话，服务市民生活，让观众在最短的时间了解周围的世界。热心观众会通过节目热线电话向栏目组提供有价值的新闻线索，参与到节目中来。

《都市生活》 专题服务类节目，每周二、四 19：58 在房山电视台有线、无线频道播出，时长 10 分钟，该栏目是房山电视台推出的一档生活服务类经济栏目，以面向都市民众，服务都市生活，凸显都市风采为定位，把时尚与消费以及健康生活理念结合在一起，贴近百姓，服务百姓。节目形式灵活多样，内容涉及方方面面。栏目开播 9 年，共播出 1000 多期、时长 10000 多分钟。栏目受众群体广泛，得到社会各界广泛认可。

[房山区广播电视中心（融媒体中心）]

大兴区广播电视中心（融媒体中心）

广播：

《乌鱼来了》 专题服务类栏目。2013 年 11 月开播，是大兴人民广播电台 FM98.6 直播互动节目，每天 8：00—9：00 播出，时长 1 小时。该节目播报最新资讯，畅聊轻松话题，让受众在上班路上保持愉悦的好心情。2018 年，节目组不断创新内容形式，策划推出答题环节，将知识性、趣味性融入互动之中，听众反馈积极踊跃，收效明显；还在新浪一直播平台进行手机视频直播，策划制作节目融媒体产品，产生良好的社会影响。主创：于思淼、苏浩、袁媛、吴晋昊。

《小记者 大视界》 专题服务类栏目。少儿节目，每周四 19：45—20：00 播出，每期 15 分钟。栏目分为“新闻快播报”“校园内外”“新闻议事厅”三个环节。在“新闻快播报”中，两位小记者会将近一周内全区相关的教育新闻进行编辑、播报；在“校园内外”环节中，两位小记者会分别带来自己在校园里录制的新闻采访；在“新闻议事厅”环节中，由主持人于蕾带领六位小记者就最近发生的新闻热点或社会事件进行探讨，小记者们依照自己的观点发表不同的见解。主创：于蕾。

《这里是大兴》 新闻资讯类栏目。大兴人民广播电台 FM98.6 每天 7：00—7：30、12：00—12：30、19：30—20：00 播出，时长半小时。报道身边人、身边事，记录区域历史，传播地方文明，呈现新鲜立体的全景大兴，打造有深度、有温度的广播新闻。大兴地区有五个公园和几十个村庄的有线广播都在转播这个节目。采访、编辑、播音、制作人员：房晓鹏、靳石萌、于蕾、袁媛、曹蕾、杨颖、相阳、张鋆、苏浩、刘丽侠、杨景然、曹译文。

电视：

《大兴新闻》 新闻资讯类栏目。1995 年 1 月开播，BTV 大兴时段每天 19：35—19：55 播出，时长 20 分钟。该栏目以时政新闻为主要内容，通过时政新闻的“民本化”处理，突出“我们跟您最近”的节目理念，追求新闻报道更贴近、更迅捷、更生动之效果。栏目重要新闻报道配发“新闻背景”“新闻链接”“记者感言”等附加内容，以满足受众对资讯深层次、多样化的需求，使时政新闻更具震撼力和影响力。

《10 分 · 关注》 新闻资讯类栏目。2014 年 5 月 27 日开播，每周播出 5 期，周一至周五 20：00 播出，时长 10 分钟。节目主要围绕全区发生的重要事件和群众关注的热点、难点问题进行深入的调查报道，力求贴近实际、贴近生活、文化、社会等各个方面，以夹叙夹议的报道形式，传达党、政府和百姓的声音。

《言之有理》 新闻专题栏目。2018 年 12 月 12 日开播，每月播出一期，每期时长 45 分钟左右。由大兴区创城办和大兴区融媒体中心联合打造，大兴区司法局和大兴区律师协会等单位协助创作，每期节目邀请主题相关的专家团队和大兴本地居民共同探讨交流，主题围绕城市建设过程中遇到的不文明现象进行讨论，试图通过嘉宾和观众们的交流，摸索出既可行又合理的城市文明共识。

［大兴区广播电视中心（融媒体中心）］

通州区广播电视中心（融媒体中心）

广播：

《晚安，通利福尼亚》 新闻资讯类栏目。每周一至周五晚 18：00—20：00 在北京城市副中心调频广播 FM107.7 直播，节目时长 120 分钟。是一档面向通州区各大社区、商圈，以服务通州市民日常生活的综合性直播节目。栏目强调讲述大运河文化带的各种历史故事，开设了大运河文化带专题和新城建设专题，邀请通州本土文化专家做讲解，同时也关注今天副中心的全新变化，全方位展现副中心所处的运河文化带。先后播出过展现通州历史的《八里桥传说——神秘卖茶老太》《连环画”画通州》《宋庄名厨李建峰》等各类文化访谈；播出过涉及新城建设的《我家住在副中心》《夫妻共同建设美丽家园》；播出过表现百姓精神风貌的《小区里的歌唱家》《带娃去旅行》《通州榜样的日常》。监制：王雪征、王娟；主创人员：伍京川、李凡凡、郑丹。

《早安副中心》 新闻资讯类栏目。早间话题互动的直播节目，2017 年 5 月起，每周一至周五早 8：00—9：00 在北京城市副中心调频广播 107.7 播出，时长 60 分钟。节目以轻松的聊天和轻快的音乐为主线，每天一个有趣的话题，同时通过微信公众号与听众随时互动，深受听众喜爱。节目监制：王雪征、王娟；主创人员：郑丹、张兆年、李凡凡、张扬。

电视：

《通州新闻》 新闻资讯类栏目。每日7点半在通州电视台综合高清频道、综合频道、公共频道播出，时长13分钟。该节目多年来紧跟时政，围绕通州区时事热点，报道通州百姓身边的大事小情，栏目在开设《新时代、新作为、新篇章》《沿着习近平新时代中国特色社会主义思想，进一步在京华大地形成生动实践》专栏的基础上，在5月9日将十九大精神宣传贯彻的重点栏目，统一设置为《在习近平中国特色社会主义思想指引下——新时代新作为新篇章》等新闻板块，是通州电视台收视率最高的栏目，深受地方百姓的欢迎。栏目监制：王雪征、张嘉康。责任编辑：吕建杰、李跃。

《小强听·说》 新闻资讯类栏目。新闻谈话类电视栏目，每周日晚19：50在通州电视台综合高清频道、公共频道播出，时长20分钟。2014年1月开播，是通州电视台唯一演播室三机位新闻谈话节目。2018年，栏目以“听”“说”的轻松形式，拉近话题、观点、人物与受众之间的距离。在话题选择上，着重时政和民生，关系社会发展、社区和谐、群众幸福，“微话题”扯出“新观点”，特别关注能引发共鸣的普遍性、代表性事件，立足化解矛盾、解决问题。2018年，先后录制了普法系列、纪念改革开放四十年系列、十九大辉映——对话基层宣传部长系列等节目。监制：王雪征、董继东；责任编辑、主持人：吴小强；编导：赵佳琼、巩羽、郑育娟、李骁。

《文明通州》 专题服务类栏目。每周六19：50在通州电视台综合高清频道、综合频道、公共频道播出，时长10分钟。是通州电视台与通州区文明办联合开办的节目，于2014年3月正式开播。栏目跟随建设北京城市副中心，创建全国文明城区的步伐，弘扬文明风尚、曝光不文明行为，为提升市民文明程度做出贡献。监制：王雪征、张斌；责任编辑：王蕾、李大龙；摄像：付涛、田晟印。

[通州区广播电视中心（融媒体中心）]

顺义区广播电视中心（融媒体中心）

广播：

《顺义新闻》 新闻资讯类栏目。播出频率为FM92.9，每天晚6：00首播，时长15分钟。该节目是一档顺义本土新闻类节目，内容围绕顺义区委、区政府中心工作、围绕顺义区贯彻落实全国及北京市重大会议工作，对顺义区百姓生活密切相关的内容进行新闻宣传报道。节目突出广播特点，用通俗的语言、生动的音响为听众提供鲜活的新闻。该节目在当地影响较为广泛，受到有车一族的欢迎。主创人员：刘连茹、路致远、赵福艳、丁越、张坤、陈婕、邹一婧。

《大家帮助大家》 专题服务类栏目。每天17：00—19：00在顺义人民广播电台调频FM92.9播出，每天1.5小时。其间18：00—18：30播出顺义新闻和广告专题。栏目宗旨“你帮我，我帮他，大家帮助大家”，搭建起互帮互助平台，架起了政府和市民沟通的桥梁。6年多的时间，该栏目与13家区内单位开展合作，8档周播子栏目、3档日播子栏目、2档季播子栏目。内容涵盖法治宣传、疾病预防、消防警情、食药安全、消费维权、心理健康、公安警情、全民健身、气象信息、空气质量、交通路况等关系民生方方面面的内容。编辑、主持人：焦英杰；记者、主持人：付梁玉；节目制作人：张雨欣。

《听总书记讲故事》 专题服务类栏目。专题短音频，每天11：00、12：00、18：30、22：00在调频FM92.9顺义人民广播电台播出，时长7～10分钟不等。节目内容来自人民出版社出版的《习近平讲故事》一书，以习近平同志在重要讲话、文章中讲述、引用过的古今中外故事为素材，以有声有色的演绎和讲述，让听众更好地体悟故事背后的改革发展之道、大国外交之道、修身为人之道。力求通过讲故事的方式，将严肃、宏大的主题用生动活泼、贴近生活的形式表现出来，向公众传递正能量，弘扬社会主义核心价值观，表现出主流媒体的担当和责任。

电视：

《顺义新闻》 新闻资讯类栏目。1994年开播，始终立足顺义发展，充分发挥喉舌功能，影响社会舆论，架起政府与群众沟通的桥梁。有编辑、记者25人，播音主持人4名，每期时长15分钟，在顺义一套、二套播出。近年来顺义新闻更加注重从百姓视角解读新闻事件和大政方针，更加关注人民群众生活，突出贴近性，拥有《我的故事》《信息直通车》《新闻资讯》等长期栏目以及《改革开放40年》《疏解整治促提升》《优化营商环境》《新春走基层》等临时性专栏，为宣传顺义发展起到助推作用，也使《顺义新闻》成为顺义电视台最受群众关注的品牌栏目。

《法治顺义》 专题服务类栏目。是顺义融媒体中心2019年全新开办的一档法制类专题栏目，每周一19:55分首播，周四同一时间重播，每期10分钟。节目以访谈的形式邀请各职能部门主管领导、法官、专家等现场以案说法。2019年7月9日开播，共制作播出31期，访谈嘉宾30余位，节目围绕“疏整促”“安全生产”“环保”“消防”等社会治理过程中遇到的热点、难点话题和重要节点关注度高的话题，选取与百姓相关、具有典型普遍意义的案例，以普法为核心内容。播出的《拆迁中的“腾”与“退”》聚焦拆迁中的难点、痛点以及盲点，提高政府公信力的同时，普及法律法规；《远离毒品 远离犯罪》选取法院审理过的具有深刻教育意义的案例，进行深入解读，从社会危害性、法律权威性，起到引导、警醒的作用。栏目还涉及劳动合同的签订、酒驾、尾气治理等政府重视、百姓关注的热点、难点话题，在普法的同时，传播社会正能量。监制：宋森、巫俊、孙艳洁；主持人：方攀、邹一静；编导：李朔峥、孙歌、张立丽；摄像：季笑然、张晓凯、何鑫、王帅。

《转型升级 接力发展》 新闻资讯类栏目。顺义电视台2017年开办，每周日19:55分播出，每期10分钟。该节目选择“政府重视、群众关心、普遍存在”的选题，坚持“用事实说话”的方针，反映社会治理过程中的难点，推动区域经济社会健康发展。聚焦蓝天保卫战，连续9个月推出“环保督查”系列报道36期；落实十九大精神、展示各行各业新面貌，推出“新时代新气象新作为”系列报道16期；解读营商政策、发掘顺义特色，推出“优化营商环境 顺义在行动”系列报道8期；庆祝改革开放40周年，推出系列报道6集，节目播出后，不少观众给予正面反馈。监制：宋森、巫俊、孙艳洁；编导：李东华、刘伟、刘峥、孙丽琼、方攀；摄像：季笑然、张晓凯、何鑫、王帅。

［顺义区广播电视中心（融媒体中心）］

平谷区广播电视中心（融媒体中心）

广播：

《农业科技》 专题服务类栏目。平谷人民广播电台FM89.2每周播出一期，时长10分钟。该栏目于2018年11月开始播出，已播出节目近20期。栏目以关注农业农技领域为主要定位，以传播农业科技知识和农业信息为核心，以平谷广大农民朋友为主要受众群体，同时结合平谷农业种植特色，为平谷农民群体提供种植技术和科技信息。同时，还会通过新媒体平台进行传播，实现广播节目和新媒体手机屏幕传播的双结合，打造平谷专业化农业信息推广服务专业融媒平台。主创人员：谢颂扬。

《美丽乡村》 专题服务类栏目。每周播出一期，节目时长10分钟，2018年11月开始播出，至今已播出节目近20期。《美丽乡村》以“推进生态人居、生态环境、生态经济和生态文化建设，创建宜居、宜业、宜游的美丽乡村”为主题，全面推进新农村建设理念、内容和水平。通过主持人现场亲身体验，展示全区乡村生态美景、环境、人文发展，以及健康美食，休闲农业，推介最有特色的乡村旅游资源，让听众足不出户领略平谷乡村之美。主创人员：任虹俐、崔俊。

《农民与法》 专题服务类栏目。每周播出一期，时长10分钟，2018年11月12日开播，至今已播出20期。该节目以案例的形式宣传法律法规，普及法律知识，使之做到人人学法、懂法、用法，方便百姓用法律武器来维护自己的合法权益。《农民与法》节目在传统广播媒体播出的同时，还会通过新媒体平台进行传播，使得广播节目和新媒体手机屏幕传播双结合。主创人员：王小明。

电视：

《平谷新闻》 新闻资讯类栏目。PGTV—1频道每晚19：30播出，PGTV—2频道每晚20点整播出，节目时长15分钟。该节目以平谷地区本土新闻信息权威发布为基础，着眼于经济社会发展对新闻信息服务的要求；及时、准确传递区委、区政府的相关决策和公共信息；关注民生，突出反映社情民意；展现平谷“一区四化五谷”发展形象，满足全区人民享受优质新闻信息服务的需要。2018年《平谷新闻》共播出新闻5530条，市级以上新闻媒体播出新闻109条，中央电视台《新闻联播》等各新闻栏目播出26条。主创人员：李肖英、李东亮、王建、张云辉等。

《警法在线》 专题服务类栏目。法治栏目，每周一期，每期15分钟。2018年，《警法在线》栏目为架起政法部门与群众沟通的桥梁，树立政法形象，将两会期间的法院院长、检察院检察长访谈内容及时发布官方微博微信；围绕区委、区政府中心工作和“七五”普法宣传教育，对新修改的《宪法》《监察法》，扫黑除恶，疏整促，两委换届选举，食品安全，消费维权等内容进行宣传；加大改革开放四十周年和“不忘初心、牢记使命、勇于担当”正面宣传报道力度，制作多期平安卫士节目，倡导社会主义核心价值观，展现政法干警的风采。播出行政执法类节目10期；在重要的时间节点上对群众进行电信诈骗、非法集资、传销、反恐、禁毒等安全教育，播出宪法宣传、打击非法集资、保护环境、文明生活等公益广告500余条。同时栏目还加大传统媒体与新媒体的融合，利用多媒体平台进行法制宣传，截至目前共发布官方微信1149条、官方微博9996条。栏目编辑：李晓燕、孙小光、于海生。

《热点进行时》 专题服务类栏目。时长15分钟，每周1期，每周三晚19：55PGTV-1首播，隔天晚19：30PGTV-2重播。该栏目定位是新闻深度报道，以事件、现象为切入点，重在对过程的梳理和分析；跟踪平谷区重点工程、重大项目、中心工作等；舆论监督、疏导民意，助力政府所关注的工作。《热点进行时》的特色为客观、平衡、理性、思辨，在百姓与政府之间架起了沟通的桥梁，解读政策、传达民意、跟踪事件、关注民生，受到政府官员与百姓的欢迎。总编：王瑞民；责任编导：耿晓明；摄像：王平川。

［平谷区广播电视中心（融媒体中心）］

怀柔区广播电视中心（融媒体中心）

广播：

《恋上怀柔》 专题服务类栏目。2017年1月1日开播，怀柔人民广播电台FM101.3频率每周一、三、五播出，时长25分钟。栏目以普通百姓视角，重点宣传怀柔地区日新月异的发展变化，区委区政府重点工作、重点工程，通过嘉宾采访、现场采访、主持人播报等形式，努力打造一档百姓爱听、政府满意、效果显著的本土原创民生广播节目，栏目设置“新闻资讯”“百姓情怀”“生活点滴”等版块。主创人员：李晓红、邹文献。

《法治你我他》 专题服务类栏目。2017年1月1日开播，怀柔人民广播电台FM101.3频率每周三播出，时长10分钟。该栏目是一档法制宣传教育类广播栏目，紧跟国家法制建设步伐，紧扣社会热点，结合怀柔地区实际，着重宣传与民生相关的各类法律法规，为市民提供及时准确的法律帮助，在推动普法教育、提高市民法制观念、稳定社会法治环境等方面发挥了重要作用，该栏目设置“法治动态”“法治资讯”“举案说法”等版块。主创人员：李晓红。

电视：

《怀柔新闻》 新闻资讯类栏目。1991年8月16日开播，北京电视台BTV新闻频道怀柔时段每天播出，时长15分钟。该栏目围绕市委市政府各项决策部署做好舆论引导工作，宣传首都发展新变化和怀柔发展新成效，主要为时政新闻、社会新闻、简讯快报等内容。同时，根据形势需要，不定期开设专栏或专题报道。自2009年起，每年度策划推出一部重点主题宣传，先后制播《与共和国同行——怀柔60年60事系列报道》《怀柔好人》《锦绣怀柔党旗红》等系列报道。2018年，推出20集系列报道《庆祝怀柔改革开放40年》。

《法治时刻》 专题服务类栏目。2004年4月20日开播，北京电视台BTV新闻频道怀柔时段每周三播出，时长12分钟。与区政法委合办。栏目以“普法宣传、弘扬正气、舆论监督、震慑犯罪”为宗旨，以案例解析、情景短剧等形式进行普法宣传报道，发挥电视媒体在全民普法中的独特作用。主创人员：黄鹏飞、张立明、贾超。

［怀柔区广播电视中心（融媒体中心）］

昌平区传媒中心（融媒体中心）

电视：

《昌平新闻》 新闻资讯类栏目。北京电视台BTV公共·新闻频道昌平时段每天19：30首播，次日07：30，12：30重播，每期15分钟。以“宣传党和政府的声音，权威发布政策资讯，悉心关注百姓冷暖”为节目宗旨，是昌平电视台新闻节目的龙头，也是地区收视率最高、影响力最大的电视新闻节目。播发内容涵盖政治、经济、科技、社会、文化、体育等。近年来，节目加大本土新闻和民生新闻的比重，开设《来自基层的报道》《一线见闻》《我家门口看变化》等专栏，同时主动适应融媒体改革的要求，不断创新新闻节目形式，丰富节目内容，提升新闻节目质量。主创人员：昌平电视台新闻部全体人员。

《真情故事》 专题服务类栏目。人物故事类，2008年开播。每周一19：50在昌平电视台综合频道播出，时长10分钟。该栏目贴近百姓、贴近生活，弘扬主旋律，以人物为主线，讲述人与人、人与社会之间的真情故事，展现普通人的内心情感。其中《我最幸福——马翠清》获第八届女性题材优秀电视作品一等奖，《援藏女律师——郭宏》《国粹传承在校园——孟庆梅》获第八届女性题材优秀电视作品三等奖，《真情故事——万伏高压线上的手术师》等多部作品在“学习强国”App北京平台刊登。主创人员：张易柳、王忆萱、岳禺宁、王亚琦。

《古今昌平》 专题服务类栏目。历史文化类，2008年开播。每周三19：50在昌平电视台综合频道播出，时长10分钟。该栏目利用影像，对昌平6000年来，特别是建县2000多年的历史和文化，进行分系列、多层次梳理。栏目制作播出《探秘十三陵》（122集）、《文物·往事》（60集）等10个系列400多期，其中《探秘十三陵》系列被译成英文版，成为“昌平礼物”，并在中国教育电视台《首都纪录》栏目中播出。2013年被昌平区政府纳入昌平历史文脉梳理体系，并获全国电视十大名专栏奖。2018年，《古今昌平》栏目获得北京影视出版创作基金重点奖励项目，《古今昌平——大运河探源》系列在“学习强国”App北京平台刊登。主创人员：朱玉婷、袁玥、薛鑫、王亚琦、涂庆军。

广播：

《与法同行》 专题服务类栏目。每天7：50播出在昌平人民广播电台调频FM103.1播出，时长10分钟。该栏目旨在向广大受众普及法律知识，解释法律规则，弘扬社会正气，警示违法行为。节目采取主持人与嘉宾对话的形式，讲述案发经过，追溯犯罪根源，诠释法律法规，点评案例争议，让法制观念深入人心。所有案例均为本区发生的交通违法肇事、夫妻伤害赔偿、网络诈骗等刑事、民事案件。主创人员：顾芸。

《乐享时光》 专题服务类栏目。每周一至周五上午10：00—10：30在昌平人民广播电台FM103.1播出。是昌平人民广播电台开播的首档直播节目，是一档时尚轻松的话题聊天类节目，将社会效益放在第一位，立足于昌平地区百姓的实际生活，以服务昌平百姓为宗旨，将涵盖气象服务信息、本地最新资讯、直播话题互动等多项内容。2018年，该栏目开启直播互动，采用听众留言、有奖竞答、喊红包等多种互动形式，收到良好的播出效果。主创人员：王勤、张有鑫、翁雷鸣、王莹。

［昌平区传媒中心（融媒体中心）］

密云区广播电视中心（融媒体中心）

《发展中的密云》 专题服务类栏目。聚焦密云发展成果，展示密云特色风采的综合类栏目，每周一20:10按需播出，时长15分钟。节目以“解政策新规·观经济大势·知民生冷暖·助社会服务”为宗旨，围绕密云经济社会发展大局，寻找独特的视角，切入政治、经济、民生以及百姓生活等各个方面，全方位、多角度、深层次地探究密云发展之路，展现密云在各个领域的发展特色，力求稳、准、实地反映时代发展主题。主创人员：吴婷、石建新、杨威、张鑫、卢安拿、张博研、姜焱伟等。

《密云区文化人才六个一千工程电视培训系列讲座》 专题服务类栏目。邀请艺术名家带领观众走进诵读、声乐、舞蹈、摄影、曲艺、绘画、戏曲、书法八个艺术门类的高雅文化殿堂，领略艺术之美。节目宗旨力求做到打造文化人才培训阵地，提高文化人才专业水平，促进文化人才队伍建设，服务群众业余文化生活。该节目每周四20:10播出，时长45分钟。主创人员：杨威、于晓旭、姜焱伟、相飞、张伯言、李娜等。

《阳光餐饮》 专题服务类栏目。隔周周一20:10播出，时长15分钟。聚焦密云区开展的阳光餐饮工程，该工程是通过公开食品安全信息、展示食品加工操作过程、社会公众参与评价等方式，促进餐饮服务单位落实食品安全主体责任，各级政府落实属地责任，监管部门落实监管责任，持续提升首都餐饮业质量水平的一项惠民、利民工程。节目走进全区多家餐饮企业，展现阳光餐饮工程的主要工作。主创人员：杨威、石建新、张伯言、王朝、张翰林等。

［密云区广播电视中心（融媒体中心）］

延庆区广播电视中心（融媒体中心）

广播：

《延庆新闻》 新闻资讯类栏目。是延庆人民广播电台唯一一档本区新闻节目，首播时间是晚间18:00，重播时间为当晚21:00、次日7:20、10:30、11:30，节目时长10分钟。节目以宣传党的方针政策，迅速准确及时报道全区物质文明、精神文明、政治文明和生态文明情况为主；充分发挥广播特色。在报道中采取文字、现场报道、录音报道、专题报道等不同形式，增强宣传效果，及时准确传达区委区政府的声音，当好桥梁和纽带。

《今日农村》 新闻资讯类栏目。开办长达20年，多次在省市级评选中获“优秀栏目奖”，也是延庆人民广播电台的一档面向农村、服务三农、统筹城乡、服务大众的节目，是城市了解农村的窗口，农村走向城市的桥梁。开设有“妫川新貌”“信息大篷车”“资讯快递”“农博士走一线”“妫川大舞台”等版块。周二、周五晚18:10首播，当晚20:40，次日7:30、11:40、16:00重播，时长 18 分 30 秒。

《生活导航》 专题服务类栏目。生活服务类节目，始终秉持服务的宗旨，主要为听众朋友们提供生活资讯、健康指南、疑问解答、二手商品买卖信息等全方位的生活服务。节目以现场报道、短信互动、嘉宾访谈等多种形式，拉近与听众的距离。该节目自开播以来赢得不同受众群的喜爱，成为延庆人民广播电台一档品牌节目。周一、周四晚 18：10 首播，当晚 20：40，次日 7：30、11：40、16：00 重播，时长 18 分 30 秒。

电视：

《印象妫川》 专题服务类栏目。大型文化类专题节目，每半月推送一期新内容，每期节目 12 分钟，周日首播，周五重播。该栏目通过行走妫川大地，发现妫川之美，讲述妫川风情，推出《新时代新作为优秀政协委员》《展现优良生态环境集锦》短视频、《延庆有礼》等系列栏目，取得了良好的社会反响。栏目组充分利用社会资源，外聘邱振飞担任配音，提高了节目的整体效果。栏目组由摄像记者：聂鹏、王世奇；编导：张乃琪；后期制作：曹海娇；制片人：付冬月 5 人组成。

《聚焦时分》 新闻资讯类栏目。2017 年 10 月 15 日开播以来，截至 2018 年 12 月 30 日，累计播出 122 期专题节目，腾讯视频播放量累计高达 220 万次。周三、周六 20：15 播出。栏目将视野聚焦绿色发展，聚焦政策民生和社会热点，先后推出《服务冬奥促就业，人才提素促增收》《备战冬奥世园，服务地方百姓，延庆卫生医疗保障全面提速》《创城，我们的生活改变了什么》《文明出行》《文明养犬》《礼让斑马线》等一系列与百姓生活息息相关的电视新闻专题节目。制片人：张辉；责任编辑：王磊；主持人：彭晨；编导：苏浩、张佳誉、王磊；后期：郄美强。

［延庆区广播电视中心（融媒体中心）］

产业发展

北京市广播影视产业发展情况

2018年，北京市拥有广播影视节目制作经营机构9895家，比上年新增2650家。信息网络传输视听节目持证机构125家。广播影视从业人员8.92万人。

全年经营创收1487.8亿元，同比增长43.61%。其中，广告创收568.6亿元，同比增长48.1%；有线电视网络收入26.2亿元，同比下降6.1%；广播电视节目销售收入78.9亿元，同比下降11%；其他创收收入814.1亿元，同比增长64.4%。

一、电视剧、动画片生产情况

截止到2018年年底，北京市持有电视剧制作许可证（甲种）的单位17家。全年获得总局公示的电视剧共345部13800集；向总局电视剧司上报电视剧变更事项共130部次，集数变更申报88部次，剧名变更申请25部次，制作单位变更申请17部次。

2018年，取得电视剧制作许可证（乙种）的电视剧116部4700集；电视剧制作许可证（乙种）变更12项，取得发行许可证的电视剧55部2503集。在取得发行许可证的51部剧中，现实题材33部，占60%。其中，当代题材30部占55%（当代都市题材21部，当代农村题材2部，当代青少题材1部，当代涉案题材4部，当代其他题材2部）；现代题材3部5%（现代军旅题材1部，现代都市题材1部，现代农村1部）。历史题材22部，占40%。其中，近代题材14部占25%（近代革命题材8部，近代传奇题材4部，近代其他题材2部）；古代题材8部占15%（古代传奇题材3部，古代神话题材3部，古代传记题材1部，古代武打题材1部）。

2018年电视动画片备案公示41部2090集16830分钟。取得发行许可证的动画片16部494集5196分钟。审查通过的动画片中，童话题材6部，神话题材3部，其他题材3部，教育题材4部。

网络剧制作备案343部，上线216部；网络电影制作备案3070部，上线1910部；网络动画片制作备案24部，上线20部；网络综艺节目制作备案155档，上线136档（1534集）；网络纪录片拍摄备案3部，上线2部；审查通过网上境外电视剧64部855集、电影134部。

二、广告经营情况

2018年北京电台广告经营策略持续创新。一是加强节目与客户协作，探索广告增量。根据市场变化优化经营产品线，逐步解决节目广告“两张皮”的问题。探索大型报道活动的商业开发，推出“听见经典”“改革开放四十年”等广告产品。“2018俄罗斯世界杯”产品一经推出，迅速被抢订一空；交通广播“国际车展＋品牌焕新”产品，品牌投放总量超900万元；“1039探路车”活动、为“国航”定制的系列节目《我爱我的国》等，开拓广告传播、商业合作的新模式。同时，开拓国有企业、政府委办局等主体的传播需求和广告投放，并以大兴区为试点，建立与北京市各区联动合作关系。二是优化专业服务水平，提高广告播出效益。根据市场需求专门定制广告产品。为通用汽车量身定制多款软性合作，提前完成2000万元的年度广告投放额；与“阿里集团”年度框架协议内合作企业增至84家，其中“蚂蚁金服”

新增新媒体投放形式；加强对“业之峰”客户的投放需求配合度，提前签署2019年年度合作协议，且投放总额同比上浮50%。“公益广告套餐”“小微客户广告套餐”等成为广告产品的金字招牌，刊例签约额比较理想。依据广告管理相关规定，做到全面监听与重点监听相结合，对广告错漏播等问题加强管理，确保广告播出环境持续向好。统筹组织公益广告制播，公益广告库初步建立，新创作公益广告47条，全年公益广告播出刊例价格约为9907万元。2018年全年有30条广告获得各类奖项，其中公益广告《父亲专注十五分钟的陪伴》获得全国最高规格的广告奖项之一——黄河奖金奖。2018年，在传统媒体广告创收均大幅下滑的背景下，北京电台年度广告收入达到5.3亿，继续保持交通广播单频率创收破亿。

2018年，北京电视台为弥补流失的4A等大客户品牌，广告部努力开发国内多行业新客户，实现增量4000余万元。面对挑战，广告部与节目中心共同组建融合小组，在经营工作中坚守广告价格体系，全力维护全台利益和平台价值；对广告业务系统进行平台化升级改造；建立收入通报机制，规范节目经营统筹协调领导小组的工作流程；对违法、违规广告进一步加强监管。各节目中心充分调动栏目组的经营自主性，各栏目积极拓展经营渠道，开发节目衍生品、增加冠名收入、加强联盟合作、开拓产业链条等。北京卫视、京视卫星公司启动“致敬改革开放40周年京企巡礼计划”，召开北京媒企沟通会，同50多家市属重点企业创造新的合作机会。京视卫星公司与三元食品展开密切合作，推出高端酸奶产品，既做广告又拿利润分成，是广告多元化经营、开拓新空间、整合新资源的有益尝试；在《跨界歌王3》和《上新了·故宫》中引入行业重点客户；于年底举办2019年度北京卫视广告招商会，实现较好的意向签约，为2019年的广告经营打下比较好的基础。京视电广公司加快频道产业布局，继续在家装、旅游、旅居、电商四个产业方面发力。加大栏目与产业的深度融合，启动“焕新计划”，推动常规栏目的市场化调整，开发适应并能配合产业发展的新栏目；举办“520”“七夕”相亲交友、第二届“心有力量”全国合唱大赛北京分赛区等活动，增加流量和渠道；开展电视广告+线下活动+新媒体传播+外部资源的融媒合作方式，扩大整体经营价值；通过新媒体和节目开拓的短视频，布局短视频融媒产业。京视体育公司依托赛事资源，为客户订制内容策划、产品营销、广告推广方案；在世界杯期间，完成咪咕的世界杯产品全案设计，探索从流量经营到“流量+内容”经营模式的转变；研发耐克高中生篮球联赛赛事IP，以制作、宣传、广告、转播等多种方式将服务变现；与洪赫体育共同合作运营“想瘦联盟”项目，打造自主IP；完成自主赛事BTV青少年雪地锦标赛、滑雪冬令营、《欢乐二打一》、索契海外赛、世界杯线下推彩和球迷广场活动。2018年，北京电视台事业收入261497.95万元，其中广告收入205743.17万元。

三、有线电视网络发展情况

2018年，北京歌华有线电视网络股份有限公司（下称歌华有线）深化“一网两平台”战略和新媒体发展规划，全年实现营业收入27.25亿元，比上年增长1.00%。营业收入主要由有线电视收看维护、信息业务、频道收转、广告业务、商品销售及工程建设等构成；实现净利润6.94亿元，比上年下降8.81%。截至2018年年底，公司资产总额为159.33亿元，净资产130.46亿元。

截至2018年年底，公司传输数字电视频道185套，其中高清数字电视频道45套、超高清数字电视频道1套；提供回看频道120套，其中高清数字电视频道38套；在线视频点播类节目数量接近15万小时。公司电视云平台还提供院线、游戏、教育、文化、健康、政务、生活、营业厅、生活圈等多种栏目和应用。拥有有线电视注册用户594.5万户，其中高清交互数字电视用户526.5万户；家庭宽带在线用户62.3万户；双向网络覆盖超过650万户。

1. 用户发展与市场运营

一是高清超高清交互用户保持增长。中标《北京市高清交互数字电视普及项目》，合同总价为1.09亿元。全年新增超高清交互用户数26万户，完成年度任务的130.25%，累计高清超高清交互用户数526.5万户，仍位居各省市前列。公司与航天二院成功签署合作协议，完成1.2万用户的并网工作。

二是发展家庭宽带业务。截至2018年年底，公司家庭宽带用户62.3万户，增加5.4万户。宽带用户分布继续向高带宽转型。

三是酒店数字化工作。年内新增宾馆酒店数字化项目85个，共计9646端。

四是电视院线业务、付费点播销售和硬件销售工作稳步增长。

五是推进非平移网模拟信号切换、关停工作。2018年，新切换2158个光节点，完成80%的模拟信号关停及切换。

2. 集客业务与融媒体业务

2018年，公司加强总、分公司协同配合，推动集客业务快速发展。

一是无线北京“MyBeijing”项目顺利推进。截至12月底，完成全市9813个AP的开通工作，全年收入近2000万元。

二是雪亮工程项目扩大落地。通州、平谷、大兴、昌平、怀柔、朝阳等分公司实施“雪亮工程”建设项目。

三是歌华视联网项目稳步发展。新增与朝阳、怀柔、延庆、门头沟、海淀综治办业务合作。与视联动力建立北京地区独家合作模式。

四是“智慧广电”项目亮点纷呈。有通州的“红绿灯联网工程”、昌平“平安校园”项目、平谷加油站监控项目、怀柔自来水远程抄表项目、密云“一键呼”二期智慧养老项目等。

五是“歌华生活圈”系列产品运营模式取得进展。上线项目累计达到17个，覆盖9个区，全年点击量达到5720万次。

六是融媒体建设。探索为各区融媒体中心提供面向家庭的电视信息展示服务，上线“海淀电视政务大厅”。分别与多区等达成区级融媒体平台建设合作意向。

3. 优化节目内容及新媒体业务

一是不断增加优质节目内容。2018年，新增“央视4K超高清”、“旅游卫视高清”、“足球高清”及“三沙卫视”等频道，共计传输185套数字电视节目（含标清数字电视频道139套、高清数字电视频道45套、超高清数字电视频道1套）；回看频道共计120套频道（含高清频道38套）。实现电视剧、综艺专区个性化智能推荐功能。上线央视4K专区和“4K视界”专区。

二是开展政务民生服务。与市委组织部合作搭建“北京组工”学习平台，为全市超过209万党员提供视频学习服务。全频道应急播出滚动字幕全年发布提示信息4000余次。

三是开展教育、健康、文化服务。积极与市教委合作推动优质教育资源信息化建设，完成录制“名师驾到”系列课程总计700余课时。文化专区实现“电视图书馆”线上线下订购相结合。购物专区正式上线运营。游戏专区总注册用户数超过395万。

四是节目落地和广告经营。全年实现节

目落地收入 2.98 亿元，广告收入超过 1 亿元。

五是拓展大数据业务合作。参加总局《数据交换接口》等规范的制定工作。与中国传媒大学和广电总局规划院合作，组建收视大数据联合实验室。

六是完成七家互联网电视牌照方内容接入。

七是手机电视项目。与数十家知名媒体建立内容合作，成为咪咕视讯 A 级合作伙伴。

八是“光明影院”公益项目。落实市委宣传部“部校合作”工作，与中国传媒大学、东方嘉影公司联合发起“光明影院”公益项目，年内完成 30 部无障碍影片制作。同时，在助残日和盲人节进行推广，影片在全国 20 个以上省份落地，观看“光明影院”影片成为全国盲校学生重要的课外活动。

四、文化会展、演艺情况

1. 北京电视节目交易会

春季电视节目交易会参会人员超 4000 人，参展节目达 1221 部近 60000 集，创历史新高。其中，推介电视剧 867 部（前期筹备剧目 361 部，开机拍摄及后期制作剧目 99 部，首轮发行剧目 247 部，二轮、多轮发行剧目 148 部，其他剧目 12 部），网络剧 95 部，电影、网络大电影 27 部，纪录片、电视栏目 69 部，动画片 33 部，网络文学作品 130 部。推介的作品覆盖改革开放、国剧走出去、文化帮扶等多个题材领域，视角丰富、意义非凡。

2018 年春季交易会启动仪式

秋季电视节目交易会共收集参展剧目约 1200 部 56700 集，参会人员近 4000 人。交易会集中推介反映改革开放 40 周年的 10 部新剧，发布“庆祝改革开放 40 周年”40 部经典电视剧，设立“庆祝改革开放 40 周年”电视剧展区。共举办“发展论坛”“创作论坛”“大数据论坛”三场高峰论坛，聚焦电视剧创作生产，探析行业发展，为电视剧高质量发展献计献策、分享智慧。

2. 参加国际节展

（1）法国戛纳电视节

2018 年 4 月 8 日至 15 日，北京市新闻出版广电局带队携北京影视代表团 20 余家影视机构 30 余人 30 余部电视剧、动画片、纪录片参展戛纳电视节。在电视节上设置 64.4 平米特装“北京联合展台”，举办两个交流活动、一个签约仪式。来自 30 多个国家和地区的 350 余位受邀买家和 100 多位媒体记者参加买家交流会，从题材开掘、文化融合、合作方式等方面交流沟通。展会期间，北京联合展台推出的影视作品引起世界各地的展商、电视剧买家等业内人士的关注，共计接待客户 100 余家，达成多项合作意向。版权网约见来自美国、日本等地的数十家客户，他们对中国动画片、纪录片、功夫电影等有需求，明确对《莽荒纪》《少林寺 4》《机变英盟》等十余部剧目感兴趣并关注；骨易（北京）翻译股份有限公司与马来西亚、印度等 7 个国家的数十家客户交流，并与马来西亚的 PIK Film 公司达成为对方计划进入中国的部分纪录片提供翻译制作服务的意向；北京京都世纪文化发展有限公司与英国、俄罗斯、中国香港等数十家公司及电视台就《反恐特战队之猎影》《匈奴秘史》的版权、节目引进、合拍项目等方面达成初步合作意向。

（2）2018 北京优秀影视剧海外展播季

2018 年 5 月 7 日至 14 日，“2018 北京

优秀影视剧海外展播季”在希腊雅典和英国伦敦成功举办。其间，15 家参展企业，26 部参展作品亮相希腊、英国荧屏。北京影视企业代表团与希、英影视界代表举办座谈、论坛、商务洽谈、项目推介会等活动，并签订政府部门间影视合作备忘录四份、企业间合作备忘录三份及达成多项企业间合作意向，活动丰富扎实，成果丰硕。

（3）亚洲电视论坛与市场

2018 年 12 月 5 日—7 日，委托首都广播电视节目制作业协会组织近 20 家影视机构近 60 部电视剧、动画片、纪录片、电视栏目参展，现场设置 120 平米特装展台“北京联合展台”，并就广告营销、版权合作等展开洽谈。会上举办北京联合展台推介酒会，就电视剧、动画片进行现场推介展示，助力作品推广。亚洲电视论坛与市场是亚洲领先的电视节目聚集市场，来自 54 个国家的 5500 余名买家、卖家及行业专业人士在此次会上寻求合作、买卖、金融分销和合作生产电视节目。

3. 歌华文化发展集团会展情况

2018 年，北京歌华文化发展集团有限公司围绕“一核两翼”主营业务布局，组织实施品牌项目。

全年举办、承办二十余项会展演艺活动。主要包括：2018 北京国际设计周、北京国际摄影周 2018、2018 年度“共创未来——中美青年创客大赛”总决赛、中华家风 2018 文化主题展、中华世纪坛传统文化季、中秋诗会、“中国艺术新视界 2018”国家艺术基金青年艺术创作人才（美术、书法、摄影、工艺美术）滚动资助作品巡展、国家地理经典影像盛宴、岁月夏宫——俄罗斯彼得霍夫国家博物馆馆藏文物特展、印象莫奈：时光映迹艺术展 3.0、“Re-meet 再 · 见”Corbis 影像体验大展——世界记忆的全球首展、首届中国大熊猫国际文化周、中国传统工艺振兴主题展、“视域之外”意大利当代艺术展、世界艺术云图 2018——世界历史长卷：国家设计与票画美学、改革开放以来中国设计四十年回顾展、伟大的变革——庆祝改革开放四十周年大型展览（部分展区）、中非合作论坛北京峰会配偶活动——非物质文化遗产互动展示活动、庆祝广西壮族自治区成立六十周年成就展、中关村改革开放四十周年创新文化展、北京市反腐倡廉警示教育基地等。

2018 北京国际摄影周开幕式红毯

2018 北京国际设计周由开幕活动、主题展览、主宾城市、设计周奖项、北京设计论坛、设计博览会、创新设计服务大会、非遗设计、设计之都 · 设计之旅、时尚北京等 10 个板块组成，共设置 49 个分会场，举办上千项设计活动，展览及活动面积达到 100 万平米。现场观众超过 800 万人次，国内外 1.5 亿人次通过网络展览、在线直播等形式关注设计周。丹麦、荷兰、澳大利亚、法国、英国、意大利、比利时、美国等三十多个国家，以及联合国教科文组织、国际设计联合会、C40（国际城市可持续发展组织）等国际组织的设计师及设计机构代表来京参加各项活动。北京国际摄影周 2018 以“影像：时代 · 方位”为学术主题，涵盖开幕活动、系列展览、摄影市场、摄影讲堂、特约活动等五大内容板块，包括由 31 个国家摄影师的 3047 幅摄影作品及 52 个视频作品所组成的 66 个展览、

33场论坛、讲座和10余场推介活动。现场观众超过25万人次，国内外30万人次通过网络在线直播、摄影大讲堂线上平台等形式参与。

（北京广播电视局、北京广播电视台、歌华传媒集团供稿）

北京市广播电视节目制作经营持证机构情况

截至2018年12月31日，北京市广播电视节目制作经营许可证持证机构共9895家，新增2650家，变更许可证有效期的机构2172家，其中，变更名称机构137家，变更注册地址机构146家，变更注册资金机构158家，变更法人代表机构312家。

在全市9895家持证机构中，从区域分布看，较集中分布在朝阳、海淀两区，分别为4614家、1442家，占全市机构总数量的61.2%；从机构性质看，国有或国有参股企业170家，占1.72%，民营企业9674家，占总数的97.77%，其余性质机构占总数的0.51%；从业人员情况看，共计177007人。从注册资金规模看，注册资金总规模为1570.56亿元，其中注册资金1000万元以上3420家。

一、公司注册地址区域分布构成情况

截至2018年12月31日，市广播电视节目制作经营机构持证单位累计9895家，2018年全年新增机构2650家，净增加机构2535家。其中朝阳区3425家，海淀区1189家。朝阳海淀两区合计占全市机构总数量的61.69%。（见表1–1、图1–1、图1–2）。

表1–1　市广播电视节目制作经营持证机构区域分布表

区	机构数量（家）	百分比（%）	2018年新增机构数量（家）	2018年净增机构	相比2017年同期增加
东城区	481	4.86	101	91	23.33%
西城区	370	3.74	85	78	26.71%
朝阳区	4614	46.63	1273	1235	36.55%
海淀区	1442	14.57	307	268	22.83%
丰台区	668	6.75	140	114	20.58%
石景山区	299	3.02	74	68	29.44%
门头沟区	101	1.02	34	34	50.75%
房山区	141	1.42	64	64	83.12%
通州区	465	4.7	161	160	52.46%
顺义区	164	1.66	54	57	53.27%
大兴区	261	2.64	81	93	55.36%
昌平区	184	1.86	59	58	46.03%
平谷区	94	0.95	13	14	17.50%

（续表）

区	机构数量（家）	百分比（%）	2018年新增机构数量（家）	2018年净增机构	相比2017年同期增加
怀柔区	440	4.45	136	136	44.74%
密云区	142	1.44	55	53	59.55%
延庆区	29	0.29	13	12	70.59%
合计	9895	100	2650	2535	34.44%

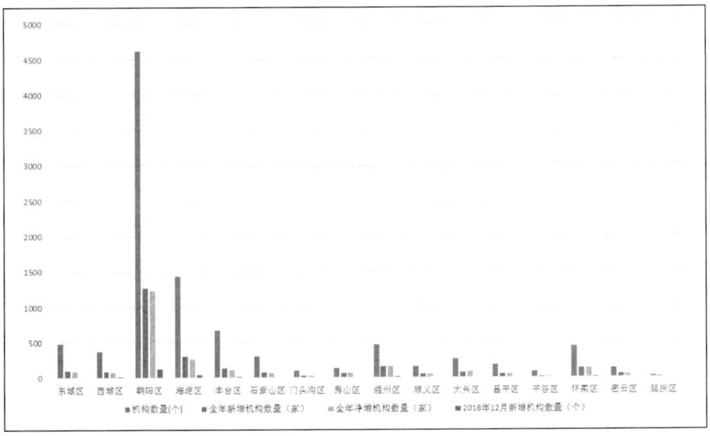

图 1—1 2018 年北京市广播电视节目制作经营持证机构数量区域分布图

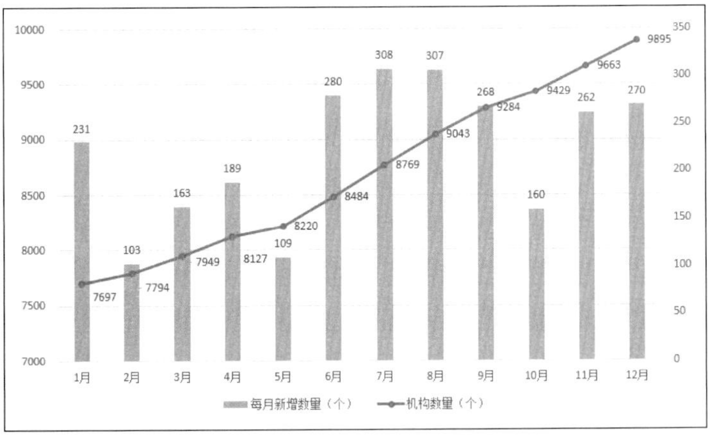

图 1—2 2018 年北京市广播电视节目制作经营持证机构数量趋势图

二、机构性质构成情况

北京市广播电视节目制作经营持证机构按其机构性质划分，有民营企业、国有独资企业、国有控股企业、国有参股企业、事业单位和其他类型。在全市 9895 家持证机构中：民营企业 9674 家，占总数的 97.77%；全年新增民营机构 2524 家，12 月新增民营企业 269 家（见表 1—2）。

表 1-2　2018 年北京市持证机构构成表（按机构性质划分）

机构性质	机构数量（家）	百分比（%）	2018年新增机构数量（家）	2018年净增机构数量（家）	相比2017年同期增加
民营企业	9674	97.77	2638	2524	35.30%
国有控股企业	77	0.78	0	0	0.00%
国有独资企业	72	0.73	5	5	7.46%
其他	34	0.34	6	5	17.24%
国有参股企业	21	0.21	0	0	0.00%
事业单位	17	0.17	1	1	6.25%
合计	9895	100	2650	2535	34.44%

三、注册资金规模及构成情况

2018 年北京市广播电视节目制作经营机构注册资金总规模为 1570.56 亿元，新增注册资金 310.603 亿元，净增注册资金 430.78 亿元，注册资金规模在 1000 万元以上的机构共 3420 家，占总数 34.56%；民营机构注册资金规模占总额的 86.42%；注册资金前 10 位的机构中民营企业居多（见表 1-3、表 1-4、表 1-5、表 1-6、图 1-3、图 1-4、图 1-5）。

表 1-3　2018 年北京市持证机构注册资金构成表

注册资金（万元）	机构数量（家）	百分比（%）	2018年新增机构数量（家）	2018年净增机构数量（家）	相比2017年同期增加
300以下	1370	13.85	1786	1614	33.20%
300～1000（不含）	4936	51.59			
1000～5000（不含）	2007	27.11	677	712	36.12%
5000～10000（不含）	376	5.3	139	155	42.01%
10000以上	160	2.15	48	54	33.96%
合计	9895	100	2650	2535	34.44%

表 1-4　2018 年北京市持证机构注册资金规模及构成表（按机构性质划分）

机构性质	机构总数量（家）	注册资金（亿元）	2018年新增注册资金（亿元）	2018年净增加注册资金（亿元）	相比2017年同期增加
民营企业	9674	1357.23	305.799	391.63	40.56%
国有控股企业	77	144.49	0	57.85	66.77%
国有独资企业	72	46.62	3.587	15.42	49.42%
其他	34	4.73	1.168	1.09	29.95%
国有参股企业	21	5.66	0	-35.26	-86.17%
事业单位	17	11.83	0.049	0.05	0.42%
合计	9895	1570.56	310.603	430.78	37.80%

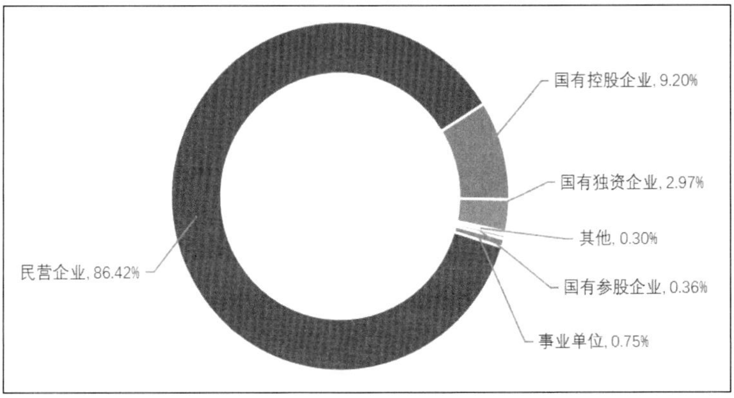

图 1—3 2018 年北京市持证机构注册资金规模及构成图（按性质划分）

表 1—5 2018 年北京市持证机构注册资金区域分布表

区	注册资金（亿元）	2018年新增注册资金（亿元）	2018年净增注册资金（亿元）	相比2017年同期增加
东城区	122.1	11.137	34.37	39.18%
西城区	53.4	16.821	16.66	45.35%
朝阳区	597.42	150.412	174.88	41.39%
海淀区	397.77	44.521	105.39	36.05%
丰台区	98.24	13.151	12.41	14.46%
石景山区	40.7	12.857	16.54	68.46%
门头沟区	16.45	1.797	2.06	14.32%
房山区	15.92	5.56	5.54	53.37%
通州区	43.74	13.023	14.08	47.47%
顺义区	21.91	3.146	4.76	27.76%
大兴区	59.38	10.599	13.19	28.56%
昌平区	16.99	5.424	7.22	73.90%
平谷区	12.67	1.24	1.89	17.53%
怀柔区	52.54	11.861	11.91	29.31%
密云区	18.6	7.724	8.55	85.07%
延庆区	2.72	1.33	1.32	94.29%
合计	1570.56	310.603	430.78	37.80%

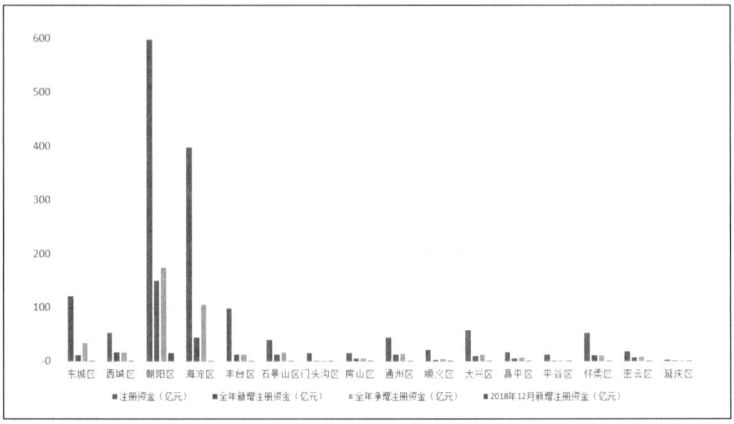

图 1—4 2018 年北京市持证机构注册资金区域分布图

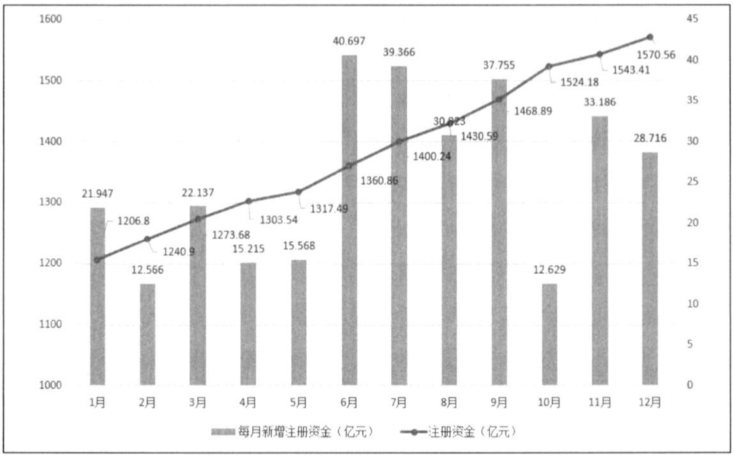

图 1—5 2018 年北京市持证机构新增注册资金趋势图

表 1—6 2018 年北京市注册资金规模全市前 10 位的持证机构

持证机构名称	注册资金（万元）	机构性质	所在区
北京百度网讯科技有限公司	642128	民营企业	海淀
中国有线电视网络有限公司	355082.2306	国有控股企业	丰台
北京新媒体（集团）有限公司	310796.91	国有控股企业	海淀
北京光线传媒股份有限公司	293360.8432	民营企业	东城
万达影视传媒有限公司	232525	民营企业	朝阳
乐视网信息技术（北京）股份有限公司	199472.0096	民营企业	海淀
北京日报社	183630	国有控股企业	东城

（续表）

持证机构名称	注册资金（万元）	机构性质	所在区
北京歌华有线电视网络股份有限公司	139177.7884	国有控股企业	海淀
北京数码视讯科技股份有限公司	137779.3862	民营企业	海淀
百合佳缘网络集团股份有限公司	114235.36	民营企业	朝阳

四、从业人员规模及构成情况

全市 9895 家广播电视节目制作经营持证机构共上报从业人员 177007 人，全年新增从业人员 37704 人，净增加从业人员 36129 人，其中 12 月新增持证单位从业人员共计 3028 人。从业人员 10 人以下的微型企业 6978 家，占 70.52%；从业人员数在 10 ～ 99 人的小型企业 2676 家，占 27.04%；从业人员数在 100 ～ 299 人的中型企业 178 家，占 1.8%；在 300 人以上的大型企业 63 家，占 0.64%。民营机构从业人员占全行业的 87.76%，全市从业人员数量前 10 的单位中，民营机构居多（见表 1–7、表 1–8、图 1–6、图 1–7、表 1–9、图 1–8、表 1–10）。

表 1–7　2018 年北京市持证机构从业人员规模构成表

人员规模	机构数量（个）	百分比（%）	2018年新增机构数量	2018年净增机构数量	相比2017年同期增加
微型企业	6978	70.52	1875	1789	34.48%
小型企业	2676	27.04	740	713	36.32%
中型企业	178	1.80	27	25	16.34%
大型企业	63	0.64	8	8	14.55%
合 计	9895	100	2650	2535	34.44%

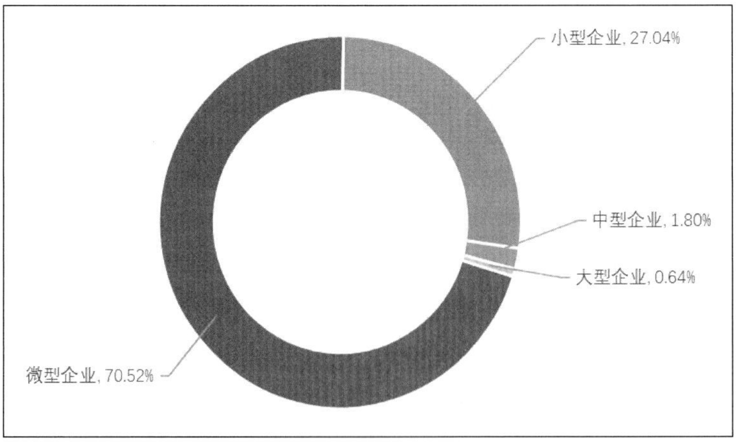

图 1–6 2018 年北京市持证机构构成图(按从业人员数量划分)

表 1—8　2018 年北京市持证机构从业人员规模及构成表（按机构性质划分）

机构性质	机构数量（个）	员工数量（人）	2018年新增人员	2018年净增人员	相比2017年同期增加
民营企业	9674	155348	37225	35681	29.82%
国有控股企业	77	9697	0	221	2.33%
国有独资企业	72	5735	168	243	4.42%
其他	34	754	299	196	35.13%
国有参股企业	21	785	0	–224	–22.20%
事业单位	17	4688	12	12	0.26%
合计	9895	177007	37704	36129	25.65%

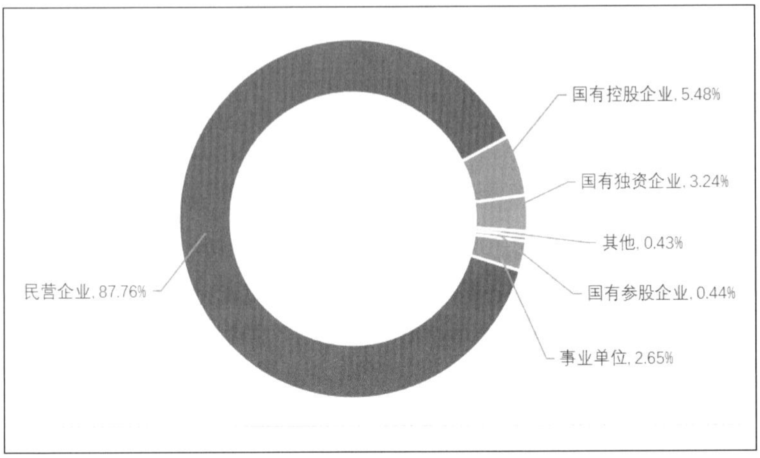

图 1—7 2018 年北京市持证机构从业人员数量构成图(按机构性质划分)

表 1—9　2018 年北京市持证机构从业人员所在区域分布表

区	员工数量（人）	2018年新增人员数量	2018年净增人员数量	相比2017年同期增加
东城区	9444	1434	2175	29.92%
西城区	7332	1112	690	10.39%
朝阳区	73796	19361	19062	34.83%
海淀区	45066	5633	4668	11.56%
丰台区	8269	1714	1254	17.88%
石景山区	7562	977	899	13.49%
门头沟区	1639	360	363	28.45%
房山区	1265	555	556	78.42%

（续表）

区	员工数量（人）	2018年新增人员数量	2018年净增人员数量	相比2017年同期增加
通州区	5450	1731	1655	43.61%
顺义区	1850	501	559	43.30%
大兴区	4996	1019	939	23.15%
昌平区	2593	622	613	30.96%
平谷区	1255	212	250	24.88%
怀柔区	4939	1885	1882	61.56%
密云区	1263	506	485	62.34%
延庆区	288	82	79	37.80%
合计	177007	37704	36129	25.65%

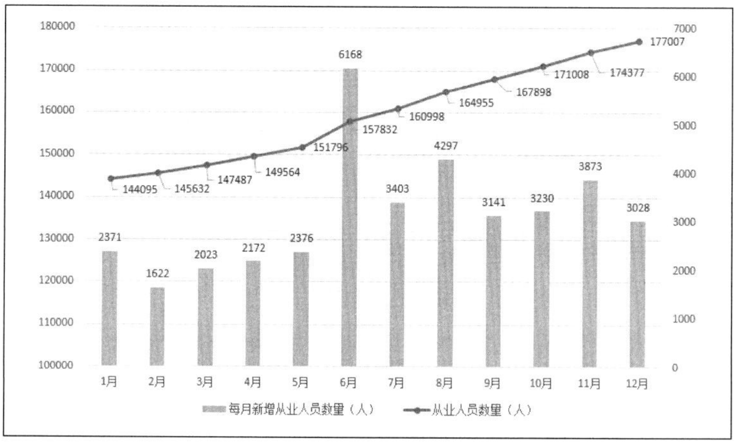

图 1—8 2018 年北京市持证机构从业人员数量趋势图

表 1—10 2018 年北京市从业人员数量全市前 10 位的持证机构

机构名称	员工数量	机构性质	所在区
中视科华有限公司	2365	国有控股企业	海淀
乐视网信息技术（北京）股份有限公司	2106	民营企业	海淀
福鱼东方文化传播（北京）有限公司	2020	民营企业	朝阳
北京尚德在线教育科技有限公司	2000	民营企业	石景山
金吉利出国留学咨询服务有限公司	1500	民营企业	朝阳
优酷信息技术（北京）有限公司	1307	民营企业	海淀
北京惠赢天下网络技术有限公司	1020	民营企业	海淀

（续表）

机构名称	员工数量	机构性质	所在区
北京墨水心影视传媒有限责任公司	1010	民营企业	朝阳
北京国艺传承互联网科技有限公司	1010	民营企业	朝阳
北京星潮在线文化发展有限公司	1000	民营企业	海淀

（北京广播电视局传媒机构管理处供稿）

新媒体

北京市网络视听节目服务管理情况综述

2018年，北京市广播电视局在网络视听节目服务管理的基础性、战略性工作上下功夫，在关键处、要害处下功夫，在工作质量和水平上下功夫，推动各项工作平稳有序开展。工作情况如下：

一、加强行业监管，净化网络环境

（一）坚持巡视整改措施落实落细。针对市委巡视组反馈的网络意识形态责任制落实力度不够、监管体系建设缺少顶层设计、意识形态阵地监管缺失等问题，逐条对照，明确12项工作措施，从健全网络意识形态工作机制建设、完善舆情预警和协调处置、开展专项培训、强化第三方专业团队管理、推进网络视听新媒体综合监管平台（一期）项目建设、加强日常内容监管、提升网络原创节目评议等方面补齐短板、提升效能，即知即改并长期坚持。

（二）筑牢网络意识形态安全屏障。落实北京市广播电视局网络意识形态工作责任制、网络安全监测预警和工作协调机制等要求，充分发挥局信息网络视听节目传播监管中心、社会监督员和外聘专业监看团队三支力量的作用，对政治类有害视听内容“零容忍”，全年防控清理政治有害视听内容7万条；编制网络视听意识形态情况月报12期；向市委宣传部上报网络安全监测预警和工作协调机制季报4期；定期向市委宣传部报送“清风”行动涉政有害视听内容工作进展报告。

（三）开展有害信息清理专项行动。全年开展规范网络直播答题、清理恶搞红歌、清查儿童邪典视频，集中整治网上非法剪拼改编视听节目、强化管理暑期网络视听节目、清查存量违规网络原创视听等多起专项行动，严格执行广电总局“限娱令”“禁奢令”“限童令”等要求，叫停违规直播答题平台26家，下线色情淫秽、血腥暴力和低俗视听节目200多万条，关闭账号近2万个，约谈违规网站70余次，提交市文化市场行政执法总队查处凤凰网、秒拍、水木社区等违规网站35起，下线存量网络电影2000余部、网络剧130多部、网络综艺80余档。

（四）提升热点舆情监测预警响应能力。委托第三方舆情监测团队7天每天24小时监测网络视听舆情信息，包括市属重点持证平台和短视频平台、直播平台的内容。社交媒体专人实时报送突发舆情状况。全年编制并向市委办公厅报送北京网络视听舆情周报52期，积极联合市网信办、市公安局、市文化市场执法总队等部门，妥善处理“暴走漫画”侮辱革命英烈、《奇葩大会第二季》嘉宾发表违规言论、优酷网传播辱华视频、D&G制作传播辱华广告等热点网络舆情事件，确保全年舆情态势平稳有序。

（五）积极提升监管抓手智能化水平。推进网络视听新媒体综合监管平台（一期）项目建设工作，针对短视频平台、直播平台、社交媒体、资讯聚合平台、互联网电视等新业态传播特点，持续深挖优化项目需求，提高监管体系规划的针对性和实效性。

二、健全审批制度，提升行政效能

（一）扎实推进网络原创视听节目备案管理。全年规划备案网络剧343部、网络电影3073部、网络综艺155档，审核上线网络剧216部、网络电影1910部、网络综艺等重点栏目136档（1534集）。推进网络剧、网络电影、网络动画片由平台报审向机构报审平稳过渡，针对“两备案两公示”要求编制详细工作方案和流程。

（二）推进网上境外影视剧引进管理工作。全年受理审核北京市网络视听持证服务机构报审的网上境外影视剧212部。其中，电视剧67部966集，电影145部。核发发行许可证198部，其中电视剧65部876集，电影133部，通过率93.4%。不通过14部，其中电视剧3部111集，电影11部，不通过率6.6%。强化事后监管，发挥第三方监管力量，加大对市属网站和社交媒体播放未经审批境外影视剧进行专项整治，持证网站清理下线违规播放境外影视剧4000多部，新浪微博排查清理违规境外影视剧3000余部。

（三）健全前置性审看评议工作机制。坚持线上线下统一标准，贯彻落实总局关于加强网络文艺节目管理工作要求，对市属网站重点头部节目上线前审看评议实现基本全覆盖。全年前置性审看评议网络剧26部531集、网络电影156部、网络综艺节目48档504集。加强网络原创视听节目审看评议专家库建设，全年新增广电总局、中央电视台、北京电视台、清华大学、中国传媒大学等政府部门、广电媒体和高等院校的40多位审看评议专家，专家库专家总数近百名。克服困难，主动与市公安、国安、司法、民族、宗教等相关部门沟通对接，完善协审工作机制。全年举行节目编前会议60余次，强化节目策划创作阶段的引导辅导，指导网站总编辑和广播电视节目制作机构负责人更好地落实广电总局有关要求，有效提升《挑战吧！太空》《奇葩说第五季》等节目成片的思想立意和艺术水平。

（四）做好“信息网络传播视听节目许可证”初审工作。全年，共受理审核、上报视听许可证变更、延续、增减项等各类材料92份；收到并下发广电总局各类批复、许可证、通知文件共计83份；约谈存在各类问题的持证机构和无证公司46家次，对两家未经审批擅自变更股权结构的单位提交执法总队查处，上报3家单位取消第二类第五项“电影、电视剧类视听节目汇集播出、播出服务”。

（五）推进未持证网站备案制管理工作。落实中央和市委、市政府关于支持民营企业发展的要求，采取备案制方式将抖音、快手、西瓜视频、新浪微博、今日头条、一点资讯等本市重点短视频平台、直播平台、社交平台、资讯聚合平台纳入日常管理，及时传达有关政策要求，部署工作任务，从内容选择、节目编排、审核团队建设和管理等方面提出具体要求和业务指导，支持西瓜视频合规开展原创长视频节目业务。

（六）开展广播电视视频点播业务许可审批工作。新批准6家，延续3家，注销6家单位的“广播电视视频点播业务许可证（乙种）”，上报总局《广播电视视频点播业务许可证（甲种）》延续材料1份。截至2018年年底，全市持有“广播电视视频点播业务许可证（乙种）”的宾馆饭店24家，持有“广播电视视频点播业务许可证（甲种）”的单位1家。

三、聚焦重大主题，优化节目管理，增加精品供给

北京市125家网络视听持证机构围绕庆祝改革开放40周年、全国两会、2022年北京冬奥会等重大主题，提前谋划部署，集聚资源力量，在网站首页首屏开辟专区专栏，推出原创作品。同时坚持移动优先策略，指导组织抖音、快手、新浪微博等市属重点短视频平台、直播平台和社交媒体，打造旗帜鲜明、形式多样、内容丰富、充满网感的移动传播矩阵，提升正能量内容的到达率、阅读量和点赞数。

大力强化优质网络文艺作品建设。开展2018年优秀网络视听节目征集活动，加大资金奖励力度，评选出优秀节目56部。其中，网络剧3部、网络电影6部、微电影7部、网络纪录片15部、网络综艺5部、网络动画片5部、专业类视听节目15部，奖励金额共计1745万元。获奖作品聚焦弘扬社会主义核心价值观、庆祝改革开放40周年、北京全国文化中心建设等重大主题，在导向立意、制作水平和题材广泛度方面与2017年相比有较大程度提高。完成广电总局2018年度网络视听节目内容建设专项资金扶持项目的征集、审核和上报，“网络视听精品创作传播工程”征选推荐工作，中国梦原创网络视听节目征集推选工作，以及中国网络视听节目服务协会的优秀网络视听节目征集推选工作。根据市委政法委要求，完成全国第三届平安中国微电影微视频微动漫比赛作品征集评审上报工作。

四、开展视听机构走访调研工作

深入走访爱奇艺、优酷网、搜狐视频等重点持证平台以及抖音、快手、新浪微博等短视频平台、直播平台和社交媒体，全面了解企业发展诉求。作为“管家式”服务日常联络人，下大力气解决企业最关心的“牛鼻子”问题，特别是未持证平台的牌照问题，与广电总局沟通呼吁，寻求解决方案。严格落实市委宣传部指示精神，开展对非法电视网络接收设备和接收软件的调研，形成并上报专题调研报告。组织第三方专业团队，针对全市125家持证网站以及20多家重点短视频平台、直播平台和社交媒体，进行问卷调查、实地调研、专题访谈相结合的全方位摸底调查。

（北京市广播电视局网络视听节目管理处）

2018年北京市网络综艺节目发展情况

2018年，网络综艺节目在数量、质量、投资、制作团队和规模上都达到较高水准，题材类型丰富多样、节目热度和讨论度高涨，行业正式进入“超级网综时代”。北京以爱奇艺、优酷网、搜狐视频等平台为代表，以热点题材为发力点，深耕细作垂直领域，生产出一批新鲜、有竞争力的差异化内容。

一、网络综艺节目创作

（一）爱奇艺网综节目。2018年，爱奇艺出品综艺节目48部，包含音乐舞蹈类《中国音乐公告牌》《热血街舞团》《国风美少年》等，选秀类《偶像练习生》《中国新说唱》，脱口秀《奇葩说》《奇葩大会》《冒犯家族》《三言堂》等，演员类《演员的品格》等，真人秀《小姐姐的花店》《萌宠小大人》《HI室友》等，科技类《机器人争霸》等，情景喜剧《爱笑会议室》等，文化类《博物奇妙夜》《吴晓波频道》《讲究》《秘境指南》《天下一锅》《炉火江湖》等。爱奇艺在各个垂直领域综艺有所发展，同时加大力度开发文化类节目。《吴晓波频道》专题节目《十年二十人》力邀20位中国商界巨擘在节目解析历史、面向未来，深度诠释企业关于改革开放的情怀与历程。《博物奇妙夜》通过在故宫博物院、陕西历史博物馆、云冈石窟、观复博物馆中收藏的各种器物、名家字画、乐器遗宝，讲述中国文化与世界沟通的精彩故事，探索匠人精神与美学初心。

（二）优酷网综节目。2018年，优酷共出品自制网络综艺26部，其中既包括《这！

就是街舞》《这！就是灌篮》《这！就是铁甲》等品牌类综艺，也包含《了不起的匠人》《圆桌派》《读书人》等文化综艺节目，及献礼改革开放40周年的首档太空科普综艺《挑战吧！太空》。此外，得益于综艺品质的提升，2018年优酷十几档综艺节目成功输出海外。《这！就是街舞》借鉴世界语言的表达方式，讲述中国青年自己的故事，形成中国街舞自己的文化，在融合与创新中传承具有中国本土特色的街舞文化，在全球优秀舞者的交流中向海外输出中国的街舞潮流，在竞技和挑战中展现中国青年个性、阳光、追梦的时代风貌。该节目在2018年4月输出到马来西亚、文莱、新加坡等多个国家。

《挑战吧！太空》是优酷联合五洲传播中心打造的一档献礼综艺节目，集多种突破和创新于一体，展现平台担当与责任。这是中国第一档以航天科普为主题的综艺节目，首次向公众揭秘载人航天科技故事，对航天科普具有开创性的指导意义。在中国酒泉卫星发射中心与中国航天员中心指导下，节目的科学性、严谨性、权威性得到保证，通过高投入搭建的金昌基地，以及在俄罗斯加加林、法国波尔多、中国酒泉、金昌的国内外多地录制，创新展示航天员失重体验、野外生存和搜救训练的场景，将节目科技含量以及视觉效果融为一体。节目宣传“特别能吃苦、特别能战斗、特别能攻关、特别能奉献”的中国航天精神；唤醒对环保、绿色发展的重视，充分体现艰苦奋斗、勇于攻坚、开拓创新、无私奉献的载人航天精神，让整个节目洋溢着空前充盈的正能量，在科普的同时重塑中国青少年新英雄偶像观和价值观。

（三）搜狐视频网综节目。搜狐视频深化垂直细分的差异化战略，关注不同用户群体的情感需求，为用户打造更多“小”而美的优质内容。如《送一百位女孩回家》号召人们关注这个时代努力前行的女孩们，通过节目观察和记录她们的工作、情感和生活，深度挖掘与展现新时代女性的能量，传递给观众更多温暖，让大家能从节目中感受到生命的律动。在《时间告诉我·大师印象》中，探访嘉宾涂松岩作为摄影爱好者，与古建专家李永革、表演艺术家雷恪生、著名画家罗中立一起度过一天的时光，并回到最初创作的地方，畅谈人生和时间的意义。

二、网综节目的制作与营销

2018年，爱奇艺内部开设工作室，深耕垂直领域，不断挖掘小众圈层的开发潜力，不断发掘网综创新潜力。优酷聚焦青年文化，致力于提供对青年人有影响力的文化，引导其积极向上。北京市广播电视局作为行业主管部门，不断加强网络综艺节目策划阶段的指导把关，密切与主创团队的沟通交流，推动《奇葩说第五季》《挑战吧！太空》等重点综艺节目提升思想立意和内容水平。同时强化题材把关，严格调控明星子女参与的综艺节目，采取栏目下线、诫勉谈话、通报批评等措施有效处理导向和内容违规节目，提高网综节目的制作质量。

优酷积极探索产业模式突破，与阿里巴巴在植入、原生广告等方面创造全新IP营销体验，打通电商产业链。从商业模式上看，网综的收入以广告招商为主，拓展会员付费、版权分销、IP衍生等多种模式。

三、网综节目存在的问题

节目同质化是网综市场的重要问题，千篇一律的内容不仅消磨观众对节目的热情，而且不利于平台间的良性竞争。此外，网台统一标准的综艺政策使得网综监管更加规范严格，对网综的内容研发和制作提出了更高的要求。

（北京市广播电视局网络视听节目管理处）

2018 年北京市网络剧发展情况

2018 年，中国网络剧市场不断迈向成熟，网络剧的精品化、专业化步伐继续加速，涌现出一批兼具艺术性、观赏性、创新性的优质精品剧集，题材形式丰富，主题内容向上，市场反馈积极。作为全国影视产业的龙头，北京原创网络剧在这一年取得了长足进步，特别是爱奇艺、优酷、搜狐视频等大型网络视频平台，精品剧、爆款剧频出，经济效益、受众口碑兼收，推动了整个行业的良性发展。

一、北京网络剧总体情况

整体内容品质提升。近年来，网络剧专业化水平不断提升。2018 年上线剧目在内容选择、叙事逻辑、人物刻画、画面质感等方面均有较大突破，在豆瓣发布的“2018 评分最高的大陆剧集”十强中，网络剧占一半。品质的逐步提升使得网络剧在流量和热度上相比电视台播剧显露出更为强劲的势头。

现实题材崭露头角。经过几年的发展，网络剧开始走出小天地，观照大时代。2018 年，现实题材网络剧数量明显增加，其中不乏形成较大影响力的头部作品。这些作品聚焦当下，展现时代变迁，关注百姓日常生活，描绘小人物的奋斗经历，引发了观众热议和思考。其中关注度较高的有优酷出品的《北京女子图鉴》和搜狐出品的《法医秦明》（第二季）。

青春校园题材佳品频出。青春校园题材一直是网络剧发挥比较稳定的领域，从早期的《匆匆那年》，到 2017 年的《最好的我们》都品质和口碑俱佳。2018 年的青春校园剧延续了精品化路线，爱奇艺的《你好，旧时光》以回忆录式的手法记录一代人的青春点滴，展现无悔的青春；优酷的《给我一个十八岁》细致描画一群高中生的青春生活轨迹，呈现出纯真无邪、渴望关注的少年群像，故事还延展出青春角色的家庭背景，抛弃脸谱化的亲情冲突，努力捕捉两代人之间的差异、温情与包容。这两部剧均收获较好口碑。

古装题材仍是热门。总体来看，2018 年古装题材网络剧热度未减。其中，优酷独播的《虎啸龙吟》对三国故事进行创新性演绎，凭借其恢宏的场景、精良的制作、精湛的表演，使得网络剧在历史题材上打开了全新格局，也为网络影视剧古装历史题材创作提供了参考。

原创自制成为主流。2018 年，原创作品在内容方面仍在持续发力，多部高品质原创作品崭露头角，尤其以爱奇艺、优酷、搜狐为首的北京视频平台相继推出多部自制或定制的网络剧，主打题材与内容的创新，将创作的主动权掌握在自己手中。

付费观看渐被接受。2018 年，视频网站付费用户市场已经接近 1.7 亿，有 96% 的网络剧须付费观看，超过 2017 年 11 个百分点，付费市场潜力巨大。爱奇艺、优酷等网站也针对付费会员推出头部剧、精品剧抢先看的模式，进一步推动用户养成网络视听节目付费观看的新收视习惯。

“超级剧集”数量倍增。2018 年，多部在制作、发行、传播环节有视听网站深度参与，获得电视剧发行许可证的作品在网络独播或首播，被业界、网民认同为“网络剧”。如爱奇艺的《延禧攻略》在网上播出时掀起了全民观剧热潮，关注度、讨论度位居所有在播剧前列，更以排名第一的姿态，成为中国首部登顶谷歌年度热搜榜的网络剧。

国产网剧走出国门。2018年，优酷、爱奇艺的网络剧《北京女子图鉴》《河神》《无证之罪》等相继通过境外电视台或Netflix、YouTube等新媒体在海外播出，走向国际市场。

二、爱奇艺网络剧发展概况

2018年，爱奇艺上线网络剧整体内容品质有所提升，特别是在题材内容、制作手法等方面更加多元化，先后推出一批题材新颖、制作精良、深挖现实、根植传统的精品网络剧。如在纪念改革开放40周年主题下，一批观照社会现实、聚焦时代发展的现实题材作品开始涌现，增加了网络剧的时代气息。此外，青春题材除以往记录校园故事的常见手法外，又出现了以篮球、足球、游泳等体育竞技为核心，深度挖掘校园青春正能量的作品。

爱奇艺也更加注重自制剧的品质和创新。2018年，爱奇艺自制剧数量达到74部，不仅数量居于行业前列，而且题材形式方面也多有创新。其推出的《你好，旧时光》《原生之罪》《悍城》《生活对我下手了》《亲爱的活祖宗》《戏隐江湖》等，涵盖了青春、犯罪、悬疑、奇幻、喜剧、跨次元文化等多元题材，在形式上也呈现出创新的能力和决心。特别是《生活对我下手了》创新性地打造出“竖屏短剧”概念，以每集不到五分钟的时长和竖屏观看形式，重塑了网剧用户的观剧习惯。此外，爱奇艺自制剧《河神》《无证之罪》在2018年走向海外市场，这是爱奇艺积极拓展全球市场的有益尝试。

三、优酷网络剧发展概况

2018年，优酷持续加大自制剧的投入和产出，推出多部精品之作。其中，作为《军师联盟》续作的《虎啸龙吟》被中国网络视听协会评为2018年度优秀网络剧，该片摆脱了传统三国故事的叙事视角，特别是对司马懿与诸葛亮之间关系的演绎令人耳目一新，也为传统的三国故事增添了人性亮色。《北京女子图鉴》翻拍自日本电视剧《东京女子图鉴》，本土化改编较为成功，该片展现“北漂”女性在大都市的拼搏经历，引发大量情感共鸣，而剧中对职业女性婚恋观、职业观、金钱观的呈现，网民褒贬不一，引发热议，引发广大观众对生活的思考。

优酷积极响应国家文化走出去的号召。2018年，约20部优酷剧集版权输出海外，实现了从东南亚到欧美，从电视台到Netflix等新媒体的全覆盖。32集《白夜追凶》从2018年一季度通过Netflix在全球190多个国家播出，《北京女子图鉴》《上海女子图鉴》输出日本、马来西亚、文莱，《假如没有遇见你》在YouTube平台播出。

四、搜狐视频网络剧发展概况

2018年，搜狐视频坚持精品、自制、平台定位，以“差异化、标签化”的核心战略打造平台的内容标识和商业价值，共推出网络剧29部，其中精品自制剧11部。通过回归自制领域，搜狐视频纵向深耕垂直细分市场，基于市场用户需求进行内容布局。首部《法医秦明》获得的市场与口碑，促使搜狐视频继续在悬疑探案题材上下功夫。2018年推出的《法医秦明2：清道夫》借鉴了首部的成功经验，上线后播放量达到17.1亿次；新剧《罪案心理小组X》则把目光聚焦到犯罪心理、微表情题材，其运用微表情识破嫌疑人犯罪心理的特点，是对悬疑类题材的新突破，吸引了观众的注意。除悬疑题材外，古装爱情剧《我在大理寺当宠物》也获得了市场以及观众的认可。该剧继续沿用了起用新人演员的原则，在男女主角的选择上更加注重演员的适配性，而且尝试将玄幻、爱情、悬疑、喜剧等元素进行混搭，产生了较好的效果。

五、政府监管作用凸显

2017 年以来，国家相关部委、机构开始严肃整顿网络剧市场，要求加强对影视行业天价片酬、“阴阳合同”、偷逃税等问题的治理，控制不合理片酬，推进依法纳税，促进影视业健康发展。国家广电总局多次强调关于坚决执行网上网下统筹管理、同一标准等要求，坚决打击扰乱行业生态的行为。爱奇艺、优酷、腾讯于 2018 年先后联合发布《关于规范影视秩序及净化行业风气的倡议》《关于抑制不合理片酬，抵制行业不正之风的联合声明》，共同抵制影视行业的不规范行为，推动影视行业投入与产出的良性循环、健康发展。2018 年以来，在政府指导以及各网络视听平台、影视制作机构在内的全行业共同努力下，国产影视行业，包括网络剧行业高价片酬的情况已经得到明显改观，各种行业乱象得到有效整治。特别是网上网下同一标准的监管尺度，确保了网上网下节目在导向、题材、内容、尺度、嘉宾、片酬等各方面执行同样标准，不给问题节目留下空隙和死角，互联网不是低俗、劣质网络剧的避风港，极大推动了网络剧内容品质的提升。

（北京市广播电视局网络视听节目管理处）

2018 年北京市网络电影发展情况

2018 年，网络电影行业迈入“减量提质”的转型调整期。在监管日趋完善、行业日趋冷静、资本日趋理性、受众日趋成熟的背景下，网络电影在“减量提质”中逐步确立“守正创新”的发展思路，在坚守底线、抵制糟粕的同时，不断深耕精品内容、完善“工业化”体系建构、积极倡导行业自律，充分发挥爱奇艺、优酷等头部平台的示范作用，逐步助推行业构建健康内容与市场生态。

一、网络电影发展概况

2018 年，爱奇艺共上线网络电影 1004 部。随着爱奇艺会员的高速增长，2018 年的票房分账收益纪录再创新高，破千万元影片达到 25 部，数量较 2017 年翻倍。且票房分账收益 4500 万元以上影片《灵魂摆渡黄泉》首次出现，头部内容享受视频付费市场红利，网络电影市场仍然需要规模化与优质内容共同提高。同时，2018 年新增合作方数量与 2017 年基本持平，但院线电影、电视剧制作公司占比增加，网络电影市场仍具有很强的行业吸引力。

2018 年，优酷新上线网络电影 375 部。优酷紧扣时代脉搏，布局规划一批优质作品，打造网络电影优秀作品献礼矩阵，在“改革开放 40 年”之际捕捉时代变迁，展示社会进步，积极倡导向上、向善、向美的价值观，让观众从作品中收获更多快乐、智慧与感动。非遗主题影片《英歌魂》是一部展现年轻人用潮流与传统跨界融合的方式创新性传承发展“潮汕非遗——英歌舞”的网络电影，入围 2019—2022 年“记录新时代工程”北京市重点选题规划片单；心理悬疑片《迷失地铁》营造出的“心理幻境”概念，在国内外同类型影片中独树一帜，获 2018 年北京市广电局优秀网络视听节目评选“优秀网络电影”奖。此外，网络电影《大蛇》以 700 万元成本获 5000 余万元分账，这大约相当于院线电影 1.6 亿元票房的体量，成为网络电影市场中现象级的存在。

二、网络电影的制作、资本与宣发情况

2018年，北京市的网络电影投资渠道有网络电影宣发公司、视频网站、众筹平台和第三方公司等。网络电影的制作成本保持100万元至300万元之间居多，相比2017年，100万元以下的创作大幅降低，300万元至600万元的大幅上升。部分合作伙伴专注制作，追求高投资高回报，走少而精的发展模式。

其中，爱奇艺票房分账收益排名前50名的网络电影中，有96%参与了营销合作，营销分成逐年提升，同比增长64%。网络电影营销创新营销手段，打出主题季营销、短视频营销等组合拳，关注口碑维护和IP增值。2018年，营销价值逐渐凸显，网络电影制作发行方的营销意愿和单片营销成本提升。

三、网络电影播放平台格局和盈利模式

2018年，北京网络电影播放平台开辟了网络电影合作服务新模式，推出以“内容有效观看时长”为基础的内容导向分账规则。同时，不断更新迭代倒推内容精品化，不断升级完善“内容开放平台”，完善行业基础设施，全面服务创作者和发行方。开放平台的核心战略是为创作者提供全链路服务，以优化商业模式、强化数据分析能力、拓展变现渠道为抓手不断催生好内容：一方面为用户提供源源不断的优质内容；另一方面提高合作伙伴创作与变现能力，树立内容合作新标杆，为行业发展注入新动能。

四、网络电影出品

2018年，淘梦网、映美传媒、奇树有鱼三家纯网络内容公司三足鼎立。新片场影业成为后起之秀，强势入局。传统影视制作公司纷纷抓住机遇，以各种形式重新布局网络电影，如尝试院线网络同步上线。

2018年，网络电影以制作为核心竞争力，充分发挥题材和制作灵活性的优势，寻求差异化发展；作品上更加精美，引入一线艺人，助力行业发展；与此同时，网络电影不仅注重作品质量，更注重制定相应的营销策略，一些集制作宣发一体的公司更加突出，带动行业走向规范化，加速了产业的进步。

五、存在问题

2018年网络电影的发展进入了一个瓶颈期，题材趋同、扎堆问题严重。头部作品题材类型趋于单一，多集中在古装魔幻类型，现实题材影片持续低迷。网络电影年度分账最高的前十部影片类型多为玄幻、动作、喜剧。与此同时，外部竞争加剧，网剧与短视频占据现有用户更多观影时间。如何加强网络电影类型化发展，并且利用“影剧联动”“短带长”为影片助力，是值得探讨的重要课题。精品化和多元化成为发展的目标。

（北京市广播电视局网络视听节目管理处）

2018年北京市信息网络传播视听节目持证机构一览表

序号	许可证号（备案号）	开办单位	网站名称	网站域名
1	0105094	北京华奥星空科技发展有限公司	华奥星空	www.sports.cn
2	0103032	中广亚广播信息网络有限公司	中广网	www.catv.net
3	0103028	北京广播电视台	北京网络广播电视台	www.brtn.cn
4	0104056	北京千龙新闻网络传播有限责任公司	千龙新闻网	www.qianlong.com

（续表）

序号	许可证号（备案号）	开办单位	网站名称	网站域名
5	0104053	北京在线九州信息技术服务有限公司	天天在线	www.116.com.cn
6	0104054	北京歌华有线电视网络股份有限公司	歌华宽带	www.gehua.net
7	0105081	北京歌华文化发展集团	新视界	www.dvod.com.cn
8	0105087	北京联合网视文化传播有限公司	联合网视	www.uitv.com.cn
9	0105097	乐视网信息技术（北京）股份有限公司	乐视网	www.le.com
10	0105093	北京雷霆万钧网络科技有限责任公司	tom网	www.tom.com
11	0108231	北京光线易视网络科技有限公司	E视网	www.ewang.com
12	0108272	网乐互联（北京）科技有限公司	听伴	www.tingban.cn
13	0107195	中共北京市委干部理论教育讲师团	“宣讲家”网站	www.71.cn
14	0108246	北京优朋普乐科技有限公司	优朋影视	www.voole.com
15	0108296	北京网尚文化传播有限公司	网尚文化	www.vv8.com
16	0108251	北京网罗天下生活科技有限公司	100度享乐网	www.100du.com
17	0108267	酷溜网（北京）信息技术有限公司	酷6网	www.ku6.com
18	0108275	北京青年报网际传播技术有限公司	北青网	www.ynet.com
19	0108270	北京时越网络技术有限公司	悠视网	www.uusee.com
20	0108258	迈视（北京）网络传媒技术有限公司	迈视网	www.maxtv.cn
21	京备2008015	北京市大兴区广播电视台	中华兴网	www.zhhxw.com
22	0108259	北京搜狐互联网信息服务有限公司	搜狐网	www.sohu.com
23	0108290	北京风行在线技术有限公司	风行网	www.fun.tv
24	0108283	优酷信息技术（北京）有限公司	优酷网	www.youku.com
25	0108268	北京六间房科技有限公司	六间房	www.6.cn
26	0108308	北京华艺汇龙网络科技有限公司	艺通网	www.etoote.com
27	0110536	北京偶偶网络科技有限公司	偶偶网	www.ouou.com
28	0108265	北京动艺时光网络科技有限公司	时光网	www.mtime.com

（续表）

序号	许可证号（备案号）	开办单位	网站名称	网站域名
29	0108284	北京万方数据股份有限公司	万方数据	www.wanfangdata.com.cn
30	0108278	北京智汇游信息技术有限公司	17173视频	www.17173.com
31	0108271	新传在线（北京）信息技术有限公司	新传宽频	www.nubb.com
32	0108274	北京搜房科技发展有限公司	房天下	www.fang.com
33	0108291	北京捷报互动科技有限公司	捷报网	www.jeboo.com
34	京备2008014	顺义区广播电视台	顺广传媒	www.bjsytv.com
35	0108298	暴风集团股份有限公司	暴风影音	www.baofeng.net
36	0108292	北京中视互动科技发展有限公司	中视互动网	www.citv.cn
37	0110516	北京百度网讯科技有限公司	百度	www.baidu.com
38	0108309	北京勤能通达科技有限公司	勤能影视圈	www.tvquan.cn
39	0108319	北京晨报社	北京晨报	www.morningpost.com.cn
40	0108330	北京三纪讯通科技股份有限公司	天使网	www.zgangel.com
41	0109404	北京和讯在线信息咨询服务有限公司	和讯网	www.hexun.com
42	0109359	北京华星互联文化传播有限公司	如意影视网	www.165tv.com
43	0109343	同方股份有限公司	清华同方学堂	www.edu-sp.com
44	0108325	北京摩苍科技发展有限公司	摩视网	www.shanlink.com
45	0110549	粉娱（北京）科技发展有限公司	粉娱网	www.fenyucn.com
46	0109388	赛尔网络有限公司	校园梦网	www.cdream.com.cn
47	0109368	北京三进宇通通信设备有限公司	三进宇通音乐网	www.rock3g.cn
48	0109360	北京互动百科网络技术股份有限公司	互动百科	www.baike.com
49	0109362	北京酷我科技有限公司	酷我音乐网	www.kuwo.cn
50	0109376	北京天空世纪信息技术有限公司	天空宽频	www.tvsky.tv
51	0109379	北京空中信使信息技术有限公司	空中网	www.kongzhong.com
52	0109389	北京卡酷传媒有限公司	北京卡酷动画卫视	www.kaku.tv
53	0109377	北京文国网络技术有限责任公司	文国网	www.veduchina.com

（续表）

序号	许可证号（备案号）	开办单位	网站名称	网站域名
54	0110427	掌中微视（北京）科技有限公司	微视网	www.kinpower.com.cn
55	0109380	华友世纪通讯有限公司	哈哇网	www.hawa.cn
56	0109390	中传视友（北京）传媒科技有限公司	视友网	www.cuctv.com
57	0110515	北京汉高华网络科技有限公司	欢喜首映	www.huanxi.com
58	0110576	原上草网络信息技术（北京）有限公司	原上草	www.igroot.com
59	0109405	北京华通京信通信技术有限公司	腾空网	www.tengkong.com
60	0109500	北京飞宇电脑技术有限公司	飞宇网	www.feiyu.com.cn
61	0109406	北京网高科技股份有限公司	财界网	www.17ok.com
62	0110517	北京北纬通信科技股份有限公司	北纬30度	www.bw30.com
63	京备2009016	昌平区广播电视台	昌平广播电视网	www.cprt.com.cn
64	0110533	共青团北京市委员会	青檬网络	www.qmoon.net
65	0110525	北京中录国际文化传播有限公司	中录宽频	www.zlvod.cn
66	0110524	金银岛（北京）网络科技股份有限公司	金银岛	www.315.com.cn
67	0110542	北京中润互联信息技术有限公司	中润网	www.8169.com
68	0110556	北京新媒视讯科技有限公司	新频道	www.xinpindao.com
69	0110545	北京小度互娱掌讯科技有限公司	北京掌讯	www.handinfo.cn
70	0110563	游艺星际（北京）科技有限公司	哈啪咪	www.hapame.com
71	0110538	北京小唱科技有限公司	小唱	www.xiaochang.com
72	0110534	北京科普兰德科技有限公司	颐家家居	www.e-jjj.com
73	0110551	优活联盟（北京）科技有限公司	优活联盟	www.yoholm.com
74	0110531	北京新东方迅程网络科技股份有限公司	新东方在线	www.koolearn.com
75	0110543	北京易车信息科技有限公司	易车网	www.bitauto.com
76	0110553	北京车之家信息技术有限公司	汽车之家	www.autohome.com.cn

（续表）

序号	许可证号（备案号）	开办单位	网站名称	网站域名
77	0110554	北京富华创新科技发展有限责任公司	金融界投资理财网	www.jrj.com
78	0110418	北京豆网科技有限公司	豆瓣网	www.douban.com
79	0110544	北京爱奇艺科技有限公司	爱奇艺	www.iqiyi.com
80	0110484	北京红番茄联众通信技术有限公司	艺人网	www.300hu.com
81	0110552	北京智德典康电子商务有限公司	爱卡汽车网	www.xcar.com.cn
82	0110583	北京瑞奥视科技有限公司	瑞网	www.today365.com.cn
83	0111605	工控网（北京）信息技术股份有限公司	工控网	www.gongkong.com
84	0110446	北京天方金码科技发展有限公司	天方听书网	www.tingbook.com
85	0110461	北京宇晨亿荣网络科技有限公司	酷燃网	www.krcom.cn
86	0110557	北京艾斯凯国际民族文化传播有限公司	中民网视	www.cewtv.com
87	0110428	北京康隆盛科技有限公司	乐看	www.lekan.com
88	0110550	北京新网视信传媒科技有限公司	橙果网	www.chengo.com.cn
89	0110569	北京赛鸽天地广告有限公司	赛鸽天地	www.rpw.com.cn
90	0110535	北京华思维泰克科技有限公司	维洱	www.v2to.com
91	0110562	北京雷盟盛通文化发展有限公司	V族网	www.vzuu.com
92	0110568	北京一天连讯信息技术有限公司	画娱网	www.hydiy.cn
93	0110537	北京梦之窗数码科技有限公司	糖豆网	www.tangdou.com
94	0110582	北京联想调频科技有限公司	联想阳光在线	www.lenovo.net
95	0110581	北京万企科技有限公司	北京万企科技有限公司网站	www.cew.cn
96	0110588	北京清大世纪教育投资顾问有限公司	清大学习吧	www.eee114.com
97	0110453	大地时代文化传播（北京）有限公司	大地传播	www.dadifilm.com
98	0110587	完美世界（北京）网络技术有限公司	完美世界	www.wanmei.com
99	0110416	北京库客音乐股份有限公司	库客数字音乐图书馆	www.kuke.com

（续表）

序号	许可证号（备案号）	开办单位	网站名称	网站域名
100	0110426	北京凯铭风尚网络技术有限公司	YOKA时尚网	www.yoka.com
101	0110437	北京太极国际体育发展有限责任公司	太极体育网	www.21tjsports.com
102	0110460	北京君合百纳通信技术有限公司	亮了网	www.liangle.com
103	0110413	北京宽客网络技术有限公司	音悦网	www.yinyuetai.com
104	0110475	北京天天宽广网络科技有限公司	酷米网	www.kumi.cn
105	0110438	北京世纪超星信息技术发展有限责任公司	超星图书馆	www.superlib.com
106	0110567	北京优视米网络科技有限公司	优米网	www.umiwi.com www.youmi.cn
107	0110424	芝麻开门网络数字技术（北京）有限公司	芝麻开门网	www.zmkm.org.cn
108	0110448	北京德法利投资有限公司	中彩网	www.zhcw.com
109	0110452	北京中童联合资讯服务有限公司	中童在线	www.looklook.cn
110	0110471	北京《瑞丽》杂志社	瑞丽网	www.rayli.com.cn
111	0110594	中体彩彩票运营管理有限公司	竞彩网	www.sporttery.cn
112	0111612	华录出版传媒有限公司	东东007	www.dongdong007.com
113	0111614	新星出版社有限责任公司	声动网	www.singdoo.com
114	0111622	国家大剧院	国家大剧院官方网站	www.chncpa.org
115	0111624	北京荣信天诚科技有限公司	看视界	www.1iptv.com
116	0113658	北京卓众出版有限公司	第一工程机械网	www.d1cm.com
117	0112632	北京市可持续发展科技促进中心	北京科技视频网	www.bjscivid.net
118	京备2012012	北京市房山区广播电视台	房山广电传媒网	www.funhillmedia.com
119	0108269	京华时报社	京华网	www.jinghua.cn
120	0114665	北京广播公司	菠萝网	www.bolo.cn
121	京备2014013	北京市通州区广播电视台	大运通州网	www.dayuntongzhou.com
122	1110559	北京中期移动传媒有限公司	都市宽频	www.361cc.com
123	京备2016018	北京市怀柔区广播电视台	怀柔电视台	www.huairtv.com
124	0105136	第一视频通信传媒有限公司	第一视频网	www.v1.cn

（续表）

序号	许可证号（备案号）	开办单位	网站名称	网站域名
125	0110560	中数寰宇科技（北京）有限公司	易视腾视频	www.ysten.tv www.koomatch.com

（北京市广播电视局网络视听节目管理处）

2018 年北京市审核网站引进电视剧和电影情况

按：全年受理审核北京市网络视听持证服务机构报审的网上境外影视剧212部。核发发行许可证198部，其中电视剧65部876集、电影133部，通过率93.4%。不通过14部，其中电视剧3部111集、电影11部，不通过率6.6%。

2018 年北京市审核网站引进境外电视剧情况一览表

序号	中文剧名	产地	集数	时长/集（分钟）	引进单位	许可证号	发证日期
1	绿箭侠（第五季）	美国	23	42	北京搜狐互联网信息服务有限公司	（京）剧审网字（2018）第0014号	2018-01-12
2	全境通告	美国	12	45	北京爱奇艺科技有限公司	（京）剧审网字（2018）第0012号	2018-01-12
3	明日之星	美国	12	45	北京爱奇艺科技有限公司	（京）剧审网字（2018）第0003号	2018-01-12
4	根	美国	8	60	北京爱奇艺科技有限公司	（京）剧审网字（2018）第0011号	2018-01-12
5	昆比亚忍者（第二季）	哥伦比亚	16	45	北京风行在线技术有限公司	（京）剧审网字（2018）第0013号	2018-01-12
6	破产姐妹（第六季）	美国	22	20	北京搜狐互联网信息服务有限公司	（京）剧审网字（2018）第0019号	2018-02-02
7	哥谭镇（第三季）	美国	22	45	北京搜狐互联网信息服务有限公司	（京）剧审网字（2018）第0029号	2018-02-08

（续表）

序号	中文剧名	产地	集数	时长/集（分钟）	引进单位	许可证号	发证日期
8	女超人（第二季）	美国	22	42	北京搜狐互联网信息服务有限公司	（京）剧审网字（2018）第0030号	2018-02-12
9	生死之间	英国	10	60	北京爱奇艺科技有限公司	（京）剧审网字（2018）第0034号	2018-02-12
10	飞虎之潜行极战	中国香港	30	45	优酷信息技术（北京）有限公司	（京）剧审网字（2018）第0038号	2018-03-06
11	银魂 三叶篇	日本	3	20	北京爱奇艺科技有限公司	（京）剧审网字（2018）第0039号	2018-03-09
12	我们的世界末日	英国	10	45	优酷信息技术（北京）有限公司	（京）剧审网字（2018）第0046号	2018-03-13
13	太空无垠（第二季）	美国	13	45	优酷信息技术（北京）有限公司	（京）剧审网字（2018）第0042号	2018-03-13
14	幕后	泰国	19	45	优酷信息技术（北京）有限公司	（京）剧审网字（2018）第0048号	2018-03-21
15	黑皮手册	日本	8	50	优酷信息技术（北京）有限公司	（京）剧审网字（2018）第0047号	2018-03-21
16	少狼（第六季）	美国	20	45	北京搜狐互联网信息服务有限公司	（京）剧审网字（2018）第0064号	2018-04-02
17	月亮宝石	英国	5	45	优酷信息技术（北京）有限公司	（京）剧审网字（2018）第0058号	2018-04-02
18	基本演绎法（第五季）	美国	24	45	北京爱奇艺科技有限公司	（京）剧审网字（2018）第0056号	2018-04-02
19	双峰	美国	18	60	优酷信息技术（北京）有限公司	（京）剧审网字（2018）第0075号	2018-04-11
20	前男友不是人	中国台湾	13	75	北京爱奇艺科技有限公司	（京）剧审网字（2018）第0082号	2018-04-23
21	我的甜蜜革命	新加坡	8	15	优酷信息技术（北京）有限公司	（京）剧审网字（2018）第0088号	2018-05-09

（续表）

序号	中文剧名	产地	集数	时长/集（分钟）	引进单位	许可证号	发证日期
22	警视厅生物股长	日本	10	55	优酷信息技术（北京）有限公司	（京）剧审网字（2018）第0097号	2018–05–09
23	双峰（第一季）	美国	8	50	优酷信息技术（北京）有限公司	（京）剧审网字（2018）第0096号	2018–05–09
24	双峰（第二季）	美国	22	50	优酷信息技术（北京）有限公司	（京）剧审网字（2018）第0091号	2018–05–09
25	有喜欢的人	日本	10	57	优酷信息技术（北京）有限公司	（京）剧审网字（2018）第0092号	2018–05–09
26	昆比亚忍者（第一季）	哥伦比亚	13	45	北京风行在线技术有限公司	（京）剧审网字（2018）第0087号	2018–05–09
27	黑色孤儿（第五季）	英国	10	45	优酷信息技术（北京）有限公司	（京）剧审网字（2018）第0100号	2018–05–28
28	X档案（第十一季）	美国	10	45	北京爱奇艺科技有限公司	（京）剧审网字（2018）第0108号	2018–06–08
29	人际关系事务所	中国台湾	24	45	北京爱奇艺科技有限公司	（京）剧审网字（2018）第0117号	2018–06–26
30	我要做老板	美国	10	23	北京爱奇艺科技有限公司	（京）剧审网字（2018）第0118号	2018–06–26
31	1006的房客	中国台湾	26	45	北京爱奇艺科技有限公司	（京）剧审网字（2018）第0120号	2018–06–26
32	开荒岛民（第二季）	美国	10	30	北京搜狐互联网信息服务有限公司	（京）剧审网字（2018）第0124号	2018–06–26
33	三星营养午餐	日本	10	60	优酷信息技术（北京）有限公司	（京）剧审网字（2018）第0123号	2018–06–26
34	图书馆员（第三季）	美国	10	42	暴风集团股份有限公司	（京）剧审网字（2018）第0125号	2018–07–02
35	图书馆员（第二季）	美国	10	42	暴风集团股份有限公司	（京）剧审网字（2018）第0126号	2018–07–02

（续表）

序号	中文剧名	产地	集数	时长/集（分钟）	引进单位	许可证号	发证日期
36	等你爱我	泰国	20	60	优酷信息技术（北京）有限公司	（京）剧审网字（2018）第0127号	2018–07–11
37	生活大爆炸（第十一季）	美国	24	20	北京搜狐互联网信息服务有限公司	（京）剧审网字（2018）第0128号	2018–08–06
38	神秘的7	泰国	12	45	北京爱奇艺科技有限公司	（京）剧审网字（2018）第0129号	2018–08–06
39	至亲血统（第三季）	美国	10	44	北京搜狐互联网信息服务有限公司	（京）剧审网字（2018）第0130号	2018–08–07
40	曼谷爱情故事魅力的他	泰国	13	40	暴风集团股份有限公司	（京）剧审网字（2018）第0134号	2018–08–22
41	非常创业（第二季）	美国	10	44	北京搜狐互联网信息服务有限公司	（京）剧审网字（2018）第0136号	2018–08–24
42	图书馆员（第一季）	美国	10	42	暴风集团股份有限公司	（京）剧审网字（2018）第0137号	2018–08–24
43	悦音响起	日本	10	54	优酷信息技术（北京）有限公司	（京）剧审网字（2018）第0138号	2018–09–07
44	业务部长吉良奈津子	日本	10	60	优酷信息技术（北京）有限公司	（京）剧审网字（2018）第0140号	2018–09–07
45	早子小姐单身中	日本	9	60	优酷信息技术（北京）有限公司	（京）剧审网字（2018）第0139号	2018–09–07
46	也许很突然，明天我要结婚了	日本	9	60	优酷信息技术（北京）有限公司	（京）剧审网字（2018）第0141号	2018–09–07
47	今夜，可否拥你入怀	日本	12	21	北京爱奇艺科技有限公司	（京）剧审网字（2018）第0146号	2018–09–18
48	良医	美国	18	45	北京爱奇艺科技有限公司	（京）剧审网字（2018）第0143号	2018–09–18
49	跳跃生命线	中国香港	25	45	优酷信息技术（北京）有限公司	（京）剧审网字（2018）第0144号	2018–09–18

（续表）

序号	中文剧名	产地	集数	时长/集（分钟）	引进单位	许可证号	发证日期
50	荒原（第三季上）	美国	8	45	北京爱奇艺科技有限公司	（京）剧审网字（2018）第0145号	2018-09-18
51	帕特里克·梅尔罗斯五部曲	英国	5	60	北京爱奇艺科技有限公司	（京）剧审网字（2018）第0148号	2018-09-30
52	在下，鄙人和我（第一季）	美国	13	20	北京搜狐互联网信息服务有限公司	（京）剧审网字（2018）第0152号	2018-10-19
53	种菜女神	中国台湾	24	45	北京爱奇艺科技有限公司	（京）剧审网字（2018）第0159号	2018-10-23
54	双城故事	中国台湾	20	75	北京爱奇艺科技有限公司	（京）剧审网字（2018）第0162号	2018-11-01
55	神秘博士 第十季——丽芙·桑恩的丈夫	英国	1	56	优酷信息技术（北京）有限公司	（京）剧审网字（2018）第0163号	2018-11-01
56	神秘博士——最后的圣诞节	英国	1	60	优酷信息技术（北京）有限公司	（京）剧审网字（2018）第0166号	2018-11-01
57	神秘博士——博士之时空	英国	1	61	优酷信息技术（北京）有限公司	（京）剧审网字（2018）第0165号	2018-11-01
58	神秘博士——神秘博士归来	英国	1	60	优酷信息技术（北京）有限公司	（京）剧审网字（2018）第0164号	2018-11-01
59	兄弟	中国香港	30	45	优酷信息技术（北京）有限公司	（京）剧审网字（2018）第0168号	2018-11-08
60	博士之日	英国	1	76	优酷信息技术（北京）有限公司	（京）剧审网字（2018）第0177号	2018-11-13
61	明日传奇（第三季）	美国	18	45	北京搜狐互联网信息服务有限公司	（京）剧审网字（2018）第0169号	2018-11-13
62	星光之恋（第二季）	美国	10	42	北京搜狐互联网信息服务有限公司	（京）剧审网字（2018）第0180号	2018-11-29
63	神秘博士（第十季）	英国	12	46	优酷信息技术（北京）有限公司	（京）剧审网字（2018）第0184号	2018-12-10

（续表）

序号	中文剧名	产地	集数	时长/集（分钟）	引进单位	许可证号	发证日期
64	宝宝来了（BB来了）	中国香港	20	45	优酷信息技术（北京）有限公司	（京）剧审网字（2018）第0183号	2018–12–10
65	降服魔女的手段	泰国	18	42	北京爱奇艺科技有限公司	（京）剧审网字（2018）第0186号	2018–12–26

（北京市广播电视局网络视听节目管理处）

2018 年北京市审核网站引进境外电影情况一览表

序号	中文电影名	产地	长度（分钟）	引进单位	许可证号	发证日期
1	疯狗警探	泰国	114	暴风集团股份有限公司	（京）剧审网字（2018）第0005号	2018–01–12
2	不存在的瑞秋	菲律宾	90	迈视（北京）网络传媒技术有限公司	（京）剧审网字（2018）第0016号	2018–01–12
3	星笼之海	日本	107	北京爱奇艺科技有限公司	（京）剧审网字（2018）第0010号	2018–01–12
4	棒球英豪	美国	80	北京风行在线技术有限公司	（京）剧审网字（2018）第0009号	2018–01–12
5	时空穿梭者	美国	104	暴风集团股份有限公司	（京）剧审网字（2018）第0015号	2018–01–12
6	不可思议小姐	法国	90	迈视（北京）网络传媒技术有限公司	（京）剧审网字（2018）第0001号	2018–01–12
7	一个女人的一生	法国	119	北京爱奇艺科技有限公司	（京）剧审网字（2018）第0002号	2018–01–12
8	罗马尼亚绑架案	美国	88	北京风行在线技术有限公司	（京）剧审网字（2018）第0004号	2018–01–12
9	玻璃城堡	美国	127	北京爱奇艺科技有限公司	（京）剧审网字（2018）第0006号	2018–01–12
10	紧急营救	美国	88	北京风行在线技术有限公司	（京）剧审网字（2018）第0007号	2018–01–12

（续表）

序号	中文电影名	产地	长度（分钟）	引进单位	许可证号	发证日期
11	彩虹照耀	加拿大	101	暴风集团股份有限公司	（京）剧审网字（2018）第0008号	2018-01-12
12	同流合污	加拿大	90	暴风集团股份有限公司	（京）剧审网字（2018）第0018号	2018-01-29
13	芬妮的旅程	法国	94	北京爱奇艺科技有限公司	（京）剧审网字（2018）第0017号	2018-01-29
14	一张票	泰国	90	暴风集团股份有限公司	（京）剧审网字（2018）第0025号	2018-02-02
15	为爱起舞	以色列	95	暴风集团股份有限公司	（京）剧审网字（2018）第0024号	2018-02-02
16	水形物语	美国	118	北京爱奇艺科技有限公司	（京）剧审网字（2018）第0023号	2018-02-02
17	萌犬好声音2	加拿大	92	北京爱奇艺科技有限公司	（京）剧审网字（2018）第0021号	2018-02-02
18	音乐之光	奥地利	97	北京爱奇艺科技有限公司	（京）剧审网字（2018）第0026号	2018-02-02
19	秘密手稿	爱尔兰	108	北京爱奇艺科技有限公司	（京）剧审网字（2018）第0020号	2018-02-02
20	爱战也梭吞3	泰国	91	暴风集团股份有限公司	（京）剧审网字（2018）第0022号	2018-02-02
21	哈瓦那三日危情	美国	83	北京风行在线技术有限公司	（京）剧审网字（2018）第0028号	2018-02-06
22	喜剧大过天	美国	92	北京风行在线技术有限公司	（京）剧审网字（2018）第0027号	2018-02-06
23	雷德怒潮	英国	93	暴风集团股份有限公司	（京）剧审网字（2018）第0036号	2018-02-12
24	跟随旋律	加拿大	100	暴风集团股份有限公司	（京）剧审网字（2018）第0031号	2018-02-12

（续表）

序号	中文电影名	产地	长度（分钟）	引进单位	许可证号	发证日期
25	完美银行大劫案	英国	93	北京爱奇艺科技有限公司	（京）剧审网字（2018）第0037号	2018-02-12
26	重获光明之旅	加拿大	116	暴风集团股份有限公司	（京）剧审网字（2018）第0035号	2018-02-12
27	青春那年	美国	71	北京风行在线技术有限公司	（京）剧审网字（2018）第0033号	2018-02-12
28	洗罪	加拿大	88	暴风集团股份有限公司	（京）剧审网字（2018）第0032号	2018-02-12
29	大洋之间的灯光	英国	133	北京爱奇艺科技有限公司	（京）剧审网字（2018）第0040号	2018-03-09
30	那些年一起听的歌	英国	105	北京爱奇艺科技有限公司	（京）剧审网字（2018）第0045号	2018-03-13
31	海星	英国	95	北京爱奇艺科技有限公司	（京）剧审网字（2018）第0043号	2018-03-13
32	耐撕侦探	美国	116	北京爱奇艺科技有限公司	（京）剧审网字（2018）第0041号	2018-03-13
33	即刻杀机	美国	96	北京爱奇艺科技有限公司	（京）剧审网字（2018）第0044号	2018-03-13
34	记忆重现	加拿大	111	北京爱奇艺科技有限公司	（京）剧审网字（2018）第0050号	2018-03-21
35	绑架	美国	92	北京爱奇艺科技有限公司	（京）剧审网字（2018）第0049号	2018-03-21
36	路障	美国	80	北京风行在线技术有限公司	（京）剧审网字（2018）第0062号	2018-04-02
37	秘密联络	加拿大	94	北京风行在线技术有限公司	（京）剧审网字（2018）第0060号	2018-04-02
38	十一月的罪行	美国	100	北京爱奇艺科技有限公司	（京）剧审网字（2018）第0059号	2018-04-02

（续表）

序号	中文电影名	产地	长度（分钟）	引进单位	许可证号	发证日期
39	魔方	法国	142	北京爱奇艺科技有限公司	（京）剧审网字（2018）第0057号	2018–04–02
40	助产士	法国	117	北京爱奇艺科技有限公司	（京）剧审网字（2018）第0055号	2018–04–02
41	危墙	美国	90	北京爱奇艺科技有限公司	（京）剧审网字（2018）第0054号	2018–04–02
42	信	日本	121	北京爱奇艺科技有限公司	（京）剧审网字（2018）第0052号	2018–04–02
43	回到荒野	阿联酋	92	北京爱奇艺科技有限公司	（京）剧审网字（2018）第0051号	2018–04–02
44	武士的食谱	日本	122	北京爱奇艺科技有限公司	（京）剧审网字（2018）第0063号	2018–04–02
45	荒野追踪	加拿大	109	暴风集团股份有限公司	（京）剧审网字（2018）第0053号	2018–04–02
46	与生命有约	德国	111	北京爱奇艺科技有限公司	（京）剧审网字（2018）第0068号	2018–04–02
47	奇怪的鸟	法国	70	暴风集团股份有限公司	（京）剧审网字（2018）第0067号	2018–04–02
48	让我告诉你	日本	109	北京爱奇艺科技有限公司	（京）剧审网字（2018）第0066号	2018–04–02
49	笨蛋	美国	100	北京风行在线技术有限公司	（京）剧审网字（2018）第0065号	2018–04–02
50	我的机器人女友	日本	115	北京爱奇艺科技有限公司	（京）剧审网字（2018）第0061号	2018–04–02
51	初恋这件小事	泰国	118	暴风集团股份有限公司	（京）剧审网字（2018）第0077号	2018–04–11
52	摩天轮	美国	100	北京爱奇艺科技有限公司	（京）剧审网字（2018）第0076号	2018–04–11

（续表）

序号	中文电影名	产地	长度（分钟）	引进单位	许可证号	发证日期
53	平衡之间	美国	100	暴风集团股份有限公司	（京）剧审网字（2018）第0081号	2018-04-11
54	各拥所得	英国	90	暴风集团股份有限公司	（京）剧审网字（2018）第0080号	2018-04-11
55	安多芬	加拿大	84	暴风集团股份有限公司	（京）剧审网字（2018）第0079号	2018-04-11
56	最后一周	加拿大	94	暴风集团股份有限公司	（京）剧审网字（2018）第0078号	2018-04-11
57	最好的一年	泰国	78	暴风集团股份有限公司	（京）剧审网字（2018）第0074号	2018-04-11
58	芭芭拉	法国	97	北京爱奇艺科技有限公司	（京）剧审网字（2018）第0073号	2018-04-11
59	海德女士	法国	95	北京爱奇艺科技有限公司	（京）剧审网字（2018）第0072号	2018-04-11
60	快乐结局	法国	100	北京爱奇艺科技有限公司	（京）剧审网字（2018）第0071号	2018-04-11
61	能量唤醒	挪威	88	北京爱奇艺科技有限公司	（京）剧审网字（2018）第0070号	2018-04-11
62	王子与我	捷克	111	北京爱奇艺科技有限公司	（京）剧审网字（2018）第0069号	2018-04-11
63	漂泊者	意大利	111	暴风集团股份有限公司	（京）剧审网字（2018）第0083号	2018-04-23
64	一呼一吸	英国	118	北京爱奇艺科技有限公司	（京）剧审网字（2018）第0085号	2018-04-27
65	萌犬好声音3	加拿大	87	北京爱奇艺科技有限公司	（京）剧审网字（2018）第0084号	2018-04-27
66	与君同行	美国	94	暴风集团股份有限公司	（京）剧审网字（2018）第0086号	2018-04-27

（续表）

序号	中文电影名	产地	长度（分钟）	引进单位	许可证号	发证日期
67	群狗	罗马尼亚	104	北京风行在线技术有限公司	（京）剧审网字（2018）第0095号	2018-05-09
68	少女青春期	芬兰	90	北京风行在线技术有限公司	（京）剧审网字（2018）第0089号	2018-05-09
69	普通朋友	德国	96	北京风行在线技术有限公司	（京）剧审网字（2018）第0094号	2018-05-09
70	愿你被爱	加拿大	101	北京风行在线技术有限公司	（京）剧审网字（2018）第0090号	2018-05-09
71	疾速追杀	西班牙	90	暴风集团股份有限公司	（京）剧审网字（2018）第0093号	2018-05-09
72	那年夏天的第一次	日本	116	北京爱奇艺科技有限公司	（京）剧审网字（2018）第0103号	2018-05-28
73	隔墙有眼	美国	80	北京风行在线技术有限公司	（京）剧审网字（2018）第0099号	2018-05-28
74	夕阳特工/小镇风流	美国	100	北京爱奇艺科技有限公司	（京）剧审网字（2018）第0098号	2018-05-28
75	各取所得	英国	94	暴风集团股份有限公司	（京）剧审网字（2018）第0104号	2018-05-28
76	苏菲与朝阳	加拿大	116	北京风行在线技术有限公司	（京）剧审网字（2018）第0106号	2018-05-28
77	炙热	印度	116	北京风行在线技术有限公司	（京）剧审网字（2018）第0107号	2018-05-28
78	闺蜜疯上路	意大利	118	北京风行在线技术有限公司	（京）剧审网字（2018）第0102号	2018-05-28
79	性命攸关	英国	85	暴风集团股份有限公司	（京）剧审网字（2018）第0105号	2018-05-28
80	马克思和莱昂的疯狂故事	法国	157	北京爱奇艺科技有限公司	（京）剧审网字（2018）第0101号	2018-05-28

（续表）

序号	中文电影名	产地	长度（分钟）	引进单位	许可证号	发证日期
81	心之寂静	法国	95	迈视（北京）网络传媒技术有限公司	（京）剧审网字（2018）第0112号	2018-06-08
82	浴血关系	丹麦	90	迈视（北京）网络传媒技术有限公司	（京）剧审网字（2018）第0113号	2018-06-08
83	大毒会	英国	96	迈视（北京）网络传媒技术有限公司	（京）剧审网字（2018）第0114号	2018-06-08
84	破碎之城	美国	90	北京爱奇艺科技有限公司	（京）剧审网字（2018）第0115号	2018-06-08
85	伯德小姐	美国	94	优酷信息技术（北京）有限公司	（京）剧审网字（2018）第0111号	2018-06-08
86	帕洛斯弗迪斯的部落	美国	104	暴风集团股份有限公司	（京）剧审网字（2018）第0109号	2018-06-08
87	圣·乔治	葡萄牙	112	北京爱奇艺科技有限公司	（京）剧审网字（2018）第0110号	2018-06-08
88	塔斯马尼亚恶魔	加拿大	90	北京风行在线技术有限公司	（京）剧审网字（2018）第0116号	2018-06-08
89	好兄弟	荷兰	100	暴风集团股份有限公司	（京）剧审网字（2018）第0119号	2018-06-26
90	茉莉牌局	美国	134	北京爱奇艺科技有限公司	（京）剧审网字（2018）第0121号	2018-06-26
91	高级项目	美国	85	暴风集团股份有限公司	（京）剧审网字（2018）第0122号	2018-06-26
92	迷雾少女	西班牙	104	暴风集团股份有限公司	（京）剧审网字（2018）第0131号	2018-08-07
93	热舞女团	日本	117	暴风集团股份有限公司	（京）剧审网字（2018）第0132号	2018-08-07
94	复仇之火	英国	99	暴风集团股份有限公司	（京）剧审网字（2018）第0135号	2018-08-22

（续表）

序号	中文电影名	产地	长度（分钟）	引进单位	许可证号	发证日期
95	怒火警探	匈牙利	99	暴风集团股份有限公司	（京）剧审网字（2018）第0133号	2018-08-22
96	惊恐小镇	比利时	74	北京搜狐互联网信息服务有限公司	（京）剧审网字（2018）第0142号	2018-09-07
97	胡桃夹之圣诞森林奇遇	秘鲁	80	北京搜狐互联网信息服务有限公司	（京）剧审网字（2018）第0147号	2018-09-26
98	泡吧侦探2	日本	107	迈视（北京）网络传媒技术有限公司	（京）剧审网字（2018）第0151号	2018-09-30
99	泡吧侦探	日本	125	迈视（北京）网络传媒技术有限公司	（京）剧审网字（2018）第0150号	2018-09-30
100	威士忌大盗	匈牙利	126	暴风集团股份有限公司	（京）剧审网字（2018）第0149号	2018-09-30
101	我的阿呆弟弟	德国	113	暴风集团股份有限公司	（京）剧审网字（2018）第0153号	2018-10-19
102	城市岛屿	美国	104	迈视（北京）网络传媒技术有限公司	（京）剧审网字（2018）第0154号	2018-10-19
103	猝不及防	法国	85	暴风集团股份有限公司	（京）剧审网字（2018）第0155号	2018-10-19
104	我和格瓦拉的故事	法国	90	暴风集团股份有限公司	（京）剧审网字（2018）第0156号	2018-10-19
105	兵荒马乱的爱情	中国台湾	84	北京爱奇艺科技有限公司	（京）剧审网字（2018）第0157号	2018-10-19
106	你给的仇恨	美国	100	北京爱奇艺科技有限公司	（京）剧审网字（2018）第0158号	2018-10-19
107	根西岛文学与土豆皮馅饼俱乐部	美国	100	北京爱奇艺科技有限公司	（京）剧审网字（2018）第0160号	2018-11-01
108	空白的十三年	日本	70	暴风集团股份有限公司	（京）剧审网字（2018）第0161号	2018-11-01

（续表）

序号	中文电影名	产地	长度（分钟）	引进单位	许可证号	发证日期
109	萌犬好声音4	加拿大	87	北京爱奇艺科技有限公司	（京）剧审网字（2018）第0167号	2018–11–01
110	够了！	荷兰	100	北京搜狐互联网信息服务有限公司	（京）剧审网字（2018）第0176号	2018–11–13
111	火与尘	英国	133	北京搜狐互联网信息服务有限公司	（京）剧审网字（2018）第0175号	2018–11–13
112	霍华德庄园	英国	140	北京搜狐互联网信息服务有限公司	（京）剧审网字（2018）第0174号	2018–11–13
113	赛马皮特	英国	121	北京爱奇艺科技有限公司	（京）剧审网字（2018）第0172号	2018–11–13
114	英雄归来	法国	120	北京爱奇艺科技有限公司	（京）剧审网字（2018）第0171号	2018–11–13
115	美国动物	美国	100	北京爱奇艺科技有限公司	（京）剧审网字（2018）第0170号	2018–11–13
116	海贼大冒险	德国	73	暴风集团股份有限公司	（京）剧审网字（2018）第0173号	2018–11–13
117	幸福的拉扎罗	意大利	118	北京爱奇艺科技有限公司	（京）剧审网字（2018）第0178号	2018–11–21
118	慷慨之心	印度	152	北京爱奇艺科技有限公司	（京）剧审网字（2018）第0179号	2018–11–22
119	宝莱坞生死恋	印度	181	北京爱奇艺科技有限公司	（京）剧审网字（2018）第0182号	2018–12–03
120	单身汉	美国	99	暴风集团股份有限公司	（京）剧审网字（2018）第0181号	2018–12–03
121	年度最佳学生	印度	132	北京爱奇艺科技有限公司	（京）剧审网字（2018）第0185号	2018–12–10
122	神秘外星人	美国	88	暴风集团股份有限公司	（京）剧审网字（2018）第0190号	2018–12–29

（续表）

序号	中文电影名	产地	长度（分钟）	引进单位	许可证号	发证日期
123	里基·莱普与塞尔维亚的守财奴	芬兰	73	暴风集团股份有限公司	（京）剧审网字（2018）第0192号	2018-12-29
124	莉莉的魔法圣诞节	德国	100	迈视（北京）网络传媒技术有限公司	（京）剧审网字（2018）第0197号	2018-12-29
125	里基·莱普与机灵的伦纳德	芬兰	80	暴风集团股份有限公司	（京）剧审网字（2018）第0191号	2018-12-29
126	里基·莱普与夜鹰	芬兰	72	暴风集团股份有限公司	（京）剧审网字（2018）第0193号	2018-12-29
127	去过月球吗	意大利	115	暴风集团股份有限公司	（京）剧审网字（2018）第0189号	2018-12-29
128	营救计划	美国	89	暴风集团股份有限公司	（京）剧审网字（2018）第0188号	2018-12-29
129	当哈利遇到莎迦	印度	140	北京爱奇艺科技有限公司	（京）剧审网字（2018）第0187号	2018-12-29
130	怦然星动	印度	139	北京爱奇艺科技有限公司	（京）剧审网字（2018）第0198号	2018-12-29
131	爸爸	德国	104	暴风集团股份有限公司	（京）剧审网字（2018）第0196号	2018-12-29
132	铁血追捕	墨西哥	104	暴风集团股份有限公司	（京）剧审网字（2018）第0194号	2018-12-29
133	摩卡	瑞士	89	暴风集团股份有限公司	（京）剧审网字（2018）第0195号	2018-12-29

（北京市广播电视局网络视听节目管理处）

2018年北京市广播电视新媒体发展情况

一、北京电台新媒体发展情况

2018年，北京电台依据《北京电台媒体融合改革方案及实施办法（试行）》，打造一批具有北京电台特色的融媒体产品，持续完善融媒体发布网络，探索“平台化、移动化、智能化”的媒体融合路径。

开发自主新媒体产品。2018年，全面启动北京电台媒体融合的主运营平台——听听FM的改版工作，明晰产品定位，合理布局产品构架，重点打造互动直播、社区社群、精品音频等版块。当年11月新版本上线后呈现版权节目12万集，音频专辑1400张。同时推出网络首播的6档音频点播节目以及3档音视频直播节目，自制节目上线一个月内更新近百期。同时，在优化用户需求、完善互动直播等方面进行持续迭代升级。

北京电台文艺广播融媒体产品《诵读小站》，通过节日、纪念日主题诵读等活动，提升广播、新媒体和线下“三位一体”的融合传播与互动效果。交通广播“好司机养成记”App不断出新，现有18.8万注册用户，65%的注册用户有行程记录，用户互动效果良好。

拓展新媒体影响力。北京广播网进一步扩大原创内容占比，改进网站传播效果；北京电台微信矩阵全面建成，接入83个微信公众号，形成微信宣传的统一阵地；微信商城功能正式上线，积极探索流量变现；“建外14号”小程序进行4次升级，开发出背景声音播放、视频直播等新功能。新媒体对外合作有序推进，新开拓网易新闻、新浪看点、抖音等11个平台，合作官方账号达到28个，全年推送图文稿件1500余条、视频400余条、直播300余场，视频累计播放量5000多万次。

新媒体发展趋势研究。每月推出《北京电台新媒体数据分析报告》，为新媒体运营提供建议和思路。完成《新媒体考核调研报告》及《新媒体考核草案》，并制定《北京电台新媒体考核及激励机制》，为深度融合提供制度保障。完成调研课题《关于加强广播与新媒体融合工作的调研》《新媒体时代广播节目创新规律研究》，针对北京电台在融合发展中遇到的内容创新、体制机制等问题，提出具体的策略建议。

二、北京电视台2018年新媒体宣传情况

截至2018年年底，北京电视台12个节目中心日常运营的各类新媒体账号179个（不包括随机发布账号27个，停更账号10个）。其中微信公众号73个、微博账号42个、头条号20个、大鱼号5个、企鹅号4个、百家号4个、抖音号9个、其他账号22个。全年，北京电视台新媒体账号矩阵宣传推广该台及各中心的重大节目、活动、项目及上级任务40多个，重点包括春晚、卫视季播节目、重点电视剧、大型纪录片、第八届北京国际电影节、俄罗斯世界杯足球赛以及北京市两会、京交会、国庆灯光秀、改革开放40年主题宣传等。同时对外开拓与北京电台新媒体融合，与市政府官方微博@北京发布建立合作，探索利用互联网平台扩大BTV品牌影响力。

在北京市两会召开期间，在“以新闻中心为龙头，生活和财经中心为两翼，其他中心特色跟进”的新媒体两会报道整体策划框架下，设置微博#BTV两会话民生#话题，

主动引导舆论，利用短视频进行移动端集中宣推。两会期间发布短视频近 60 条，移动端播放量 300 多万。

在世界杯的宣传中，与体育和新闻两个中心新媒体团队沟通，制定统合资源，以原创短视频发力世界杯的思路，以 #BTV 世界杯 # 话题共发布原创内容近 70 个，短视频总播放量超过 300 万次 +。

在改革开放 40 周年新媒体宣传洪流中，展现 BTV 的媒体品质和品牌影响力。自 10 月以来，BTV 新媒体双微矩阵对卫视、新闻、财经、生活、动画等 8 个系列专题及 5 个公益宣传片和 1 部大剧进行联动发布，其中 @ 北京电视台官方微博发布图文及视频共计 86 条，微信稿件 100 多篇，累计阅读量 500 多万次。为了扩大品牌影响力和曝光度，联络北京市政府官方微博 @ 北京发布，将北京电视台“改开 40 年”内容纳入 # 改革开放 40 周年北京相册 # 话题，成为话题的主贡献账号，同时配合新闻中心发起 # 北京有你更精彩 # 话题，借力明星大 V 增加品牌曝光度，此话题的阅读量达到 4 亿次。从 12 月 15 日开始，以北京电视台精心制作的 4 个公益宣传片为主打内容，以“BTV 庆祝改革开放四十周年系列视频”统一命名，展开全网攻势。一方面，在腾讯、爱奇艺、优酷、网易、新浪、凤凰、酷 6、北京时间等主要网站的重要位置和今日头条，一点资讯、梨视频、快手等移动新媒体平台同时发布，一时间 BTV 登上各大互联网平台北京频道的头条，凤凰视频还在“焦点新闻”中进行特别推荐。另一方面，在由 @ 北京电视台首发，11 个节目中心及北京电台官方微博联动转发的微博矩阵中，连续 4 天对 4 个宣传片进行梯次高密度发布，聚焦年轻粉丝的目光，4 条视频平均阅读量取得 10 万余次的好成绩。4 天中 4 个宣传片在北京时间和新浪微博的流量近 300 万。

三、北京新媒体集团发展情况

北京新媒体（集团）有限公司下设北京时间新闻媒体有限公司、北京时间有限公司、北京新融媒文化发展有限公司、北京新媒体投资管理有限公司等四家子公司。北京新闻公司，是北京新媒体集团旗下全资子公司，承担北京新媒体集团、北京时间股份有限公司所有新媒体平台和产品的内容生产工作。北京时间公司是北京新媒体集团与奇虎 360 公司共同出资成立的，负责运营“北京时间”的全系列新媒体产品。

宣传报道内容。2018 年，北京时间原创独家（首发）国内新闻内容 3300 多条，转发（引）量达 6000 多次，累计全网点击（播放）量超过 50 亿次；发布国际新闻稿件 1443 条，其中短视频 1376 条、图文 48 条、直播 19 条，全网点击（播放）量超过 28 亿次。北京新闻公司全年共发布原创新闻近万篇，直播 1600 多场，视频（含短视频）5000 多条；另有多条创意 H5，成为重大主题报道中的独特力量。

北京时间在全国及北京市两会、改革开放 40 年主题宣传活动、“红墙意识”等多次重大宣传报道中，日均 UV 均可达百万量级，且所有报道未出现安全事故。。

在中央军委政治工作部与中央网信办联合举办的“战鼓阵阵”与“相约强军新时代网络名人进军营”两场宣传活动中，北京时间通过直播、短视频、宣传片、图文、专题、H5 等新媒体手段，近距离展示中国军队将士沙场练兵风采，全面展现中国国防和军队现代化建设水平。该系列报道总流量近 1.2 亿次，报道效果与传播方式都得到军队方面的充分肯定。

创新生产方式。2018 年 6 月，北京时间在“新时代矩阵”现有十六家北京属地网信企业的基础上，拓展新的直播合作平台，先后与央媒平台如人民网、人民视频、央视网等，互联网知名企业如百度、腾讯、咪咕视频等，外省新型媒体如河北长城新媒体集团、上海东方头条、上海界面新闻、广东南方都市报等互联网直播平台合作，聚合优质资源，不断扩大覆盖面，增强影响力。截至2018年底，参与“新时代矩阵”直播的单位已达30余家。共展开直播300余场，累计观看量突破2.8亿次。

北京新闻公司打造“北京时间短视频矩阵”，在短视频领域多平台发力，面向不同的内容方向，紧紧抓住新闻热点，获取独家资源，力求将好的选题和内容第一时间变成北京时间的优质内容，挖掘并弘扬社会正能量。北京时间短视频“时间视频”经过一年多的运营，时间视频微博公众号粉丝203万、微博MCN粉丝总数近400万，日均发布各类短视频50条左右，日均阅读量2000多万。

北京时间集中探索竖屏短视频和创意H5组合等新手段，以及AI智能技术和航拍无人机的全面应用。在北京两会、习近平总书记视察北京“2·26讲话”四周年等报道中，以丰富的报道手段、全形态的内容组合，不断推出新的技术应用。北京和全国两会及中非合作论坛北京峰会报道中，发布原创稿件600多条，另有创意H5共计7条。全网总点击量超过6亿次。“红墙意识”主题报道和“改革开放40年”相关的多项大型系列报道中，北京时间完成各类稿件及创意H5共计38件，全网点击（播放）量超过3亿。

北京时间App要闻推送在多次新闻事件中时效全网第一，在多数新闻事件中时效排在全网前五名；全年累积报道重大时政新闻（如全国两会、上合峰会等）50余次，超4230万人次阅读；累积报道热点新闻事件180余次，超1.2亿人次观看，并搭建各类新闻专题879个，围绕重大报道搭建并运营专题32个；精编综合稿1968条，独立策划内容超过60篇。

北京时间除做好为北京市组织部以及北京十六区组织部、国家大剧院、市网信办网评处、平安北京等政府和市属机构开通的30余个政务时间号的日常维护运营工作外，同时也依托北京大工匠、北京市文创大赛、京津冀非遗联展、“相约强军新时代”宣传等活动及报道任务，继续深化和加强与相关机构的合作。

多平台发布。北京时间网站及App不断优化迭代，用户下载量和日活跃用户数持续增长，商业变现能力不断增强。北京时间门户网站访问量和访问深度持续增长，日均访问用户数（UV）达6000万、日均页面浏览量（PV）4亿、用户每天在北京时间停留的阅读时长达52分钟。北京时间网站及App的4.0版本完成改版及上线，累计迭代十余个版本，增加政务大厅、用户社区、等级成长、积分商城等一系列功能，商业化变现能力提升约10%。

北京时间在提升内容生产和传播能力的同时，积极拓展平台之外的影响力拓展空间，在新浪微博、今日头条、腾讯视频等众多有影响力的传播平台上设置账号，打造特色鲜明的内容品牌，旗下主账号“时间视频”及新闻资讯账号“时间新闻视频”等其他垂直类账号在成为这些平台“优质客户”的同时，也形成北京时间影响力全网渗透的平台集群。仅在新浪微博平台，北京时间播放量超过500万的原创短视频有72个，其中24个超过1000万，超过2000万的有4条，总播放量超20亿次。此外，原创内容在企鹅、头条、秒拍等多平台不断实现播放量级突破，“时间视频”总账号多次当选月度前十，成为腾讯新闻、《人民日报》、新华社、《环球时报》等媒体的重要稿件源。

台网融合取得新进展。2018年，北京时

间继续与北京电视台、北京人民广播电台共同探索台网融合的可能空间和实现途径。在北京两会、全国两会、中国国际进口博览会、重阳节主题报道等各类大型主题报道中，北京时间与北京电视台、北京电台紧密牵手，在电视大屏、广播及PC端、App端，形成多终端联动的渠道资源优势，以多角度呈现、多形态融合的全景直播方式，将传统媒体的权威优势与新媒体灵活多变、新颖高效、互动性好的传播特点发挥到极致。全媒体深度融合、多平台勾连会场内外，以最快速度、最广覆盖在全媒体多终端平台上及时传播主流声音，取得良好的传播效果。

北京时间网站充分履行北京电视台官网职能。2018年，北京时间网站的BTV专区呈现BTV120余档栏目整期及碎片化内容拆条；完成“2018北京两会”“北京市党代会”“喜迎十九大北京新篇章”“中国梦365个故事第二季”“2018，为北京再出发”“太庙国学讲堂”“第七届喜剧幽默大赛”“北京卫视环球跨年冰雪盛典”“2018年BTV春晚”“第八届北京国际电影节”等专题。截至2018年年底，BTV专区累计完成专题搭建133个、直播73场、新建栏目空间17个；拆条视频总量共计31096条，其中包括整期视频总量为15340条、碎片视频总量为15756条。官网维护量共计85532条，其中包括单条视频维护14063条、列表更新9620条、栏目更新27903条、频道更新26978条、首页更新6418条。

开展三网融合业务。2018年，北京新媒体集团推进北京IPTV市场发展，通过不断提高平台影响力，提升用户体验，增加内容的数量、质量，让产品更贴合用户需求，推进北京IPTV各项业务持续快速发展，实现北京联通侧用户数突破200万，北京电信侧用户数突破20万。截至2018年年底，北京IPTV-联通、北京IPTV-电信总用户数较2017年底增加30%以上，实现用户数、收入、利润都超过30%的增长。

优化北京IPTV界面操作逻辑及研发新功能，提升北京IPTV付费用户体验，设计并开发完成酒店通版IPTV，推出IPTV政企版产品。截至2018年年底，政企酒店版共计在北京180余家酒店、19768户房间投入使用；优化完善UiOS互联网思维模式的电视交互操作系统，推动落地运营；完成“兑换码”“我的自服务”“IPTV欠费”提醒等功能的开发与测试；点播内容保有量大幅上升，出库总量突破13万小时，同比增长62%；每周点击平均次数为250万次以上，增长7%；周点击最高次数跃增为420万次。

四、歌华有线公司新媒体发展情况

2018年，歌华有线公司新增“央视4K超高清”“旅游卫视高清”“足球高清”“三沙卫视”等频道。截至2018年年底，歌华有线数字网内共传输185套电视节目，其中高清电视节目45套（不含区县高清），4K超高清电视节目1套。提供回看频道120套，其中高清数字电视频道38套，在线视频点播类节目数量接近15万小时。

1. 积极发展超高清内容。2018年10月1日，入网央视4K超高清频道。2018年12月5日，“4K视界”专区在DVB-IP平台点播栏目上线，专区首批上线500小时真4K内容，涵盖电影、电视剧、纪录、音乐、生活5个类型，满足用户更高的收视体验。

2. 加强优质内容资源建设。与全国七大互联网电视牌照方顺利合作对接，基于歌华云平台，在存量机顶盒上实现DVB+OTT的内容集成模式，3月27日在DVB机顶盒上线百视通、NewTV、华数、芒果TV应用产品；10月23日在DVBIP机顶盒上线云视听极光（腾讯视频）、酷喵影视（优酷视频）及银河奇异果（爱奇艺视频）产品，为用户提供优质互联网视频服务。

3. 开展政务民生服务。与北京市委组织部合作搭建“北京组工”学习平台，完成“新时代、新担当、新作为”“榜样党员”“人才”“党建进行时”“红色家书”等专题内容集成发布工作。为全市超过209万党员、10万基层党组织提供视频学习服务。与市应急办合作，根据全市统一部署，通过全频道滚动字幕发布“空气重污染预警”等提示，全年发布提示信息4000余次。设立新闻专区，包括《新闻联播》《北京新闻》《区县新闻》《央视报道》四个栏目。其中《央视报道》设“新闻”和“专题”两个分区，及时更新中央电视台有关北京的建设成就报道，每周更新新闻节目超过2000分钟。

4. 设立教育、健康、文化服务等专区。教育专区：年内上线搜课、评分、推荐、知识图谱功能。与市教委合作推动优质教育资源信息化建设，与53位首都正高级、特级教师合作打造“名师驾到”系列课程产品，课程规划总计788课时，覆盖初中9门学科，总时长约8000分钟。继续加强与北京教育新闻中心合作关系，完成200余条各类教育新闻和政策解读内容的权威发布。健康专区：继续推进健康宣传和社区服务，深耕与北京市卫计委、国家疾控中心等政府卫生部门、各三甲医院的合作，丰富平台内容，重点宣传专题策划20余个；与北京市卫计委妇幼处、北京市妇产保健院合作，在健康专区进行妇幼主题宣传12次。文化专区：“电视图书馆”累计在线图书超过100万册，实现线上线下订购相结合。数字文化社区服务平台完成改版工作。广场舞专区增设“555”频道号，并完成改版，提升用户体验。生活专区：合并少儿动漫内容，充分优化配置生活专区入口资源，合并少儿节目统一运营管理，专区在线节目内容超过200部，全年累计点播量155万次。购物专区：在全市范围内正式上线运营，以名品低价为理念，为北京电视用户提供大屏购物新模式。游戏专区总注册用户数超过395万人。

5. 参与融媒体中心建设。市级融媒体建设方面，公司与人民网、人民日报媒体技术公司共同提出“北京云”项目整体规划方案。区级融媒体建设方面，公司主动对接各区委宣传部，探讨区级融媒体中心建设思路。分别与东城、海淀、通州、门头沟、平谷、延庆等区达成区级融媒体平台建设合作意向。依托自身优势，积极探索为各区融媒体中心提供面向家庭的电视信息展示服务。对高清交互数字电视平台进行升级改版，在交互主页预留各区融媒体专区入口，为各区提供新闻宣传、政务公开和便民服务窗口，打造区级特色融媒体服务专区，将全市融媒体建设的成果，汇集到高清交互数字电视大屏上来。2018年，上线“海淀电视政务大厅”，成为歌华有线公司云平台承载上线的首个区级融媒体中心电视端服务项目

在信息平台项目方面，与东城区合作建设“美丽东城”项目，年内完成升级改版工作。与门头沟区合作建设“湖光山色门头沟”项目。“密云便民服务频道”电视云服务平台，汇集民政局、卫计委、气象局等14个委办局为民服务个性化需求，提供密云新闻、教育导航、就业社保、健康医疗、为老服务等9大服务功能，通过电视平台为辖区居民提供便捷的民生服务；实现遥控器“0”键一键进入主页。“北京美丽智慧乡村信息服务平台”项目完成OTT+DVB机顶盒的适配、部署工作。

6. “歌华生活圈”系列产品运营模式取得进展。确定“全区综合、街道 / 社区 / 村、专属行业 / 委办局公共服务、区级融媒体中心电视端展示”四大产品形态，并构建“歌

华融媒体系统”，打通有线电视网、互联网、移动互联网多终端信息渠道，实现新媒体在内容、渠道、数据三个层面融合发展，创新打造政务信息传播服务新模式。完成改版升级，进一步拓展“健身、科普、美食、购物”等专题服务，延伸产品线；实现按遥控器“0”键即可直达“歌华生活圈”门户网页。2018年年内，上线“潞城镇古月佳园”“门头沟城子街道”“昌平居庸关美丽智慧乡村”等3个街道/社区/村级生活圈；“文化昌平”“文化平谷”等4个专属行业云项目生活圈；“怀柔组织部村级三务公开电视云平台”委办局生活圈。截至2018年年底，“歌华生活圈”系列产品项目累计上线数量达到17个，覆盖9个区，全年点击量达到5720万次。

7.“中国电视院线”业务。截至2018年年底，“中国电视院线”已实现在全国29家省级有线网络公司落地，覆盖高清交互用户数3500万，电影院线公司完成高新技术企业资质申报工作并已领取证书。

8. 手机电视新媒体业务。歌华手机电视接入的运营商平台有咪咕视频和联通两大运营商，完成中国联通NET手机电视、沃视频的接入工作。

9. 加大公益宣传。一是服务改革开放40周年宣传大局，公司在高清交互平台开机页面开展庆祝改革开放四十周年主体宣传，累计量达9625万次。二是公司通过高清交互平台为北京市监察委、市委宣传部、市广播电视局、首都精神文明办、市公安局、市经信局、市卫计委、市文化和旅游局、市气象局、共青团北京市委员会、中国广播电视网络公司、北京电视台等部门和单位提供公益广告宣传。涵盖开机广告和平台“回看”“点播”“综艺”“生活”“新闻”“教育”等专区贴片广告位，日均曝光量210万次，全年总曝光量达7.5亿次。三是通过歌华公司全部频道滚动字幕发布应急信息。根据全市统一部署，先后发布“空气重污染橙色预警”“降雪”“春节元宵节烟花爆竹禁放”“强降水”“地质灾害”“防空警报”“红叶观赏”等预警类、服务类政府信息20条、4000次。信息发布及时、准确，内容零错误。7月16日起，北京连续两次强降雨过程，局地强降雨、冰雹、大风等强对流天气频发。7月16日和8月8日，在强降雨过程中，北京市均出现小时雨强超过100毫米的观测记录，超过2012年“7·21”特大暴雨的最大雨强，密云出现20年一遇的最大洪水，全市启动应急预案，组织群众避险转移3万人次，疏散游客12.3万人，同时启动歌华有线全频道滚动字幕全天值守，连续发布应急信息，确保人民群众生命财产安全。

（北京电台、北京电视台、北京新媒体集团、北京歌华有线电视网络股份有限公司）

北京市昌平区传媒中心上线“北京昌平”客户端

2018年3月，北京市昌平区传媒中心在充分借鉴新闻移动客户端和政务移动客户端建设经验的基础上，按照“权威信息的发布平台、舆论监督的问政平台、沟通民生的服务平台”的建设思路正式上线“北京昌平”客户端。通过“北京昌平”客户端建设，推进“新闻+”发挥平台聚合资源功能，对传统媒体“内容为王”战略进行升级迭代，聚力打造一款“权

北京昌平客户端截图 1

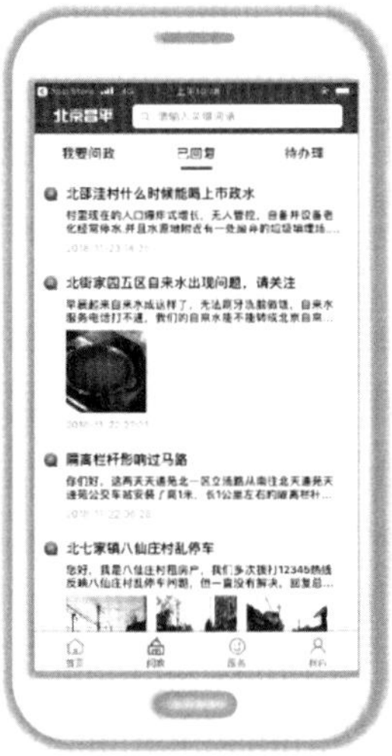
北京昌平客户端截图 2

北京昌平客户端截图 3

威信息的发布平台、舆论监督的问政平台、沟通民生的服务平台”为一体的区域综合信息服务平台。

一、“新闻＋智库”实现民情多维度反馈。聚焦“北京昌平”客户端的内容版块，通过健全基层通讯员队伍、拓展政务信息接口、邀请自媒体入驻和群众爆料等方式，逐渐畅通民情线索渠道，全方位聚合区域信息，进一步增加本土新闻信息的生产储备量。2018年，更新新闻15000余条，“头条”的本地化信息报道率已达到100%。

二、“新闻＋问政”实现民意快渠道畅通。开通“问政”版块，将“北京昌平”客户端打造成为昌平本地“民意上网”的主要入口。重点围绕民意诉求等级打造三个“场”：第一个是公共话语场，通过话题设置、百姓爆料、媒体互动等形式，逐步构建媒体科学引导、百姓积极参与的网上社群，让百姓有地方发表言论、释放情绪。第二个是舆论监督场，在媒体热线、信箱、曝光台的基础上，发动记者围绕民意关切和事实真相加强新闻调查，媒体全程跟踪监督解决问题，让舆论监督成为常态。第三个是民意互动场，通过区委区政府的统一指挥协调，对接问政系统，完善部门协同联动机制和纠错机制，让民意在百姓和政府之间高效互动。全年“北京昌平”客户端平台收到2000多条问政信息的回复率达到100%。《环境乱、卫生差、交通堵——村民盼村中“三大难题”早日得解》《七孔桥花海：不文明现象让景区很“受伤”》等很多问题追踪都得到相关部门的高效解决，群众满意度很高。

三、“新闻＋服务”实现民生全方位保障。布局两个领域，一个是整合政务服务资源，对接各类政务服务系统，将“北京昌平”客户端打造成全区网上服务事项的集中办理窗口，让信息多跑路，群众少跑腿；另一个是整合社会服务资源，从生老病死、吃穿住用等与百姓息息相关的生活需求入手，通过“北京昌平”客户端构建便民服务“一条龙”的商业服务圈，让昌平百姓“一端在手、生活无忧”。截至2018年年底共开通33项政务和便民服务，总下载量超32万，总阅读量超150万，已成功打造出昌平最大的网上社群。

（北京市昌平区传媒中心）

北京市通州区融媒体中心推出《通州上河图》创意互动 H5 作品

为庆祝改革开放 40 周年，北京市通州区融媒体中心策划推出《通州上河图》创意互动 H5 作品。该作品收录改革开放 40 年来通州区每年发生的大事件，并用手绘方式展示一幅幅通州标志性地点和建筑物，通过新旧对比，直观展现改革开放 40 年来通州发生的巨变。

作为新媒体产品，该作品具有很好的互动性、参与性、趣味性和传播性——用户可与 H5 互动，通过输入自己来通州的时间（或出生年月），生成专属于自己的通州记忆明信片，并在朋友圈进行分享展示，以此唤醒新老通州人内心深处温暖的记忆。该作品一经推出就受到新老通州人的欢迎，H5 的浏览量已达 36 万。浏览网址：http://m.bendi.163.com/fps/frontends/local_special/tz_changtu/index.html?1?1=?1

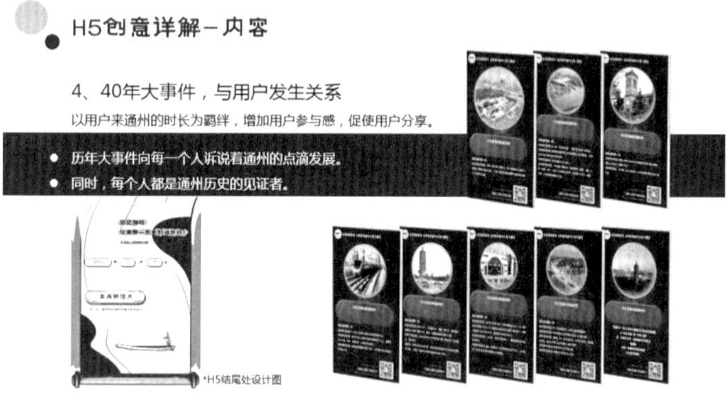

H5 创意详解内容截图 1

H5 创意详解内容截图 2

（北京市通州区融媒体中心）

北京市延庆区融媒体中心新媒体发展情况

2018 年 6 月，延庆区融媒体中心组建新媒体部，借助光明网新媒体资源丰富的优势，建成高效新媒体运行团队，完成“延天下”两微和“延庆小可抖”建设。陆续开通运营延庆报、光影学社、延庆风物、融媒党建、聚焦时分、妫川印象等微信矩阵公众号 9 个，发布信息 1900 余条，累计阅读量 1000 万多人次；注册运行世园会北京延庆、延庆故事、延庆正能量等抖音账号 20 余个，发布关于延庆各行各业微视频 2000 余条，累计点赞数 42 万余，其中《正能量老太太》抖音产品，点击量 9800 多万，获得点赞 48 万，5700 人参与互动评论；发布在腾讯视频上的《延庆这位老师因为评语走红网络》阅读量达到 7600 万，较好地表现“厚德延庆”主题，取得良好的宣传效果。

新媒体部与网易公司合作推出迎接北京世园会倒计时一周年的 H5 游戏《秘密花园的来信》；与光明网合作的 H5 游戏《七夕节寻雀大作战》《庆祝丰收节跳一跳》《重阳节给他的祝福》；小动画《小延来了》《延庆小可抖》；与启迪数字天下合作的 VR 产品《光辉岁月》；与首师大科德学院合作的航拍大赛产生了很大的社会影响力。在网上传播量达千万的产品超过 3 个，其中超过 10 万 + 的产品超过 25 个。

（北京市延庆区融媒体中心）

技 术

2018 年北京市广播电视科技工作综述

1 月 11 日，北京市新闻出版广电局、天津市文化广播影视局、河北省新闻出版广电局在北京联合召开京津冀广电科技协同发展项目推进会并签订《京津冀广电科技协同发展项目合作协议》

一、科技管理

北京市广播电视局委托广科院建设北京市广播影视科技信息资源平台。该平台为科学、有效地进行广电科技管理，及时掌握广播影视科技相关政策、事业产业发展、企业技术优势等状况以及科技发展重大项目的决策提供依据和服务。经过前期建设和试运行阶段，2018 年 8 月，组织专家对该项目进行验收并通过。专家组认为：北京市广播影视科技信息资源平台数据涉及政策信息、标准规范、产业数据、企业信息、项目信息、专利信息、专家信息等，内容丰富；此项目能够对国家广播电视行业政策信息、技术标准进行及时更新扩充，具备持续服务能力，具有示范推广作用。

组织开展 2017 年度广播电视节目技术质量优秀作品评选工作，对来自全市广电系统申报的广播电视节目进行客观性能测试和主观质量评价，评选出技术质量优秀作品；组织开展 2018 年北京市广播电视（广播中心系统、电视中心系统）技术能手培训和竞赛，邀请中国传媒大学教师分别围绕广播中心和电视中心系统开展音频播控、视频演播、网络安全等专业知识培训，并组织考试选拔优秀选手代表北京市广电系统参加国家广电总局技术能手竞赛；与 BIRTV 组委会合作举办“广播电视融合媒体发展专题报告会”，介绍广电融合媒体业务内容，安排朝阳、海淀区融媒体中心及昌平传媒中心重点分享交流媒体融合建设管理经验。报告会后，组织参会人员统一参观 2018 年 BIRTV 展览会。

二、安全播出

严格执行落实总局和市委市政府有关广播电视安全播出的工作部署，监督各单位落实《网络安全法》《广播电视安全播出管理规定》，积极开展日常安全播出及网络安全保障工作。每月组织召开一次市属单位安全播出工作例会及区安全播出视频工作例会，传达学习上级指示精神和工作部署，收集整理全市安全播出统计数据，分析安全播出存在的问题，并向总局监管中心报送安全播出月度工作小结；部署推进信息系统等级保护备案工作，努力实现全市新闻出版广电系统等级保护备案率100%；开展安全播出事件事故的调查分析、组织开展防范非法插播演练、举办全市新闻出版广电系统安全播出及网络安全培训班、统计更新安全播出管理信息等日常管理工作。

完成重要保障期安全播出保障工作。全国两会、“中非合作论坛北京峰会”等重要保障期，以“行业主管、属地保障、技术支持、企业主责”的管理模式，分解目标，夯实责任，按照部署、检查、整改、复查、动员、保障、总结七个步骤，有序推进各项保障工作开展。保障期间，北京市广播电视局主管领导在岗带班靠前指挥，各责任单位各司其职，加强巡查巡检，保障期间未发生任何重大故障。

开展北京市新闻出版广电系统安全播出大检查。成立以主管副局长为组长的检查组，拟定方案，制定计划，对全市新闻出版广电系统的安全保障情况进行检查。检查各单位安全播出和网络安全工作的部署落实情况、制度建设、工作机制流程有效性、值班值守、应急处置以及等级保护备案、网络安全保障、运维等方面的落实情况。要求各单位实现网络系统全备案。在融媒体中心建设过程中，将安全播出、网络安全同步规划、同步建设、同步运维保障，确保安全播出和网络安全。

开展网络安全专项测评检查。委托第三方机构对重要单位重要系统，开展安全等级测评和安全播出检查工作，发现问题，督促整改，使播出系统满足行业等级保护相应级别的具体要求，增强信息系统安全的规范性和有效性，增强网络的抗攻击能力，以保证播出系统的正常运转，持续提高安全播出保障能力。

加强网站监测，掌握动态信息。建立北京市新闻出版广电行业网络安全监测与预警项目。该项目能有效地覆盖所辖约30个网站系统的网站安全监测、安全预警、应急处置、绩效考核技术和管理体系，实时掌握网络安全动态，提供网络安全的预警信息内容，按要求提供监测情况及动态信息报告。

规范公共区域电子显示屏的行业管理。按照首都综治办要求，对全市新闻出版广播电视行业公共区域电子屏进行统计汇总（约34400余块），按照广播电视安全播出管理要求，对其中具有播出资质的经市广播电视播出机构所建立的播控平台播出的，经广播电视有线网络、无线网络传输所涉及的公共区域电子屏的安全播出进行行业管理，主要包括内容安全、播出安全、传输安全方面的行业监督管理。

三、广播电视公共服务工作

按照《北京市高清交互数字电视普及工作方案》，督促歌华有线公司加快农村偏远地区高清交互数字电视的推广和普及。到2018年年底，全市有线电视高清交互数字电视用户将达520万户，其中4K超高清用户达到60万户。同时，委托第三方机构对2017年高清交互数字电视用户普及情况进行审计，确保政府惠民工程的实施效果。

开展转播站、行政村发射站以及媒资共享平台运行维护。按照经费管理、招标采购的要求，及时合规开展招投标工作。开展运维工作实地检查及安全检查，监督运维工作落实，发现问题及时解决，优化运维工作方案；开展运维工作半年总结会及培训，分享各方优秀维护经验，促进维护能力不断提高，持续强化运维单位及人员安全播出意识。协助开展北京电台在皂君庙及通州甘棠镇发射台站备播及补点前期准备工作。积极开展“黑广播”治理和规范调频广播台站设置使用专项行动。

四、落实京津冀广播电视协同发展

为落实京津冀协同发展重大国家战略，持续推动京津冀广电领域协同发展。北京市广播电视局多次赴总局三院及天津河北调研，研究梳理须政府层面推动的合作事宜，召开协调会了解各方合作意向，探索合作渠道和方式。2018 年 1 月 11 日，在北京联合召开京津冀广电科技协同发展项目推进会。会上，北京市新闻出版广电局、天津市文化广播影视局、河北省新闻出版广电局签订《京津冀广电科技协同发展项目合作协议》，标志着三地新闻出版广电合作进入一个新的阶段。

五、开展广播影视企业科技国际合作

2018 年 4 月，北京市新闻出版广电局组织 10 家企业以北京展团形式参加美国 NAB 展览会。会上，捷成世纪的 Puppeteer 虚拟工厂、数字水印系统；中科大洋的 eStudio 全能机、iChannel2 高集成化播出系统；永新视博基于融合业务平台的 SecureMax 内容安全保护系统受到专业观众的重点关注。据统计，NAB 展会中直接签约额达 215 万元人民币，与客户达成签约意向金额约为 4111.61 万元。多家企业在北美、南美等国家建立代理渠道。

2018 年 3 月 23 日，北京市新闻出版广电局举办“一带一路”广播影视科技发展论坛，邀请国家发改委西部开发司、国家广电总局国际合作司、商务部“一带一路”企业服务中心等单位领导介绍“一带一路”倡议下的相关政策和新闻媒体产业合作情况。丝路沿线国家哈萨克斯坦、波兰、新加坡等代表介绍所在国家和地区广电发展趋势及需求。北京市广播影视科技企业代表分享“走出去”经验。

六、推动 4K/8K 超高清电视应用

北京市广播电视局开展超高清电视技术和产业发展调研，推动 2022 年北京冬奥会 8K 超高清赛事转播试点落地和北京市 4K/8K 超高清产业发展。实地考察京东方、华为、中科大洋等涵盖高清摄录、制作、播出、传输、存储和显示等全产业链企业技术研发与生产现状；加强与广播科学研究院在 8K 超高清转播、超高清技术创新和产业推进等方面的交流和合作，探索与中国电子科技集团公司第三研究所等在超高清终端检测、视频产业发展等方面的合作；与市发改委、科委、经信委和市文资办等加强沟通合作，推动资源整合；适时与北京冬奥组委相关部门对接，了解基础设备保障与电视转播要求；组织北京市六家广播影视科技企业参加北京冬奥组委组织的“冬奥创新开放平台——电视转播技术交流研讨会”，共同就如何在北京 2022 年冬奥会和冬残奥会筹办过程中实现技术创新、服务科技奥运进行讨论。在此基础上，围绕北京市“全国文化中心、科技创新中心”的战略定位，聚焦打造国家级内容创作生产基地、打造国内最大的内容集成分发交易平台、建成国内领先的播出平台和传输网络、建设国家级超高清电视创新研发平台、打造国内领先的超高清电视产业集群、实现 2022 年北京冬奥会 8K 超高清转播六大任务，研究制订《推动我市 4K/8K 超高清电视应用和产业发展的实施意见》《工业和信息化部 国家广播电视总局 北京市人民政府关于合作开展超高清视频产业创新应用示范框架协议》。

［北京市广播电视局科技处（公共服务处）］

2018 年北京市广播电视局科技委工作情况

2018 年，北京市广播电视局科技委围绕中心、服务大局，充分发挥职能，为推动北京市广播电视科技事业全面、协调、可持续发展做了如下工作：

一、咨询建议工作

围绕北京市广播电视科技重点工作，局科技委和各专业委充分发挥专家技术优势，为广播电视技术发展发挥重要的支撑、引领和推动作用。

1. 建言献策广播电视安全播出工作。围绕北京市广播电视安全播出管理体系建设，组织行业专家对各单位安全播出管理体系落实情况进行综合评估，为全国两会、“中非合作论坛北京峰会”、国庆等重大节日、重点时段等的安全播出保障工作保驾护航。同时，为全市范围内开展广播电视系统安全播出大检查、网络安全专项测评检查等提供智力支持。

2. 出谋划策 4K/8K 超高清电视应用和产业发展。为推动 2022 年北京冬奥会 8K 超高清赛事转播试点落地，推进北京市 4K/8K 超高清电视产业发展，局科技委开展超高清电视技术和产业发展调研，实地考察京东方、华为、中科大洋等涵盖高清摄录、制作、播出、传输、存储和显示等全产业链企业技术研发与生产现状，为编制《推动我市 4K/8K 超高清电视应用和产业发展的实施意见》出谋划策。

3. 保驾护航广电科技企业创新发展。局科技委组织行业专家积极参与全市广电科技产业发展政策宣传贯彻推进会，给北京市广电领域企业送上量身定制的“科技政策和技术服务包”。来自北京市 60 余家广电科技企业的近 80 名代表参加会议。

二、交流培训工作

局科技委紧跟科技发展的潮流，不断提高业务水平，开展各类不同形式的技术交流和培训活动，同时为科技进步和事业发展提供技术储备和支持。

1. 助力北京市广播影视科技企业“走出去”。2018 年 4 月，北京市广播电视局以“政府搭台、企业唱戏”的模式组织北京市九家广播影视科技企业参加美国广播电视（NAB）展，为北京市广播影视企业搭建国际交流合作平台。北京局科技委积极参与活动方案论证、参展企业遴选等工作，助力活动成功举办。

2. 组织融合媒体建设标准和规范研讨会。北京局科技委和总局中广电设计研究院共同举办“北京市融合媒体建设标准和规范研讨会”。会议就融媒体中心建设、运营过程中的需求、问题和困惑进行广泛交流，深入探讨媒体融合发展理念和融媒体中心建设标准规范，在进一步清晰和明确我市融媒体中心建设路径的同时，为总局融媒体中心建设行业政策制订、技术标准规范编制提供第一手资料，从而更好地指导北京市区融媒体中心建设工作。

3. 组织多方位、针对性的技术专业培训。北京局科技委与 BIRTV 组委会在中国国际展览中心合作举办“广播电视融合媒体发展专题培训”，邀请北京电视台、行业知名企业专家介绍融合新闻业务系统建设、融合媒体云平台建设、4K 传输及融媒体业务应用、广电融媒体网络安全防护等业务内容，并安排朝阳、海淀和昌平区融媒体中心重点分享交流广电、纸媒、网站和两微一端等媒体融合建设管理经验。并在培训后组织参会人员统一参观2018年BIRTV展览会。借助北京国际广播电视展览会（BIRTV）展示和交流平台，推动我市广电媒体深度融合发展，

4. 开展优秀节目作品点评观摩，提升节目制作技术质量。北京局科技委组织召开全市广播电视节目技术质量优秀作品点评观摩会，邀请中央人民广播电台、中央电视台担任金鹿奖、金帆奖评委的专家，分别就北京市广播电视参评节目在客观指标测试和主观质量评价中存在的问题进行针对性的讲解和评析，并对技术质量优秀作品及金鹿奖、金帆奖获奖作品进行听评和观摩。

三、技术评比评审工作

1. 北京局科技委受北京市广电局委托承担北京市广播电视科技类奖项评比评选工作。组织全市广播电视系统范围内的广播、电视节目技术质量优秀作品评选。经专业机构客观测试和行业专家主观评价，共评选出7个广播节目技术质量优秀作品、18个电视节目技术质量优秀作品，并进行参评节目的点评。

2. 组织专家对北京电视台“《电视台信息系统运行维护服务通用要求》标准研制及应用”项目进行论证评审，并推荐参加中国广播电影电视社会组织联合会2018年度广播影视科技创新奖评选，该项目荣获软科学类一等奖。

3. 组织开展2018年北京市（广播中心系统、电视中心系统）广播电视技术能手培训和竞赛，选拔优秀选手代表北京市广电系统参加广电总局技术能手竞赛。在全国广播电视（广播中心、电视中心）技术能手竞赛中，经北京局组织培训、选拔和推荐的三名选手均获2018年全国广播电视（广播中心）技术能手竞赛三等奖，被授予“2018年全国广播电视技术能手”称号。

［北京市广播电视局科技处（公共服务处）］

北京电台媒资版权管理系统投入使用

一、系统建设背景

北京人民广播电台（以下简称北京电台）自成立以来，积累了大量音频素材、节目成品。随着技术的发展及台里应用需求，需要建立一套媒资版权管理系统，实现现有珍贵资料的入库、编目、发布，实现检索和再利用，为节目制作提供服务。为此，北京电台委托北京捷成世纪科技股份有限公司设计开发媒资版权管理系统。

二、系统特点

（一）按照2016年2月24日发布的中华人民共和国广播电影电视行业标准《广播电视音像资料编目规范第2部分：音频资料》，结合北京电台的实际业务需求，实现音频资料数字化编目工作。

（二）媒资版权管理系统满足存储型媒资和生产型媒资的功能要求，既保证音频资料的完好存储，又满足节目生产部门对音频资料检索、查询和再利用的业务需求，从音频资料采集、编辑、发布、再利用全方位再造融合媒体业务生产流程。

（三）媒资版权管理系统为未来媒资的运营和商业变现提供接口和支撑，支持未来开展基于互联网应用的融合业务运营模式探

索与创新，实现频率到平台、内容到产品、受众到用户的转变，进而实现节目内容的多元化采集、多形态生成、多渠道传播、多终端接收、多模式变现，为用户提供多样化、个性化的信息和服务。

三、系统主要功能

北京电台媒资版权管理系统具有节目采集入库、存储管理、内容编目、检索下载、文件技审、转码等功能，并支持音频版权信息的著录及管理。同时系统能与台内现有制播平台实现对接，可直接在制播平台界面调用媒资版权检索，实现节目内容的检索和下载。系统同时预留接口，支持未来对接第三方语音识别及水印软件。该应用软件符合编目的生产要求，满足北京电台音频资料数字化抢救及编目项目的所有需求。

四、系统应用效果

北京电台媒资版权管理系统于2018年9月建成投入使用。采编播人员使用日常内容生产系统（北京电台融合型制播云平台）时，可以很方便地查询到编目后的20万小时媒资内容，并将媒资内容添加到生产的广播节目中，极大地丰富了节目的生产内容。

（北京电台）

2018年北京电视台新技术应用情况

2018年，北京电视台在新技术应用推广方面重点业务拓展和架构升级两个层面。在业务拓展层面，为媒体融合转型提供技术支撑的同时，努力提升电视节目视觉呈现质量；架构升级层面，深化推进云平台建设，提高资源调配、业务需求敏捷适配能力，为未来数据治理打下基础。新技术应用主要包括：

一、4K/8K超高清节目制作和IP技术

开展4K/8K内容生产尝试，摸索形成完善的4K/8K超高清节目生产工艺流程，自行开发DIT软件工具，并获得业内广泛认可。独立承揽NHK 8K纪录片《极致中国（第一季）——川西秘境》，NHK 4K纪录片《太行寻踪》《三国古道》的前期拍摄和后期制作工作。其中8K纪录片《极致中国（第一季）——川西秘境》已在NHK 8K频道播出。

引入IP技术，建设台内首套4K超高清现场转播系统。参照奥林匹克转播服务公司C类转播系统标准，依托制播全面高清化一期项目财政资金支持，建设台内首套IP架10讯道现场转播系统，为未来台内超高清节录制提供技术支撑，积累IP架构4K超高清系统使用、运维经验，为北京电视台参与2020年东京奥运会、2022年北京冬奥会现场转播任务创造支撑条件。

二、混合云平台以及容器和微服务

依托融媒体生产云一期、融合新闻云系统建设，为建设混合云平台奠定基础。打破竖井式架构局限，解决业务流程固化、迁移拷贝效率低等问题，有效提升流程效率，实现资源和能力的动态调配，利用公有云资源提供弹性扩展和补充。

在融合媒体生产云一期、融合新闻云项目建设过程中，引入微服务和容器技术。重点针对能力支承层、业务应用层进行容器+微服务重构，将数据库、中间件、消息服务、高可用与负载均衡框架、检索引擎、合成转码等支撑平台、媒体处理等组件微服务化。通过容器技术实现基于进程隔离的轻量级虚拟化，利用微服务设计理念实现高内聚、松

耦合的应用系统架构，有利于应用工具的持续开发、快速迭代，同时有效提升业务应用的高可用性，为进一步实现丰富、个性化的多种工具接入创造技术条件。

三、智能化与数据化

依托融合新闻云、融合媒体生产云项目建设，积极引入智能化技术手段，实现自然语言处理、图像识别、语音识别、人脸识别、智能标签能力，为用户提供智能拆条、智能检索工具，在提升业务效率的同时，提高台内用户体验。

在融合媒体生产云一期项目中，对台内系统数据进行规范化梳理，明确数据含义、来源、字段、用户等，初步形成数据采集、存储、分析和管理能力，通过数据分析结果反映系统状态，通过数据应用优化系统和资源调配。

四、播出监测和自动切换

在制播全面高清化一期项目的播出中心高清化整合建设过程中，引入监测和自动切换技术，对播出系统关键节点信号、设备、应用软件、数据库、流程、机房环境进行集中监测，实现故障告警和自动切换，结合安全播出值班流程优化，有效提升安全播出保障水平。

五、集控、轨道机器人和虚拟 / 现实增强

在融合新闻演播室建设过程中，引入集控、轨道机器人、虚拟 / 现实增强技术，提高新闻演播室视觉体验。其中集控技术可根据串联单要求，对演播室内切换台、服务器、字幕包装以及摄像机轨道机器人、虚拟植入等主要设备进行集中控制，实现直播流程的全面自动化，极大地改善了新闻制播业务模式。通过轨道机器人与集控技术结合，有效丰富演播室镜头语言；轨道机器人与虚拟 / 现实增强技术结合，由轨道机器人为虚拟设备提供精确三维追踪数据，优化虚拟植入实现效果，为观众呈现绚丽的虚拟前景，有效提升收视体验。

六、北京 IPTV 播控平台业务

向下游联通、电信两运营商提供 147 个直播频道节目，其中包括北京新媒体集团自有的淘电影、淘剧场、淘 BABY、淘 DOG、淘娱乐、4K 超清共 6 个直播付费频道和大健康免费频道。全年引入大量包括 4K 超高清的全新视频内容，共下发工单 404742 条。2 月，北京 IPTV 播控平台向 IPTV 中央总平台提供 50 路上星电视信号技术服务。5 月，新版用户界面 UIOS 系统上线，推出以语音遥控器、语音智能音箱为代表的 AI 智能操控方式。8 月，完成与辽宁、天津等播控分平台对接 IPTV 组播信号，实现频道异地共享。

（北京电视台）

北京电视台完成“电视台信息系统运行维护服务通用要求标准研制及应用”项目

一、项目背景

信息化快速发展，导致电视台传统生产、播出、管理模式的转型。随着发展进程的深入，系统运维管理已经成为制约电视台信息化发展的重要因素，体现在如何有效提高运维效率、控制运维风险、提高运维能力等方面。

将成熟的国内外信息技术系统运维标准与电视台信息系统运维特征相结合，制定适合电视行业的运维标准，是解决电视台信息系统运维难题的可行之道。

北京电视台牵头，总局广播电视规划院、上海广播电视台、江苏省广播电视总台参与完成《电视台信息系统运行维护服务通用要求 GY/T 317—2018》广播电视行业标准。此标准在北京电视台承担的国家广电总局 2012 年“基于高标清全台网络化制播体系管理维护模式的研究与实践”和 2014 年北京电视台、总局广播电视规划院、上海广播电视台、江苏省广播电视总台承担的“电视台制播网运维服务管理研究”项目成果《电视台制播网运维服务管理白皮书》的基础上完成。

二、项目成果和功能

《电视台信息系统运行维护服务通用要求》标准研制及应用的输出成果为《电视台信息系统运行维护服务通用要求》行业标准，标准编号为 GY/T 317—2018，于 2018 年 1 月正式颁布。

该标准建立基于电视台业务特征多标准一体化的信息系统运维服务体系。将国内外信息技术服务系列标准核心内容按电视台运维服务管理的要求和逻辑整合为一个体系，重新进行整体构架设计，在一个体系架构下包含所有运维服务的要素。该标准设计包含组织环境、能力管理、操作与过程、支撑保障四大板块的运维服务能力体系实现框架。针对电视台信息系统运维体系，设计涵盖融合组织环境、能力管理、操作与过程、支撑保障的完整体系框架，包含电视台信息系统运行维护服务的所有能力要素，每个要素通过关键指标反映其应具备的条件。

该标准提出覆盖运维服务能力体系全要素的绩效管理机制。定义出运维体系各能力要素的关键指标项，并建立起关联关系，将运维服务的总体需求目标分解为可参照、可评估的具体指标。

该标准构筑电视台安全播出保障和管理在信息系统运维服务能力建设方面的理论支撑，通过运维服务能力建设为系统高效运行、业务有序开展奠定基础。

三、项目应用

《电视台信息系统运行维护服务通用要求 GY/T 317—2018》标准在北京电视台、上海广播电视台、河北省广播电视台等单位实施，取得良好的应用效果。

该项目获 2018 年度广播影视科技创新软科学奖一等奖。

（北京电视台）

北京歌华有线公司广电技术开发应用情况

2018 年，北京歌华有线电视网络股份有限公司紧紧围绕有线电视安全传输和网络信息安全、高清交互数字电视新媒体平台建设和全媒体聚合云服务平台建设，全面加强智慧广电云建设，积极推进有线网络 IP 化、视频超高清化进程，取得一系列重要成果。

一、云平台融合业务

1. 推进技术平台优化升级。完成云平台 DBaaS 子系统升级；云平台 IT 设施边界防火墙升级扩容；云平台、高清交互、媒资系统边界防火墙安全加固，云平台上线“我的记录”功能，云飞视 App 3.0 版本开发，新接入爱奇艺等 SP 内容，集成歌华云投屏、爱奇艺小果云投屏、乐播协议等 3 种投屏方式，歌华云飞视小程序开发，云飞视改版项目 Pad 版的设计和应用开发工作。

2. 加强总前端网络信息安全保障能力。完成建外灾备前端（150 套、模拟节目 21 套）相关设备系统配置与调试，高清交互 BO 系统和 CDN 系统扩容及老旧设备替换，改造 RHE 射频系统，使用全新高密度 IP 化调制设备，将应急切换时间从分钟级缩短至秒级，原有系统继续保留并作为备路，并设置一键切换。完成平移网中 6 个数字频点的整体搬移，统一大网数字频道和模拟频道的配置，优化频率资源。完成“自动防范卫星信号非法攻击系统”部分软件的升级工作。

3. 实现 4K 超高清频道入网传输。完成 CCTV−4K 超高清电视节目上线测试、终端服务识别及 4K 节目播发，央视专区 4K 节目点播集成，对相关 DVB−IP 和网关机顶盒软件进行升级，启动扩展 4K、H.265 内容实时转码系统招标采购和建设。完成 IPCDN 与央视 4K 直播应用的 IP 化超高清服务对接，媒资系统对于 4K 视频的适配。

4. 推进网络和业务运营支持系统建设。完成互联网出口及内网资源建设，IP 骨干网建设和扩容升级，A0、E0 及 10 个远郊机房及 12 个华为波分站点扩容。

5. 推进有线网络传输 IP 化。推进 IPv6 的实施，加快推进光纤入户，解决有线传输最后一公里问题。2018 年双向网络改造 40 万户，其中光纤到户改造完工 20 万户，HFC 双向网络改造完工 20 万户。累计完成 71 个机房 DOCSIS3.0 系统升级工作，累计覆盖用户 570 万户，较上年增加 70 万户。

6. 加强反向噪声监控系统建设。2018 年覆盖用户增加 50 万户，累计达到 540 万户，受监控的光节点达到约 1.88 万个，为双向网维护起到支撑保障作用。

二、终端研发维护工作

1. 推进终端 IP 化演进。开始实施从传统的广电 DVB 传输技术向 DVBIP 和纯 IP 技术的战略转型，全年累计推广 4K 超清智能 DVBIP 机顶盒、网关机顶盒和 IP 机顶盒约 60 万台。网关机顶盒完成多窗口直播应用的开发上线，IP 机顶盒完成 5SP 统一平台版本软件研发和上线。完成 IPv6 改造调研和实验室网络方案、基础服务测试，形成整体系统向 IPv6 迁移的技术路线规划；规范歌华现有终端的 IP 升级流程，实现新终端升级可管可控。

2. 提升机顶盒用户体验。完成智能机顶盒开机流程优化，规范 UI 界面设计，实现开机时间平均缩短约 20 秒。完成新版 UI、UE 的门户 Portal 主页开发、上线，57 个高清交互应用迁移，统一新终端、流化平台版本。利用歌华有线云平台流化能力，实现部分型号老旧高清交互机顶盒去除中间件，3 款共计 150 余万台老旧终端的升级改造工作，优化用户体验。与爱奇艺、百度联合研发推出歌华小果人工智能机顶盒，在国内首次实现电视直播、互联网点播及人工智能语音的深度融合，为用户提供大量优质互联网内容资源和人工智能使用体验。

3. 遥控器优化工作。完成红外双面小遥控器角度和距离优化设计，白色背光红外双面小遥控器设计，简化版蓝牙语音遥控器外观设计和样品系统对接工作。

三、有线无线融合网试点工作

完成广播电视有线无线融合网业务试点工作的《申报方案》编写，开展北京延庆、大兴、房山、通州与河北交界位置 20 个测试点的频率测试工作。继续致力于通过有线无线融合网项目提高广播电视现代化传输水平、优质覆盖能力和末端沟通能力。

四、CA 字幕应急广播播发系统

对CA字幕应急广播播发系统进行升级，满足公司新终端产品实现歌华有线CA字幕应急广播系统的新需求。开展应急广播相关功能的端到端升级部署工作。

（北京歌华有线电视网络股份有限公司）

昌平区传媒中心融媒体平台建设情况

昌平区传媒中心对区属媒体机构进行优化，实现对广播、电视、报纸、“两微一端一屏”等区属媒体的统一指挥，有效盘活区属媒体资源，提升新闻舆论的传播力引导力。为此，昌平区传媒中心建设“北京昌平”客户端移动平台、中央厨房可视化平台和全媒体移动采编平台。

一、“北京昌平”客户端项目建设

2018年3月，“北京昌平”客户端正式上线。该项目是在充分借鉴新闻移动客户端和政务移动客户端建设经验的基础上建设的。完成“北京昌平”客户端设备及软件项目硬件平台搭建、内容库平台建设、手机App的功能框架搭建、政务功能开发、服务功能开发、系统网络安全建设、软件功能测试及手机App上线运行。搭建硬件平台所用硬件设备包括：存储、刀片服务器、核心交换机、虚拟化软件、云边界防护系统、web应用防火墙、安全网关、工作站等设备。同时搭建基于苹果和安卓（IOS/Android）手机App基本框架，完成新闻模块、政务模块、生活服务、专题模块、广告管理模块、图集管理模块、活动交互模块、大转盘抽奖模块、投票模块、会员功能模块、积分模块、商城模块、视频点播等多项功能模块。

在功能模块上，一方面建立政务模块接口，完成各政务单位系统接入；一方面完成服务模块接口，为对接三方服务做好充分准备；同时建立生产工具，包括写稿工具，支持H5、BS非编、图片、数据新闻的编辑工作。还加入大数据智能汇聚模块、智能处理模块、大数据智能展现模块等功能搭建，同时支持用户画像分析，包括数据分析、用户增比分析、用户属性分析、用户活跃度分析、用户行为分析。在此基础上，做好软件功能测试、大数据处理并做好平台联合试运行，保障北京昌平客户端的顺利上线和正常使用。

二、“中央厨房”可视化大屏项目建设

昌平区传媒中心“中央厨房”可视化展示平台（以下简称可视化平台）的建设是在整合已有业务系统基础上，实现对文字、图片、音视频等信息的“多点采集、中央汇聚、多平台发布、全时段传播”，满足总编辑部的总体指挥调度职能。

可视化平台依照标准规范建设，整体实际规划，系统具备多项可视化组件。初期可展示的组件为：文字、数字、面板、对话框、弹出窗口等基础组件，还涉及图标组件、地图组件、流程图、拓扑图组件、视频组件。在后期安装中心实时要求定制开发更多的组件。

可视化平台支持多种数据接口，包括HTTP API、WebService、REST API、DB API等。并与昌平区传媒中心现有信息系统对接，获取调研规划成果中确定展示的指标内容，以保证中央厨房大屏指标内容展示。同时还支持同屏控制器，操作人员可在屏幕前方使用手持终端操作控制大屏展示内容。

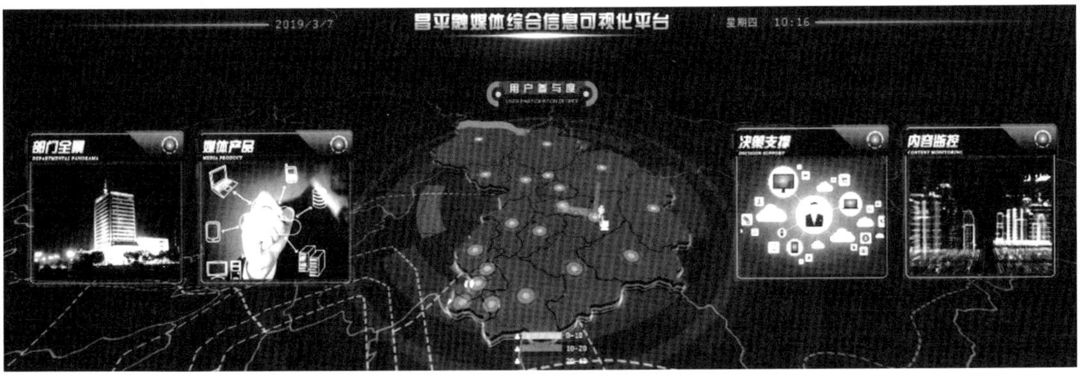

昌平融媒体综合信息可视平台大屏主界面

经过2017、2018两年的建设，昌平区传媒中心“中央厨房”总编辑部配置指挥调度大屏系统，完成基础的“中央厨房”可视化系统建设，实现“中央厨房”运营管理、业务监控、工作汇报、宣传展示、媒体融合成效展示等基础内容可视化，为“中央厨房”线上指挥平台初步成形打下基础。该系统将进一步整合舆情监控、“中央厨房”运行监控、民生热点数据展示、新闻事件分析、指挥调度、传播效果分析、直播平台展现等多个功能模块，全面覆盖媒体工作的各个流程。

三、全媒体移动采编平台建设

为满足广播、电视、报纸、新媒体采编管理要求，在总编辑部的整体指挥调度下形成采编全流程业务控制，昌平区传媒中心建立全媒体移动采编管理平台。该平台达到高效管理、协同业务、信息及时、采编质量可控可管，符合全媒体运营管理要求。

手机App客户端上线新闻线索管理、选题管理、采访管理、文稿管理、新闻/专题内容制作、栏目/版组内容审核等功能。

后台PC端管理平台实现多种模块，包括系统管理模块：实现用户管理、菜单管理、机构/部门管理、角色管理、栏目/版组管理、字典管理等功能的基础上，重点实现我的面板、报表管理、采编系统、稿件资源管理、通告管理、流程管理等功能，还实现高效的后台管理系统，对平台的基础数据进行有效的管理配置。

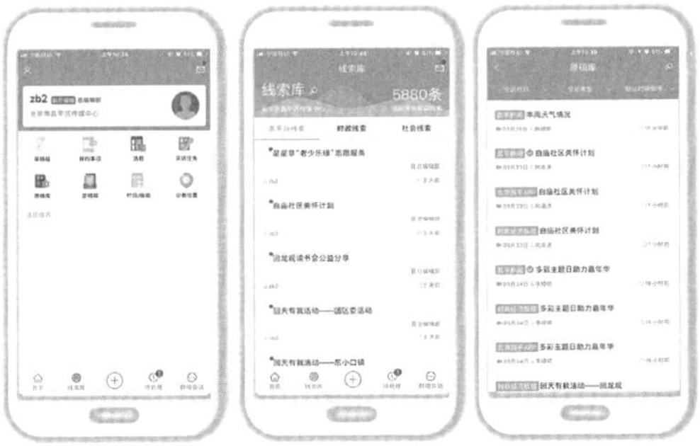

移动采编手机App界面

［昌平区传媒中心（融媒体中心）］

延庆区融媒体指挥调度平台功能

延庆区融媒体中心“广电+报业”模式的“中央厨房”基于《人民日报》“中央厨房”的成熟技术支持，依托北京“歌华云”服务，根据延庆区自身特点和重大选题要求建设，实现报业与广电业全媒体快速融合，推动延庆的新闻宣传工作水平和媒体接待保障能力快速提升，成功打造集政务服务 + 公共服务 + 民生服务的全媒体平台，在全国首先实现真正意义上的区县级“中央厨房”，形成极具行业特色和云服务亮点的“延庆模式”。

在业务层面架构中，“中央厨房”配有总编室、融媒体指挥调度平台、舆情指挥调度平台、网格化信息采集系统、移动融媒工具。

总编室负责每天开编前会，统筹报道策划，联系新闻线索，确定新闻选题，下派采访任务，审核整体流程。

融媒体指挥调度平台：在控制融媒生产、调度采访力量、汇聚全媒体媒资、打通上级媒体平台、汇聚新闻热点、统计生产结果、评估传播效果、考核员工绩效、协调技术支持方面发挥核心作用。

舆情指挥调度平台：实现舆情监测、应急指挥一体化，为舆情工作核心的处置环节提供系统保障。

网格化信息采集系统：主要负责延庆各街道、乡镇的新闻线索采集和宣传任务的下达。

移动融媒工具（App）：根据上级报道指令和编前会布置的任务，实现采访、编辑、分发的移动应用，实现随时会商，全天候值守、全领域覆盖、全链条打通、全流程协作。

［延庆区广播电视中心（融媒体中心）］

电视剧

2018 年北京电视剧制作发行情况综述

2018 年 10 月 10 日，在北京电视节目交易会（秋季）上举办庆祝改革开放 40 周年（1978—2018）新剧发布会

2018 年，北京电视剧创作生产全面贯彻落实习近平新时代中国特色社会主义思想，坚持以人民为中心的创作导向，发挥首都地缘、人才、资源优势，创造出一批思想性、艺术性、观赏性相统一的精品佳作。

一、基本情况

2018 年，北京市持有电视剧制作许可证（甲种）的单位 17 家。北京市广播电视局上报总局备案公示获得总局公示的电视剧共 345 部 13800 集；上报电视剧变更事项共 130 部次，其中，集数变更申请 88 部次，剧名变更申请 25 部次，制作单位变更申请 17 部次。取得电视剧制作许可证（乙种）的电视剧 116 部 4700 集，电视剧制作许可证（乙种）变更 12 项；取得发行许可证的电视剧 55 部 2503 集。其中，现实题材 33 部，占 60%。包括：当代题材 30 部占 55%（当代都市题材 21 部，当代农村题材 2 部，当代青少题材 1 部，当代涉案题材 4 部，当代其他题材 2 部）；现代题材 3 部 5%（现代军旅题材 1 部，现代都市题材 1 部，现代农村 1 部）。历史题材 22 部，占 40%。包括：近代题材 14 部占 25%（近代革命题材 8 部，近代传奇题材 4 部，近代其他题材 2 部）；古代题材 8 部占 15%（古代传奇题材 3 部，古代神话题材 3 部，古代传记题材 1 部，古代武打题材 1 部）。

二、组织相关活动推进剧目生产

1. 北京电视节目交易会

北京电视节目交易会坚持以习近平新时代中国特色社会主义思想为指引，深入学习贯彻党的十九大精神，庆祝改革开放 40 周年，探析行业发展，推动全国电视节目的交流和创新，成为引领电视行业发展的风向标。

3 月 25 日—28 日，北京电视节目交易会（春季）在北京会议中心举办。该届北京电视节目交易会由北京市委宣传部、北京市新闻出版广电局、北京市怀柔区人民政府联合主办，参会人员超 4000 人，参展节目达

1221部，近60000集，创历史新高。其中，推介电视剧867部（前期筹备剧目361部，开机拍摄及后期制作剧目99部，首轮发行剧目247部，二轮、多轮发行剧目148部，其他剧目12部），网络剧95部，电影、网络电影27部，纪录片、电视栏目69部（档），动画片33部，网络文学作品130部。在推介的众多电视剧节目中，多部具有时代气息的重量级头部作品首度亮相。这些作品覆盖改革开放、国产剧走出去、文化帮扶等多个题材领域，视角丰富、意义非凡。

10月10日—12日，由中共北京市委宣传部、北京市新闻出版广电局、北京市怀柔区委区政府共同主办的2018年北京电视节目交易会（秋季）在北京会议中心举办。该届电视节目交易会共收集参展剧目约1200部56700集，参会人员近4000人，集中推介反映改革开放40周年的10部新电视剧，发布“庆祝改革开放40周年”40部经典电视剧，设立“庆祝改革开放40周年” 电视剧展区。本届交易会共举办“发展论坛”“创作论坛”“大数据论坛”三场高峰论坛，聚焦电视剧创作生产，探析行业发展，为电视剧高质量发展献计献策、分享智慧。

2. 走出去工程

（1）组团参展法国戛纳电视节

4月8日—15日，北京市新闻出版广电局副局长戴维带队携北京影视代表团20余家影视机构30余人30余部电视剧、动画片、纪录片参展戛纳电视节。在电视节上设置64.4平方米特装“北京联合展台”，举办两个交流活动和一个签约仪式。4月8日，有来自30多个国家和地区的350余位受邀买家和100多位媒体记者参加买家交流会，从题材开掘、文化融合、合作方式等方面交流沟通。展会期间，北京联合展台推出的影视作品引起来自世界各地的展商、电视剧买家等业内人士的高度关注，共计接待客户100余家，并达成多项合作意向，各参展公司成果丰硕。其中，版全网约见来自美国、日本等地的数十家客户，接收到外国客户对中国动画片、纪录片、功夫电影等类型资源的需求，同时明确表达对《莽荒纪》《少林寺4》《机变英盟》等十余部剧目的兴趣与关注；骨易（北京）翻译股份有限公司与来自马来西亚、印度等7个国家的数十家客户交流，其中与来自马来西亚的PIK Film公司达成为对方计划进入中国的部分纪录片提供翻译制作服务的意向；北京京都世纪文化发展有限公司与来自英国、俄罗斯、中国香港等数十家公司及电视台就《反恐特战队之猎影》《匈奴秘史》的版权、节目引进、合拍项目等方面达成初步的合作意向。

（2）举办2018北京优秀影视剧海外展播季

5月7日—14日，“2018北京优秀影视剧海外展播季”在希腊雅典和英国伦敦举办，15家参展企业，26部参展作品亮相希腊、英国荧屏。北京影视企业代表团与希腊、英国影视界代表举办座谈、论坛、商务洽谈、项目推介会等活动，并签订政府部门间影视合作备忘录四份、企业间合作备忘录三份及达成多项企业间合作意向，活动丰富扎实，成果丰硕。

（3）组团参展亚洲电视论坛与市场

12月5日—7日，委托首都广播电视节目制作业协会组织近20家影视机构近60部电视剧、动画片、纪录片、电视栏目参展亚洲电视论坛与市场。现场设置120平方米特装展台“北京联合展台”，并就广告营销、版权合作等展开洽谈。会上，举办北京联合展台推介酒会，就电视剧、动画片进行现场推介展示，助力作品推广。亚洲电视论坛与市场是亚洲领先的电视节目聚集市场。在此次会上，来自54个国家的5500余名买家、卖家及专业人士寻求合作、买卖、金融分销和合作生产电视节目。

三、精品创作生产情况

北京影视精品创作生产以习近平新时代中国特色社会主义思想为指引，坚持与时代同步伐、以人民为中心、以精品奉献人民、用明德引领风尚。2018年，北京产电视剧成绩斐然，硕果累累，共有20部在中央一套及一线卫视黄金档播出。《正阳门下小女人》《最美的青春》《初心》等跻身2018年央卫视CSM52城（中国广视索福瑞研究52城市电视剧收视率）晚间剧目收视排行榜top20。《初心》《最美的青春》《归去来》《那些年，我们正年轻》《你迟到的许多年》《正阳门下小女人》等6部北京产电视剧入选“2018中国电视剧选集”，既获得高收视率和市场热度，也受到来自专业机构的认可。

大力推动北京影视文化精品生产，修改完善《北京影视出版创作基金优秀广播电视作品项目实施办法》。对《最美的青春》《觉醒年代》《新世界》《新一年又一年》《我爱北京天安门》《海洋之城》《我们的四十年》《长河落日》《破冰行动》《芝麻胡同》等24部电视剧给予6400万元的资金扶持。

（北京市广播电视局电视剧管理处）

2018年北京市动画片、纪录片制作发行情况综述

2018年8月3日—9日，北京纪实影像周的活动之一“纪念改革开放40周年纪实影像大事记暨2017年度优秀国产纪录片展”在中华世纪坛展出

一、基本情况

全年电视动画片备案公示24部1587集11432.35分钟。取得发行许可证的动画片16部494集5196分钟。审查通过的动画片中，童话题材6部、神话题材3部、教育题材4部、其他题材3部。《冰雪冬奥村》《京剧猫之乘风破浪》《宇宙护卫队》《鹿精灵之寻找兵马俑》获得国家广播电视总局2018年年度

优秀国产电视动画片。

全年分四个季度向国家新闻出版广电总局推荐4批共78部国产纪录片，其中22部获得“季度优秀作品”。《中国1927》《双奥之城》《万物滋养》《手造中国》《嗨!东盟——“一带一路”之东盟行》《中关村》《广府春秋·璀璨明珠》《你从井冈山来》等获得较好社会效益和经济效益。

二、组织相关活动推进生产

1. 北京纪实影像周

8月3日—9日，第二届北京纪实影像周在中华世纪坛举办。根据国家广播电视总局《关于实施“记录新时代”纪录片创作传播工程的通知》精神，以及总局宣传司的全面部署，第二届北京纪实影像周进一步深化主题，丰富主体活动，展现优秀成果，推动首都及全国纪录片行业的创新和发展，成为纪实影像产业名副其实的风向标。该届北京纪实影像周以纪念改革开放40周年为主题贯穿始终，围绕“一个主题、两项成果、三项任务、四场论坛、五个亮点”的总体布局逐一展开，成功举办“纪实盛典”“纪实影像”“纪实论坛”“纪实展览”“纪实交易”“纪实人才”六大主题活动，并首次承办总局的“记录新时代——第六届国产纪录片及创作人才推优活动”。来自全国20多个省、市、自治区新闻出版广电机构的负责人及60余家纪录片制作机构出席本次纪实影像周活动，参观总人数超过2万人次，并实现纪录片签约交易额近2亿元，较2017年第一届在各项指标上均翻一番。全媒体平台新闻报道和宣传推广，促进北京纪实影像周的行业影响力。据统计，新华社、《人民日报》、中央广播电视总台、中华人民共和国中央人民政府官方网站、人民网、光明网、北京电视台、北京日报社、千龙网、爱奇艺等78家国内主流媒体对第二届北京纪实影像周进行全方位报道。广电时评、国家广电智库、广电独家等新媒体平台均在显著位置，甚至头条位置对活动进行报道。媒体种类覆盖报纸、广播电视、门户网站、微博、微信、论坛和客户端等。

2. 走出去工程

4月，由北京市新闻出版广电局副局长戴维带队、宣传管理处石东正副处长以及昌平区广播电视中心刘晓梅主任组成的3人出访团组，赴法国戛纳参加电视节展。

该次节展北京市新闻出版广电局组织20余家北京地区影视机构，携30余部电视剧、动画片、纪录片参加，并在电视节上设置64.4平方米特装“北京联合展台”。参展期间买家交流会上，有来自30多个国家和地区的350余位受邀买家和100多位媒体记者参加了交流会；展台推介会暨中法企业签约仪式上，由海润影视携手企鹅影视、星汉时空出品的东方神话传奇大剧《悟空传》亮相。出访期间，北京日报社、北京广播电视报社、中国新闻出版广电报社、广电时评杂志社、《国家广电智库》等多家主流媒体，新浪、搜狐、腾讯、优酷、网易、光明网、凤凰网、中青网等共20余家主流网络媒体刊发活动新闻稿件，北京电视台《北京新闻》和《每日文娱播报》两档节目视频报道买家交流会活动，新闻片段在腾讯、优酷等多家主流视频门户网站转载。中法企业签约仪式还被戛纳电视节官方杂志MIPTV News报道。

（北京市广播电视局宣传管理处）

2018 年北京市电视剧和动画片发行许可证情况

2018 年北京市国产电视剧发行情况一览表

序号	剧名	集数	制作单位	题材	发行许可证号	发证日期
1	铁血殊途	44	北京大焱文化传媒有限公司	近代传奇	（京）剧审字（2018）第001号	2018-1-3
2	北国英雄	50	北京金色池塘传媒股份有限公司	近代革命	（京）剧审字（2018）第002号	2018-1-16
3	虎啸龙吟	44	北京名赫文化传播有限公司	古代传记	（京）剧审字（2018）第003号	2018-1-19
4	面具	38	北京海东明日影视文化传播有限公司	近代革命	（京）剧审字（2018）第004号	2018-1-25
5	勿忘初心	40	北京天岳盛丰影视传媒有限责任公司	现代军旅	（京）剧审字（2018）第005号	2018-1-25
6	内衣先生	42	北京多美数字娱乐有限公司	当代都市	（京）剧审字（2018）第006号	2018-2-1
7	趁我们还年轻	40	北京喜悦嘉行影视文化有限公司	当代都市	（京）剧审字（2018）第007号	2018-2-7
8	独孤天下	55	北京希世纪影视文化发展有限公司	古代传奇	（京）剧审字（2018）第008号	2018-2-8
9	新笑傲江湖	37	北京光线传媒股份有限公司	古代武打	（京）剧审字（2018）第009号	2018-2-11
10	桃花依旧笑春风	60	北京时代光影文化传媒股份有限公司	近代传奇	（京）剧审字（2018）第010号	2018-2-26
11	小棉袄	36	北京安美影视有限公司	当代都市	（京）剧审字（2018）第011号	2018-3-6
12	归去来	50	北京完美蓬瑞影视文化有限公司	当代都市	（京）剧审字（2018）第012号	2018-3-23
13	设局	46	康曦影业（北京）有限公司	近代革命	（京）剧审字（2018）第013号	2018-3-26
14	你迟到的许多年	52	北京华丽视听影视文化有限公司	当代都市	（京）剧审字（2018）第014号	2018-3-29
15	桔子街的断货男（上）	52	大唐辉煌传媒有限公司	当代都市	（京）剧审字（2018）第015号	2018-3-29
16	夜空中最闪亮的星	44	北京天浩盛世影业有限公司	当代都市	（京）剧审字（2018）第016号	2018-4-17

（续表）

序号	剧名	集数	制作单位	题材	发行许可证号	发证日期
17	野火	45	艺照天下（北京）影视传媒有限公司	近代革命	（京）剧审字（2018）第017号	2018-5-3
18	钟馗捉妖记	55	北京镜像空间文化传媒有限公司	古代神话	（京）剧审字（2018）第018号	2018-5-8
19	香蜜沉沉烬如霜	60	北京完美影视传媒有限责任公司	古代神话	（京）剧审字（2018）第019号	2018-5-11
20	你好，旧时光	28	华视娱乐投资集团股份有限公司	当代都市	（京）剧审字（2018）第020号	2018-5-30
21	斗香	38	北京强润影视有限公司	近代传奇	（京）剧审字（2018）第021号	2018-5-30
22	请赐我一双翅膀	60	北京东方飞云国际影视股份有限公司	近代其它	（京）剧审字（2018）第022号	2018-6-13
23	萌妃驾到	36	北京乐漾影视传媒有限公司	古代传奇	（京）剧审字（2018）第023号	2018-6-15
24	小妮扛枪	43	北京御喜影视传媒股份有限公司	近代革命	（京）剧审字（2018）第024号	2018-6-25
25	东宫	57	北京唐德国际文化传媒有限公司	古代传奇	（京）剧审字（2018）第025号	2018-6-29
26	壮志高飞	52	寰亚时代影视文化（北京）有限公司	当代都市	（京）剧审字（2018）第026号	2018-6-29
27	正阳门下小女人	48	大前门（北京）文化艺术有限公司	当代都市	（京）剧审字（2018）第027号	2018-7-12
28	窗花	50	北京韶华映像文化传媒有限公司	现代农村	（京）剧审字（2018）第028号	2018-7-12
29	最美的青春	36	北京完美建信影视文化有限公司	当代其它	（京）剧审字（2018）第029号	2018-7-30
30	归鸿	39	北京金天地影视文化股份有限公司	近代革命	（京）剧审字（2018）第030号	2018-8-6
31	天坑鹰猎	40	光芒影业有限公司	当代青少	（京）剧审字（2018）第031号	2018-8-21
32	许你浮生若梦	40	北京华奇世纪影业有限公司	近代传奇	（京）剧审字（2018）第032号	2018-8-31
33	我们的四十年	60	北京时代光影文化传媒股份有限公司	当代都市	（京）剧审字（2018）第033号	2018-9-3
34	敢问芳名	38	北京一轮辉煌文化传播有限公司	当代都市	（京）剧审字（2018）第034号	2018-9-4
35	杜鹃红了	40	北京金牌伙伴影视传媒有限公司	当代农村	（京）剧审字（2018）第035号	2018-10-8
36	爱上你，治愈我	42	北京东山洵美文化传媒有限公司	当代都市	（京）剧审字（2018）第036号	2018-10-18

（续表）

序号	剧名	集数	制作单位	题材	发行许可证号	发证日期
37	小幸福	40	北京知者乐乎文化传媒有限公司	当代都市	（京）剧审字（2018）第037号	2018-10-29
38	逆流而上的你	40	北京左城右隅影视文化传媒有限公司	当代都市	（京）剧审字（2018）第038号	2018-11-7
39	警官王快乐	40	国一传媒（北京）有限公司	当代都市	（京）剧审字（2018）第039号	2018-11-14
40	加油吧！苏点点	12	北京东王文化发展有限公司	当代都市	（京）剧审字（2018）第040号	2018-11-28
41	艳势番之新青年	60	北京青春你好文化传媒有限公司	近代其它	（京）剧审字（2018）第041号	2018-11-29
42	海龟撞上岸	60	北京伊力诺依影业有限公司	当代都市	（京）剧审字（2018）第042号	2018-11-30
43	问天录之少年钟馗	50	北京领骥影视文化股份有限公司	古代神话	（京）剧审字（2018）第043号	2018-12-3
44	热血芳华	44	北京中视精彩影视文化有限公司	近代革命	（京）剧审字（2018）第044号	2018-12-4
45	强风吹拂	28	光芒影业有限公司	当代都市	（京）剧审字（2018）第045号	2018-12-5
46	芝麻胡同	55	新丽电视传媒（北京）有限公司	现代都市	（京）剧审字（2018）第046号	2018-12-26
47	启航	36	北京奥影影业有限公司	当代都市	（京）剧审字（2018）第047号	2018-12-29
48	风暴舞	50	北京慈文影视制作有限公司	当代其它	（京）剧审字（2018）第048号	2018-12-29
49	勇敢的心2	66	北京世纪伙伴文化传媒有限公司	近代革命	（京）剧审字（2018）第049号	2018-12-29
50	富贵盈门	42	北京御喜影视传媒股份有限公司	当代农村	（京）剧审字（2018）第050号	2018-12-29
51	我要和你在一起	65	北京府佑影业有限公司	当代都市	（京）剧审字（2018）第051号	2018-12-29
52	真爱的谎言之破冰者	44	北京华熙泰和影视有限公司	当代涉案	（广剧）剧审字（2018）第010号	2018-04-16
53	走火	40	北京鑫宝源影视投资有限公司	当代涉案	（广剧）剧审字（2018）第012号	2018-05-02
54	天下无诈	40	北京艺东派影视文化有限公司	当代涉案	（广剧）剧审字（2018）第013号	2018-05-03
55	猎隼	54	北京华夏紫星文化传媒有限公司	当代涉案	（广剧）剧审字（2018）第027号	2018-09-14

说明：全年取得发行许可证的电视剧合计55部2503集。

（北京市广播电视局电视剧管理处、规划发展处）

2018 年北京市国产电视动画片发行情况一览表

片名	集数	分钟	长度	制作机构	许可证号	发证时间
茶娃传奇（1—26集）	26	12	312	芳林宇宏（北京）国际传媒有限公司	（京）动审字（2018）第001号	2018–2–5
茶娃传奇（27—52集）	26	12	312	芳林宇宏（北京）国际传媒有限公司	（京）动审字（2018）第002号	2018–3–14
月牙儿	26	20	520	池塘（北京）文化传媒有限公司	（京）动审字（2018）第003号	2018–4–9
酷杰的科学之旅——史前动物	16	6	96	中国科学技术出版社	（京）动审字（2018）第004号	2018–4–28
猪迪克之梦想训练营	26	13	338	北京电视台	（京）动审字（2018）第005号	2018–5–18
京剧猫之乘风破浪	52	13	676	北京璀璨星空文化发展有限公司	（京）动审字（2018）第006号	2018–6–11
剑王朝	24	12	288	北京爱奇艺科技有限公司	（京）动审字（2018）第007号	2018–6–28
鹿精灵之寻找兵马俑	26	13	338	梦东方电影有限公司	（京）动审字（2018）第008号	2018–7–9
宇宙护卫队	52	12.5	650	完美鲲鹏（北京）动漫科技有限公司	（京）动审字（2018）第009号	2018–7–17
酷杰的科学之旅——海洋探秘	15	6	90	中国科学技术出版社	（京）动审字（2018）第010号	2018–8–8
无敌小鹿儿歌篇（101—200集）	100	4	400	北京爱奇艺科技有限公司	（京）动审字（2018）第011号	2018–9–4
鹿精灵之寻找兵马俑	26	13	338	梦东方电影有限公司	（京）动审字（2018）第012号	2018–9–29
泰极熊	26	13	338	北京妙音动漫文化股份有限公司	（京）动审字（2018）第013号	2018–10–15
酷杰的科学之旅——人体奥秘	15	6	90	中国科学技术出版社	（京）动审字（2018）第014号	2018–10–22
动画时光机	12	6	72	北京电视台	（京）动审字（2018）第015号	2018–12–26
冰雪冬奥村	26	13	338	北京电视台	（京）动审字（2018）第016号	2018–12–29

说明：全年取得发行许可证的动画片合计 16 部 494 集 5196 分钟。

（北京市广播电视局宣传管理处）

北京市部分电视剧制作机构作品一览表

北京北广传媒影视股份有限公司

剧名	集数	出品单位	联合摄制单位	制片人	编剧	导演	主要演员
鼓楼外	40	北京北广传媒影视股份有限公司、浙江东阳震之影视文化有限公司	浙江东阳震之影视文化有限公司	刘国华	王之理	于　震	于　震 边潇潇
觉醒年代	40	北京北广传媒影视股份有限公司、安徽华星传媒投资有限公司	安徽华星传媒投资有限公司、优酷信息技术（北京）有限公司、上海好故事影视有限公司、海宁新永胜影视文化有限公司、浙江燕风影视制作有限公司	刘国华	龙平平	张永新	于和伟 张　桐 马少骅
温暖的土地	40	北京北广传媒影视股份有限公司、北京鼎力嘉诚影业发展有限公司、浙江燕风影视制作有限公司	北京鼎力嘉诚影业发展有限公司、浙江燕风影视制作有限公司	刘国华 王亚中	郝国忱 田德中	刘　洋	褚栓忠 梁琳琳 乔大韦

海润影视制作有限公司

剧名	集数（集）	出品单位	联合摄制单位（全部）	制片人	编剧	导演	主要演员
新一年又一年	55	海润影视制作有限公司、铭族（鄂尔多斯市）传媒有限公司、完美世界股份有限公司、北京电视艺术中心有限公司	海润影视制作有限公司、铭族（鄂尔多斯市）传媒有限公司、完美世界股份有限公司	李占英	聂　欣	王　为	于晓光 郎月婷 刘莉莉 杨若兮 王　姬 李东霖 何政军 马灿灿 刘亭作 刘　伟 沈　瑶 柏　辰 田　岷 郭昊伦

（续表）

剧名	集数（集）	出品单位	联合摄制单位（全部）	制片人	编剧	导演	主要演员
陪读妈妈	46	海润影视制作有限公司、上海新海润文化发展有限公司、上海亮眉侠文化传媒有限公司、霍尔果斯橙子映像影业有限公司、重庆萌梓影视传媒股份有限公司、铭族传媒有限公司	上海新海润文化发展有限公司、海润影视制作有限公司、上海慈商会影视有限公司	蒋译霆	亮眉侠 黄　芬 袁　野 李岱恩	陈　畅	梅　婷 许亚军 邬君梅 胡先煦 曾　黎 张兆辉 郝　洋 奚美娟 王全有 水　晶 王文轩 董成明
特别调查科之血仍未冷	44	海润影视制作有限公司、上海奇遇记影视传媒有限公司、公安部金盾影视文化中心、珠海普罗文化及星光艺亚（北京）国际文化传播有限公司	上海奇遇记影视传媒有限公司	脱丹妮	追影剧本工作室、黄剑东	白　涛	王　烈 尤靖茹

北京鑫宝源影视投资有限公司

剧名	集数	出品单位	联合摄制单位（全部）	制片人	编剧	导演	主要演员
走火	40	公安部金盾影视文化中心、优酷信息技术（北京）有限公司、北京鑫宝源影视投资有限公司、霍尔果斯新力量影视文化有限公司、北京和风清穆影视文化传播有限公司、北京完美影视传媒有限责任公司、北京金天地影视文化股份有限公司	济南铁路公安局、公安部金盾影视文化中心、北京鑫宝源影视投资有限公司、伊宁市核心力传媒有限公司	郭现春 丁　芯	李　松	李小平 李小亭	于　毅 周　放 高旻睿 王　阳
青春斗	38	北京鑫宝源影视投资有限公司、北京完美影视传媒有限责任公司、北京电视台、上海文化广播影视集团有限公司	伊宁市核心力传媒有限公司	彭彬哥 丁　芯	赵宝刚 孙建业 黄　晶 萧嫣飞 赵晓曦	赵宝刚	郑　爽 盖玥希 徐　悦 陈小纭 王秀竹 徐　洋

大唐辉煌传媒有限公司

剧名	集数	出品单位	联合摄制单位（全部）	制片人	编剧	导演	主要演员
飞行少年	36	北京爱奇艺科技有限公司、赫氏宝传媒有限公司、百悦星光（北京）文化传媒有限公司、大唐辉煌传媒有限公司		徐　蜜 茅　熠 程　鹏	李正虎 张高兴 刘　峰	刘　方 沈沁源	严屹宽 范世錡
陪你漫步这个世界	50	安徽广播电视台、大唐辉煌传媒有限公司、北京时代光影文化传媒股份有限公司、赫氏宝传媒有限公司		李　氢	李　亮	王晓明	印小天 李成儒 肖　涵 柴　鸥 董　姝

北京光线影业有限公司

序号	片名	出品单位	编剧	导演	主要演员	上映时间
1	唐人街探案2	万达影视传媒有限公司、霍尔果斯骋亚影视文化传媒有限公司、中国电影股份有限公司、万达影业（香港）有限公司（中国香港）、霍尔果斯乐开花影业有限公司、优酷电影有限公司、小米影业有限责任公司、霍尔果斯青春光线影业有限公司、北京耀莱影视文化传媒有限公司、霍尔果斯金逸影业有限公司、浙江横店影业有限公司、大地时代文化传播（北京）有限公司、北京红色果实文化传播有限公司、伊犁卓然影业有限公司、华文映像（北京）影视投资有限公司、天津联瑞影业有限公司	陈思成	陈思成	王宝强 刘昊然 肖　央 王　迅 刘承羽 尚语贤 元　华 妻夫木聪 迈克尔·皮特	2018-02-16

（续表）

序号	片名	出品单位	编剧	导演	主要演员	上映时间
2	熊出没·变形记	华强方特（深圳）动漫有限公司、北京光线影业有限公司、霍尔果斯彩条屋影业有限公司、上海腾讯影业文化传播有限公司、北京鱼子酱文化传播有限责任公司、万达影视传媒有限公司、天津猫眼文化传媒有限公司、珠江影业传媒股份有限公司、大地时代文化传播（北京）有限公司、浙江横店影业有限公司、霍尔果斯金逸影业有限公司、华强方特文化科技集团股份有限公司	徐　芸 万　秦 蒋　琳	丁　亮 林汇达	配音： 刘思奇 孟雨田 谭　笑 张　伟 张秉君 贝丝·比厄	2018-02-16
3	大世界	映川文化传媒（杭州）有限公司、北京嘉美春天影业有限公司、霍尔果斯彩条屋影业有限公司、北京哪吒兄弟影业有限公司、南京乐无边动画设计工作室	刘　健	刘　健	配音： 朱昌龙 马晓峰 杨思明 王　达	2018-01-12
4	超时空同居	北京真乐道文化传播有限公司、霍尔果斯青春光线影业有限公司、北京精舞门文化发展有限公司、北京光线影业有限公司	苏　伦	苏　伦	雷佳音 佟丽娅	2018-05-18
5	动物世界	上海儒意影视制作有限公司、上海火龙果影视制作有限公司、霍尔果斯青春光线影业有限公司、上海腾讯影业文化传播有限公司、霍尔果斯吉翔影坊影视传媒有限公司、引力影视投资有限公司、耳东影业（北京）有限公司、北京乐合影业文化传媒有限公司、联瑞（上海）影业有限公司、北京无限自在文化传媒股份有限公司、三月谷雨（北京）文化传媒有限公司、山南光线影业有限公司	韩　延	韩　延	李易峰 迈克尔·道格拉斯 周冬雨 曹炳琨 苏　可 王　戈	2018-06-29
6	悲伤逆流成河	北京光线影业有限公司、霍尔果斯五光十色影业有限公司、北京光线传媒股份有限公司、山南光线影业有限公司、霍尔果斯青春光线影业有限公司、霍尔果斯乐开花影业有限公司、霍尔果斯领誉影视传媒有限公司、无锡宝唐影业有限公司	郭敬明 落　落	落　落	赵英博 任　敏 辛云来 章若楠 朱丹妮	2018-09-21

（续表）

序号	片名	出品单位	编剧	导演	主要演员	上映时间
7	一出好戏	上海瀚纳影视文化传媒有限公司、北京光线影业有限公司、霍尔果斯春天融和传媒有限公司、霍尔果斯乐开花影业有限公司、北京瀚纳影视文化有限公司、霍尔果斯天天影业有限 公司、山南光线影业有限公司、无锡星皓东方文化投资企业 霍尔果斯坏猴子影视文化传播有限公司、浙江蓝天下影视传 媒有限公司、北京领骥影视文化股份有限公司、祥峰（成都 投资合伙企业、北京七印象文化传媒有限公司、浙江和颂亚 华影视传播有限公司、上海盛万影视文化有限公司、上海闪 念影视文化有限公司、北京春秋永乐文化传播有限公司、北 京自由酷鲸影业有限公司、青岛盛世飞洋海上旅游有限公司 江苏鹿港文化股份有限公司、捷成世纪文化产业集团有限公 司、一壹传媒集团有限公司、上海游族文化传媒有限公司、 恒大影视文化有限公司、北京英迈策源文化传媒有限公司、 完美星空传媒有限公司、北京耀莱影视文化传媒有限公司、 霍尔果斯展程广告传媒有限公司、上海阿里巴巴影业有限公 司、上海不那么空文化传播有限公司	黄　渤 张　冀 郭俊立 查慕春 崔斯韦 邢爱娜 黄湛中	黄　渤	黄　渤 王宝强 舒　淇 张艺兴 于和伟 王　迅 李勤勤 李又麟	2018-08-10
8	叶问外传：张天志	天马影联影视文化（北京）有限公司、北京光线影业有限公司、霍尔果斯青春光线影业有限公司、东方影业出品有限公司（中国香港）、上海天马联合影视文化有限公司（台港澳肚子）、上海鸣肇影视文化有限公司、山南光线影业有限公司	黄子桓 陈大利	袁和平	张　晋 戴夫·巴蒂斯塔 柳　岩 杨紫琼 托尼·贾	2018-12-21

（续表）

序号	片名	出品单位	编剧	导演	主要演员	上映时间
9	昨日青空	北京光线影业有限公司、霍尔果斯彩条屋影业有限公司、山南光线影业有限公司、北京光线传媒股份有限公司、杭州路行动画设计有限公司、天津市好传文化传播有限公司	口袋巧克力	奚　超	配音： 苏尚卿 段艺璇 王一博 斑　马	2018-10-26
10	英雄本色2018	北京文化、重庆水木诚德耀莱影视、耀莱影视、酷仔文化	丁　晟 许　阳	丁　晟	王　凯 马天宇 王大陆 余皑磊 林　雪 吴　樾	2018-10-27
11	狗十三	北京标准映像文化传播有限公司、上海阿里巴巴影业有限公司、麦特影视文化传媒（天津）有限公司、和和（上海）影业有限公司、北京光线影业有限公司、北京云图影视文化传媒有限公司、上海不那么空文化传播有限公司	焦华静	曹保平	张雪迎 果靖霖 智一桐 曹馨月	2018-12-07
12	二十岁	拉近影业、年青时候、光线影业、乐麒影视	李　毅	刘　畅	屈楚萧 孔垂楠 叶子诚 于文文 徐晓璐 伍宇辰柠 包贝尔 安泳畅 付笛声	2018-11-30

华谊兄弟电影有限公司

序号	片名	出品单位	制片人	编剧	导演	主要演员	上映日期
1	狄仁杰之四大天王	华谊兄弟电影有限公司、工夫影业（宁波）有限公司、华谊兄弟电影国际有限公司（中国香港）、上海淘票票影视文化有限公司、万达影视传媒有限公司、优酷电影有限公司	王中磊	张家鲁 徐　克	徐　克	赵又廷 冯绍峰 林更新 阮经天 马思纯 刘嘉玲	2018-07-27
2	找到你	华谊兄弟电影有限公司、上海电影（集团）有限公司、万达影视传媒有限公司、坏兔子（上海）影业有限公司、海宁壹线影视文化有限公司、上海海上影业影视制作有限公司、上海大观股权投资基金有限公司、北京耀莱影视文化传媒有限公司、天津猫眼微影文化传媒有限公司、峨眉电影集团有限公司、北京无限自在文化传媒股份有限公司、北京最美青春文化传播有限公司、上海桥溪商务咨询事务所、三月谷雨（北京）文化传媒有限公司、宁波高新区飞鸟非鱼影视文化传播有限公司	王中磊 任仲伦 陈　洁	秦海燕	吕　乐	姚　晨 马伊琍 袁文康 吴昊宸	2018-10-5
3	云南虫谷	梦想者电影（北京）有限公司、华谊兄弟电影有限公司、华谊兄弟（北京）电影发行有限公司、上海腾讯企鹅影视文化传播有限公司、霍尔果斯厚德影业有限公司、深圳非行影视文化发展有限公司、深圳市金鼠影视传媒有限公司、深圳市金蔷薇影视传媒有限公司、优酷信息技术（北京）有限公司、东阳向上影业有限公司、深圳市楷魔视觉工场数字科技有限公司、梦想者电影（霍尔果斯）有限公司	晨　夕	非　行 顾浩然	非　行	蔡　珩 顾　璇 于　恒 成泰燊 马浴柯 陈雨锶	2018-12-29

书报刊出版

2018 年北京市广播影视书报刊一览表

公开出版物

类别	报刊名称	主管单位	主办单位
周报	《北京广播电视报》	北京广播电视台	北京广播电视报社
周刊	《北广人物》	北京广播电视台	北京广播电视报社
周报	《新广播》报	北京人民广播电台	北京人民广播电台
图书	《北京广播影视年鉴（2018）》	《北京广播影视年鉴》编委会	北京市广播电视局
图书	《北京电视台年鉴（2018）》	北京电视台	北京电视台

类别	书籍名称	主管单位	作者	出版单位
图书	《北京广播影视发展研究文集（2017年）》	北京市广播电视局	北京广播电影电视研究中心汇编	北京出版社 出版时间：2017.11

内部出版物

类别	报刊名称	主管单位	主办单位
月刊	《北京广播影视》	北京市广播电视局	北京市广播影视学会
半月刊	《听众反映专辑》	北京人民广播电台	北京人民广播电台总编室
半月刊	《宣传业务》	北京人民广播电台	北京人民广播电台总编室
月刊	《电视文摘》	北京电视台	北京电视台研发部
月刊	《北京广播影视决策参考》	北京市广播电视局	北京广播电影电视研究中心
双月刊	《锐》	北京电视台	北京电视台研发部
季刊	《金色岁月》	北京电视台	北京电视台老干部工作办公室

2018年北京市广播影视书报刊简介

《北京广播电视报》

以导听导视为特色的生活服务型周报。《北京广播电视报》创刊于1979年9月，是面向家庭，以导听导视为主的全方位的生活服务型周报。2018年《北京广播电视报》策划推出了“阅读北京”、“名嘴致敬父亲节 我们给父亲的一封信”等一系列有创新有影响的报道，并尝试媒体联动，实现融媒体报道突破；纪念“改革开放40周年”宣传报道是报社的重点工作任务，报刊策划了多期重点报道，包括《纪念改革开放四十周年·北广人物文化访谈录之播音主持篇——声音的故事》《纪念改革开放四十周年特别报道：王春元讲述40年两代人的创富故事》等，从北京广电人、观众、电视剧多角度对改革开放40年进行了回顾和报道，引起广泛关注和好评。8开52版。

北京广播电视报

郑凯
不想要个按钮化的富二代

阅读北京系列报道之一 京城书屋满墨香

山风雪雨

万水千万总是情 刘鎏作品展

刘鎏

(北京广播电视报社)

《北广人物》周刊

《北广人物》周刊创刊于2016年4月，由原《北京电视》杂志更名而来，主要报道广播电视节目中的人物和人物中的新闻，用故事解读人生，在人生中寻觅故事，用真善美的情操感染人，以奋斗进取的精神鼓励人的杂志。2018年，《北广人物》周刊推出了一系列强化北京特色的文章，其中景泰

2018年 第10期

北广人物 PEOPLE

本刊独家专访

北方昆曲剧院院长

杨凤一

昆曲倾世 美人倾城之谜

欢迎订阅

蓝、雕漆、花丝镶嵌、金漆镶嵌、京绣等“燕京八绝”非遗传承系列采用大型全媒体报道。进一步夯实刊物的厚重感、权威感和品牌感。8 开 44 页。

（北京广播电视报社）

《北京广播影视年鉴（2018）》

《北京广播影视年鉴（2018）》是由北京广播影视年鉴编委会编纂（北京市广播电视局主编，北京广播电视台、北京人民广播电台、北京电视台、中国电影博物馆、区县文委及广电中心等协编）的一部资料工具书，创刊于 2005 年，每年编纂一卷，由中国广播影视出版社公开出版发行。

《北京广播影视年鉴》以马克思列宁主义、毛泽东思想、邓小平理论、“三个代表”重要思想、科学发展观、习近平新时代中国特色社会主义思想为指导，坚持实事求是的编辑方针，贯彻“贴近实际，贴近生活，贴近群众”的编纂原则，全面反映北京市广播影视的基本情况和发展变化风貌，客观记述上一年全市广播影视业的新情况、新资料，为广播影视研究、决策服务，为广播影视大发展大繁荣服务。

《北京广播影视年鉴（2018）》版为第 13 卷，共有 21 个栏目：图片、特载、专项纪事、概况、大事记、频率频道、节目栏目、产业发展、新媒体、技术、电影、电视剧、书报刊出版、受众调查、组织机构、获奖作品、典型经验、交流合作、统计、人物、索引等。全书 66.6 万字，发行 1200 册。国内书号：ISBN 978-7-5043-8300-6。

（北京市广播电视局史志办）

《北京广播影视》

《北京广播影视》是由北京市广播电视局主管、北京市广播影视协会编印的内部资料性出版物，创于 1988 年。原称《北京广播电视研究》（季出），1994 年更名为《北京广播电视》（双月出），2007 年 1 月改版为《北京广播影视》（月出）。

《北京广播影视》围绕中心，服务大局，及时反映北京市广播电视局以及北京市广播影视行业，在北京市市委、市政府的正确领导下，推动北京市广播影视大发展大繁荣的新举措、新作为、新成果和新经验。多角度报道北京广播影视广大从业者的工作实践和时代风采，及时反映北京市广播影视节目创优创新的新探索、新成绩，充分发挥行业指导、经验交流和学术探讨的作用。

2018 年《北京广播影视》全年共编印 12 期，每月 1 期，黑白印刷，大 16 开 76 页，刊登稿件 300 余篇，照片 800 余张，总字数百万余字。2018 年，学刊突出了深入学习贯彻习近平新时代中国特色社会主义思想和十九大精神的宣传，办好“新时代 新作为”专栏，集中宣传局机关和北京影视行业的学习实践成果，全年共刊登相关文章 33 篇。对电影、电视剧创作和市场方面加大了宣传力度，刊发北京国际电影节的相关稿件 8 篇。继续加强对电视剧创作的关注，全年刊发相关剧评 33 篇。北京春、秋季电视节目交易会，都派出编辑全程跟踪，及时反映活动进展情况及理论探索成果。学刊继续关注媒体融合的发展，在《媒介管理》《业者探究》等栏目有较多的体现。学刊持续反映业界创优的成果，《声屏华彩》栏目对优秀广播电视节目进行了充分展示，突出呈现作者的创作体会，全年刊登文章 19 篇。学刊一如既往地关注区属广电媒体的发展，每期至少刊登 1 篇相关稿件。

（北京市广播影视学会）

《新广播》报

《新广播》报是北京电台投资出版的一份周报。主要报道听众关心的北京电台动态消息、重要活动，推介重点广播节目，介绍广播技术、新发展，讲述广播人台前幕后的故事，刊登听众对广播节目、活动的互动评议，以及依托广播节目内容的生活服务资讯等。

《新广播》报全彩印刷，8 开 24 版，每周日出版。在北京五环路内 200 余家中石化、中石油加油站等处免费赠阅，并辅以电话订阅送报上门。

新广播
阅读声音 收藏广播
RBC
大音京华
北京人民广播电台70年

（北京人民广播电台）

《听众反映专辑》

《听众反映专辑》由北京人民广播电台总编室主办，听众服务中心负责编辑出版，是北京电台唯一反馈听众意见的内部刊物。该刊 1984 年创刊，半月刊、标准 16 开。截至 2018 年 12 月，已出版 837 期。2018 年全年出版 46 期（其中《听评月专辑》21 期），约 100 余万字。

刊物遵循“精说成绩、细挑毛病、善提意见、建言献策”的方针，客观反映听众意见，登载听众对北京电台节目的意见和感受，为北京电台与听众沟通起到桥梁作用，为北京电台调整节目、提高节目质量提供积极、客观的参考。2018 年刊物以专业广播分类设置栏目，如《新闻广播》《城市广播》等，还刊登从热线、微信平台渠道反馈的《热线摘编》《微信评议》栏目，还不定期刊登《综合评议》《正音正字》《听友交流》等栏目。

（北京人民广播电台）

《宣传业务》

《宣传业务》是由北京人民广播电台总编室主办，旨在促进台内外业务学习、交流的内部刊物。创刊于 1992 年 1 月 15 日，半月刊、标准 16 开，2016 年 1 月起改为月刊。截至 2018 年 12 月，共编印 624 期。刊物下设栏目：专稿、专家评议、业务漫谈、探索与研究、体会与心得、听众论坛、业务动态等。

《宣传业务》作为北京人民广播电台的内部业务刊物，既是业务交流的园地，也是学术、理论探讨的阵地。办刊 20 年来，北京电台广大采、编、播人员及各相关职能部门紧密联系工作实际，全方位开展业务交流、学术探讨，撰写了许多优秀的理论文章。

（北京人民广播电台）

《电视文摘》

《电视文摘》杂志创刊于 1998 年 1 月 1 日，是北京电视台主管、研发部主办的内部刊物，办刊宗旨是紧扣传媒热点、聚焦发展态势、荟萃信息精华、浓缩真知灼见，通过业界信息交流，更好地服务全台工作。

刊物的栏目主要分为以下几个类别：

热点话题类——根据近期传媒热点，围绕一个主题，精选多篇文章进行深度分析；

业界观察类——对传媒界重要会议、各台重大改革举措、频道经营管理以及新媒体发展等方面的动态信息进行集中呈现；

理论研究类——包括频道、栏目、电视剧、广告与收视等方面的理论文章、媒体发展战略研究，以及专家学者对电视发展的建议和评论等；

业务指导类——爆款节目策划、选题、运作等方面的经验总结；

人物访谈类——电视从业人员的成长过程、心路历程和观点分享；

海外信息类——世界各国电视行业的发展现状、机构设置、管理模式及最新节目动态。

《电视文摘》为月刊，大 16 开，64 页，每期印制 500 册。如今，封二、封三的图片展示已成为北京电视台重点栏目和品牌活动一个重要的宣传窗口。

（北京电视台）

《金色岁月》

《金色岁月》是为北京电视台退休人员服务的内部杂志，主要反映北京电视台和老干办各阶段工作动态以及退休人员生活。刊物由台老干部工作办公室主办，稿件提供者均为北京电视台退休职工。杂志2006年10月创刊，每季一刊，截至2018年底总出刊50期。

一、办刊宗旨

把党的方针政策、电视台工作进展情况、电视业内重要信息，告知老同志；把老同志亲身经历的北京电视台发展的历程和多年工作经验记录下来；把老同志老有所学、老有所乐、老有所为的退休生活分享出来，从而体现台党委对老同志的关心关怀。在电视台和离退休老同志之间，在离退休老同事之间建立起一个稳定的联系渠道，为老干部工作与离退休老同志互通信息、沟通感情提供便捷渠道，助力北京电视台事业发展。

二、常设栏目

杂志以刊发老同志提供的文稿、图片、书画作品为主，常设栏目有：1. 金色信风：北京电视台及老干部工作动态；2. 多彩金秋：讲述丰富多彩的退休生活故事；3. 风铃茶座：分享人生心得、成长感悟；4. 往事：老同志工作和生活往事回忆；5. 旅游：老同志国内外旅游见闻及旅途经验分享。杂志还积极参与不同时期党和国家及台里的重点工作，如2018年是我国改革开放40周年，杂志开辟“纪念改革开放40周年”专栏，在老同志中征集相关文章和书画摄影作品。

三、杂志印数

杂志印数随着退休人员的逐年增加而增长。2018年年底，杂志印数达到每期600本。

四、影响

杂志除在退休职工中发放外，还送与台领导及各部门主要负责人阅览，同时提供给台资料室，供台职工阅览。另外，杂志还交流到市委宣传部老干部处、国家新闻出版广电总局离退休办、北京广播电视台党办、《北京老干部》杂志社等单位。本台老同志的文章、图片、书画作品等经常刊发在《北京老干部》等刊物上。

（北京电视台）

《锐》

北京电视台研发部内部期刊《锐》创刊于2007年，原名《欧美电视节目样态》，双月刊；2009年更名为《锐》。截至目前，《锐》已经内部出版120余期。发放范围为台领导、总编室、广告部和各个节目中心。

《锐》刊物内容主要依托于研发部每年向境外机构订购的国外电视节目发展趋势及国外主流媒体最新节目样片等相关信息，同时关注、分析国内电视、移动端新节目、产品。从2011年起，《锐》杂志的“观察与专题”版块容纳研发部与高校学界合作的对国内、国际最新节目样式、媒体发展等相关研究成果。

2018年，《锐》杂志主动策划“2022

年冬奥会背景下体育人文类节目传播策略分析”“2018 俄罗斯世界杯媒体报道观察”“新媒体新闻——三台融合的‘催化剂’”“网络综艺强势崛起，电视媒体如何应对？”“垂直细分综艺节目的研究与分析”“新时代下政论片表达方式的创新路径”“国内原创节目的发展特点、问题和趋势”等针对体育传播、媒体融合以及节目模式研发升级的相关专题。

（北京电视台）

《北京广播影视决策参考》月刊

《北京广播影视决策参考》月刊是由北京市广播电视局主管、北京音像资料馆（北京广播电影电视研究中心）主办的新闻出版广播影视研究性期刊，内部刊物。本刊紧紧围绕“守正创新、锐意进取、精准聚焦、奋发有为”的功能定位，设立《卷首语》《特别刊载》《行业聚焦》《动态趋势》《创作生产》《运营管理》《监管服务》《观察思考》《政策解读》《域外视点》等栏目。

（北京广播电影电视研究中心）

《北京广播影视发展研究文集（2017 年）》

《北京广播影视发展研究文集（2017 年）》，是由北京市广播电视局主管、北京音像资料馆（北京广播电影电视研究中心）汇编、北京出版社出版的理论研究性图书。2017 年的文集共征用了 33 篇文章，27 万字，优选编辑来自局、集团、两台一馆和区县广电中心的优秀研究成果及重大课题，分为管理篇、广播篇、电视篇、新媒体网络篇等。

（北京广播电影电视研究中心）

受众调查

2018 年北京广播市场竞争态势

一、调查背景

报告数据源自索福瑞北京地区广播收听数据，数据通过测量仪连续 365 天不间断收集，样本数量 1193 人。

二、北京广播市场发展情况

（一）北京广播市场整体收听率有所回落，车上收听贡献最多且有继续扩大趋势

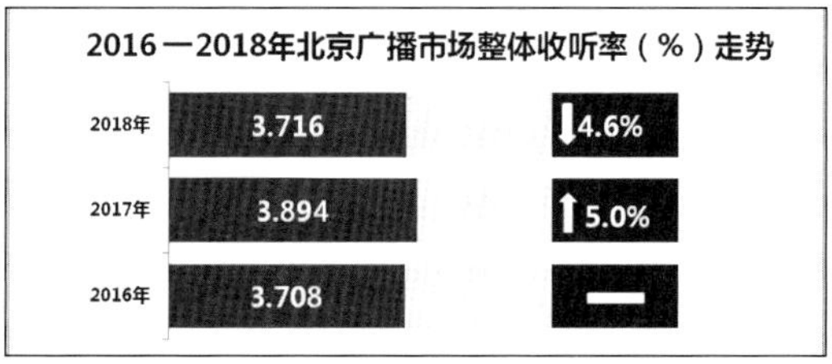

数据来源：索福瑞测量仪北京地区广播收听数据

索福瑞测量仪北京地区收听数据显示，北京广播市场 2018 年整体收听率同比稳中有降，为 3.716%，较 2017 年回落 0.178 个百分点，跌幅为 4.6%，但仍略高于 2016 年同期水平。

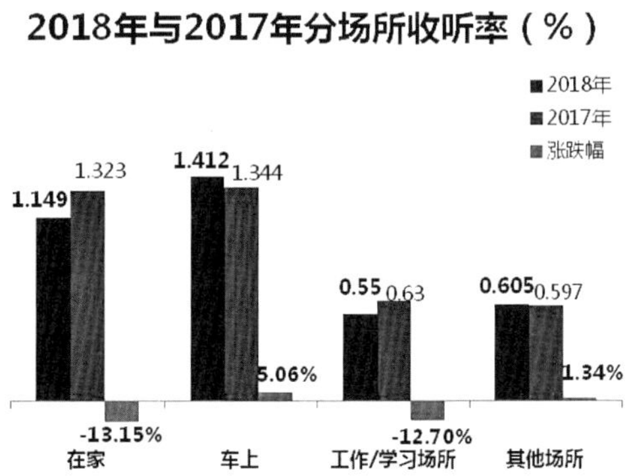

数据来源：索福瑞测量仪北京地区广播收听数据

从分场所情况来看，目前北京广播市场依然是在家、车上、工作 / 学习和其他场所三分天下，其中车上收听优势更加凸显。从同比变化来看，在家和工作 / 学习场所收听率下滑幅度较大，均超过了 12%，车上收听率则上升了 5%，其他场所收听率有超过 1% 的小幅上升。

（二）听众规模、收听时长、忠实度均呈下降趋势

2018 年、2017 年北京地区广播市场全天收听表现

单位	2018	2017	2018比2017差值	2018比2017涨跌幅
到达率（000）	5334	5780	−446	−7.72%
平均到达率（000）	4185	4289	−104	−2.42%
人均收听时长（听众）（分钟）	69.2	75.8	−6.6	−8.71%
人均收听段数	5	5	0	0.00%
平均每段收听时长（分钟）	13.8	14.8	−1	−6.76%
忠实度	3.7	3.9	−0.2	−5.13%

数据来源：索福瑞测量仪北京地区广播收听数据

2018年听众规模、收听时长同比有所下滑。2018年北京全年累计533.4万人曾收听广播，比2017年减少44.6万人；平均每天收听广播的人数为418.5万人，比2017年降低10.4万人，降幅为2.42%；人均收听时长方面，听众平均每天收听广播时长为69.2分钟，比2017年减少6.6分钟，降幅达8.71%；全年人均收听段数依然为5段，每段收听时长由14.8分钟降至13.8分钟，降幅为6.76%；听众忠实度从2017年的3.9降至3.7，降幅为5.13%。

（三）分时段收听情况：全天大部分时段下滑，早高峰收听率相较稳定，深夜时段新场景成为增长点

数据来源：索福瑞测量仪北京地区广播收听数据

全天48个半小时时段，有42个半小时时段收听率有不同程度的下滑。

清晨05：00—06：00时段有3%～6%的小幅上升。早高峰整体较为稳定，同比下降幅度不大。10：30—16：00时段是北京广播市场传统收听波谷，下滑幅度较早高峰更为显著。晚高峰17：00—19：00各时段跌幅在4%～6%之间。深夜22：00—23：00各时段涨幅均超过3%，是全天上涨幅度最大的时段。从分场所情况来看，车上和其他场所该时段收听率上涨幅度均超过16%，而家中收听率在该时段则下降超过9%。00：00—04：30凌晨时段各时段降幅均高达20%以上。

（四）分月收听走势：高开低走，下半年缓慢回升

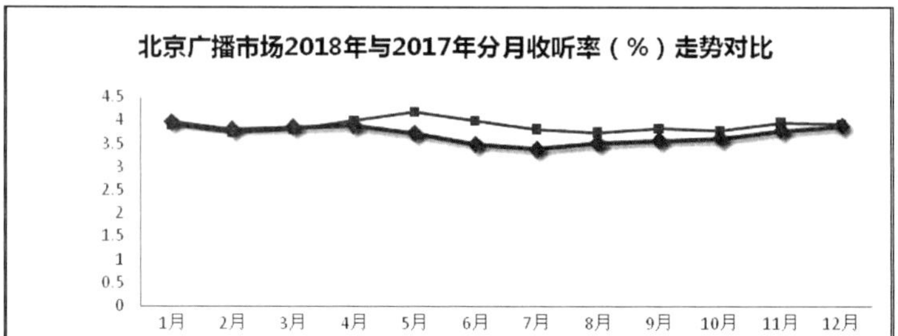

	1月	2月	3月	4月	5月	6月	7月	8月	9月	10月	11月	12月
2017年	3.914	3.744	3.823	3.99	4.179	4.001	3.817	3.75	3.83	3.788	3.961	3.92
2018年	3.975	3.817	3.867	3.902	3.732	3.502	3.395	3.522	3.584	3.624	3.792	3.89

数据来源：索福瑞测量仪北京地区广播收听数据

2018年分月收听率趋势与2017年相似，均呈现“高开低走”的特点，但下半年有缓慢回升迹象。1—3月收听率小幅领先2017年同期水平，4月开始逐渐走低，5—7月各月收听率同比降幅高达10%以上，其中6月收听率跌至3.395%，为2018年单月收听率最低点；8—12月收听率缓慢回升，虽然依然低于2017年同期水平，但差距在不断缩小；12月收听率回升至3.89%，已与2017年同期水平持平，也基本回升至年初水平。

三、北京广播市场三大台竞争情况

（一）市场份额：北京台稳步上涨，中央台、国际台持续下降

2018年北京广播市场主要电台平均市场份额（%）同比变化

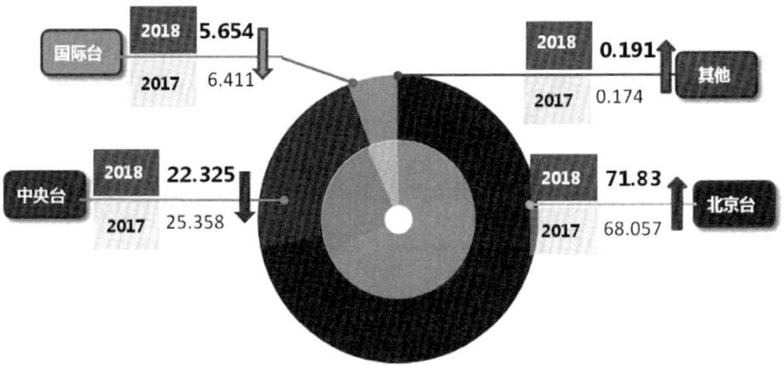

数据来源：索福瑞测量仪北京地区广播收听数据

2018年北京电台的市场份额达到71.83%，同比提升3.773个百分点，稳定上涨。中央台2018年市场份额同比下滑3.033个百分点，降至22.325%。国际台市场份额为5.654%，同比下降0.757个百分点，降幅与中央台持平，均为12%。

（二）三台听众规模均有下滑，北京台收听时长逆势增长

2018年、2017年北京广播市场主要电台收听表现

单位	频率	2018年	2017年	2018年较2017年差值	2018年较2017年涨跌幅
收听率%	北京台	2.669	2.65	0.019	0.72%
	中央台	0.83	0.987	-0.157	-15.91%
	国际台	0.21	0.25	-0.04	-16.00%
市场份额%	北京台	71.83	68.057	3.773	5.54%
	中央台	22.325	25.358	-3.033	-11.96%
	国际台	5.654	6.411	-0.757	-11.81%
到达率(000)	北京台	5329	5775	-446	-7.72%
	中央台	5232	5706	-474	-8.31%
	国际台	4895	5051	-156	-3.09%
平均到达率(000)	北京台	3290	3329	-39	-1.17%
	中央台	1420	1488	-68	-4.57%
	国际台	424	392	32	8.16%
人均收听时长[分钟]	北京台	38.4	38.2	0.2	0.52%
	中央台	11.9	14.2	-2.3	-16.20%
	国际台	3	3.6	-0.6	-16.67%

数据来源：索福瑞测量仪北京地区广播收听数据

2018年北京广播市场整体听众规模同比走低，三大台听众规模均有不同程度的缩减。2018年北京台全年累计听众为532.9万人，同比下降44.6万人，降幅为7.72%；中央台听众规模从2017年的570.6万人减少到523.2万人，同比下降47.4万人，降幅为8.31%，为三大台降幅之首；国际台2018年的听众规模为489.5万人，降幅为3.09%。

在2018年北京广播市场人均收听时长下降的大趋势下，北京台仍保持小幅上涨。北京台2018年的人均收听分钟数为38.4分钟，同比上升0.52%；中央台、国际台的人均收听时长分别为11.9分钟和3分钟，同比下降幅度均超过16%。

从整体的收听率和市场份额表现来看，北京台收听率和市场份额同比均有提升，收

听率上涨0.72%，至2.669%，市场份额上涨5.54%，至71.83%；中央台收听率为0.83%，同比有15.91%的下降，市场份额同比下降11.96%，降至22.325%；国际台的日均听众规模虽然有所上升，但不及人均收听时长的大幅下降，所以收听率仍然下跌了16%，至0.21%，市场份额下降11.81%，至5.654%。

（三）分场所收听情况：北京台、中央台以车上收听为主，国际台家中、车上表现平均

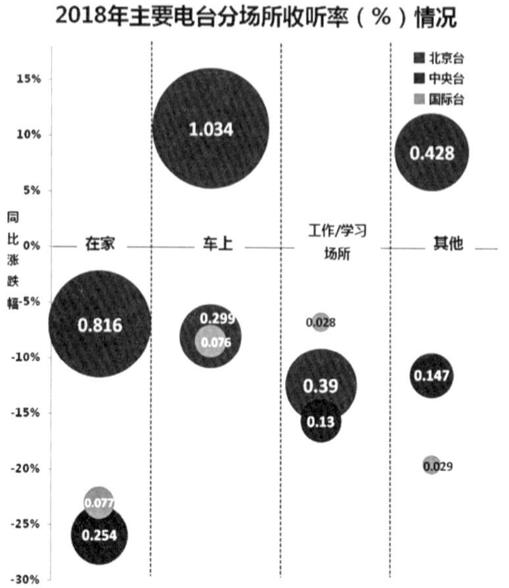

数据来源：索福瑞测量仪北京地区广播收听数据

从分场所收听情况来看，北京台和中央台车上的收听率均高于家中，而国际台家中和车上收听率仅相差0.001个百分点。另外，2018年三大台分场所同比收听率，只有北京台车上和其他场所的收听率有所上涨，除此之外，三大台在各场所的收听率均有下降。

四、北京台听众构成：性别、年龄比例均衡，中青年、中高收入比例稳步提升

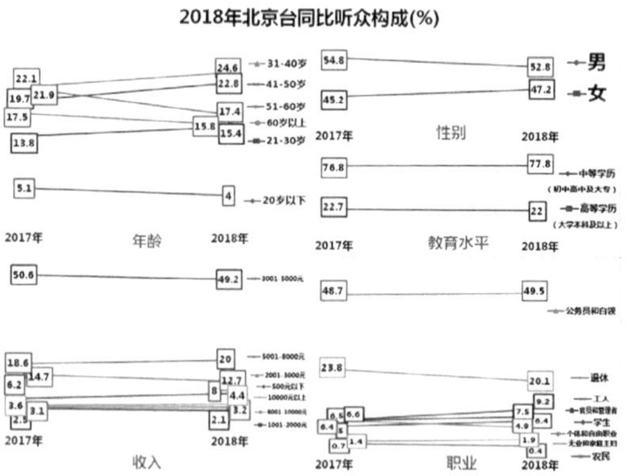

数据来源：索福瑞测量仪北京地区广播收听数据

北京电台2018年男女听众比例分别是52.8%、47.2%，同比更趋均衡。男性听众比例相对2017年有所降低，女性听众比例相对进一步提升。目前，北京台男女比例是三大台中最为均衡的。

年龄方面，北京台30岁以下、31～50岁、51以上三个群体比例为“2、5、3分布”是三大台中最为均衡的，且高龄听众比重逐步降低，中青年听众比例进一步扩大。31～60岁的社会消费活跃人群占总体的近65%。20岁以下听众比例为4%，同比小幅下降，21～30岁听众比例上升1.6个百分点，升至15.4%；31～40岁听众比例为24.6%，同比上升2.5个百分点；41～50岁听众比例继续上升3.1个百分点，达到22.8%；51～60岁听众比例下降4.5个百分点，至17.4%；60岁以上听众比例也下降了1.7个百分点，51岁以上中老年听众比例稳中有降。

听众收入构成基本稳定并逐渐优化，中低收入听众比例保持下降趋势，中高收入听众比例稳步提升。个人月收入3000元以下的听众比例同比下降了0.6个百分点，占比下降至22.8%；个人月收入5001～8000元、收入8001～10000元、收入10000元以上的中高收入群体占比各上升1.4、0.1、0.8个百

分点，分别达到20%、3.2%、4.4%，个人月收入5000元以上听众比例同比上升2.3个百分点，攀升至27.6%。

教育程度方面，大学本科以上的高等教育水平听众比例同比小幅下降0.7个百分点，至22%；中等教育水平听众比例提升1个百分点，达到77.8%，为三大台占比最高的。

职业构成方面，公务员和白领阶层成为收听北京电台的主力人群。2018年公务员和白领比例同比上升0.8个百分点，达到49.5%，逼近半数。工人收听比例同比上升2.6个百分点，达到9.2%；个体和自由职业、退休听众的比例各下降1.5、3.7个百分点，分别达到4.9%、20.1%，其他各职业类别构成稳定。

五、北京广播市场各频率竞争态势

北京广播市场22频率收听率、市场份额同比排名

频率	收听率(%)		市场份额(%)		排名		排名变化
	2018	2017	2018	2017	2018	2017	
北京人民广播电台交通广播	1.325	1.244	35.661	31.96	1	1	→
北京人民广播电台文艺广播	0.437	0.561	11.752	14.414	2	2	→
北京广播电台新闻广播	0.387	0.356	10.415	9.13	3	4	↑
中央人民广播电台第一套节目中国之声	0.315	0.402	8.479	10.321	4	3	↓
北京人民广播电台音乐广播	0.282	0.251	7.587	6.458	5	5	→
中国国际广播电台环球资讯广播	0.147	0.17	3.962	4.36	6	7	↑
中央人民广播电台第三套节目音乐之声	0.145	0.173	3.899	4.456	7	6	↓
中央人民广播电台第九套节目文艺之声	0.104	0.111	2.806	2.846	8	9	↑
中央人民广播电台第二套节目经济之声	0.102	0.111	2.744	2.844	9	10	↑
中央人民广播电台中国交通广播	0.1	0.125	2.685	3.209	10	8	↓
北京人民广播电台体育广播	0.079	0.055	2.124	1.412	11	12	↑
中国国际广播电台劲曲调频	0.056	0.069	1.51	1.766	12	11	↓
中央人民广播电台经典音乐广播	0.048	0.048	1.295	1.238	13	13	→
北京城市广播	0.033	0.041	0.878	1.054	14	15	↑
北京人民广播电台故事广播	0.018	0.021	0.497	0.532	15	16	↑
北京人民广播电台动听调频	0.018	0.043	0.491	1.108	16	14	↓
北京人民广播电台外语广播	0.012	0.011	0.312	0.289	17	17	→
中央人民广播电台娱乐广播	0.009	0.009	0.234	0.221	18	19	↑
中国国际广播电台轻松调频	0.007	0.011	0.182	0.285	19	18	↓
北京人民广播电台青年广播	0.005	0.002	0.132	0.062	20	21	↑
中央人民广播电台中国乡村之声	0.005	0.006	0.131	0.16	21	20	↓
中央人民广播电台第十套节目老年之声	0.002	0.002	0.053	0.061	22	22	→

数据来源：索福瑞测量仪北京地区广播收听数据

具体到频率层面，与2017年相比，2018年排名在最前端的1～5位的频率构成不变，排名有微小变化。北京电台交通广播牢牢占据市场份额第1的位置，且领先优势不断扩大，文艺广播份额下降，但依然稳居第2；新闻广播市场份额上涨，排名从第4位重回第3位；中国之声的市场份额下降但排名维持在第4位；音乐广播市场份额上升，排名保持在第 5 位。

排名在中、后段的频率，市场份额多有不同程度的下滑，有些频率依靠更小的下滑幅度，获得排名提升。环球资讯广播市场份额虽有下降，但降幅小于音乐之声，因此排名提升 1 位，至第 6 位；音乐之声市场份额降幅达 12.5%，列第 7 位；文艺之声市场份额同比基本持平，排名上升 1 位，列第 8 位；经济之声市场份额同比基本持平，排名上升 1 位，列第 9 位；中国交通广播市场份额降幅达到 16.33%，排名下降 2 位，至第 10 位。

体育广播2018年市场份额排名上升1位，取代劲曲调频，列第 11 位；城市广播、故事广播排名各上升 1 位，分列第 14、15 位；动听调频排名下降 2 位，列第 16 位；娱乐广播排名上升 1 位，取代轻松调频，列第 18 位；青年广播排名上升 1 位，取代乡村之声，列第 20 位；其他频率排名保持不变。

2018年北京广播市场22频率市场份额

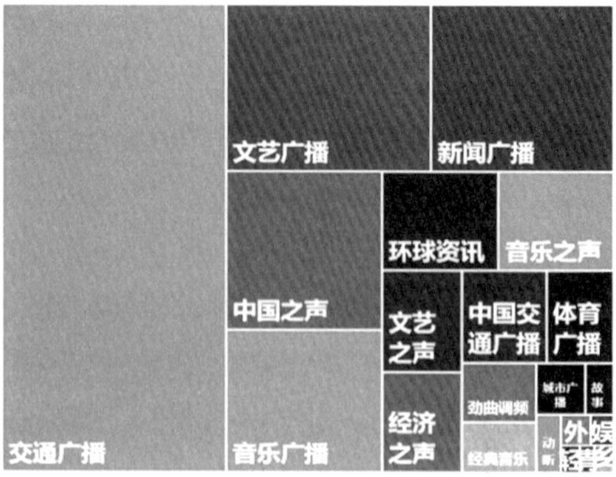

数据来源：索福瑞测量仪北京地区广播收听数据

北京卫视环球跨年冰雪盛典在三大网络视频平台播放情况的调查分析

北京卫视 2019 环球跨年冰雪盛典于 2018 年 12 月 31 日晚在腾讯视频、优酷、爱奇艺三大网络视频同步播出。为了解该晚会在三大网络视频收看情况，北京电视台委托中国传媒大学进行调查与分析。

一、播放情况

1. 总播放量

本次报告主要监测北京卫视 2019 环球跨年冰雪盛典在腾讯视频、优酷、爱奇艺三大网络视频的播放情况。在监测时期内，北京卫视跨年晚会在网络视频平台的总播放量为 5295 万（如图 2.1）。

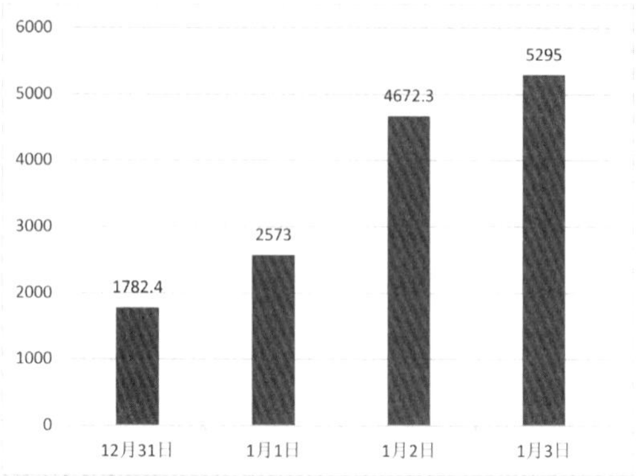

图 2.1 北京卫视跨年晚会在网络视频平台的播放总量变化（单位：万次）

北京卫视 2019 跨年晚会在网络视频平台（腾讯视频、优酷）平均每日的播放量约为 4180.1 万次，日增播放量变化趋势明显，其中 1 月 2 日的日增播放量最高，达到 2099.3 万次，1 月 1 日的网络播放量较直播时增加 790.6 万次，1 月 3 日的日增播放量最低，为 622.7 万次（如图 2.2）。

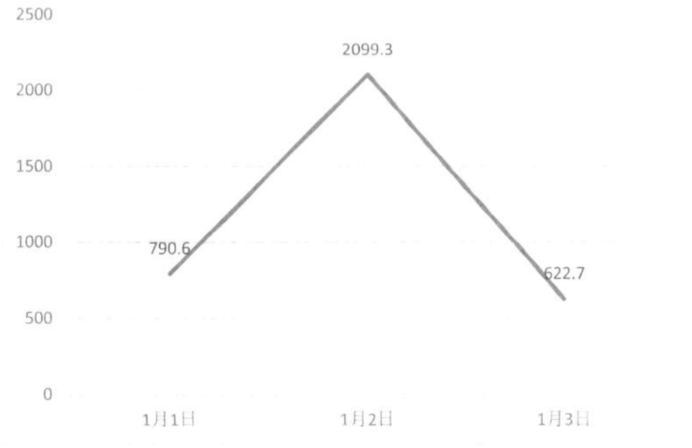

图 2.2 北京卫视跨年晚会网络视频平台的日增播放量（单位：万次）（完整版正片）

北京卫视 2019 跨年晚会在不同网络视频平台的播放量差异显著。晚会在腾讯视频的播放量最高，为 4660.4 万次；其次是优酷视频，播放量为 634.6 万次；各网络视频平台对总播放量的贡献份额分别是：腾讯视频占 88%，优酷占 12%。总体而言，在北京卫视跨年晚会的网络播放量中，腾讯视频贡献了绝大部分播放量（如图 2.3，图 2.4）。而爱奇艺取消网络播放量指标，改为内容热度，1 月 1 日内容热度为 5229，播放指数为 2143；1 月 2 日内容热度达三天最高，为 5274，播放指数为 2931。三天的内容热度基本持平，播放指数呈现上升趋势（如图 2.5）。

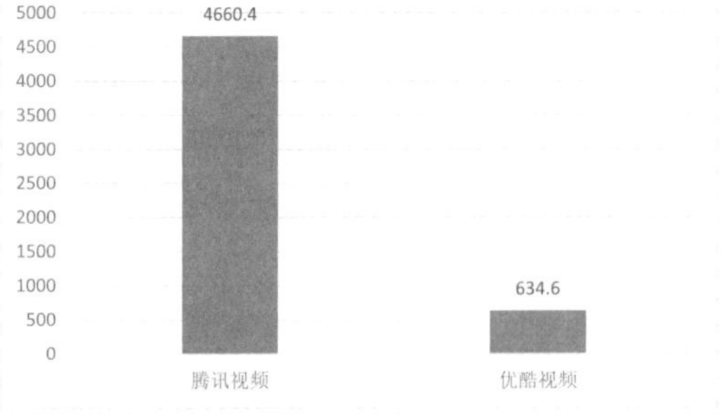

图 2.3 北京卫视跨年晚会在各大网络视频平台的播放量（单位：万次）

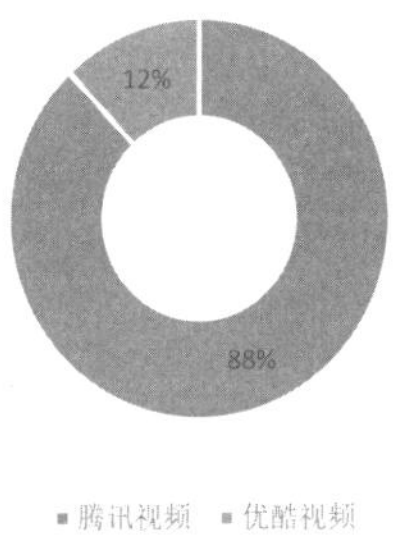

图 2.4 北京卫视跨年晚会在各大网络视频平台的播放量占比

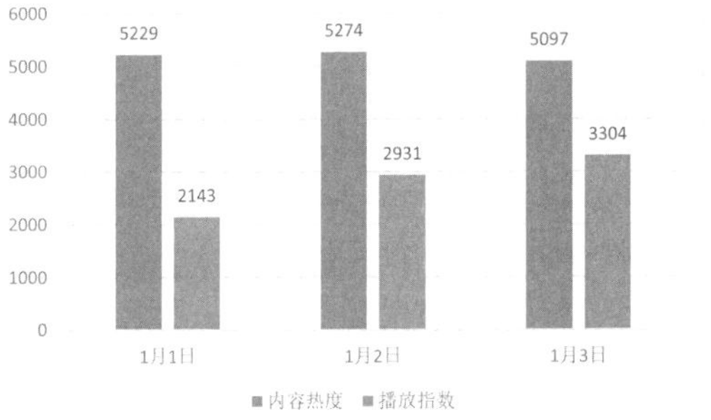

图 2.5 北京卫视跨年晚会在爱奇艺的内容热度、播放指数变化

2. 短视频播放量

在各大网络视频平台，用户除了可以看到各卫视跨年晚会完整正片之外，还可以看到每个单独的节目或者视频片段，对这些视频片段的点击量进行统计也能够说明节目在网络视频平台上线之后，哪些节目更加受欢迎。以下选取了北京卫视 2019 跨年晚会在优酷、爱奇艺上短视频播放量排名前三的节目进行呈现（如表 2.1）。

在优酷和爱奇艺平台上，北京卫视 2019 跨年晚会中的短视频节目播放量（内容热度）前三名既有所重合，又存在差异。在优酷平台，观众更喜欢腾格尔、花泽香菜和冯提莫的表演，而在爱奇艺平台，除腾格尔和冯提莫外，观众对汪峰的《怒放的生命》关注度较高，这可能与平台的受众特点相关。

表 2.1　各视频平台排名前三的短视频节目播放量（单位：万次）

平台	排名前三的节目	1月1日	1月2日	1月3日
优酷	腾格尔神曲串烧	2.8	7.9	9.4
	花泽香菜《恋爱循环》	2.1	10	12.1
	冯提莫《佛系少女》	2.3	7.6	9.2
爱奇艺	冯提莫歌曲《佛系少女》	2379	1864	1686
	汪峰歌曲《怒放的生命》	2203	1609	1304
	腾格尔献唱《日不落》	2086	1660	2332

优酷平台中跨年晚会排名前三的短视频节目播放量累计达 30.7 万次。各短视频节目所占份额基本持平，其中腾格尔神曲串烧占据 30.6%，花泽香菜的表演份额略高，占 39.4%，而冯提莫的节目《佛系少女》占据 30%。可以看出，上榜的三个短视频节目都具有年轻化的特点，说明优酷视频平台的受众群体更喜欢带有年轻、流行元素的节目。（如图 2.6）

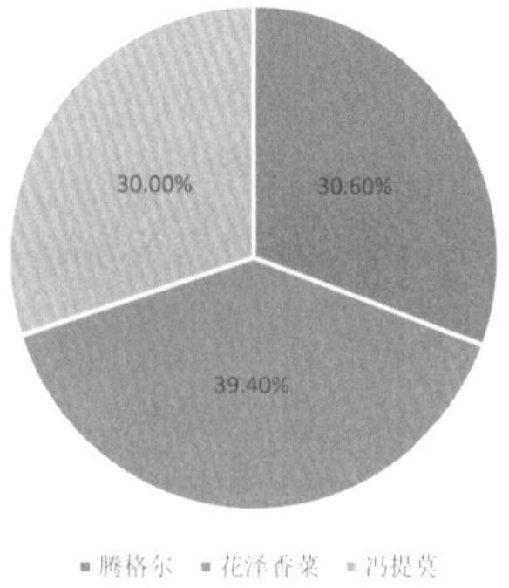

图 2.6 优酷排名前三节目播放量占比

根据表 2.2 可以看出，随着时间的推移，各短视频节目在优酷上的日播放量变化幅度较明显（表 2.2）。

表 2.2　优酷排名前三的短视频节目播放量变化（单位：万次）

平台	排名前三的节目	1月1日	1月2日	1月3日
优酷	腾格尔神曲串烧	2.8	5.1	1.5
	花泽香菜《恋爱循环》	2.1	7.9	2.1
	冯提莫《佛系少女》	2.3	5.3	1.6

腾格尔神曲串烧在优酷、爱奇艺的播放量均排到了前三，原因可能是其反差式的表演是对以往形象的颠覆，加上腾格尔在抖音引起广泛关注，所以该短视频节目播放量较高。值得注意的是，排名前三的短视频节目在优酷平台的日增播放量均呈现出上升—下降趋势，日播放增量在 1 月 2 日达到最高。以腾格尔的表演为例，该短视频节目 1 月 3 日的下降幅度最大，从 1 月 2 日的 5.1 万次 /

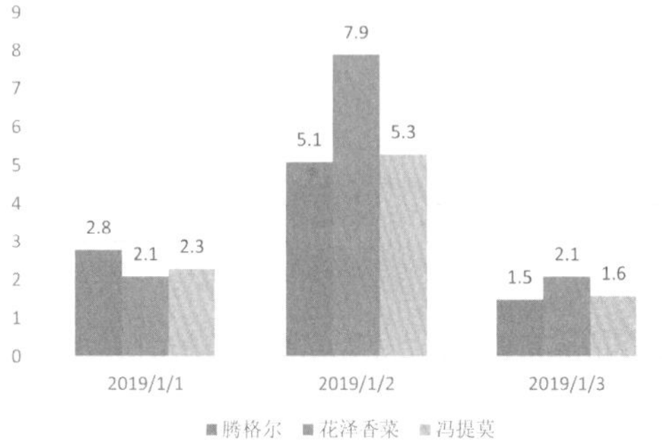

图 2.7 短视频节目在优酷的日增播放量变化
（单位：万次）

日下降到 1 月 3 日的 1.5 万次 / 日，下降率为 294.1%。（如图 2.7）。

二、网络收视率

根据网络收视率计算公式，北京卫视 2019 跨年晚会平均每天的网络收视率为 0.51%。

在晚会播出三天之内，网络收视率呈先上升后下降趋势，1 月 2 日网络收视率最高，为 0.91%，1 月 1 日和 1 月 3 日的网络收视率分别为 0.34%、0.27%（如图 2.8）。

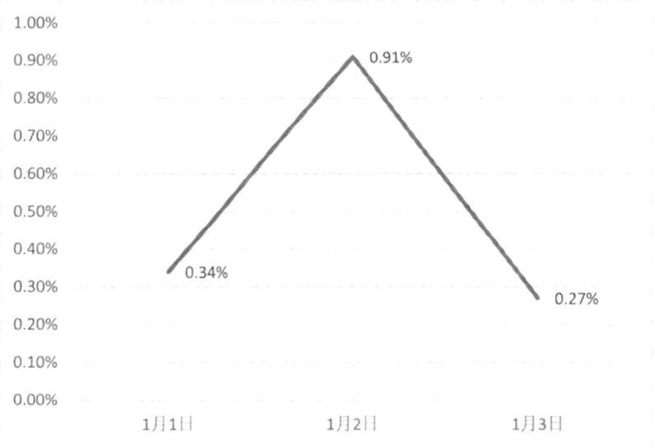

图 2.8 北京卫视跨年晚会每日网络播出收视率

三、网络互动量

1. 视频评论量

在监测时期内，北京卫视 2019 跨年晚会在三大网络视频平台上共获得总评论量 2816 条，平均每日评论量约为 939 条。1 月 2 日获得评论量最多，为 1718 条，1 月 1 日获得评论 677 条，1 月 3 日获得评论 421 条（如图 2.9）。

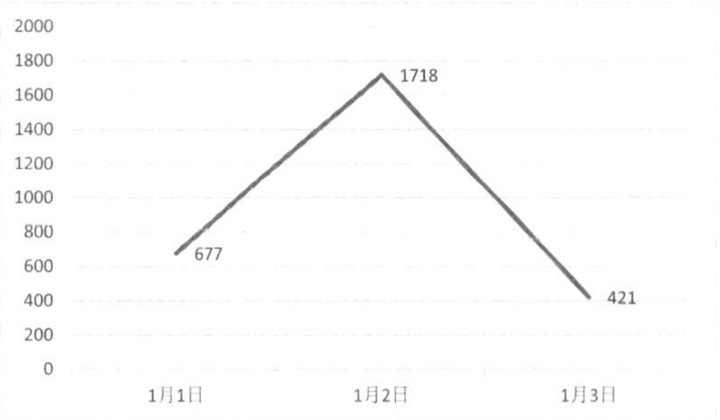

图 2.9 北京卫视跨年晚会在三大视频平台每日评论量（单位：条）

对北京卫视跨年晚会在三大网络视频平台的评论量进行累计，各平台评论总量由高到低排序依次为：优酷 1128 条，爱奇艺 1123 条，腾讯视频 565 条。北京卫视 2019 跨年晚会在优酷播放量较低，但是获得最高的评论量，而爱奇艺评论量次之；在腾讯视频的播放量最高，但是其在该平台获得评论量最低。这或与腾讯视频的播放量为专辑播放量有一定关系。整体上，评论量与相应的播放量未呈现出正向关系。

从各网络视频平台中对晚会的评论量占比来看，优酷评论量占比最高，为 40.1%，其次是爱奇艺，占比相当，为 40.0%，腾讯视频的评论量占比最低，为 19.9%。（如图 2.10，图 2.11）

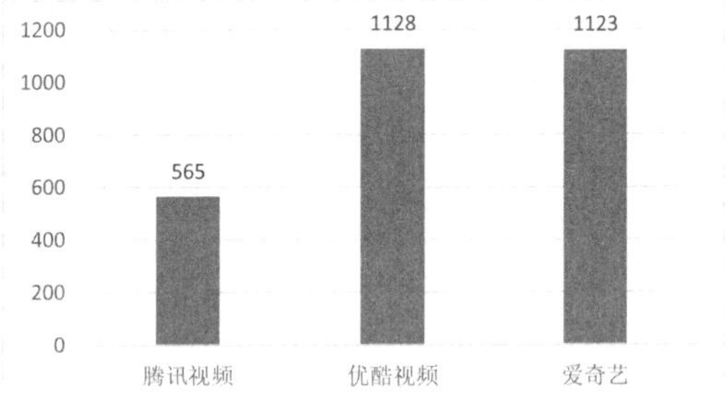

图 2.10 北京卫视跨年晚会在三大网络视频平台的评论总量（单位：条）

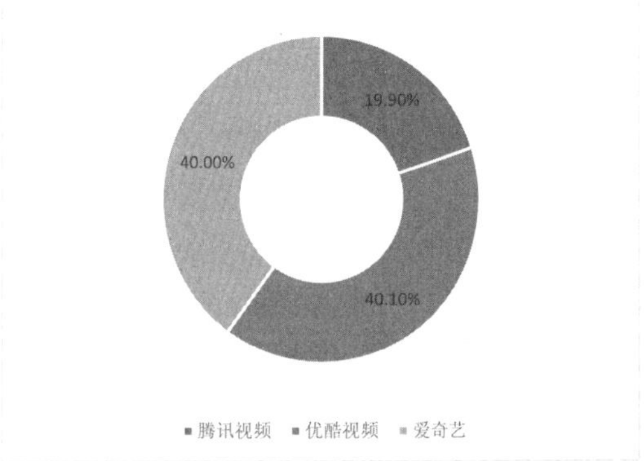

图 2.11 北京卫视跨年晚会在三大网络视频平台的评论量占比

2. 视频点赞量

腾讯视频未设置点赞按钮，因此未将其纳入此处统计。在监测时期内，北京卫视2019跨年晚会在网络视频平台一共获得点赞次数591次，平均每日获得点赞数约为197次。其中1月1日获得点赞92次，1月2日获得点赞312次，1月3日获得点赞187次，监测时期内的点赞量与每日获得的评论量变化趋势相同（如图2.12）。

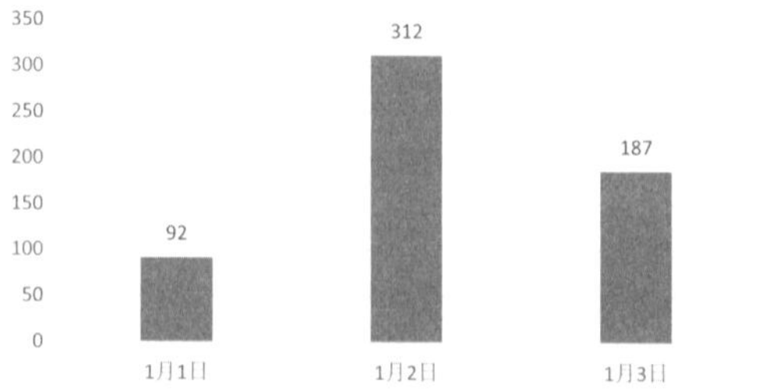

图2.12 北京卫视跨年晚会在三大网络视频平台的每日点赞量（单位：次）

从视频平台来看，除了腾讯视频之外，跨年晚会在各网络视频平台的点赞量分别为：爱奇艺437次、优酷154次，分别占比为73.9%、26.1%。晚会在爱奇艺的点赞量与评论量均处于领先位置；虽然爱奇艺的评论量和优酷相当，但是跨年晚会在这两个视频平台的点赞量爱奇艺是优酷的2.84倍，这说明针对该晚会，爱奇艺用户相对于优酷用户来说，点赞意愿更强，评价更高。（如图2.13，图2.14）。

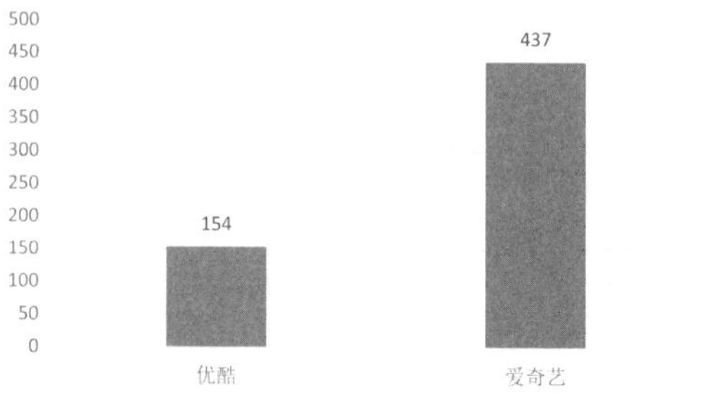

图2.13 北京卫视跨年晚会在两大网络视频平台的点赞量（单位：次）

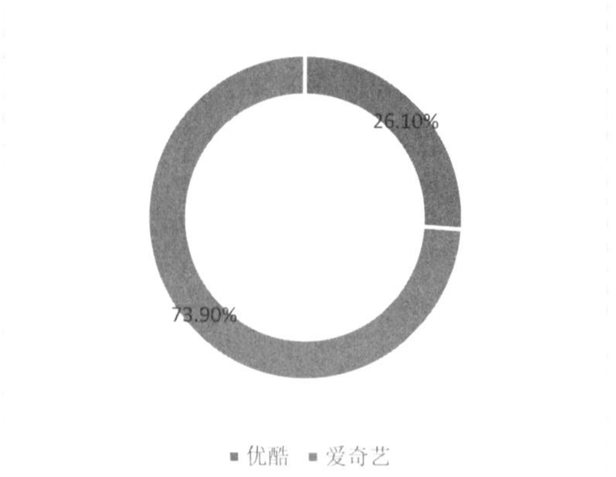

图2.14 北京卫视跨年晚会在两大网络视频平台的点赞量占比

小结：自北京卫视2019跨年晚会直播播出以来，晚会在网络视频平台的总播放量持续上升。随着时间的推移，人们对跨年晚会的关注度逐渐下降，日增播放量逐渐减小，这与跨年晚会时效性强的特点不无关系。

播出平台方面，腾讯视频平台贡献了绝大部分播放量，优酷视频播放量贡献份额相对较小。爱奇艺用内容热度指标取代播放量指标，无法参与播放量横向比较。跨年晚会在各网络视频平台的评论量与播放量并未呈现出正向关系。比如，在监测时期内，晚会在腾讯视频平台的总播放量为4660.4万，远高于在优酷平台的634.6万，最终在这两个平台获得的评论量，优酷却远远高于腾讯视频。

北京卫视2019年跨年晚会在各个网络视频平台播放量位列前三的短视频节目既有重合，又有差异。在优酷视频，花泽香菜的节目《恋爱循环》获得了较大的关注，而在爱奇艺平台，腾格尔《日不落》的内容热度位列第一。

（调查单位：中国传媒大学受众研究中心）

组织机构

北京市广播电视局

（统计截至 2018 年年底）

领导成员：

党组书记、局长：杨烁

党组成员、副局长：戴维

副局长：杨培丽

党组成员、副局长：张苏

党组成员、驻局纪检监察组组长：邹立华

副巡视员：董明

内设机构：

办公室（安全监管办公室）、政策法规处、规划发展处（产业促进处）、行政审批处、宣传管理处、电视剧管理处、传媒机构管理处、网络视听节目管理处、媒体融合发展处、科技处（公共服务处）、财务处、人事处。

部室主任：

办公室：

主任：王志；副主任：卢川、刘华阳

政策法规处：

处长：赵红仕；副处长：王东迎

规划发展处（产业促进处）：

处长：王伟；副处长：李国新

行政审批处：

处长：贾丁丁；副处长：王汝通

宣传管理处：

处长：韩云升；副处长：石东正

传媒机构管理处：

处长：喻萍；副处长：谢杰

网络视听节目管理处：

副处长：夏斐、许立国

媒体融合发展处：

科技处（公共服务处）：

处长：张春彦；副处长：安凭

财务处：

处长：荣学良；副处长：孙益洁

人事处：

处长：单志忠；副处长：张秋生

原公共服务处：

处长：王亦君；副处长：刘保峰、谭素云

机关党委：

负责人：解楠

工会副主席：姜威

驻局纪检组监察组：

副组长：刘学文

说明：根据中央精神和市委市政府决策部署，市委宣传部统一管理新闻出版工作。将原北京市新闻出版广电局的新闻出版管理职责划入市委宣传部，市委宣传部对外加挂市新闻出版局（市版权局）牌子；市委宣传部统一管理电影工作，将原北京市新闻出版广电局的电影管理职责划入市委宣传部，市委宣传部对外加挂市电影局牌子。在原北京市新闻出版广电局广播电视管理职责的基础上组建北京市广播电视局，作为市政府直属机构。

2018 年 11 月 13 日，北京市新闻出版广电局召开机构改革动员大会，传达市机构改革相关精神，宣布市新闻出版广电局划转职责和机构，布置机构改革重点工作。2018 年 11 月 16 日，北京市广播电视局挂牌。

2018 年 11 月，北京市新闻出版广电局原党组成员、副局长王野霏调任市委宣传部，原党组成员、副局长胡东辞职。

2018 年 11 月，北京市新闻出版广电局新闻报刊管理处、出版管理处、数字出版处、印刷发行处、出版物市场管理处、版权管理处、电影管理处 7 个处室的职责划转到市委宣传部，人员整建制划转；北京市新闻出版局信息中心、北京市新闻出版研究中心、北京版权保护中心、北京市新闻出版局出版物鉴定中心、北京计算机软件登记中心、北京市新闻出版行业特有工种职业技能鉴定站（北京新闻出版版权人力资源服务中心）6 个事业单位的职责划转到市委宣传部，人员整建制划转；北京市广播影视作品审查中心与电影管理服务相关的职责和人员划转到市委宣传部。

2019 年 2 月 22 日，北京市广播电视局召开机构改革动员大会，宣布干部任职命令。

地址：北京市东城区朝阳门内大街 55 号
邮编：100010
电话：010－64081079
网址：www.bjrt.gov.cn

北京市新闻出版广电局工会

领导成员：

工会主席：王野霏
工会副主席：姜威
经审委主任：刘国军
女工委主任：路梅

第一届工会委员会委员：王野霏、苗本长、刘国军、谢杰、满向伟、路梅、程玉生、林芳建、赵晨、马妍

工会其他组成人员：
组织委员：苗本长、刘国军、林芳建
宣传委员：程玉生、王珏
文体委员：满向伟、赵晨、马妍
生活委员：黄景兰
福利委员：谢杰
经审委委员：张秋生、刘若昕、于娟娟、彭焘
女职工委员：安凭、赵鹤、刘思思、姚佳

下属工会单位：

北京联合出版公司工会
地址：北京市东城区朝阳门内大街 55 号
邮编：100010
电话：010－64081907
邮箱：15010166966@163.com

北京市广播电视局离退休人员管理服务中心

领导成员：

主任：钱富奎
副主任：郑兵

地址：北京市东城区朝内大街 55 号
邮编：100022
电话：010－64081125

北京市广播电视局后勤服务中心

领导成员：

副主任：邵顺荣、杨子君

内设机构：

综合科、房管科、保卫科、车管科

地址：北京市东城区朝内大街55号
邮编：100022
电话：010–64081266
传真：010–64081878

北京市广播电视局信息中心

领导成员：

主任：郑新梅（2018年5月退休）

副主任：路梅

地址：北京市东城区朝内大街55号
邮编：100022
电话：010–65157503

北京市广播电视监测中心

领导成员：

主任：魏利明

副主任：朱祥锋、吉春

内设机构：

综合科、监测科、安播科、技术科、网管科

地址：北京市朝阳区建外大街14号
邮编：100022
电话：010–65155241

北京音像资料馆（北京广播电影电视研究中心）

领导成员：

副馆长（中心副主任）：韩浩

副馆长（中心副主任）：段燕燕

内设机构：

办公室、资料部、制作部、研究部、史志部

地址：北京市东城区安乐林路18号
邮编：100075
电话：010–87258004

北京市广播影视作品审查中心

领导成员：

主任：智黎明

副主任：周红颜、刘文东

内设机构：

办公室、电视剧审查科、电影审查科、网上境外引进影视剧审查科（筹）

地址：北京市朝阳区建外大街 14 号

邮编：100022

电话：010−85012245

北京市广播影视协会

（第六届理事会）

领导成员：

会长：杨淑琴

副会长：何桂芝、宋春华

常务副会长兼秘书长：智黎明

副秘书长：周红颜

监事长：王立平

监事：秦华、石鸿印

内设机构：

秘书处、《北京广播影视》编辑部

部门领导：

《北京广播影视》主编：杨淑琴、张晓爱

执行主编：胡亚利

地址：北京市朝阳区建外大街 14 号 704 室、711 室

邮编：100022

电话：010−85012430/ 85012429

北京广播电视台

领导成员：

党委书记、台长兼北京电视台党委书记、台长：李春良

纪委书记、工会主席：王伟

副台长兼北京歌华有线电视网络股份有限公司党委书记、董事长：郭章鹏

副台长：苏仁先（2018 年 8 月免职）

副台长：窦晓东

内设机构：

党委办公室、办公室、研究发展部、运

营管理部、媒体管理部、技术部（技术资源运行中心）、法律事务部、财务部、纪检监察部、审计部、人力资源部、工会办公室

部门领导：

党委办公室：主任：杨秀英 副主任：蔡廷杰

办公室：主任：张常珊 副主任：李增明

研发部：副主任：石群峰

运营管理部：主任：陈乐天 副主任：曹军（正处级）

媒体管理部：主任：张冬林 副主任：耿雪梅、李洪兴（兼团委书记）、喻琳（副处级干部）

技术部：主任：王建

法律事务部：暂无

财务部：主任：孙成刚 副主任：姜春海

纪检监察部：主任：侯召国 副主任：林松雪

审计部：主任：刘惠

人力资源部：主任：孟庆存 副主任：刘晓辉

工会办公室：主任：罗霄

地址：北京市朝阳区建外大街 14 号

邮编：100022

电话：010−85012020

传真：010−65157259

网址： www.bmn.net

北京人民广播电台

领导成员：

党委书记、台长：赵卫东（自 2018 年 1 月 5 日任市委宣传部常务副部长）

党委副书记、总编辑：王秋 （自 2018 年 1 月 5 日主持电台全面工作）

党委副书记、常务副台长：陈晓红

纪委书记：赵泽勤

副台长：边建、李健

副总编辑：陈晓海、李秀磊

总工程师：李晓晖

北京电台台长助理兼节目制作中心主任：李捷

内设机构：

办公室、总编室（播音主持管理部）、党委办公室、纪检监察审计办公室、人力资源部、计划财务部、广告管理部、工会、技术中心（总工办）、网络媒体中心（计算机中心）、八零四发射台、广播发展研究中心、媒体资料和版权部、产业发展部、品牌传播部、节目制作中心、新闻广播、城市广播、故事广播、体育广播、音乐广播、文艺广播、交通广播、外语广播、爱家广播、青年广播

注：网络媒体中心和计算机中心、技术中心和总工办、播音主持管理部和总编室合署办公

部门领导：

办公室：主任：牟燕文；副主任：张秋萍、徐学军、吴曦（援藏）、梁磊、陈博

总编室：主任：孙巍；副主任：刘莹、谢先进、陈雪瑾（播音主持管理部副主任兼任总编室副主任）

党委办公室：主任：许秀玲；副主任：平建学（自 2018 年 10 月 11 日主持党办工作）、游良婕

纪检监察审计办公室：纪委副书记兼主任：陈云；副主任：王辉

人力资源部：主任：周燕玲（2018年9月26日退休）；副主任：马兴（自2018年10月11日主持工作）、马玉章、王浩洁

计划财务部：主任：陈春梅；副主任：李淼、吕放

广告管理部：副主任：陆彤（主持工作）、罗燕萍

广告经营中心：主任：秦学刚；行政总监（副主任）：李康；副主任：殷宗林、张睿、方乐

工会：主席：范晓茜；副主席：任怀珠（2018年7月12日退休）、张苹

技术中心：主任：张旭；副主任：刘爽、谷会敏、高素萍

网络媒体中心：主任：郑金诗；副主任：边江、刘彤

八零四发射台：台长：张国强；副台长：邓亚程、王春平

广播发展研究中心：主任：王伟；副主任：崔海丰

媒体资料和版权部：主任：纪烈鸿；副主任：孙超、邢立新

节目制作中心：副主任：吕雪瑞、张友信、王金成、陈彦旭

新闻广播：台长：景兵；副台长：张红力、宋梓祯

城市广播：台长：李革；副台长：张延红

故事广播：台长：孟庆煜；副台长：李琳

体育广播：台长：蔡明可；副台长：焦钰晖

音乐广播：台长：陈京英

文艺广播：台长：许秀玲；副台长：牛力（2019年1月17日辞职）

交通广播：台长：唐琼；副台长：罗霄兵、延安、李哲勇

外语广播：台长：张晶宇；副台长：曹军生

爱家广播：副台长：伍洲彤（主持工作）

产业发展部：主任：陈晖；党支部书记：郑海涛；副主任：杨雯静、张蓉

品牌传播部：副主任：陈炳岩（自2018年10月11日主持工作）、张丽、郑晓慧

地址：北京市朝阳区建外大街14号

邮编：100022

电话：010-65159125

网址：www.rbc.cn

北京电视台

领导成员：

党委书记、台长：李春良（兼）

党委副书记、总编辑：王珏

党委副书记、常务副台长：韦小玉

党委副书记、纪委书记：彭司海

副台长：王澎、秦华

副总编辑：李岭涛（2018年11月免职）、艾冬云、徐滔

总工程师：田方 （2018年7月免职）

内设机构：

党委办公室、办公室、总编室、总工程师办公室、研究发展部、监察审计办公室、工会办公室、计划财务部、人事部、广告部、行政部、保卫部、经营管理部、基建办公室、离退休干部办公室、新闻节目中心、卫视节目中心、影视剧中心、文艺节目中心、体育

节目中心、科教节目中心、青少年节目中心、纪实频道节目中心、海外节目中心、财经节目中心、生活节目中心、动画节目中心、新媒体发展中心、北京国际电影节运行中心、播出部、制作部、转播传送部、信息网络管理部、技术设备管理部、动力部

内部机构：

办公室——史志办、监察审计办公室——招投标办公室

注：青少年节目中心、海外节目中心，在台内合并为青少·海外节目中心

部门领导：

党委办公室：主任：郝洪；副主任：孙书明

办公室：副主任：王昕、李晗

总编室：主任：史椰森；副主任：高謞、刘虎

副总工程师：毕江

总工程师办公室：主任：林平；副主任：王立冬、徐志军

研究发展部：主任：秦新春；党支部专职书记：马克燕；副主任：刘晓隽

监察审计办公室：主任：周久兰；副主任：周志豪

工会办公室：主任：宗昊；副主任：陈冬

人事部：主任：杨建忠；副主任：高扬

计划财务部：主任：余维杰；副主任：汪红、王京梅

行政部：主任：王晶；副主任：纪勇、卢英锁；主任助理：李雅涛

保卫部：主任：钟强；副主任：马世飞

广告部：副主任：姚大禹（主持工作）

基建办公室：党支部专职书记：张宇青；副主任兼招投标管理工作领导小组办公室主任：朱晓宇（副处级）

经营管理部：副主任：刘方平、买剑平

卫视节目中心：主任：马宏；副主任：牛振青、程军、邵晶、郑蓉

新闻节目中心：主任：张庆；副主任兼新闻编辑部主任：丁晓阳；编辑部副主任：王毅；副主任兼要闻采访部主任：徐京玲；要闻采访部副主任：张晓鲁；社会新闻采访部副主任：袁朴；副主任兼新闻评论部主任：刘民；副主任兼新闻专栏部主任：黄瑨；综合管理部主任：李大功

青少年节目中心：副主任：陈晔、张苏

文艺节目中心：主任：潘全心；党总支书记：李兰；副主任：齐建彤、庄小红

科教节目中心：主任：杜研；副主任：岳民、张宾、王勇

影视剧中心：副主任：严澍、朱礼庆

财经节目中心；主任：宗燕红；副主任：李迎军、赵波、白平

体育节目中心：主任：焦少波；副主任：邱大卫、宋健生、王少华

生活节目中心：主任：赵彤；副主任：任友红、白艳军、齐学耕、赵峥峥

动画节目中心：主任：张帆；副主任：史月光、周方

纪实频道节目中心：主任：严崴

北京国际电影节运行中心：副主任：崔岩（主持工作）

播出部：副主任：刘宏亚、金强

制作部：主任：林平；副主任：王浩、孙海峰、陈嘉超（试用）

转播传送部：主任：朱雨稼；副主任：韩士聪、叶志云（试用）

动力部主任：王晓龙；副主任：刘颖、侯宏炜

技术设备管理部：主任：刘晓光

信息网络管理部：主任：周旭辉；副主任：李湧、李程

老干部办公室：主任：刘绍芬；副主任：孟传妍

援疆干部：翟涛（副处级）

副处级干部：马国颖（借调到世园局）、田丰（选调到北京冬奥组委）

地址：北京市朝阳区建国路甲 98 号

邮编：100022

电话：010－85336688（总机转）

传真：010－85338000

网址：www.btv.com.cn

北京歌华传媒集团有限责任公司

领导成员：

党委副书记：左亦

副总经理：周宇清、罗晓军

歌华传媒集团分子公司依据管理结构划分：

在经营管理结构中的二级和比照二级管理企业数量为 15 家，其中：全民所有制企业 3 家，分别为北京歌华文化发展集团、北京音像公司、北京瑞特影音贸易公司；法人独资公司 4 家，分别为北京电视艺术中心有限公司、北京北广置业有限公司、北京北广新新传媒有限责任公司、北京云鼎视讯网络科技有限公司；控股公司 5 家，分别为：鼎视传媒股份有限公司、北京北广传媒移动电视有限公司、北京北广传媒影视股份有限公司、北京中北电视艺术中心有限公司、北京北广传媒数字电视有限公司；比照二级管理企业 3 家，分别为：北京歌华有线电视网络股份有限公司、北京北广传媒城市电视有限公司、北京北广传媒地铁电视有限公司

地址：北京市东城区北小街青龙胡同 1 号歌华大厦 8 层

邮编：100007

电话：010－84187399

北京歌华文化发展集团有限公司

领导成员：

党委书记、总经理：李丹阳

党委副书记：姜建秋、苏春华

纪委书记：肖红

副总经理：葛立智、陈工、张莉、黄春雷（集团党委委员）、王昱东、李斌

总经理助理：石海燕、高颖、秦玉良（集团党委委员）、蒋南风（集团党委委员）、戴迎春

内设机构：

党委办公室、集团办公室、企业管理部、人力资源部、计划财务部、研究宣传部、国际部、纪检监察审计部

部门领导：

党委办公室：主任兼集团工会主席（代理）：杨志华

副主任兼工会：副主席：汪健；副主任：周静

集团办公室：主任：李斌（兼）；副主任：佟芳；安保总监：周金起

企业管理部：主任：李雪；副主任：纪赢

人力资源部：主任：朱会东；副主任：黄月欣；总监：李文武

计划财务部：主任：李峰；副主任：苏京

研究宣传部：主任：陈工（兼）；副主任：范颖；信息部主任：孙树公；研究总监：邢树森；策划总监：赵楠

国际部：主任：李丹；业务总监：李舟

纪检监察审计部：主任肖红（兼）；审计总监：赵林

直属企业

北京歌华文化中心有限公司

法定代表人：黄春雷 董事长、党总支书记：黄春雷（兼）；总经理：岳进

北京歌华展览有限公司

法定代表人：岳进；总经理：岳进

北京歌华设计有限公司

法定代表人：刘冰；董事长：刘冰；总经理：姚松

北京歌华文化科技创新中心有限公司

法定代表人：王昱东；董事长：王昱东（兼）；总经理：刘冰

北京国际设计周有限公司

法定代表人：王昱东；董事长：李丹阳（兼）；总经理：王昱东

北京歌华大型文化活动中心有限公司

法定代表人：秦玉良；董事长、党总支书记：秦玉良（兼）；总经理：高颖

北京歌华美术有限公司

法定代表人：高颖；执行董事、总经理：高颖（兼）

北京歌华投资中心有限公司

法定代表人：蒋南风；董事长：蒋南风；总经理：王利

北京文化艺术有限公司

法定代表人：王利；执行董事、总经理：王利

北京和融投资有限公司

法定代表人：周卫东；董事长、总经理：周卫东

北京华北酒店管理有限公司

法定代表人：王利；执行董事、总经理：王利

北京歌华开元大酒店有限公司

法定代表人：马新军；董事长：马新军；总经理：邵世骏

北京歌华文化设施管理有限公司

法定代表人：姜建秋；董事长：姜建秋（兼）；总经理：朱珠

北京歌华创意培训中心有限公司

法定代表人：窦进伟；董事长、总经理：窦进伟

秦皇岛歌华营地文化传播有限公司

法定代表人：张滨；董事长：张滨；总经理：宫丽娜

地址：北京市东城区北小街青龙胡同 1 号歌华大厦 14 层

邮编：100007

电话：010－84186060

传真：010－84186001

网址：www.gehua.com

北京歌华有线电视网络股份有限公司

领导成员：

党委书记、董事长：郭章鹏

党委副书记、副董事长、总经理：卢东涛

党委副书记、纪委书记、工会主席、副董事长：马健

董事、总会计师：胡志鹏

副总经理：何拥军、康朝晖、唐文伟

董事、副总经理、董事会秘书：梁彦军

总工程师：曾春

总经理助理：姜宏志、韩霁凯

内设机构：

战略投资部、党群工作部、纪检监察部、办公室、行政部、人力资源部、财务部、营帐中心、规划设计部、计划建设部、维护管理部、重要用户保障部、物资管理部、传送部、网管中心、信息部、集团客户部、市场营销部、新媒体中心、媒资部、大样本数据中心、稽核管理部、总工办、播控部、法务部、安全保卫部26个直属部门

另设：城中、朝阳、海淀、丰台、石景山、门头沟、房山、大兴、通州、顺义、昌平、怀柔、密云、平谷、延庆15个分公司；北京歌华有线工程管理有限责任公司、歌华有线数字媒体有限公司、北京歌华益网科技发展有限公司、涿州歌华有线电视网络有限公司、歌华有线投资管理有限公司、北京歌华视讯文化有限公司、燕华时代科技发展有限公司7个一级控股子公司；北京歌华益网广告有限公司、北京歌华有线客户服务信息咨询有限公司2个二级控股子公司

部门领导：

副总工程师：吴建林、石江明、王厚信、沈文

副总经济师：田秋

副总会计师：王琰

党群工作部：主任：黄卫京；副主任：李洪（2018年5月4日任）、杨云

纪检监察部：常务副主任：余孝纬（2018年3月5日退休免职）；副主任：张恒（2018年5月21日任）

稽核管理部：主任：傅蕾红；副主任：乔晓欢

办公室：主任：丁颖磊（2018年6月12日任）；副主任：倪超、何琦（2018年12月24日任）

行政部：主任：张宁；副主任：张为尧、郁建明

人力资源部：主任：方丽；副主任：王晓芳、张宇航

法务部：主任：朱瑞明（2018年6月12日任）

财务部：主任：李铭（2018年6月12日任）；副主任：居冬辉、杨启薇

信息部：主任：沈文（兼）；副主任：孙灵芝、王霍南

市场营销部：主任：韩霁凯（兼）；副主任：马麟祥、仉福江（2018年3月5日离职免职）、孙国维

规划设计部：主任：黄枫；常务副主任：黄国安；副主任：顾志强、刘光

传送部：主任：王厚信（兼）；常务副主任：汤军；副主任：李军炜

播控部：主任：黄美莹；副主任：陈森

物资管理部：主任：陈慕风（2018年1月17日任）；副主任：白莹、杨楠

安全保卫部：主任：曲伟（2018年6月12日任）

计划建设部：主任：满全安（2018年6月12日任）；常务副主任：孟宇明

维护管理部：主任：马鑫（2018年6月12日任）；常务副主任：刘建平；副主任：于金生、李航

重要用户保障部：主任：赵宏伟；副主任：马刚

战略投资部：主任：黄铁军；常务副主任：于铁静；副主任：李昂

集团客户部：主任：成锐（2018年7月2日离职免职）、庄永（2018年11月6日任）；副主任：时晨阳、葛原

新媒体中心：主任：姜宏志（兼）；副主任：赵文、胡佚、丁晓旭

媒资部：主任：张婕；副主任：张俭、李雷

大样本数据中心：主任：姜宏志（兼）；副主任：吉钰丽

营帐中心：主任：史言（2018年6月12日任）；副主任：李燃

网管中心：主任：林霖（2018年6月12日任）；副主任：魏柏林、周捷、樊京胜、潘铭（2018年1月17日任）

总工办：主任：曾春（兼）；常务副主任：沈彤；副主任：董原、黄超

城中分公司：总经理：吴建林（兼，2018年1月17日任）；副总经理：贾文杰、石连成

朝阳分公司：总经理：鞠维铭；副总经理：李秀珍、范雪峰、江庆红

海淀分公司：总经理：刘宇明；常务副总经理：权晓宇（2018年5月4日任）；副总经理：王星

丰台分公司：总经理：王军；副总经理：叶海星、刁立军

石景山分公司：总经理：黎江（2018年1月17日任）；副总经理：王彬、卓志祥（2018年12月24日任）

大兴分公司：总经理：田秋（兼）；副总经理：代国平、周晓平（2018年11月12日任）

房山分公司：总经理：郑林；副总经理：李云鹏

通州分公司：总经理：石江明（兼）；常务副总经理：宋宝贵

门头沟分公司：总经理：王芁军（2018年6月12日任）；副总经理：徐长江（2018年12月24日任）

延庆分公司：总经理：王国庆；副总经理：王芳

顺义分公司：总经理：王志亚；副总经理：王晓光、李洁（2018年12月24日任）

昌平分公司：总经理：高巍；常务副总经理：刘芳（2018年12月24日退休免职）、李庆江（2018年12月24日任）

怀柔分公司：总经理：綫继东；副总经理：黄宇东

平谷分公司：总经理：李明生；副总经理：赵宇（2018年11月12日任）

密云分公司：总经理：郭国林；副总经理：王小明、周继旺

北京歌华有线工程管理有限责任公司：董事长：唐文伟（兼）；总经理：王刚（2018年9月6日离职免职）、王琰（兼，2018年9月6日任）；副总经理：沈德忠、夏鹏（2018年12月24日任）；党支部副书记：朱慧珍

北京歌华有线数字媒体有限公司：董事长：梁彦军（兼）；常务副总经理：刘严；副总经理：郭伟、赵宇绯

涿州歌华有线电视网络有限公司：董事

长：唐文伟（兼）；总经理：周彭生；常务副总经理：赵寿强（2018年11月6日任）；副总经理：孙广智

北京歌华有线客户服务信息咨询有限公司：董事长：康朝晖（兼）；总经理：钱正；常务副总经理：闫宝利、邹玉华；副总经理：杨治义

北京歌华益网科技发展有限公司：董事长：韩霁凯（兼）；总经理：王刚（兼，2018年9月6日离职免职）、韩霁凯（兼，2018年11月12日任）；副总经理：刘昕（兼）

东方嘉影电视院线传媒股份公司：董事长：姜宏志（兼）；副总经理：刘夫涛、李兰；总工程师：钟军（2018年3月5日离职免职）、李清（2018年3月5日任）

北京歌华益网广告有限公司总经理：董事长：姜宏志（兼）；总经理：张晓耕；副总经理：胡佚（兼，2018年5月4日不再兼任）、周轩（2018年9月18日离职免职）

基建工程办公室（临时机构）：主任：贺磊（2018年11月6日任）

地址：北京市东城区北小街青龙胡同1号歌华大厦7层

邮编：100191

电话：010−96196

网址：www.bgctv.com.cn

歌华有线电视网络股份有限公司旗舰营业厅一览表

营业厅名称	联系地址	联系电话
东城小街桥	东城区北二环青龙胡同1号歌华大厦一层北门东侧	59260846
东城夕照寺	东城区夕照寺街绿景馨园（东玖大厦）东区13号楼B座一层	59260848
西城南小街	西城区西直门南小街133号西派国际公寓底商A101	59260847
西城南华里	西城区南华里10号楼底商	59260849
朝阳团结湖	朝阳区水碓子北里2号楼西侧底商	59260842
朝阳劲松	朝阳区南磨房路16号院禧福汇底商7−3（平乐园路口向西200米路南）	59260841
朝阳管庄	高碑店街道朝阳路67号院财满街8号楼三层0301	59260840
朝阳香河园	朝阳区柳芳北里12号楼东侧底商	59260843
朝阳望京	朝阳区望京街道望京西路首开知语城312号楼底商	59260845
朝阳亚运村	朝阳区慧忠里231号楼底商北京市朝阳区慧忠北路231号底商（朝阳区北辰东路与慧中北路交叉口向东100米路北）	57698522
海淀清河	海淀区清河小营桥（G6辅路）向北500米第一个路口向东200米，福美苑小区底商	59260400 59260401
海淀花园村	海淀区车公庄西路花园村社区8号楼1层（花园桥往东500米左右，京颐商场对面，过街天桥下路南）	59260427 59260854
海淀五棵松	海淀区万寿路街道西四环中路39号万地名苑底商39−6	59260438 59260439
海淀海淀路	海淀路50号北大资源楼东楼一层1117室（北京大学南门东侧）	59260468 59260469
丰台方庄	北京市丰台区方庄紫芳园六区4号楼2−106（“方庄6号”底商）	59260860
丰台云岗	丰台区长云路2号院珠江御景（北门）底商10−17号	59260836
丰台马家堡	丰台区角门18号枫竹苑二区1号楼103、203室	59260835
丰台科技园	丰台区育仁南路1号院4号楼204、205室（诺德中心16号楼2层底商）	59260861

（续表）

营业厅名称	联系地址	联系电话
丰台卢沟桥	丰台区小屯西路109号院万科假日风景6号楼底商	59260837
石景山古城	石景山区古城大街75号院3号楼底商（古城地铁站向西路口西北角塔楼底商）	59260862
石景山五里坨	隆恩寺路17号院1号楼底商	59260862
昌平天通东苑	昌平区天通苑东二区1号楼15门	57698520
大兴黄村	大兴区黄村镇兴华南路25号	59260867
房山良乡	房山区良乡长虹西路63号	59260870
门头沟	门头沟区绿岛水岸小区底商	59260873
顺义	顺义区拥军路2号	81490036 81492540
怀柔	怀柔区乐红园小区1号楼	59260877
延庆	延庆区东外大街57号	59260879
密云	密云区果园西路42号院	59260872
平谷	平谷区文乐胡同12号	59260871
通州富河园	通州区安顺路301号富河园碧水明珠底商4−110	69555780

北京电视艺术中心有限公司

领导成员：

董事长兼总经理：张平

副总经理：沈然

艺术总监：郑晓龙

创作总监：李晓明

内设机构：

党建工作部、总经理办公室、计财部、项目部、策划部、技术部、导演工作室、制片人工作室

下属单位：北京电视艺术中心音像出版社有限公司

地址：北京市海淀区皂君庙甲 2 号

邮编：100098

电话：010−62127625

传真：010−62115814

网址：http：//www.btac.cn

微信公众号：beiyi1982

北京广播电视报社

领导成员：

社长：李浩

总编辑：张彪

副社长：宋杰

副总编辑：张震

内设机构：

办公室、组织人事部、财务部、总编室、《北京广播电视报》编辑部、《北广人物》周刊编辑部、经营中心（含经营一部、经营二部、经营三部、新媒体中心）

地址：北京市东城区安乐林路 18 号

邮编：100075

电话：010−67117161

传真：010−67134365

网址：http：//www.bgtv.com.cn

北京音像公司

领导成员：

总经理：颜丙利

内设机构：

企划出品部、节目制作部、技术工程部、财务部、办公室

地址：北京市东城区安乐林路 18 号

邮码：100075

电话：010−67262518

传真：010−87268961

电子信箱：bavc@bavc.com.cn

网址：http：//www.bavc.com.cn

北京瑞特影音贸易公司

领导成员：

执行董事：何公明

监事、市场部总监：顾 炜

工程部总监：秦 磊

财务部总监：孟春敏

办公室主任：赵丽艳

内设机构：

办公室、财务部、市场部、工程部

地址：北京市朝阳区建外大街 14 号一层

邮编：100022

电话：010−65155284/65159086/65287112/65287113/65158729−620~627

传真：010−65155285

网址：http：//www.ruite.cn/

北京广播电视台服务中心

领导成员：

主任：郭长征

副主任：常斌、张业京

总工程师：于进军

内设机构：

办公室、人事部、财务部、房屋产权管理部、后勤服务部、维修部、设备动力部、安全保卫消防部、职工食堂部

下属企业：北京广视华融经贸中心、北京声屏苑培训中心

地址：北京市朝阳区建国门外大街 14 号

邮编：100022

电话：010－85012302

传真：010－85012365

北京北广传媒数字电视有限公司

领导成员：

董事长、总经理：何公明（兼北京瑞特影音贸易公司总经理）

副总经理：艾禾、梁自珍、梁燚

内设机构：

节目部、市场部、数据部、播出部、财务部、办公室

地址：北京市海淀区皂君庙甲 2 号

邮编：100098

电话：010－56317887

传真：010－56317980

网址：http：//www.bjdtv.com

北京北广传媒移动电视有限公司

领导成员：

董事长、总经理：罗晓军

副总经理：许新德

内设机构：

办公室、资产财务部、广告管理部、节目部、播出部、技术研发部、品牌部、党群工作部

地址：北京市东城区北小街青龙胡同 1 号歌华大厦 A 座 809 室

邮编：100007

电话：010－59260500

传真：010－59260501

网址：http：//www.bj-mobiletv.com

北京北广传媒影视有限公司

领导成员：

总经理：刘国华

副总经理：张光北

内设机构：

办公室、财务部、项目部、文学部、制作部、发行部

地址：北京市东城区北小街青龙胡同 1 号歌华大厦 B 座 821 室

邮编：100007
电话：010-59260180
传真：010-59260181
邮箱：bamc_tv@bamc.com.cn

北京北广传媒城市电视有限公司

领导成员：

董事长、总经理：罗艳红
副总经理：李伟
总经理助理：崔娟娟

内设机构：

行政部、财务部、媒体运营部、媒体开发部、广告部、技术部

地址：北京市东城区东直门北小街青龙胡同1号歌华大厦A座801室
邮编：100007
电话：010-59260088-8000
传真：010-59260066
客户专线：4007000086
网址：http：//www.citytv.com.cn
微信服务号：bj-citytv

北京北广传媒地铁电视有限公司

领导成员：

董事长：周宇清
党支部书记：赵文斌
总经理：王军
副总经理：王莹

内设机构：

办公室、财务部、技术部、运营管理部、节目部

地址：北京市东城区北小街青龙胡同1号歌华大厦B座818室
邮编：100007
电话：010-81486139
传真：010-84186139

鼎视传媒股份有限公司

领导成员：

总经理：蔡恒平
常务副总经理：王健
副总经理：秦敏
技术总监：曾平
总经理助理：马宁、柳轶
董事会秘书：王文旭

内设机构：

销售部、客户服务部、传输业务部、财务部、技术部、行政人力部

地址：北京市东城区东直门北小街青龙胡同1号B820室

邮编：100007

电话：010－59260099

传真：010－59260138

邮编：100007

网址：http：//www.topv.com.cn

北京北广置业有限公司

领导成员：

执行董事：周宇清（北京歌华传媒集团有限责任公司副总经理兼）

总 经 理：裴成虎

副总经理：张克英

内设机构：

办公室、财务部、前期部

授权管理单位：

北京影视城管理中心

北京现代电视艺术发展公司

北京东方艺苑物资仓储服务中心

地址：北京市朝阳区崔各庄乡南影路2号小白楼

电话：010－64325207

传真：010－64321062

邮箱：sr6567@163.com

北京中广传播有限公司

领导成员：

总经理：丁文辉

内设机构：

党务综合部、财务部、业务部、技术运维部

地址：北京市海淀区香山碧云寺门外2号平房

邮编：100093

电话：010－63872993

北京紫禁城影业有限责任公司

领导成员：

董事长兼总经理：金川

副总经理：李昊、赵跃东

内设机构：

办公室（财务部）、影视剧部

地址：北京市西城区北三环中路乙6号伦洋大厦901室

邮编：100120

电话：010－62019597、62014931

传真：010－62019597、62014931

网址：http：//www.fcmovie.com

北京新媒体集团

领导成员：

总经理、党支部书记：金鹏

常务副总经理：蒋虎

副总经理：赵志成

财务总监：程丽君

内设机构：

党办、行政部、财务部、人力资源部、政府事务部、战略发展部、IPTV管理部、市场及公共关系部、技术管理部以及版权部

下设子公司：

北京时间新闻媒体有限公司

北京时间有限公司

北京新融媒文化发展有限公司

北京新媒体投资管理有限公司

地址：北京市海淀区西三环北路3号

电话：010—68102122

传真：010—68102129

北京市东城区文化委员会

领导成员：

党委副书记、主任：王伟东（2018年1月至2018年8月）

党委书记、副主任：张恩东（2018年1月至2018年8月）

党委书记、主任：王伟东（2018年8月任职）

副主任：郑亚东、骆桦、魏瑞峰

工会主席：付东亮

行政执法队队长：杨勇（2018年2月退休）

内设机构：

党委办公室、办公室、公共文化事业科、文化市场管理科（安全生产科）、文物管理科、综合审批科、演艺产业发展促进科、人事科、财务科

所属单位：

北京市东城区文化委员会行政执法队、北京市东城区第一文化馆、北京市东城区第二文化馆、北京市东城区第一图书馆、北京市东城区第二图书馆、北京市东城区文物管理所、北京市袁崇焕祠文物保管所、北京市文天祥祠文物保管所、北京市东城区第一图书馆会议中心、北京市钟鼓楼文物保管所、北京王府井古人类文化遗址博物馆、北京市东城区羊市口文化站、北京市东城区花市电影院、北京市东城区天坛南里文化娱乐中心、北京市东城区文化馆剧场、北京燕京评剧团、北京包装资料馆、北京东方国际文化交流中心

地址：北京市东城区崇文门外大街7号第二文化馆

邮编：100062

电话：010—67091091、67091092

传真：010—67091090

邮箱：dcqwhw@bjdch.gov.com

北京市西城区文化委员会

领导成员：

主任、副书记：孙劲松（兼区委宣传部副部长）

调研员：贾文静

副主任：吕丹、古杨利、王顺、侯志伟

工会主席：王来明

行政执法队队长：董伟民

内设机构：

办公室、政策法规科、公共文化科、非物质文化遗产科、文化产业科、文化市场管理科、文物科、财务审计科、党群工作办公室、人事科

直属机构：

行政执法队、西城区第一文化馆、西城区第二文化馆、西城区第一图书馆、西城区第二图书馆、西城区青少年儿童图书馆、西城区文物保护研究所、西城区文物管理处、北京宣南文化博物馆管理处（北京长椿寺管理处）、西城区非物质文化遗产保护中心、北京历代帝王庙管理处、北京李大钊故居管理处、西城区社会文化管理所

地址：北京市西城区后广平胡同 26 号

邮编：100035

电话：010−66561230

传真：010−66561231

网址：http：//wenhua.bjxch.gov.cn

北京市朝阳区文化委员会

领导成员：

主任：高春利

区纪委区监委驻区文化委纪检监察组组长：袁学军

副主任：潘小俪、马骏

行政执法队队长：李冬

内设机构：

办公室、文化科、文物管理科、审批管理科、调研室、组宣人事科、财务基建科、文化行政执法队

地址：北京市朝阳区东三环北路 36 号

邮编：100026

电话：010−65014855

传真：010−65086844

网址：http：//www.risingsun.org.cn

北京市海淀区文化委员会

领导成员：

书记、主任：陈静

副主任：邱文忠

副主任：柳阑

行政执法队队长：卫东

内设机构：

办公室、组织宣传科、公共文化科、审批管理科、法制督察科、文物科

下属执法机构：文化行政执法队

下属事业单位：文化馆、图书馆、文物保护中心（博物馆）

地址：北京市海淀区颐和园路12号区政府综合办公楼

邮编：100080

电话：010−82617811

网址：http：//www.bjhd.gov.cn

北京市丰台区文化委员会

领导成员：

书记：史文彬

主任：樊维

副主任：胡丽、韩天顺

行政执法队队长：李正平

内设机构：

办公室（安全科）、文化科、文物科、文化市场管理科（出版发行科、版权科）、组织人事科

所属行政执法机构：文化行政执法队（下设办公室、一分队、二分队、三分队）

下属事业单位：文物管理所、图书馆、文化馆

地址：北京市丰台区西四环南路64号

邮编：100071

电话：010−83811361

传真：010−83811360

北京市石景山区文化委员会

领导成员：

党组副书记、主任：王亚迅

党组副书记：刘跃华

副主任：杨光、王浩、白晓

机关党委副书记、副调研员：郑彬

行政执法队队长：郝卫华

内设机构：

办公室、文化科、文物科、市场科、组织人事科、政策规划科

地址：北京市石景山区石景山路18号

邮编：100043

电话：010−68607158

传真：010−88680857

北京市门头沟区文化委员会

主要领导：

党组书记：曲书法

党组副书记、主任：常蓉（2018 年 10 月 19 日免党组副书记、2018 年 12 月 18 日免主任）

副主任：管瑞华、刘德才（2017 年 12 月 15 日任党组成员、2018 年 1 月 31 日任副主任）、马骐

行政执法队队长、正处级调研员：李军朝

副处级调研员：张银星

内设机构：

办公室、文化科、文物科、市场管理科、计划财务科、政策法规科、区文化执法队（含信息举报中心、执法一分队、执法二分队、执法三分队）

下属事业单位：

区文化馆、永定河文化博物馆、区图书馆、区影剧院、区电影发行放映服务中心、区文物事业管理所、区文化创意产业促进中心

地址：门头沟区门头沟路 8 号

邮编：102300

电话：010−69843315

传真：010−69860988

北京市房山区文化委员会

领导成员：

主任：冀显江

副主任：刘开平、韩民东、谭瑾

行政执法队队长：苏文江

内设机构：

办公室、文物科、文化科、市场科、行政执法队

地址：北京市房山区良乡西潞南大街甲 12 号

邮编：102488

电话：010−69352012、69352106

传真：010−69352106

网址：http：//www.bjfsh.gov.cn

北京市大兴区文化委员会

领导成员：

大兴区委宣传部副部长、大兴区文化委党组书记、主任：王健

副主任：石铭远、郝泽宏

行政执法队队长：周武军

副调研员：周静

工会主席：张洁

副处级调研员：于泉

内设机构：

办公室、人事教育科、文化文物科、文化市场管理科、内审科、行政执法队

下属单位：

图书馆、文化馆、文物所、北京市大兴区文化活动服务中心（北京市大兴区电影发行放映管理中心）、新华书店

地址：北京市大兴区兴华大街3段15号行政服务中心16层

邮编：102600

电话：010－81296733

传真：010－81296752

网址：http：//www.dxwh.gov.cn

北京市通州区文化委员会

领导成员：

书记、主任：王立生

副主任：杨根萌、林长春、马俊艳

执法队长：彭绍常

内设机构：

办公室、文化市场管理科、公共文化科、政工科、财务科、文物保护和非物质文化遗产保护科、文化产业促进中心、文化行政执法队（下设法制科、执法一队、执法二队）

直属单位：

通州区文化馆、通州区图书馆、通州区博物馆、通州区文物管理所、通州区电影管理中心、新华书店

地址：北京市通州区中仓街道车站路27号

邮编：101100

电话：010－80574354

传真：010－80574413

网址：http：//www.bjtzh.gov.cn/bjtzly/index.shtml

北京市顺义区文化委员会

领导成员：

书记、主任：田庆江

副主任：赵保东、白桦、王辉

党组成员：袁树旺、赵保东、白桦、王辉、张永山、孟云会

工会主席：杭志强

内设机构：

办公室、政工科、计划财务科、文化文物管理科、文化市场管理科、著作权（广播电影电视）管理科

所属单位：

文化委行政执法队（副处级）、文化馆、图书馆、文物管理所、北京焦庄户地道战遗址纪念馆、电影放映服务中心、影剧院、新华书店

地址：北京市顺义区光明南街拥军路

邮编：101300

电话：010－69443669

传真：010－69443757

北京市平谷区文化委员会

领导成员：

书记、主任：王文忠（2018 年 1 月至 2018 年 2 月）、崔茕（2018 年 2 月至 2018 年 12 月）

党组副书记：陈梦慧

副主任：王振红、逯艳敏

行政执法队队长：赵海东

工会主席：张东伟

内设机构：

办公室、政工科、文化文物科、审批科（安全生产综合管理科）

直属单位：

行政执法队、图书馆、文化馆、文物管理所、上宅文化陈列馆、文化发展服务中心、博物馆、新华书店、影剧院

地址：北京市平谷区府前西街 1 号

邮编：101200

电话：010−69962871

邮箱：whwbgs@bjpg.gov.cn

北京市怀柔区文化委员会

领导成员：

主任：夏占利

书记：陈宝明

副主任：郭大鹏、田正科、王冠蘅

行政执法队队长：曾春根

工会主席：武学兵

副调研员：钟宏城、鲍云贤

内设机构：

办公室、政工科、财务审计科、文化科、演艺活动服务中心、行政许可和服务科、行政执法队

直属企、事业单位：文化馆、图书馆、博物馆、电影发行放映服务中心、文物管理所、新华书店、栖湖艺术团、北京炫影丽声电影放映有限公司

地址：北京市怀柔区迎宾北路 7 号

邮编：101400

电话：010−69623483

传真：010−69633250

北京市昌平区文化委员会

领导成员：

书记、主任：刘全新

副书记：贾月林

副主任：杨广文、李爱武、胡南

工会主席：史功岐

行政执法队队长：刘庆华

内设机构：

办公室、市场科、文化科、文物科、文化执法大队

机关内设科室：政工科、安全办、工会、创建办

直属单位：

文化馆、图书馆、文物管理所（博物馆）、大运河白浮泉遗址管理服务中心、影剧院、新华书店

地址：北京市昌平区府学路 10 号

邮编：102200

电话：010–69742257

传真：010–80110182

网址：http：//cpwhw.bjchp.gov.cn

北京市密云区文化委员会

领导成员：

党组书记、主任：郝加瑞

党组副书记：邓德喜

文化行政执法队队长：李卫革

副主任：李冬雨 、胡书英

工会主席：柴军

内设机构：

党政办公室、文化活动指导科、文化市场管理科、法制科、文化行政执法队

直属单位：

文化馆、图书馆、文物管理所、大剧院、电影中心、新华书店、博物馆

地址：北京市密云区西门外大街 2 号

邮编：101500

电话：010–69041925

传真：010–69085706

北京市延庆区文化委员会

领导成员：

书记、主任：叶东

副书记：刘满利

副主任：节红霞、祁明东

调研员：王燕青

内设机构：

政办室、财务审计科、文化科、文物科、文化市场管理科、文化行政执法队

直属单位：

文化馆、图书馆、公益电影放映中心、文物管理所、后勤服务中心、新华书店

地址：北京市延庆区高塔街 57 号

邮编：102100

电话：010–69182872

北京经济技术开发区社会发展局

领导成员：

开发区工委委员、管委会副主任：沈永刚

社会发展局局长：常宸

社会发展局副局长：张小戎

地址：北京经济技术开发区荣华中路 15 号

邮编：100176

电话：010-67885647

传真：010-67880347

北京市朝阳区广播电视新闻中心

领导成员：

中心主任：潘竞

党委书记：孙帅

副主任：洪剑斌、李昕宇、梁雪琴

专职副总编：刘振山、王曦

内设机构：

办公室（保密科）、总编室、人事科、财务科、资料室、新闻科、电视采访科、电视摄像科、电视编辑科、电视技术保障科、报纸采访科、报纸编辑科

下属事业单位：

北京朝阳传媒中心、朝阳传媒影视技术服务中心

地址：北京市朝阳区六里屯西里 3 号

邮编：100026

电话：010-65025172

传真：010-65022498

网址：http：//www.chynews.cn

北京市海淀区新闻中心

领导成员：

书记、主任：王言敏

副主任：张庆洁、卫东

内设机构：

办公室、电视上载审核科、媒资室、要闻部、编辑制作部、新闻采访一部、新闻采访二部、专题部、技术播出部、播音主持部、动漫制作部、事业发展部、人事科、财务科、特刊部、新媒体事业部、政务网站运营科、网络监测指导科、全媒体指挥调度科

地址：北京市海淀区西四环北路 11 号海淀区政府第二办公区

邮编：100195

电话：010-88437116

传真：010-88487250

网址：http：//www.bjhdnet.com

北京市丰台区广播电视中心（融媒体中心）

领导成员：

书记、主任：乔晓鹏（区委宣传部副部长兼）

党组成员、副主任：王慧平、卢劼、李三鹏、刘宇

内设机构：

办公室（组织人事科）、党建办、财务科、总编室、新闻部、社会教育部、专题部、制作部、策划推广部、技术播出部、新媒体部

地址：北京市丰台区西四环南路 64 号

邮编：100071

电话：010–63814361

传真：010–63814362

网址：http：//www.bjftrt.com.cn

北京市石景山区融媒体中心

领导成员：

书记、主任：王国强

副书记、副主任：刘长成

内设机构：

办公室、党务办公室、总编室、新闻部、节目部、技术播出部、广告部、财务部

地址：北京市石景山区古城大街 61 号

邮编：100043

电话：010–68840434

传真：010–68840434

北京市门头沟区广播电视新闻中心

领导成员：

书记、主任：宋奇

党组成员、副主任：王幸国、苏燕平、班书臣

党组成员：李鹏

内设机构：

办公室、财务室、总编室、电视新闻部、电视专题部、电视制作部、广告文艺部、电视播出部、广播电台、时报编辑部、时报采写部、时报美术部

地址：北京市门头沟区新桥大街 36 号

电话：010–69843348

传真：010–69843348

邮编：102300

北京市房山区广播电视中心

领导成员：

区委宣传部副部长、中心党组书记、主任：路建华

副主任、机关党委书记：朱惠强

副主任、工会主席：马琳

副主任：武宏

内设机构：

办公室、总编室、时政要闻部、社会新闻部、电视专题部、电视文艺部、广告经营部、电台直播部、电台专题部、网络运营部、评审培训部、新媒体建设部、技术科、播出部、财务科、人事科、后勤事务部、安保部、事业发展部

地址：北京市房山区良乡西潞南大街6号

邮编：102488

电话：010–69374235

传真：010–69370104

邮箱：FTVbgs@163.com

北京市大兴区融媒体中心

领导成员：

区委宣传部副部长、中心党组书记、主任：巴洪栓（2018年7月30日离任）

负责中心全面工作：马宪颖（2018年7月30日调至中心工作，由于处于机构改革期，人事编制不能调动）

副书记：侯晨侠

副主任：杜桂玲、王冬梅

总工程师：汪俊涛

内设机构：

办公室、电台、电视台、全媒体运营部、总编室、技术发展部、播出部、内部审计科、人事教育科、财务管理科、广告管理部、媒资管理部

地址：北京市大兴区兴政街7号

邮编：102600

电话：010–69244977

传真：010–69244977

网址：http：//www.zhhxw.com

邮箱：dxgd@bjdx.gov.cn

北京市通州区广播电视中心

领导成员：

书记、主任：焦善鸣

副主任：王雪征、王小利、高玉强

内设机构：

办公室、政工科、总编室、新闻部、专题部、评论部、网络部、电台编辑部、技术科、播出部、财务科、广告部

地址：北京市通州区新华西街1号

邮编：101149

电话：010–69545860

传真：010–69545860

北京市顺义区广播电视中心

领导成员：

书记、主任：宋森

副主任：杨文武、巫俊

工会主席：王会永

内设机构：

中心：办公室、政工科、财务科

广播电台：综合部、新闻部、专题部、文艺部

电视台：新闻部、专题部、文艺部、总编室、技术部、新媒体部、广告部、媒资管理部

《顺义时讯》报社：办公室、采编部、事业发展部

地址：北京市顺义区拥军路4号

邮编：101300

电话：010–69466677

传真：010–69463670

邮箱：sytv1994@yahoo.cn

北京市平谷区广播电视中心

领导成员：

书记、主任：张长志

副书记：王久武

副主任：于刚、邱胜章、贾春节

内设机构：

办公室、政工科、财务科、总编室、新闻科、专题科、播音科、播出科、技术科、文艺科、广告科、后勤事务科

地址：北京市平谷区旧城街8号

邮编：101200

电话：010–69961255

传真：010–89983716

邮箱：guangdianzhongxin@163.com

北京市昌平区传媒中心

领导成员：

书记、主任：刘晓梅

副主任、工会主席：刘大宾

副主任：王纲、田东伟

内设机构：

办公室、宣传科、政工科、财务科、技术科、资源科、总编辑部

下设单位：

昌平广播电视台、平面媒体中心、新媒体中心、媒体制作中心，媒体采访中心 5 个事业单位；昌平传媒公司和永安城影视传媒中心 2 个全资公司

地址：北京市昌平区南环东路 1 号

邮编：102200

电话：010－69746088

传真：010－69742578

网址：http：//www.cprt.com.cn

北京市怀柔区广播电视中心（融媒体中心）

领导成员：

主任：刘剑

书记：常金壮（2018 年 6 月退休）

副主任：刘金凯、杨桂霞

工会主席：赵海清

内设机构：

办公室、政工科、总编室、编辑部、新闻部、外宣部、专题部、文艺部、电台部、广告部、广播影视制作部、技术部、播出部、汤河口分站、新媒体部、演播室运营部、信息网络安全部

（备注：2018 年 6 月 22 日，按照京怀编字〔2018〕51 号批复，同意北京市怀柔区广播电视中心加挂北京市怀柔区融媒体中心牌子。）

地址：北京市怀柔区府前街 19 号

邮编：101400

电话：010－69632646

传真：010－69644232

邮箱：gdzx@bjhr.gov.cn

北京市密云区广播电视中心（融媒体中心）

领导成员：

书记、主任：孙明朝

副主任：陈宝国、廖玉熊

班子成员、总编室主任：石晓访

党组成员、节目制作科科长：赵雪松

内设机构：

办公室、人事科、财务科、党办室、差转台、总编室、广播电台、节目制作科、技术科、新闻科、播音科、经济科、社教科、法制科、广告文艺科、音像资料室、行政事务科、“村村响”有线广播节目播出管理中心

地址：密云区西大桥路 18 号

邮编：101500

电话：010－89096037

传真：010－89095645

邮箱：guangdianzhongxin@126.com

北京市延庆区融媒体中心

领导成员：

书记、主任：董喜延

党组成员、副主任：贺农林、胡玖梅、孙守锴

党组成员：卢书华

挂职副主任：赵晨、赵莉

副处级待遇：季晓冰

内设机构：

办公室、人事科、财务科、总编室、媒体融合科、新闻科、专题科、文艺科、广播科、社教科、广告科、技术科、播控科、纸媒采访科、纸媒编辑科

所属单位：

北京市延庆区电视转播站、北京市延庆区广播电视记者站、北京市延庆区广播电视服务部

内设科室：

基层报道部、基层新闻部、党建办、工会、食堂、内保科

融媒体中心揭牌运行期间并行机构：总编室、采访部、编发部、新媒体部、技术部、综合服务部、工程办

地址：北京市延庆区高塔街 73 号

邮编：102100

北京光线传媒股份有限公司

领导成员：

法人代表：王长田

内设机构：

总裁办、财务部、内审部、法务投资证券部、人力行政部、品牌部、采购部、项目部、发行部、宣传部、创意视频组、营销中心、网络部、电影制片部、艺人经纪部、彩条屋影业、青春光线影业、光线影业

地址：北京市东城区和平里东街 11 号航星科技园 3 号楼 3 层

邮编：100013

电话：010−64516000

传真：010−84222188

网址：http：//www.ewang.com

华谊兄弟传媒股份有限公司

领导成员：

法人、董事长：王忠军

副董事长、总经理：王忠磊

内设机构：

以电影、剧集、艺人经纪、影院等业务为代表的影视娱乐板块；以电影小镇、电影

世界等业务为代表的品牌授权与实景娱乐板块；以新媒体、互联网游戏、粉丝经济等业务为代表的互联网娱乐板块；产业投资板块。

地址：北京市朝阳区新源南路甲 2 号

邮编：100027

电话：010–65805888

网址：http：//www.huayimedia.com

海润影视制作有限公司

领导成员：

董事长：刘燕铭

海润影视制作有限公司副总裁：陶俊峰、张春雨

部门负责人：

董事会秘书：刘晖宇

制作总监：蒋晓梅

发行总监：常君艾、张培

文学总监：王晓阳

新媒体总监：张春雨（兼）

总会计师：李研

法务总监：唐凡

行政总监：王存林

宣传总监：于莉

档案中心经理：宋兆文

内设机构：

总裁办、发行部、法务部、文学部、宣传策划部、财务部、新媒体事业发展部、人力资源部、行政部、信息档案管理中心

地址：北京市朝阳区安慧北里安园 5 号四层

邮编：100107

电话：010–64897799

传真：010–64935440

网址：http：//www.hairunmedia.com

北京京都世纪文化发展有限公司

领导成员：

董事长：尤小刚

副总经理：董煊、王正华

内设机构：

经营部、宣传部、演艺经纪部、影视基地、办公室、财务部

地址：北京市东城区广渠门外广渠家园名敦道商厦 4 号楼 1206 室

邮编：100022

电话：010–67110812

传真：010–67177299

网址：http：//www.zjdtv.com

北京鑫宝源影视投资有限公司

领导成员：

总经理：丁芯

副总经理：王驿

财务总监：赵雅丽

艺人总监：刘红梅

新媒体中心：焦红艳

内设机构：

总经办、财务部、广告部、发行部、演艺部、新媒体中心、编辑部、制作部、法务部、行政部

地址：北京市朝阳区北苑路86号院311号楼

邮编：100101

电话：010-57805288

传真：010-57561288

大唐辉煌传媒有限公司

领导成员：

董事长：王辉

总经理：袁春雨

内设机构：

文学策划部、制作部、电影事业部、新媒体部、发行部、娱乐营销部、艺人经纪部、宣传策划部、影视基地、财务部、人力资源及行政部、法务部

地址：北京市朝阳区慧忠里233号中南文化大厦3层

邮编：100101

电话：010-82961395

传真：010-82961396

网址：http：//www.dthh.com.cn/

北京东方飞云国际影视股份有限公司

领导成员：

董事长：白彩云

总经理：白月飞

副总经理：白絮飞、陈振斌

宣传部总监、艺人经纪部总监：安然

剧本策划部总监：侯璐

综合办公室总监：柯丽芳

财务部总监：尉赟

影视后期总监：郭洋

内设机构：

财务部、行政部、后期制作部、艺人部、宣传部

地址：北京市朝阳区北苑路86号院311号楼

邮编：100101
电话：010-57805288
传真：010-57561288
网址：http：//www.dongfangfeiyun.com

北京东王文化发展有限公司

领导成员：

董事长：张晓武

总经理：范杰

办公室主任：于莉

内设机构：

发行部、宣传部、演艺经纪部、办公室、财务部

地址：北京市朝阳区朝外大街3号山水广场B座1102

邮编：100020

电话：010-65516017

邮箱：dwwh2601@sina.com

网址：http：//www.bjdwwh.cn

四达时代集团

领导成员：

董事长兼总裁：庞新星

内设机构：

董事会办公室、总裁办、人力资源中心、财务中心、商务中心、行政中心、法务中心、信息中心、监审部、战略采购委员会办公室、投资管理部、公共事务部、宣传部、项目融资部、终端事业部、用户产品运营部、政企业务部、研发部、安全认证部、终端产品规划部、售后运维部、支付业务部、金融事业部、传媒事业部、海外事业部、合作伙伴关系部、媒体数字化事业部、海外市场拓展中心、海外拓展支持部、技术中心、运维中心、品牌市场部、项目管理办公室、基建工程中心、工程质量监理部、技术评审部、技术支持事业部、定额与质量管理部、成本合约部

地址：北京经济技术开发区科创十四街5号院

邮编：100176

电话：010-010-53012998

传真：010-53012997

网址：http：//www.startimes.com.cn

获奖作品

北京市广播影视协会2017年度优秀广播电视节目评选结果（154件）

一、广播类作品

广播新闻（32件）

短消息：北京医改新政今天出炉

北京人民广播电台　韩萌

短消息：北京首例“天价”拖车案宣判，8公里近13万施救费判为3万元

北京人民广播电台　孙媛

长消息：北京最后一台燃煤发电机组今天关停，本市结束百年燃煤发电史

北京人民广播电台　肖佳佳

长消息：再见　天意市场

北京人民广播电台　张煜

长消息：“复兴号”中国标准动车组首发，自主率80%技术水平世界领先

北京人民广播电台　贾天阳

超长消息：北京市代市长蔡奇与市民共话治霾　破难题树信心

北京人民广播电台　刘莹莹

系列报道：北京“开墙打洞”治理显成效

北京人民广播电台　程艳、王敏、孙媛、马骁骁、王琛琛、贾天阳

连续报道：公立医院医生成医托　患者权益难保障

北京人民广播电台　杨帆

评论：无人机告别“黑飞”：监管与技术是基础，处罚办法亟待出台

北京人民广播电台　王丹

专题：穿越四十年对话高考

北京人民广播电台　史喻、吴思

专题：消失的行李

北京人民广播电台　肖若昕

专题：丁宁：祖国荣誉高于一切

北京人民广播电台　陈妹

专题：APA酒店事件　“我们必须反思！”

北京人民广播电台　吴梅红

专题：旋翼之梦

北京人民广播电台　张立新

新闻节目编排：2017 年 12 月 30 日《交通新闻》下午版

北京人民广播电台　朱来生

新闻节目编排：12 月 31 日《新闻 2017》

北京人民广播电台　李瑞先

栏目：照亮新闻深处

北京人民广播电台　段玉龙、张艳

组织策划："人民之托"大型系列访谈节目"代表访代表"

北京人民广播电台　集体

新闻访谈：做好城市建设加减法 8——东城区委书记谈疏解发展的"舍"与"得"

北京人民广播电台　陈彦旭

短消息：华北地区第一家 24 小时城市书屋在大兴区正式开放

大兴区广电中心　靳石萌、房晓鹏

长消息：政府帮助农民当上飞机加油员

大兴区广电中心　靳石萌、房晓鹏

长消息：燕房线开启"无人驾驶"列车新时代

房山区广电中心　张佳佳、王磊、王雨佳、王辉

短消息：全国首个超低能耗整村农宅项目落户昌平

昌平区广电中心　王颖、王勤、李晓洁、马晓波

专题：把法治文明的种子播撒在雪域高原——记昌平区首位援藏女律师郭宏

昌平区广电中心　岳禹宁、张馨、李楠、于涛

长消息：放下锄头上冰雪　延庆有了我国首支农民滑雪教练队

延庆区广电中心　刘杨、滕薇、吴佳羽、赵财

专题：密云幸福晚年驿站，家门口的"服务管家"

密云区广电中心　齐晓迎、石建新、张博研、黄晨昭

系列报道：走进怀柔科学城

怀柔区广电中心　李晓红、杜治平、冀莹、张倩、任欢、吴晶晶

长消息："怀柔速度"助推科学城建设

怀柔区广电中心　李晓红、李玉、张倩、韩轩

长消息：小桃枝折射基层治理大变革

平谷区广电中心　刘鑫、潘晓政

短消息：本市最大单体分布式光伏发电项目在顺义启动

顺义区广电中心　牛金香、郭金玉

长消息：谁不满意跟我换——党建引领党员带头　顺义临河棚改干得漂亮

顺义区广电中心　张坤、丁越

新闻访谈：副中心民生建设访谈录

通州区广电中心　王姝、伍京川、张兆年、张杨、景奇、刘乾

广播境外播出（4 件）

消息：外媒记者“看北京”走进北汽新能源，体验国企加速度

北京人民广播电台　戴蔚然

专题：来自香港的礼物——健康快车 20 年纪事

北京人民广播电台　曹军生、洪新、戴蔚然、崔英杰

专题：吴蛮和她的丝路音乐之旅

北京人民广播电台　徐帅、洪新、刘兴宇

专题：中国的青春名片是怎样炼成的

北京人民广播电台　戴蔚然

广播播音与主持（11 件）

播音作品：《新闻 2017》2017 年 3 月 28 日

北京人民广播电台　杨洪、江宁

主持作品：老兵风雨回家路

北京人民广播电台　朱秦

主持作品：奇女子李一诺

北京人民广播电台　刘利

主持作品：女儿们的烦恼：爱母亲，却无法和她好好相处，我该怎么办?

北京人民广播电台　刘思伽

主持作品：这么难的中国“绿卡”，为什么他能拿到？

北京人民广播电台　刘智嘉

播音作品：孤独地走向未来

昌平区广电中心　李楠

播音作品：12 月 20 日《延庆新闻》

延庆区广电中心　周雯露

主持作品：母亲节，对她的爱大声说出来

密云区广电中心　张博研

播音作品：金色年华

怀柔区广电中心　李晓红

播音作品：5 月 29 日《平谷新闻》

平谷区广电中心　谢颂扬、荆丹丹

播音作品：人间大爱在永乐

通州区广电中心　王姝

广播文艺（10 件）

音乐节目：清明祭——纪念友人柯辉先生

北京人民广播电台　谷悦

音乐节目：周家班的中国梦

北京人民广播电台　张欣、孟孟、冯健、陈京英

文学节目：大运河之子——刘绍棠

北京人民广播电台　关晓松、白钢、酒杰

戏曲节目：钩沉名角芳华　闲话历史留声——京剧老唱片赏析系列之《法门寺》

北京人民广播电台　尚远

长篇连播节目：习近平的七年知青岁月

北京人民广播电台　景兵、天时、张璐、白钢

长篇连播节目：大江东去

北京人民广播电台　翟万臣、周海燕、张校茵

综艺节目：运河船歌

北京人民广播电台　张鹏飞、白钢、尚远

广播剧：板车女孩

北京人民广播电台　李秀磊、牛力、邵军、吕卉、徐然、张璐、张磊等

广播剧：你是我的眼

北京人民广播电台　李秀磊、牛力、邵军、柳桦、徐然、富大龙、饶敏莉等

广告节目：《有滋有味北京话》间隔片花之“委婉篇”

北京人民广播电台　关晓松、马笑宇

二、电视类作品

电视新闻（54 件）

组织策划：天涯共此时——“一带一路”新闻行动

北京广播电视台　集体

组织策划：市民对话一把手·砥砺奋进的北京

北京广播电视台　集体

短消息：全球最快！京沪高铁复兴号列车实现 350 公里时速商业运营

北京电视台　刘旭、王岩

长消息：全球首条最高世代液晶面板生产线今日投产

北京电视台　李烨、张梦瑶、王晓龙

系列报道：寻踪英雄路

北京电视台　集体

评论：《锐观察》——医药分开推至全市公立医院

北京电视台　集体

专题：《记忆》——向坚守者致敬：京城 24 小时②

北京电视台　集体

专题：《税收天地》——一带一路话税收

北京电视台　集体

专题：《理财》——首都博物馆之抢救国宝

北京电视台　集体

专题：《生活这一刻》——临终关怀三十年

北京电视台　戴俊艳、肖庆峰、汤军军、刘春艳

专题：《四海漫游》——我爱新玉树

北京电视台　凌英、李晓军、李涵、汪洋

专题：《生活这一刻》——铁木真连锁自助回收口水肉

北京电视台　刘春艳、杨苗、徐路、陈阳

专题：《扬帆——习近平总书记 2.26 视察北京三周年》

北京电视台　集体

新闻访谈：《记忆》——周恩来：生日里的思念

北京电视台　王未央、白红杰、左博、王娱朝、曾珍

新闻访谈：《新时代大家谈》之《开启新时代》

北京电视台　集体

新闻访谈：《军情解码》——热血军魂：为了两个异国小女孩

北京电视台　张弘、吴筠、乔鲁京、余文、耿珅、邬晔纬

新闻节目编排：11 月 11 日《法治中国 60′》

北京电视台　董炬光、冯旭、高婉梅

栏目：《北京新闻》

北京电视台　陈楠、李光军、石云、舒予、李晓军、崔菲

栏目：《最北京》

北京电视台　集体

短消息：北京医保卡率先实现异地医保直接结算

北京电视台　贾元真、王绪龙

长消息：2016 年度国家科学技术奖今天揭晓　中国原子钟成为国际基准钟之一

北京电视台　李烨、李昂

系列报道：北京经济迈向新时代

北京电视台　张梦瑶、孙烁、李烨、陈思如、刘靖、王陆华、王晓龙、李昂

系列报道：《天涯共此时》第二季　“一带一路”新闻行动

北京电视台　胡阳、周欣、李莎莎、翟理、李伟、付江红

组织策划：跨越千里的爱

北京电视台　集体

现场直播：2017 库尔勒国际军事比赛系列直播

北京新媒体（集团）有限公司　许佳鹏、渠占洪、王悠

现场直播：北京大工匠挑战赛

北京新媒体（集团）有限公司　李晖、王悠、曹思妍、姜力、蒋楠、彭萌萌、丁婷婷、葛亮、刘然

专题：超燃，这一刻我只想说，我爱你，中国

北京新媒体（集团）有限公司　沈澜、高晰

专题：《时间故事　中国力量》全景记录系列短视频

北京新媒体（集团）有限公司　集体

新闻访谈：一带一路上的北京力量（上、下）

北京北广新新传媒有限责任公司　柳秀彬、王溪原、司文、张永钱

新闻专题：红色动力助推“新机场速度”

北京北广新新传媒有限责任公司　黄栋、杜宽

新闻专题：昆曲正青春

北京北广新新传媒有限责任公司　强夏甜、杜宽、司文、黄栋

新闻专题：一双钳工手托起大国导弹梦

北京北广新新传媒有限责任公司　姚禹彤、张永钱、李超毅

新闻专题：初心不变　与虫为伍

北京北广新新传媒有限责任公司　张维、邱虹程、陈枫

新闻专题：永定河文化寻踪

北京北广新新传媒有限责任公司　王文辉、司文、陈枫

专题：雪域高原上播撒爱的“园丁”

北京北广传媒移动电视有限公司　王莹、张蕾、侯超、王宇

长消息：黄村镇工业大院由“聚”到“疏”的升华转变

大兴区广电中心　吕丽明、岳向前、廉海涛、王虹霖

系列报道：今天我出镜

丰台区广电中心　李悦、邵佳、吴庆亮、谷玥、孙昊

长消息：汉白玉开采成为历史　房山区最后一家非煤矿区封停建公园

房山区广电中心　靳海燕、白聪颖、张鸿波

专题：援藏，我们在路上

房山区广电中心　王猛、李丹、郭丽

长消息：1.3 万农户弃煤用电　“清洁能源”改造成效显著

门头沟区广电中心　闫吉、闫菲

长消息：海淀统筹推进老旧小区电梯加装工作　老人上下楼不再犯难

海淀区新闻中心　王骄娇、周逸飞、刘文婷、任晓娟、范杰

短消息：世界首例基因编辑克隆犬在昌平诞生

昌平区广电中心　王颖、吴晶晶、李博伦

专题：红色引擎铸魂　绿色动力圆梦

昌平区广电中心　岳禹宁、于涛、王继钊、王亚琦

系列报道：妫川先锋·扎根黄土地的第一书记们

延庆区广电中心　朱宝华、徐春雨

连续报道：晓翠的故事

密云区广电中心　齐如柏、蔡立君

短消息：农民党员进党校　组织生活有阵地

怀柔区广电中心　崔颖、段峥、李晓红、高宇晴

长消息：推进垃圾分类　保护绿水青山

怀柔区广电中心　高宇晴、于颖、雷宇光、贾贤

栏目：《环境时空》

怀柔区广电中心　王相晴、单昆宇、张钰晨、张立明、庚佳、吕晓霞

长消息：东高村镇 68 名农民圆大学梦

平谷区广电中心　郝娜、孟幻

长消息：全市首例农村集体闲置资产在大孙各庄镇网拍成功

顺义区广电中心　白燕燕、刘峥、裴庆生

长消息：吴立华的拆违控违“翻身仗”

朝阳区广电中心　王喜红、赵兴、周磊

长消息：“我见到了总书记！”——五位通州老兵的最高荣耀

通州区广电中心　张嘉康、石靖楠、韩孝

专题：大时代成就新梦想——一张蓝图绘到底

通州区广电中心　董继东、赵佳琼、李骁、李晶

长消息：千年京西古道，驼铃声声再响

石景山区广电中心　徐兆麟、王叶玉

电视境外播出（4 件）

专题：《中国梦 365 个故事》——无国界医生

北京电视台　吴群、李森、林天趣

专题：《用音乐诠释一带一路　Let Music Explain the Belt and Road》

北京电视台　集体

专题：我在瑞士教滑雪

北京电视台　集体

专题：筑梦可可西里

北京电视台　孙志远、潘旭

电视播音与主持（15 件）

主持作品：《还看今朝》——喜迎十九大直播特别节目

北京电视台　聂一菁

主持作品：《我要当医生》——家庭医生　您签约了吗？

北京电视台　国培源

主持作品：《科学时间》——徐颖：生活中的导航

北京电视台　秦溯

主持作品：《从胜利走向胜利》——建军 90 周年直播

北京电视台　邬晔纬

主持作品：《理财》——关公邮票诞生记

北京电视台　张杨

播音作品：10 月 18 日《大兴新闻》

大兴区广电中心　苏健

播音作品：《方寸间见乾坤》

丰台区广电中心　周霞

播音作品：9 月 11 日《海淀新闻》

海淀区新闻中心　贺佳

播音作品：10 月 28 日《昌平新闻》

昌平区广电中心　丁丽

播音作品：12 月 8 日《延庆新闻》

延庆区广电中心　周雯露

播音作品：7 月 25 日《密云新闻》

密云区广电中心　王瑷珲

播音作品：打击违法盗采　助推“生态文明”——平谷区打击盗采专项行动纪实

平谷区广电中心　赵怡斌

播音作品：6 月 26 日《顺义新闻》

顺义区广电中心　姜晶

主持作品：共享单车“挑战”家庭教育

朝阳区广电中心　董哲

播音作品：7 月 26 日《石景山新闻》

石景山区广电中心　王叶玉

电视文艺（17 件）

动画节目：京剧猫之信念的冒险

北京电视台　冯焕斌、李润云

综艺节目：《跨界歌王》总决赛

北京电视台　宫鹏、李扬、郝竞波、捞仔

综艺节目：《创意中国》第一期

北京电视台　郝竞波、马婷

综艺节目：2017 年北京电视台春节联欢晚会

北京电视台　集体

纪录片：《你从井冈山走来》

北京电视台　集体

纪录片：《拾说什刹海》第二季

北京电视台　集体

纪录片：《恐袭后的 12 小时》

北京电视台　俞恺、李多莉莎、滕大江、郑洪通、赵静雯、彭琳海

文艺栏目：《每日文娱播报》

北京电视台　集体

文艺专题：《生命的礼物　让我替你去看海》

北京电视台　邵晶、李潇、秦晓明、李晓东、王晓晖、李小龙

文艺专题：第八届北京影响力颁奖晚会

北京电视台　集体

科普节目：养生堂：厉害了我的医生团之镇院之宝保健康

北京电视台　集体

文学节目：《我是演说家》第四季第一期

北京电视台　马宏、程军、郭志成、简承渊、冯飞、张玲

文学节目：《书香北京》王立群——千古一帝秦始皇

北京电视台　吴玮、白钢、顾云鹏、于晓琳

电视艺术片：国保寻宝——上党营造

北京电视台　杨晟宁、王明辉、王梓、王俊祥、刘佳

广告节目：《医生》

北京电视台　史椰森、罗丽红、韩旭

电视文艺专题节目：“诗韵忠诚”——2017 北京警察清明缅怀公安先烈主题活动

北京新媒体（集团）有限公司　集体

综艺节目：《四海大擂台》

北京北广传媒数字电视有限公司　刘彤、张慧、田佳轩、于浩洋、靳金浩、胡明阳、秦跃

三、报刊类作品

《新广播》报（2 件）

消息：携手新媒体　打造新广播　北京电台进驻“北京时间”

北京人民广播电台　谢轶枫

专稿：听众当面给北京电台提意见

北京人民广播电台　洪博（张红博）

四、新媒体类作品

新媒体新闻（5件）

新媒体作品H5：看图话辉煌　有一种骄傲叫我是中国人

北京新媒体（集团）有限公司　集体

新闻访谈类："一带一路"国际高峰论坛72小时大直播

北京新媒体（集团）有限公司　集体

音视频类："天舟一号发射"系列精品短视频

北京新媒体（集团）有限公司　兰惠、韩旭、张晓萌　渠占洪、杨学雷

新媒体作品H5：挑战大工匠徒手切钢棒互动游戏H5

北京新媒体（集团）有限公司　集体

新闻专题："一带一路"国际合作高峰论坛主题报道

北京新媒体（集团）有限公司　集体

北京人民广播电台

（北京市广播影视协会）

注：获得"2017年度北京市优秀广播电视节目奖"的作品名单不再在各单位获奖名单中体现。

2017年获得总局科技奖作品一览表

奖项名称	获奖作品	届数	奖项等级	部门
科技成果应用与技术革新奖	基于高密度无线覆盖环境下的大型活动新媒体互动技术实现及应用	2017年	二等奖	北京电视台
软科学奖	电视台网络安全监测系统建设技术白皮书	2017年	一等奖	北京电视台

（北京市新闻出版广电局科技处）

注：获得"2017年总局科技奖"的作品名单不再在各单位获奖名单中体现。

北京市新闻出版广电局广播电视公益广告扶持项目评审办法

（2018 年修订版）

为更好地推动北京市广播电视公益广告创作经营市场健康有序发展，引导和鼓励社会各界参与广播电视公益广告创作生产和传播的积极性，提高广播电视公益广告创意水平和创作水准，进一步扩大广播电视公益广告播出影响，提升宣传效果，促进广播电视公益广告持续发展的良性机制，北京市新闻出版广电局根据国家新闻出版广电总局相关文件精神，组织开展北京市优秀广播电视公益广告作品扶持项目（以下简称“扶持项目”）评审活动。

一、指导思想

“扶持项目”评审工作要以习近平新时代中国特色社会主义思想为指导，以中共中央宣传部、中央文明办、国家互联网信息办公室、工业和信息化部、国家工商总局、国家新闻出版广电总局《关于进一步做好“讲文明树新风”公益广告宣传的意见》（文明办 [2014]5 号）、《国家新闻出版广电总局关于开展“中国梦”广播电视公益广告创作展播工作的通知》（新广电发 [2016]24 号）、《国家新闻出版广电总局广播电视公益广告扶持项目评审办法（2017 年修订版）》等文件精神为依据，深入贯彻落实党的十九大精神，深入贯彻落实习近平总书记系列重要讲话精神和治国理政新理念新思想新战略，紧紧围绕实现“中国梦”这一宏伟目标，加快落实“四个全面”战略布局，着力深化社会主义核心价值观建设，弘扬主旋律、传播正能量。尤其是要加强围绕北京全国文化中心建设主题，特别是围绕“一核一城三带两区”主题作品的创作。围绕首都新闻出版广播影视质量提升年，通过扶持项目评审工作，推出一大批导向正确、思想精深、艺术精湛、制作精良，既继承传统文化，又体现时代精神、展现中华民族传统美德的优秀广播电视公益广告作品，不断提高公益广告质量。

二、评审原则

（一）鼓励原创，促进发展。扶持项目覆盖广播电视公益广告作品创意、制作、播出和管理的全过程。鼓励制作机构和创作人员勇于创新、精益求精，不断提升水平；鼓励播出机构加大传播力度、创新传播模式，不断扩大传播范围；鼓励管理部门做好顶层设计、精心组织部署、切实加强监管、做好引导服务，促进形成政府积极引导、媒体主动落实、社会各方参与、择优进行扶持的长效运行机制。

（二）公开择优，实事求是。扶持项目由市新闻出版广电局统一组织部署，公开征集，吸纳相关各方代表等组成评审委员会，坚持公正、公开和集体评审，通过竞争择优的方式，从实际出发确定扶持项目最终数量。

三、参评范围

机构参评范围：北京市各级播出机构、传播机构、社会制作机构。

一般作品参评范围：北京市各级播出机构、传播机构、社会制作机构。

以加强北京全国文化中心建设为主题的作品参评范围：播出机构、传播机构、社会制作机构等。

四、项目设置

扶持项目设广播类优秀作品、电视类优秀作品、优秀传播机构等 3 项。对获得扶持项目的机构颁发资助和补助。每个扶持项目均设三个类别，其中，一类 6 个，二类 8 ～ 12 个，三类若干。

（一）广播类优秀作品扶持项目。每部一类作品扶持资金 5 万元，每部二类作品扶持资金 3 万元，每部三类作品扶持资金 1 万元。

（二）电视类优秀作品扶持项目。每部一类作品扶持资金 20 万元，每部二类作品扶持资金 15 万元，每部三类作品扶持资金 10 万元。

（三）优秀传播机构扶持项目。每个一类传播机构扶持资金 20 万元，每个二类传播机构扶持资金 15 万元，每个三类传播机构扶持资金 10 万元。

五、评审机构

由北京市新闻出版广电局主要负责同志及分管局领导、业内专家组成扶持项目评审委员会。

由北京市新闻出版广电局局长办公会负责扶持项目资金使用发放的最终审定；项目评审委员会负责项目的评审工作；北京市新闻出版广电局传媒机构管理处负责具体工作的组织落实。

六、评审标准

（一）优秀作品评审标准

作品总的要求是，弘扬主旋律，传播正能量，能够反映习近平新时代中国特色社会主义思想，贯彻落实十九大精神，反映改革开放和现代化建设的伟大实践，弘扬中华民族伟大复兴“中国梦”，宣传加强北京全国文化中心建设，特别是宣传“一核一城三带两区”建设，宣传倡导社会主义核心价值观。要贴近群众、贴近实际、贴近生活。既要具有深刻的思想内涵和鲜明的时代主题，又能充分发挥广播电视公益广告冲击力强和短小精悍的优势，在形式创意、表现手法等方面与时俱进、推陈出新，避免口号式、标语式、说教式的空洞宣传，使人爱听、乐于传播分享。

评分标准共分四大项，包括主题内容、制作水准、创意手法、影响力，总分 100 分。根据参赛作品在以上几个方面的情况，进行综合评分，根据各评委评分计算出的平均分，即为该参赛作品得分。

1. 主题内容（30 分）

本项主要考查作品是否主旨鲜明、导向正确、内容充实、选材得当，能否在有限时间和空间内清晰有效地传递出公益事业的思想内涵，并反映时代特征和地域特色。

2. 创意手法（30 分）

主要考查作品在构思上是否具有与众不同的新颖性，要求在充分表达主题内涵时，做到既通俗易懂，又寓意深长。注重作品的创新性，包括制作理念的创新、表现手法的创新、表达技巧的创新等。

3. 制作水准（20 分）

主要考查作品在编辑制作和呈现画面（影视广告）时，能熟练运用艺术表达手段，全面兼顾节奏与基调、整体与细节等宣传效果。根据作品的制作技巧、表现形式、科技应用、视觉效果（影视广告）、听觉效果及后期制作等方面，综合评定作品的制作水平。

4. 传播效果（20 分）

主要考查作品是否紧贴现实生活，突显公益性，产生良好社会认同感和影响力，适宜投放公众传媒和相关活动。能否引起公众关注并有效提高公众的公益意识，争取受众支持。

（二）优秀传播机构评审标准

要发挥播出机构、展示平台等相关单位的主体功能，做好公益广告策划、创作、播出和展示等相关工作，形成常态化的公益广告策划、制播机制，在全社会引起风潮，在行业形成示范效应，产生重大社会效益和积极社会影响。要积极培育公益广告管理和创作人才，打造一批群众关注喜爱、有影响的好作品。要采取有效措施，积极引导社会各方参与公益广告制作，拓宽作品来源。要立足广播电视媒体特点，结合并发挥新兴媒体传播优势，丰富播出和展示平台，创新播出和展示形式，形成宣传声势。评分标准分为四个方面：

1. 在征集时间内传播机构出资制作、创作、发布公益广告情况，报送材料应有具体数字说明；（30 分）

2. 传播机构常年关心、支持、参与公益广告事业情况，报送材料应有具体数字说明；（30 分）

3. 传播机构出资制作、创作、发布公益广告具有较高的艺术水平，导向正确，无违反国家法律、法规、政策等问题；（20 分）

4. 传播机构出资制作、创作、发布的商业广告无重大违法事件发生。（20 分）

七、评审程序

（一）项目征集。扶持项目评审每年举办一次。时间安排上一般应与总局扶持项目作品征集上报时间相衔接。申请方对参评作品必须具有独立的版权。

（二）项目评审。征集工作完成以后，及时组织评审委员会完成对所有申请项目的评审工作。

（三）项目公示。评审工作结束后，终审结果由局长办公会正式予以认定，然后向社会公示，公示时间不得少于 5 个工作日。公示结束后，对公示期间没有任何异议的项目，或者有异议但经复核后不影响评审结果的项目，颁发荣誉证书及专项扶持资金，并向社会公告。

八、优秀作品的使用

获得专项扶持的广播电视公益广告优秀作品，统一纳入“北京市优秀广播电视公益广告作品库”，我局具有提供给北京市各级广播电视台、网络广播电视台、视听网站的免费播出权。

九、项目扶持资金使用要求

专项资金由我局下拨至各相关项目获评机构，专项资金须严格按照有关规定专款专用。受资助的机构应将专项扶持资金用于广播电视公益广告的创作、生产、购买、播出和再创作等相关活动，以及给予对公益广告的创作、制作、播出等有突出贡献的人员适当奖励等相关支出。对项目扶持资金使用中违反国家和市财政法律法规的行为，按国家相关法律法规进行处理，并追究获扶持机构有关领导和责任人的责任。

十、附则

（一）本办法由北京市新闻出版广电局负责解释，将在不断总结经验的基础上予以调整完善。

（二）本办法自颁发之日起生效。

北京市 2017 年度广播电视公益广告扶持项目评审结果（电视类）

	机构名称	作品名称
一类	北京广播电视台	让生命起舞
	北京广播电视台	拥抱
	北京广播电视台	我爱你中国系列
	北京税务博物馆	展千年税史 览北京税博
	北京艺典堂文化传播有限公司	开车请勿使用手机
	北京恒友联合咨询有限公司	美德大闯关
二类	北京广播电视台	全民消防我代言
	房山区广播电视中心	匠心传承
	门头沟区广播电视新闻中心	盗版蛋的悲哀
	房山区广播电视中心	红色家风
	北京北广新新传媒有限责任公司	敬佑生命 不忘初心
	中外翻译咨询有限公司	老年人的中国梦
	北京盛世中腾文化传媒有限公司	“经典诵读”公益广告
	意森文化（北京）有限公司	孝老敬亲
三类	北京广播电视台	喜迎十九大系列——这五年你感觉北京有哪些变化
	北京广播电视台	消防安全系列——公共场所消防安全意识篇
	北京广播电视台	消防安全系列——家庭火灾正确应对篇
	北京广播电视台	筑梦中国——超高压
	北京广播电视台	筑梦中国——修壁画
	北京广播电视台	调高一度电
	北京广播电视台	致敬劳动者
	北京广播电视台	我与高铁共成长
	北京广播电视台	医生
	石景山区广播电视中心	爱很简单
	朝阳区广播电视新闻中心	2022年冬奥会公益广告

（续表）

	机构名称	作品名称
三类	朝阳区广播电视新闻中心	禁毒公益广告
	门头沟区广播电视新闻中心	打电话
	北京市国税局/地税局	喜迎十九大——税徽放光华
	北京北广传媒数字电视有限公司	《现场急救你学得会》系列片——脑梗片A
	祎珈传媒（北京）有限公司	你的父母还能陪你多久
	北京文峰祥康文化传媒有限公司	好传统 好家风
	北京博鑫艺恒文化发展有限公司	平凡劳动者的中国梦
	一品盛世文化传播（北京）有限公司	爱惜粮食
	中韩友谊跆拳道俱乐部	艾滋!say no!

北京市2017年度广播电视公益广告扶持项目评审结果（广播类）

	机构名称	作品名称
一类	北京广播电视台	贯彻十九大——人民有信仰，国家有力量，民族有希望
	北京广播电视台	人类杀手剿灭记——汽车怠速篇
	北京市国税局/地税局	税收一带一路篇
	北京查古文化发展有限公司	声音博物馆
	北京博鑫艺恒文化发展有限公司	保护古建筑
	北京中外翻译咨询有限公司	保护环境史前垃圾山
二类	北京广播电视台	冬季行车安全——江湖路远篇
	北京广播电视台	迎接十九大——文化之风篇
	北京广播电视台	共建文明城，迎接十九大
	北京广播电视台	天使之爱——让孩子的心灵充满阳光
	平谷区广播电视中心	快递奶奶
	平谷区广播电视中心	请勿饮酒驾车
	北京中韩友谊跆拳道俱乐部	二十四孝之亲尝汤药
	北京恒友联合咨询有限公司	珍惜资源，爱护地球

（续表）

	机构名称	作品名称
三类	北京广播电视台	母亲节——你的声音
	北京广播电视台	爱与希望
	北京广播电视台	一双小脚印，踏出文明一大步
	北京广播电视台	敬老养老助老——关于老的回答
	北京广播电视台	大运河文化带——四大名著与运河
	北京广播电视台	保护儿童——拒绝语言暴力
	北京广播电视台	保护共享单车——共享生活共享出行便利
	北京广播电视台	疏解整治促提升——我的爸爸是河长
	北京广播电视台	京津冀协同发展，未来生活创新篇
	北京广播电视台	预防网络电信诈骗——不要点篇
	北京市国税局/地税局	一盏灯
	平谷区广播电视中心	关注阿尔茨海默病
	平谷区广播电视中心	节约用水，让生活多转一个弯
	平谷区广播电视中心	女儿的牵挂
	平谷区广播电视中心	让青少年远离烟草
	平谷区广播电视中心	安全文明出行
	房山区广播电视中心	国以税强千秋业，民因税福万代兴
	延庆区广播电视中心	世园连着你和我
	密云人民广播电台	别让父母等久了
	顺义人民广播电台	整点公益时报
	北京博鑫艺恒文化发展有限公司	保护环境
	北京中外翻译咨询有限公司	保护城市的记忆
	北京博鑫艺恒文化发展有限公司	关爱儿童成长，宝宝在干嘛
	祎珈传媒（北京）有限公司	美德少年
	北京文峰祥康文化传媒有限公司	创造力
	一品盛世文化传播（北京）有限公司	北京西山文化

北京市 2017 年度广播电视公益广告扶持项目评审结果（机构类）

	机构名称	类型
一类	北京广播电视台	播出制作机构
	北京市朝阳区广播电视新闻中心	播出制作机构
	北京市石景山区广播电视中心	播出制作机构
	北京市通州区广播电视中心	播出制作机构
	北京市门头沟区广播电视中心	播出制作机构
	北京市丰台区广播电视中心	播出制作机构
二类	北京市房山区广播电视中心	播出制作机构
	北京市顺义区广播电视中心	播出制作机构
	北京市海淀区新闻中心	播出制作机构
	北京市怀柔区广播电视中心	播出制作机构
	北京市平谷区广播电视台	播出制作机构
	北京市延庆区广播电视中心	播出制作机构
三类	北京市大兴区广播电视中心	播出制作机构
	北京市密云区广播电视中心	播出制作机构
	百度公司	网络平台
	北京北广传媒移动电视有限公司	其他播出平台
	北京北广传媒城市电视有限公司	其他播出平台
	北京音像公司	社会制作机构

（北京市新闻出版广电局传媒机构管理处）

注：获得“2017 年度广播、电视、传播机构类公益广告”扶持的作品名单不再在各单位获奖名单中体现。

北京市广播电视公益广告扶持项目再次征集（改革开放主题）评审结果

按：2018 年是中国改革开放 40 周年，用优秀公益广告作品的形式来展示这一伟大历史进程取得的实践经验和伟大成就具有特殊时代意义和重大的宣传影响。为此，按照国家广播电视总局的相关要求，北京市新闻出版广电局以纪念中国改革开放 40 周年为主题，组织开展了北京市广播电视公益广告扶持项目再次征集和评审工作。

经北京市新闻出版广电局广播电视公益广告扶持项目评审委员会评审，北京市新闻出版广电局党组会审定，评选出北京市广播电视公益广告扶持项目再次征集的优秀作品。

	机构名称	作品名称
电视二类	北京小猪哼哼文化传媒有限公司	沙画 改革开放40年，北京成就梦想
	北京众娱时代文化传媒有限公司	四十年，与改革开放同行，与首都建设同梦！
	北京广播电视台	旧冰车
	北京北广传媒数字电视有限公司	福彩公益广告片 心愿
	北京创世华信科技有限公司	改革开放 同祖国共成长
	北京广播电视台	我的第一次滑雪
电视三类	北京中视佳瑞文化传媒有限公司	改革开放 中国门篇
	北京中视佳瑞文化传媒有限公司	四十年 成长篇
	北京广播电视台	洋眼看北京
	北京广播电视台	新北京 新发展
	北京广播电视台	雪人的梦
	北京市昌平区传媒中心	爱在传递 为了远方的梦
	北京广播电视台	绿色家园——推进生态文明建设系列
	北京音像公司	一带一路
	北京市平谷区广播电视中心	维护宪法权威 建设法治中国
	北京市石景山区广播电视中心	五十余载 不忘初心
广播二类	北京广播电视台	改革开放四十年——我的人生四十年
	北京文峰祥康文化传媒有限公司	通讯变迁40年
	北京盛世中腾文化发展有限公司	我是北京
	怀柔区广播电视中心	一带一路之北京怀柔等你来
	昌平区传媒中心	不忘初心 继续奋斗
	北京广播电视台	改革开放四十年——中国制造

（续表）

	机构名称	作品名称
广播三类	乐播新瑞（北京）文化传媒有限公司	运河沧桑
	北京广播电视台	改革开放四十年——科技改变生活

（北京市新闻出版广电局传媒机构管理处）

注：获得“北京市广播电视公益广告扶持项目再次征集（改革开放主题）”扶持的作品名单不再在各单位获奖名单中体现。

2018 年北京影视出版创作基金奖励项目优秀广播电视文艺作品征集评选优秀作品名单（39 部）

一、优秀电视剧（24 部）

1.《我爱北京天安门》 北京电视艺术中心有限公司
2.《海洋之城》 北京博集天卷影业有限公司
3.《青年“特工”》 北京鑫宝源影视投资有限公司
4.《不说再见》 北京电视艺术中心有限公司
5.《最美的青春》 北京完美建信影视文化有限公司
6.《宣武门》 康曦影业（北京）有限公司
7.《归去来》 北京完美蓬瑞影视文化有限公司
8.《你迟到的许多年》 北京华丽视听影视文化有限公司
9.《天下无诈》 北京艺东派影视文化有限公司
10.《我们的四十年》 北京时代光影文化传媒股份有限公司
11.《芝麻胡同》 新丽电视传媒（北京）有限公司
12.《觉醒年代》 北京北广传媒影视股份有限公司
13.《勿忘初心》 北京天岳盛丰影视传媒有限责任公司
14.《刑警队长》 北京金盛信马影视文化有限公司
15.《三八线》 北京嘉仁文化传媒有限公司
16.《最美的青春》 北京完美建信影视文化有限公司
17.《新一年又一年》 海润影视制作有限公司
18.《新世界》 和力辰光国际文化传媒（北京）股份有限公司
19.《富贵盈门》 北京御喜影视传媒股份有限公司
20.《运通天下》 龙虎风云（北京）影视文化传媒有限公司
21.《了不起的儿科医生》 北京建元影视文化传媒有限公司

22.《启航》 北京奥影影业有限公司
23.《长河落日》 北京嘉田胜景影视文化传播有限责任公司
24.《破冰行动》 北京欢乐源泉影视传媒有限公司

二、优秀动画片（5 部）

1.《京剧猫之信念的冒险》 北京璀璨星空文化发展有限公司
2.《快乐集结号》 北京其欣然影视文化传播有限公司
3.《愚公移山》 北京誉佳文化传媒有限公司
4.《宇宙护卫队》 完美鲲鹏（北京）动漫科技有限公司
5.《鹿精灵之寻找兵马俑》 梦东方电影有限公司

三、优秀广播剧（1 部）

1. 系列广播剧《新编三言二拍》 北京人民广播电台

四、优秀电视节目（2 部）

1.《从胜利走向胜利》大型直播特别报道 北京电视台
2.2018 年北京电视台春节联欢晚会 北京电视台

五、优秀纪录片（4 部）

1.《寻找手艺》 北京禾儿兄弟文化传播有限公司广播节目
2.《这里是中国》第二季 北京中视雅韵文化传播中心
3.《北京味道》第二季 北京电视台
4.《匠心智造》 北京中广时空影视文化交流中心

六、优秀广播节目（3 部）

1.《冬奥加速度》 北京人民广播电台
2.《Beijing in My Eyes（看北京）》 北京人民广播电台
3.《京西风云录》 北京人民广播电台

优秀电影作品征集评选优秀作品名单（16 部）

1.《中国女排》 北京嘉映春天影业有限公司
2.《中国合伙人 2》 北京演艺集团
3.《国家行动之打黑风暴》 北京博纳影视文化传媒有限公司
4.《影》 乐视影业（北京）有限公司
5.《猫与桃花源》（动画电影） 追光人动画设计（北京）有限公司
6.《飞虎雄鹰》 北京艺德环球投资有限公司
7.《极难之地》 北京狮子鱼文化传媒有限公司
8.《中国 1949—香山之春》 北京博纳影业集团有限公司
9.《中国机长》 北京博纳影业集团有限公司

10.《周恩来回延安》 《艺术市场》杂志社股份有限公司
11.《逆火英雄》 北京博纳影业集团有限公司
12.《特警队》 北京京西文化旅游股份有限公司
13.《快把我哥带走》 万达影视传媒有限公司
14.《与雷锋有关的日子》 北京紫禁城影业有限责任公司
15.《大三儿》（纪录片） 大地时代文化传播（北京）有限公司
16.《风语咒》（动画片） 华青传奇（北京）文化传媒有限公司

网络视听节目征集评选优秀作品名单（56部）

一、优秀网络剧（2部）

1.《虎啸龙吟》 优酷信息技术（北京）有限公司
2.《你好，旧时光》 北京爱奇艺科技有限公司

二、优秀广播剧（1部）

1.《京城一家亲》 北京千龙新闻网络传播有限责任公司

三、优秀网络电影（6部）

1.《达拉的青春》 北京搜狐互联网信息服务有限公司
2.《哀乐女子天团》 北京爱奇艺科技有限公司
3.《四合院里的孙大圣》 北京爱奇艺科技有限公司
4.《大西山小村官》 北京爱奇艺科技有限公司
5.《迷失地铁》 优酷信息技术（北京）有限公司
6.《暴走刑警》 北京天马映像影业有限公司

四、优秀网络微电影（7部）

1.《两个人的足球》 优酷信息技术（北京）有限公司
2.《新生》 优酷信息技术（北京）有限公司
3.《赤子情深——战略科学家黄大年》 中传视友（北京）传媒技有限公司
4.《皮影》 中传视友（北京）传媒科技有限公司
5.《草帽赞歌——驻村日记》 中传视友（北京）传媒科技有限公司
6.《小四儿》 中传视友（北京）传媒科技有限公司
7.《追爱》 中传视友（北京）传媒科技有限公司

五、优秀网络纪录片（15部）

1.《最美中国》第二季 优酷信息技术（北京）有限公司
2.《“红墙意识”融媒体》系列报道 北京新媒体（集团）有限公司
3.《三日为期》 优酷信息技术（北京）有限公司
4.《讲究》 北京爱奇艺科技有限公司

5.《8 小时书店》 北京云端文化传媒股份有限公司
6.《时间故事，中国力量》系列短视频 北京新媒体（集团）有限公司
7.《造车梦》 北京车之家信息技术有限公司
8.《北京印象之北京的诉说》 北京人民广播电台
9.《女子护旗方队的男队长》 中传视友（北京）传媒科技有限公司
10.《了不起的匠人》第三季 优酷信息技术（北京）有限公司
11.《鸟与自然系列之苍鹭秘闻》 中传视友（北京）传媒科技有限公司
12.《古今昌平》 北京市昌平区融媒体中心
13.《汶川地震十周年》系列短视频 北京新媒体（集团）有限公司
14.《小巷寻味》 中传视友（北京）传媒科技有限公司
15.《北管守艺人》 中传视友（北京）传媒科技有限公司

六、优秀网络动画片（5 部）

1.《艾米咕噜》 优酷信息技术（北京）有限公司
2.《无敌小鹿故事篇》 北京爱奇艺科技有限公司
3.《京剧猫之信念的冒险》 优酷信息技术（北京）有限公司
4.《伟大的友谊：马克思与恩格斯》 中传视友（北京）传媒科技有限公司
5. 情画大运河《深邃的老街》 北京千龙新闻网络传播有限责任公司

七、优秀网络综艺节目（5 部）

1.《这就是铁甲》第 10 集 优酷信息技术（北京）有限公司
2.《萌宠小大人》第 3 期 北京爱奇艺科技有限公司
3.《小手牵小狗》第 9 期 优酷信息技术（北京）有限公司
4.《这！就是街舞》第 11 集 优酷信息技术（北京）有限公司
5.《热血街舞团》第 1 期 北京爱奇艺科技有限公司

八、优秀网络专业类视听节目（15 部）

1.《一千零一夜出走季》第 6 期 优酷信息技术（北京）有限公司
2.《思想的力量》 中传视友（北京）传媒科技有限公司
3.《十九大时光》 北京新媒体（集团）有限公司
4. 委员听民意《与政协委员共同建言北京冬奥筹办》 北京千龙新闻网络传播有限责任公司
5.《吴晓波频道之十年二十人》第 1 期 北京爱奇艺科技有限公司
6.《文学大运河》系列访谈第四期读万卷书行万里路之生态大运河 北京千龙新闻网络传播有限责任公司
7.《博物奇妙夜》第 2 期 北京爱奇艺科技有限公司
8.《雁翅楼书店：24 小时不打烊的都市人心灵栖息地》 北京新媒体（集团）有限公司
9.《“一带一路”倡议五周年：漂洋过海来看你》 中传视友（北京）传媒科技有限公司

10.《中关村 梦想一直在路上》 北京新媒体（集团）有限公司
11.《全国大学生年度人物王奉宇：读懂化石，探秘远古生命》
中传视友（北京）传媒科有限公司
12.《温暖照进现实·2017 北京时间温暖面孔》 北京新媒体（集团）有限公司
13.《时光动漫》第 5 期 北京动艺时光网络科技有限公司
14.《黄撕特懦夫司机——中国汽车崛起专题》 北京车之家信息技术有限公司
15.《送一百位女孩回家》第 9 期 北京搜狐互联网信息服务有限公司
（北京市新闻出版广电局规划发展处）
注：获得“2018 年北京影视出版创作基金奖励项目”的作品不再在各单位获奖名单中体现。

2018 年度北京广播电视台节（栏）目创新奖获奖作品名单

一、评委会大奖
空缺

二、栏目创新奖
金奖：空缺
银奖：《12345，我们在行动》（音频组） （交通广播）
《传承中国》（视频组） （卫视节目中心）
《创意中国》（视频组） （卫视节目中心）

三、节目创新奖
金奖：《滋味北京》（音频组） （新闻广播）
银奖：《生命缘·生命的礼物——让我替你去看海》（视频组） （卫视节目中心）
《2018 年北京电视台春节联欢晚会》（视频组） （文艺节目中心）

四、融媒体产品创新奖
金奖：空缺
银奖：《法治进行时》——决胜执行难，法治进行时全程记录 （科教节目中心）
《看北京——上海合作组织成员国媒体北京论坛暨北京行》
（北京电台、北京电视台、新媒体集团）
《春风十里 不如红墙下的你》——“红墙意识”融媒体系列报道 （新媒体集团）

五、主题宣传创新奖
《你从井冈山走来》 （卫视节目中心）
《思想的力量、时代的巨人——纪念马克思诞辰 200 周年》 （新闻广播）
《北京八分钟》 （新闻广播）

《记忆》献礼十九大特别节目《向坚守者致敬——京城 24 小时》（科教节目中心）
《“动批”变身计》（财经节目中心）

六、新媒体内容创新奖

《联 e 会之语音输入法评测》（交通广播）
《听听医生怎么说》（电台网络媒体中心）
《突发！ G20 汉堡全城戒严 示威遭高压水枪驱》（新媒体集团）

七、节目形态创新奖

《中国 1927》（卫视节目中心）
《带本书给家乡的孩子——爱心读诗亭》（新闻节目中心）

八、图文产品创新奖

《老字号 · 新江湖》（城市广播）
《名嘴致敬父亲节 我们给父亲的一封信》（北京广播电视报社）
《 “京昆” 戏曲文化系列报道》（北京广播电视报社）

注：获得“2018 年度北京广播电视台节（栏）目创新奖”的作品不再在各单位获奖名单中体现。

2018 年北京人民广播电台获奖作品一览表

奖项名称	获奖作品	届数	奖项等级	获奖部门及人员
中国新闻奖	《照亮新闻深处》	28届	获新闻名专栏一等奖	段玉龙、张艳
中国新闻奖	《再见，天意市场》	28届	广播消息二等奖	张煜
中国新闻奖	《穿越四十年对话高考》	28届	广播专题一等奖	史喻 吴思
中国新闻奖	《公立医院医生成医托 患者权益难保障》	28届	广播系列三等奖	杨帆
中国新闻奖	《来自香港的礼物——健康快车20年纪事》	28届	国际传播三等奖	曹军生 洪新 戴蔚然 崔英杰
中国广播影视大奖“广播类节目大奖”	《急诊不急让人着急》	2015—2016年度	消息类	韩萌
中国广播影视大奖“广播类节目大奖”	《专车发展路在何方：放开特许经营，让市场说话》	2015—2016年度	评论类	王丹 任雪娇
中国广播影视大奖“广播类节目大奖”	《绿色出行倡导月，通勤时间大比拼》	2015—2016年度	专题类	北京新闻广播集体

（续表）

奖项名称	获奖作品	届数	奖项等级	获奖部门及人员
中国广播影视大奖“广播类节目大奖”	《水—— 一个村庄的命运》	2015—2016年度	对外宣传类	张悦 洪新 曹军生
中国广播影视大奖“广播类节目大奖”	《丝路传说》	2015—2016年度	广播文艺类	张鹏飞 白钢
中国广播影视大奖“广播类节目提名奖”	《长征——难忘的回忆》	2015—2016年度	广播文艺类	张鹏飞、郭兆龙、李玲
中国广播影视大奖“广播类节目提名奖”	《多说了一句话》	2015—2016年度	广播剧类	策划：郝卫群、王为；编剧：徐然、钱岳；导演：徐然；演播：李寅飞、叶蓬、于浩等
中国广播影视大奖“广播类节目提名奖”	《“达成共识”不是制定政策的根本，采暖季治霾不能转嫁由百姓承担》	2015—2016年度	广播评论类	任雪娇
中国广播影视大奖“广播类节目提名奖”	《点赞〈诗经〉》	2015—2016年度	广播文艺类	关晓松、陈光
中国广播影视大奖“广播类节目提名奖”	《冰雪五环、聚焦冬奥——2022年冬奥会举办城市揭晓》	2015—2016年度	广播现场直播类	杨洪、李凯、杨迪、马骏、田甜、唐思萌
中国广播影视大奖“广播类节目提名奖”	《北京现代沧州工厂竣工投产 京津冀最大产业协同项目落地》	2015—2016年度	广播消息类	戚天
中国广播影视大奖“广播类节目提名奖”	《教育面对面》	2015—2016年度	广播栏目类	张延红、高傲、张铮、杨江红
中国广播影视大奖“广播类节目提名奖”	《告别清华园，老站房见证新京张》	2015—2016年度	广播专题类	肖若昕
北京新闻奖	“人民之托”大型系列访谈节目“代表访代表”	27届	组织策划	王秋、张友信、李玉昆、孙巍、张旭、宋梓祯、张延红、李哲勇、焦钰晖、曹军生、朱凌翔、边江、张蓉
北京新闻奖	短消息：北京首例“天价”拖车案宣判，8公里13万施救费判为3万元	27届	一等奖	孙媛

（续表）

奖项名称	获奖作品	届数	奖项等级	获奖部门及人员
北京新闻奖	长消息：北京最后一台燃煤发电机组今天关停，本市结束百年燃煤发电史	27届	一等奖	肖佳佳
北京新闻奖	连续报道：公立医院医生成医托 患者权益难保障	27届	一等奖	杨帆
北京新闻奖	新闻专题：穿越四十年对话高考	27届	一等奖	史喻、吴思
北京新闻奖	新闻节目编排：2017年12月30日《交通新闻》下午版	27届	一等奖	朱来生
北京新闻奖	短消息：北京医改新政今天出炉	27届	二等奖	韩萌
北京新闻奖	长消息：再见 天意市场	27届	二等奖	张煜
北京新闻奖	新闻专题：丁宁：祖国荣誉高于一切	27届	二等奖	陈妹
北京新闻奖	栏目：照亮新闻深处	27届	二等奖	段玉龙、张艳
北京新闻奖	长消息："复兴号"中国标准动车组首发，自主率80%技术水平世界领先	27届	三等奖	贾天阳
北京新闻奖	评论：无人机告别"黑飞"：监管与技术是基础，处罚办法亟待出台	27届		王丹
北京新闻奖	新闻专题：消失的行李	27届		肖若昕
北京新闻奖	新闻专题：APA酒店事件"我们必须反思！"	27届		吴梅红
北京新闻奖	新闻访谈：做好城市建设加减法——东城区委书记谈疏解发展的"舍"与"得"	27届		陈彦旭
北京新闻奖	新闻节目编排：12月31日《新闻2017》	27届		李瑞先
北京新闻奖	境外专题：来自香港的礼物——健康快车20年纪事	27届	三等奖	洪新、曹军生、戴蔚然、崔英杰
北京新闻奖	消息：本市将建立预防和治理校园欺凌机制	27届	三等奖	张煜

（北京人民广播电台）

2018年度北京电视台获奖作品一览表

奖项名称	获奖作品	届数	奖项等级	部门
中国广播影视大奖·广播电视节目奖	网民主动抵制谣言，为坚守者点赞传播正能量	2015—2016年度	电视类节目大奖（消息类）	贾元真、刘效、王志胜、艾军
中国广播影视大奖·广播电视节目奖	《生命缘——请你替我活下去》	2015—2016年度	电视类节目大奖（专题类）	马宏、邵晶、刘书含、王璐、李潇
中国广播影视大奖·广播电视节目奖	《军情解码》	2015—2016年度	电视类节目大奖（栏目类）	集体
电视文艺“星光奖”	北京电视台2017年春节联欢晚会	第25届	电视综艺节目大奖	李春良、王珏、艾冬云、潘全心、段嵘、朱海、戴兵、赵伟、李蓓、赵璇、张蕊 许燕、单岩柏、唐月喜、李尚、沈强、殷鹤鸣、褚旭、杜少鹏、黄锐、纪君、春妮、曹一楠、栗坤、罗旭、悦悦、曹扬、张卫健（中国香港）、关晓彤
电视文艺“星光奖”	《音乐大师课》（第三季）	第25届	少儿电视节目大奖	马宏、程军、刘熙晨、林斐、张玲、姚小莹、胡亦珊、曹扬
电视文艺“星光奖”	传承者之中国意象（第二季）	第25届	电视文艺栏目大奖——提名作品	郝竞波、徐春妮、刘仪伟、马宏
电视文艺“星光奖”	《最可爱的人》	第25届	电视动画节目大奖——提名作品	张帆、史月光、周小芳、蒲文苑、郭衍超、路漠、朱业、贾祎
中国新闻奖	《中国梦365个故事》第二季之《无国界医生》	第28届	二等奖 国际传播（专题）	吴群、李淼、林天趣
中国新闻奖	《筑梦可可西里》	第28届	三等奖 国际传播（专题）	孙志远、潘旭
北京新闻奖	《跨越千里的爱》	第27届	组织策划奖	无报送资料
北京新闻奖	全球最快！京沪高铁复兴号列车实现350公里时速商业运营	第27届	一等奖 （短消息）	刘旭、王岩

（续表）

奖项名称	获奖作品	届数	奖项等级	部门
北京新闻奖	全球首条最高世代液晶面板生产线今日投产	第27届	一等奖（长消息）	李烨、张梦瑶、王晓龙
北京新闻奖	扬帆——习近平总书记2.26视察北京三周年	第27届	一等奖（专题）	集体
北京新闻奖	《新时代大家谈》之开启新时代	第27届	一等奖（新闻访谈）	集体
北京新闻奖	北京经济迈向新时代	第27届	一等奖（系列报道）	无报送资料
北京新闻奖	《锐观察》——医药分开推至全市公立医院	第27届	二等奖（评论）	集体
北京新闻奖	《法治中国60′》	第27届	二等奖（新闻节目编排）	董炬光、冯旭、高婉梅
北京新闻奖	《北京新闻》	第27届	二等奖（栏目）	集体
北京新闻奖	《天涯共此时》第二季“一带一路”新闻行动	第27届	二等奖（系列报道）	无报送资料
北京新闻奖	《筑梦可可西里》	第27届	二等奖（境外专题）	孙志远、潘旭
北京新闻奖	《寻踪英雄路》	第27届	三等奖（系列报道）	集体
北京新闻奖	《税收天地》——一带一路话税收	第27届	三等奖（专题）	集体
北京新闻奖	《生活这一刻》——临终关怀三十年	第27届	三等奖（专题）	戴俊艳、肖庆峰、汤军军、刘春艳
北京新闻奖	《生活这一刻》——铁木真连锁自助回收口水肉	第27届	三等奖（专题）	刘春艳、杨苗、徐蕗 、陈阳
北京新闻奖	《记忆》——周恩来：生日里的思念	第27届	三等奖（新闻访谈）	王未央、白红杰、左博、王嫄朝、曾珍
北京新闻奖	2016年度国家科学技术奖今天揭晓 中国原子钟成为国际基准钟之一	第27届	三等奖（长消息）	无报送资料
北京新闻奖	《中国梦365个故事》——无国界医生	第27届	三等奖（境外专题）	吴群、李淼、林天趣

（北京电视台）

2018 年度北京广播电视报社获奖作品一览表

奖项名称	获奖作品	届数	奖项等级	获奖部门及人员
中国广播电影电视报刊协会奖	《呼唤正能量 影视圈也要打假》	2017年度	一等奖	《北京广播电视报》编辑部 夏茂平
中国广播电影电视报刊协会奖	《〈北京广播电视报〉2017年11月30日第46期6—8版〈新闻关注〉》	2017年度	一等奖	总编室 车丽军
中国广播电影电视报刊协会奖	《北京电台请你朗读》	2017年度	二等奖	《北京广播电视报》编辑部 陈文
中国广播电影电视报刊协会奖	《不让明星变流星——写在“德艺双馨”写入法规之际》	2017年度	三等奖	《北京广播电视报》编辑部 夏茂平
中国广播电影电视报刊协会奖	《尼格买提 打开心门 聆听人生的旋律》	2017年度	三等奖	《北京广播电视报》编辑部 李雪源
省级广播电视报好新闻奖	《〈北京广播电视报〉2017年11月30日第46期6—8版〈新闻关注〉》	27届	一等奖	总编室 车丽军
省级广播电视报好新闻奖	《北京电台请你朗读》	27届	一等奖	《北京广播电视报》编辑部 陈文
省级广播电视报好新闻奖	《呼唤正能量 影视圈也要打假》	27届	一等奖	《北京广播电视报》编辑部 夏茂平
省级广播电视报好新闻奖	《不让明星变流星——写在“德艺双馨”写入法规之际》	27届	二等奖	《北京广播电视报》编辑部 夏茂平
省级广播电视报好新闻奖	《尼格买提 打开心门 聆听人生的旋律》	27届	二等奖	《北京广播电视报》编辑部 李雪源
省级广播电视报好新闻奖	《北京广播电视报第19期15版》	27届	三等奖	总编室 毕明
省级广播电视报好新闻奖	《蔡国庆：我内心的勇敢和自信是军装带给我的》	27届	三等奖	《北京广播电视报》编辑部 白鸽
省级广播电视报好新闻奖	《只见导师 难见老师——荧屏教师形象缺失的思考》	27届	三等奖	《北京广播电视报》编辑部 程戈
北京新闻奖	《不让明星变流星——写在“德艺双馨”写入法规之际》	27届/2017年度	二等奖	《北京广播电视报》编辑部 夏茂平

（续表）

奖项名称	获奖作品	届数	奖项等级	获奖部门及人员
北京专业报刊新闻奖	《不让明星变流星——写在“德艺双馨”写入法规之际》	27届/2017年度	一等奖	《北京广播电视报》编辑部 夏茂平
北京专业报刊新闻奖	《北京电台请你朗读》	27届/2017年度	一等奖	《北京广播电视报》编辑部 陈文
北京专业报刊新闻奖	《本报评论员》专栏	27届/2017年度	二等奖	《北京广播电视报》编辑部 夏茂平
北京专业报刊新闻奖	《只见导师，难见老师——荧屏教师形象缺失的思考》	27届/2017年度	二等奖	《北京广播电视报》编辑部 程戈
北京专业报刊新闻奖	《〈北京广播电视报〉2017年11月30日第46期6—8版〈新闻关注〉》	27届/2017年度	二等奖	总编室 车丽军

（北京广播电视报社）

2018年度北京北广传媒数字电视有限公司获奖作品一览表

奖项名称	获奖作品	届数	奖项等级	获奖部门及人员
2017年度中国广播电视数字付费频道行业创优评析节目评优	《湖库突击队》	2018年度	全国播出频道一等优秀栏目	北京北广传媒数字电视有限公司《四海钓鱼》频道
中国广播电视数字付费频道行业十五周年创优评析节目评优	《竞技风云》	2018年度	全国播出频道三等优秀栏目	北京北广传媒数字电视有限公司《四海钓鱼》频道
中国广播电视数字付费频道行业十五周年创优评析节目评优		2018年度	行业优异频道	北京北广传媒数字电视有限公司《四海钓鱼》频道
中国广播电视数字付费频道行业十五周年创优评析人才评优		2018年度	行业优异带头人	北京北广传媒数字电视有限公司何公明

（北京北广传媒数字电视有限公司）

2018 年度北京电视艺术中心有限公司获奖作品一览表

奖项名称	获奖作品	获奖等级	获奖部门及人员
百部重点电视剧选题剧目名单	《我爱北京天安门》		北京电视艺术中心有限公司
2018年度北京市文化精品工程重点项目（第一批）	《我爱北京天安门》		北京电视艺术中心有限公司
2018—2022年“记录新时代工程”北京市重点选题	《我爱北京天安门》		北京电视艺术中心有限公司
影视出版创作基金优秀电视剧剧本扶持	《我爱北京天安门》		北京电视艺术中心有限公司
剧本孵化扶持	《我爱北京天安门》		北京电视艺术中心有限公司
影视出版创作基金优秀电视剧剧本扶持	《不说再见》		北京电视艺术中心有限公司
2018年度电视剧引导扶持专项资金剧本扶持	《不说再见》		北京电视艺术中心有限公司
2016—2017年度坚持正能量贡献突出单位			北京电视艺术中心有限公司
“中国剧制播艺术影响力”“中国最具艺术影响力的电视剧出品机构”奖			北京电视艺术中心有限公司

（北京电视艺术中心有限公司）

2018 年度北京市丰台区广播电视中心获奖作品一览表

奖项名称	获奖作品	届数	获奖等级	获奖部门及人员
“美丽中国 地名寻梦”全国地名文化短视频征集与展播活动	《北京市：千年古镇长辛店》	2018年度	优秀奖	芦伟、赵剑

（北京市丰台区广播电视中心）

2018年度北京市石景山区融媒体中心获奖作品一览表

奖项名称	获奖作品	奖项等级	获奖部门及人员
全国尊老敬老公益广告	《爱很简单》	三等奖	石景山广电中心

（北京市石景山区融媒体中心）

2018年度北京市房山区广播电视中心获奖作品一览表

奖项名称	获奖作品	奖项等级	获奖部门及人员
2017年度北京新闻奖二等奖	《援藏，我们在路上》	二等奖	王猛 李丹 郭丽

（北京市房山区广播电视中心）

2018年度北京市昌平区广播电视中心获奖作品一览表

奖项名称	获奖作品	届数	获奖等级	获奖部门及人员
第八届女性题材优秀电视作品	专题片《我最幸福——马翠清》	2018年度	一等奖	昌平传媒中心 昌平电视台 专题部
第八届女性题材优秀电视作品	《国粹传承在校园——孟庆梅》	2018年度	三等奖	昌平传媒中心 昌平电视台 专题部
第八届女性题材优秀电视作品	《援藏女律师——郭宏》	2018年度	三等奖	昌平传媒中心 昌平电视台 专题部

（续表）

奖项名称	获奖作品	届数	获奖等级	获奖部门及人员
2017年度全国县级广播电视及播音主持评选获电视新闻专题	视角——红色引擎铸魂绿色动力圆梦	2018年度	二等奖	昌平传媒中心昌平电视台专题部（王强、岳禺宁、于涛、王亚琦、王继钊）
2017年度全国县级广播电视及播音主持评选获广播长消息	把法治文明的种子播撒在雪域高原	2018年度	二等奖	昌平传媒中心（岳禺宁、张馨、李楠、于涛）
2017年度全国县级广播电视及播音主持评选获广播播音	腊月，怀念一种花	2018年度	二等奖	昌平传媒中心昌平广播电台（李楠）
2018年度全国县级广播电视及播音主持评选获电视公益广告	坚守平凡岗位敬业奉献人生	2018年度	三等奖	昌平传媒中心（ 焦暾、杨宁、赵楠））

2018 年度华谊兄弟传媒股份有限公司获奖作品一览表

奖项名称	获奖作品	届数	获奖等级	获奖部门及人员
北京文联网络视听人才作品培优扶持计划	电视剧《古董局中局之鉴墨寻瓷》	2018年	获奖	华谊兄弟
2017—2018年度国家文化出口重点企业	华谊兄弟传媒股份有限公司	2018年	获奖	华谊兄弟传媒股份有限公司
2017—2018“一带一路”影响力电视剧	电视剧《五鼠闹东京》	2018年	获奖	华谊兄弟
“2018年度全国电视剧播出联盟年度收视冠军奖”	电视剧《黎明绝杀》	2018年	冠军奖	华谊兄弟
“创新中国”2018年度全国广播影视业最具影响力电视剧	电视剧《好久不见》	2018年	获奖	华谊兄弟
“创新中国”2018年度全国广播影视业经营创新示范单位	华谊兄弟传媒股份有限公司	2018	获奖	华谊兄弟传媒股份有限公司

（华谊兄弟传媒股份有限公司）

2018年度海润影视制作有限公司获奖作品一览表

奖项名称	获奖作品	届数	获奖部门及人员
2016—2017市场影响力贡献突出奖		2018年度	海润影视制作有限公司
2017年度四川经济频道 四川省网收视贡献奖	《扇娘》	2018年度	海润影视制作有限公司
2017年度地标联盟颁奖典礼优秀剧目奖	《雪地娘子军》	2018年度	海润影视制作有限公司
最佳中国电视剧提名	《和平饭店》	2018年度	海润影视制作有限公司
最佳编剧提名	《和平饭店》	2018年度	张 莱
中国最具艺术影响力的电视剧出品机构		2018年度	海润影视制作有限公司
金天使奖	《和平饭店》	2018年度	海润影视制作有限公司
最佳制片人	《和平饭店》	2018年度	刘燕铭
中国百强电视剧最佳制作机构	《和平饭店》	2018年度	海润影视制作有限公司
中国百强电视剧满意度调查第一名	《和平饭店》	2018年度	海润影视制作有限公司
中国百强电视剧最佳女主角	《和平饭店》	2018年度	陈数
中国近现代题材电视剧最佳男演员	《和平饭店》	2018年度	雷佳音
全国电视剧播出联盟年度收视冠军	《兵临村下》	2018年度	海润影视制作有限公司
全国电视剧播出联盟最佳收视贡献奖	《铁血武工队传奇》	2018年度	海润影视制作有限公司
2018指尖剧集榜最具影响力电视剧	《和平饭店》	2018年度	海润影视制作有限公司
电视剧收视贡献公司	《遇见爱情的利先生》	2018年度	海润影视制作有限公司
2018年度综合力制作机构		2018年度	海润影视制作有限公司
年度优秀剧目	《陪读妈妈》	2018年度	海润影视制作有限公司
年度优秀剧目	《和平饭店》	2018年度	海润影视制作有限公司
2018年度优秀制作人	《和平饭店》	2018年度	刘燕铭
2018年北京影视出版创作基金优秀电视剧剧本扶持	《新一年又一年》	2018年度	海润影视制作有限公司

（海润影视制作有限公司）

2018 年度北京鑫宝源影视投资有限公司获奖作品一览表

奖项名称	获奖作品	届数	获奖等级	获奖部门及人员
第31届飞天奖	《深海利剑》	2018年度	“优秀电视剧”奖	北京鑫宝源影视投资有限公司
第29届金鹰奖	《深海利剑》	2018年度	“电视剧作品”奖提名	北京鑫宝源影视投资有限公司
第29届金鹰奖	《利刃出击》	2018年度	“电视剧作品”奖提名	北京鑫宝源影视投资有限公司

（北京鑫宝源影视投资有限公司）

2018 年度大唐辉煌传媒有限公司获奖作品一览表

奖项名称	获奖作品	届数	获奖等级	获奖部门及人员
中国最具艺术影响力的电视剧出品机构		2018年度	全国奖项	大唐辉煌传媒有限公司
中国最具艺术影响力的电视剧制作人		2018年度	全国奖项	王辉
第三届“首都文化企业30强”		2018年度	省级奖项	大唐辉煌传媒有限公司
第14届中美电视节“金天使”年度电视剧奖	《下一站，别离》	2018年度	国际奖项	大唐辉煌传媒有限公司
2018年度“年度优秀剧目”	《下一站，别离》	2018年度	全国奖项	大唐辉煌传媒有限公司

（大唐辉煌传媒有限公司）

典型经验

“个人与时代，用声音传情”

——北京新闻广播庆祝改革开放四十周年声音纪录片《不惑之年》

从1978年到2018年，改革开放深刻改变了中国和中国人民的命运。在改革开放的不惑之年，北京新闻广播成立专门报道组，去改革故事的发生地，寻找与改革开放共同成长的人，尝试以个人命运的小视角，展现波澜壮阔的大时代。节目在《北京新闻》《新闻天天谈》《声音档案》早中晚三档栏目中播出不同版本，创新性地采用声音纪录片的形式，充分发挥广播魅力，配合H5等新兴融媒体手段，提升网络传播影响力。

一、选题从北京到全国，既有本地落点，又有全国视野

《不惑之年》声音纪录片，有北京版7篇、全国版9篇。在北京版中，节目关注改革红利的获得者，尤其是那些生于70年代，与改革开放一起成长的人。从冬奥冠军申雪的四十不惑到庆丰混改首批员工持股人史长春的风味人间等，他们的故事，见证了一个行业的发展，展现改革开放40年尤其是十八大以来北京的日新月异；在全国版中，节目从小岗走到雄安，用声音纪录发生在特殊时间特殊地点的那些普通人的命运，用各种历史的现实的音响，营造生活画卷，折射时代变迁。从小岗村民到特区打工妹，从第一批上海股民到海南房地产商人，从副中心建设者到等待中的雄安居民，一个个不同的故事说明同一个道理：不惑之年，改革依旧在路上，能够评判改革成败的，唯有人民。

二、报道紧紧围绕“声音”做文章，让音响成为历史的记录者

不同于以往的新闻性专题，《不惑之年》节目采取声音纪录片的形式，运用大量典型的现场音响。北京版的《不惑之年》，注重现场声的运用；国内版的9篇30分钟节目更是精心打磨，做到篇篇有特色。

在采访中，记者就像“声音的捕手”，不放过一点一滴能够凸显现场感、具有典型性的现场声。小岗村的“鸡鸣狗吠”、上交所内锣声、雄安街头叫卖声、义乌市场的快递打包声……记者们搜集了大量音响，在节目制作的过程中，让这些音响有机地穿插于节目之中，营造出特定的情景，达到用声音纪录的效果。

除此之外，报道还使用往日的新闻报道、与主题有关的歌曲及影视剧原声等大量历史音响，增强节目的历史厚度。因为年代久远，很多历史音响的获取并不容易。例如，为了寻找有关小岗村的历史纪录片音响，记者们走遍凤阳县、滁州市的档案馆、图书馆、兄弟媒体，最终找到极为珍贵的20世纪80年代拍摄的一段视频。而诸如此类的岁月感十足的音响素材的运用，让听众得以穿越40年时光，感受时代的发展变迁。

三、融媒体传播创新，广播记者从零开始学做H5

配合《不惑之年》节目的融媒体产品，不仅有图文并茂的微信公号文章，更有9集精心打造的H5产品。

广播记者是声音的内行，但如何编辑制作互动性强、信息量大的H5，很多人都是“生手”。许多记者都是“从零开始”，学习制图、动画编辑等技能，一遍一遍地摸索、修改，

倾注了大量心血。最后的成品，排版模式讲究，互动方式新颖，有的还添加了视频、音频、漫画，用网络语言讲故事，取得较好传播效果。

在融媒体时代，广播记者安身立命的根本仍然在于“声音”本身，要做创新声音的表达方式，做声音的精品。但广播记者也不能固步自封，必须勇敢地拥抱媒介的新变化，提升互联网思维，给传统的广播节目找到更多可以延展的空间。在这一点上，融媒体报道《不惑之年》不仅是一次尝试，也是一次成功的练兵。

（北京电台新闻广播）

“思想的光芒穿越时空”

——北京新闻广播《共产党宣言》发表170周年报道创新经验

北京新闻广播在《共产党宣言》发表170周年之际，推出特别策划《思想的光芒穿越时空》。节目回顾《共产党宣言》如何使社会主义理论从空想变成科学，如何催生中国共产党的成立，并滋养一代又一代中国共产党人。节目回顾《共产党宣言》对开创中国特色社会主义事业的新局面，有怎样重大而深远的影响。

《思想的光芒穿越时空》系列报道分专题和访谈两大部分。专题节目以时间为线索分三集，分别是《共产党宣言的问世，使社会主义理论从空想变成了科学》《〈共产党宣言〉在中国》《中国共产党是〈宣言〉精神的当代践行者》。节目以“访谈+历史音响资料”形式呈现，注重利用纪实音响，充分展示广播优势和特点，注重挖掘史实细节，通过由听觉产生的回忆和想象力调动视觉等多重感觉及情感，丰富听众的收听体验，注重角度新颖，增强节目的感染力、影响力。

访谈节目邀请专家到直播间，以主持人和嘉宾对谈为主，实现学术化与故事化的结合，努力让理论变得生动活泼、接地气。访谈主要围绕《共产党宣言》对中国革命的历史意义，对中国经济建设的现实意义、马克思主义与中国实践的有机结合，以及中国的最新实践等展开讨论，充分展现出“新时代”的“新理念、新思想、新战略”。

制作团队和中共中央党史研究室、中国社会科学院马克思主义研究院合作，在选题策划、确定采访要点、规范节目制作流程、制定严格审核程序等方面，由党史专家层层核对、把关，确保节目的准确性与权威性。

一

为了更加生动的呈现《共产党宣言》发表的重要节点、难忘细节，特别节目从纪录片、电影、电视剧当中搜集、引用大量珍贵历史音频、视频资料，同步采录或转码，选取与节目表现相符的段落，呈现在节目中。如文献纪录片《共产党宣言》《信仰》《记忆》，新闻报道“习近平参观《复兴之路》”，电影《建党伟业》《年轻的卡尔·马克思》，电视剧《风华正茂》《大火种》等。

在片花的制作中，选用影片《年轻的卡尔·马克思》中德语朗读《共产党宣言》的第一句“一个幽灵，共产主义的幽灵在欧洲徘徊”，影片《建党伟业》中“一大”会场，代表们集体投票决定党名为“中国共产党”，习近平总书记提到陈望道的故事说“真理的味道特别甜”等片段，这些不同历史时期典型音响的选用，使得短短一分半钟的片花层次清晰、厚重耐听，吸引听众去收听之后的节目内容。

在第三集中，习近平总书记的发言讲话贯穿始终，既有对历史的理解，也有对当下的分析和对未来的展望，还穿插毛泽东、邓小平等伟人的历史音响。讲话和历史音响的运用，增强节目的可靠性和厚重感，起到画龙点睛的作用。

精彩的片段、真实的音响，有着文字无法替代的魅力，让听众在收听节目的过程中，获得身临其境的真实感和亲切感，增加报道的可信度和感染力。制作人多方寻找与节目主题紧密相连的真实音响，恰到好处地加以运用，发挥声音之长，让广播报道声声入耳，“声”入人心，将《共产党宣言》创作、影响的精彩瞬间生动地呈献给听众。

二

《思想的光芒穿越时空》参考大量历史文献和最新研究成果。制作人在搜集资料时，努力寻找《共产党宣言》发表过程中一些鲜为人知的历史细节，挖掘《共产党宣言》在当下的意义，引申主题，强化印象。

制作人在查阅相关历史资料得知，《共产党宣言》的七篇序言都是根据历史的发展不断进行修改补充。第一集节目就抓住类似细节，以并不为人们所熟悉事件为线索，用疑问句式引领节目架构，构成悬念，引起受众的注意，让受众带着问题往下探究，启发受众更好的思考，加深受众的印象。同时，一个个问题的推出使受众忍不住在心中自问自答，形成一个意境和情感交流的空间，产生共鸣。另外，疑问句式的串联，还有承上启下的过渡作用；引出要阐述的话题，节目逐步深入，语气逐步加强，更清晰地表达制作者的意图。

节目首先提出问题：为什么《共产党宣言》诞生半个多世纪后才逐渐被国人所了解？借由专家的讲述，让受众能够了解在当年的历史环境下一种先进思想进入中国的艰难和曲折。而陈望道“闭关”翻译《共产党宣言》全文中译本是这段历史中的一大亮点，节目选用习近平总书记在参观《复兴之路》展览时讲述陈望道翻译入神、误把墨水当糖水吃下的小故事。

三

一种理论，唯有与时俱进，才能永葆生机。一种思想，唯有引领时代，方显磅礴伟力。《共产党宣言》问世以来的 170 年历史证明，马克思主义只有同各国国情相结合，才能焕发出强大的生命力、创造力和感召力。特别节目每期十三分钟左右，《共产党宣言》哪些需要重点讲述？哪些需要略掉？整套节目以“整体把握 + 逻辑推演”，通过与专家共同对历次党代会重要贡献的要点梳理，推演出一个《共产党宣言》在应对和解决社会现实问题的社会实践中不断发展、不断成长、不断引领一些国家走向繁荣富强的逻辑链条，从而将“历史回顾”升级为“历史思考”，使节目实现更大传播价值。用声音手段调动听众的记忆引起情感上共鸣，使人对党的未来、对党领导下中国的未来充满希望。

四

在突出“音频”效果的基础上，制作团队借助车载移动、微信、微博、移动客户端等新终端，调动图片、微信等多种手段，对作品进行新媒体二次创作，通过北京新闻广播官方微博、微信以及《新闻 2018》栏目的公众号“建外 14 号”实现二次传播，使更多非传统广播受众通过新媒体关注这一特别报道。私人朋友圈的转发传播也使报道本身得到“深度”传播，实现从公共传播到人际传播，人际传播的情感附加使“主旋律”报道的影响力得到进一步增强。

（北京电台新闻广播）

北京卫视《传承中国》：让经典再度流行，让文化传承创新

《传承中国》是北京卫视全新推出的一档大型原创京剧文化节目，也是北京卫视文化品牌“传承者”系列的第三季，于 2018 年 3 月 4 日至 6 月 3 日在北京卫视播出。“传承者”品牌自 2016 年推出以来，始终将目光聚焦在中国优秀传统文化的传承和创新上。第一季《传承者》，首次将 50 余项国家级非物质文化遗产集中呈现在电视舞台上，第二季《传承者之中国意象》，是中国电视首次对传统文化意象的集中呈现和深度赏析。2018 年，“传承者”品牌继续深耕民族传统文化，将创作焦点对准传统戏曲。

传承中国海报

当前，最具影响力的戏曲种类是京剧，然而要想做一档让普通观众喜闻乐见的京剧文化节目，面临着三个高门槛：一是欣赏门槛高，京剧艺术内涵深厚，普通大众尤其是年轻观众想看懂不容易；二是参与门槛高，京剧表演的专业性极强，非专业演员参演的难度很大；三是表现门槛高，京剧是舞台程式化表演的经典艺术，一招一式、一板一眼都有章可循，这保证了京剧传承的严谨性，但也给电视呈现限制了条件。《传承中国》如何在遵循经典的基础上合理创新，让京剧艺术与电视艺术完美结合，既让内行看得津津有味，又让外行看得兴致勃勃，既让观众欣赏到京剧艺术的舞台之美，又能感受到京剧背后的文化内涵，这是《传承中国》创作的核心。基于此，节目重点进行三种关系的转化。

一、从程式到模式

京剧有独特的行业特征、文化符号和表演范式，这些“程式化”的东西是京剧的魅力所在，也是人们走进京剧最重要的入口。《传承中国》在节目模式的原创上，充分尊重并借鉴传统京剧的班社文化，把京剧艺术的“程式”创新成节目的模式。

京剧的班社，是指在戏曲院校诞生前，京剧演员们集体生活、学戏、演出的私人化组织，班社决定师承和流派，成为对京剧艺

术影响深远的文化基因。梅兰芳先生挑班的“承华社”，尚小云先生挑班的“荣春社”，马连良先生挑班的“扶风社”，都是著名的京剧班社。《传承中国》在节目中成立了京剧“传承社”。一是借鉴京剧班社的身份设定。由著名京剧演员王珮瑜和谭正岩担任社长，负责给演员讲戏、挑戏、邀请老师、组织公演等。由明星嘉宾担任每一期的“挑班班主”，负责宣传推广京剧艺术，并且要以主角的身份参加一场公演。由著名京剧表演艺术家担任老师，亲自为“挑班班主”开蒙授课。由老一辈的京剧大师们担任特邀嘉宾，点评京剧公演。二是借鉴京剧班社的演出流程。节目环节完全按照京剧演出的程式，分为选戏、讲戏、学戏、响排、化妆、开戏等固定部分，让观众感受原汁原味的梨园文化。三是借鉴京剧班社的空间格局。《传承中国》将4000平方米的演播区进行统一规划，集中开辟出戏台、化装间、排练厅、茶室、办公室（瑜音阁）等功能性区域，每个区域彼此相连又功能区分，形成一个全方位的“京剧艺术社区”。在布景上，节目还原传统戏楼的老式海报水牌，通道当中是历代京剧大师的演出照，化装间里码放的是剧团必备的服装箱，墙上挂着的则是精美绝伦的京剧行头。挑班班主从进驻“传承社”到演出后离开，能够完全沉浸在真实的京剧班社氛围中。

二、从求真到求新

作为一档志在传播京剧文化的电视节目，《传承中国》的定位很明确，节目不是要做京剧的展示，而是要做京剧的解读；节目的不是让京剧变得更高级，而是让京剧变得更普及；节目服务的对象既是专业的戏迷票友，更是普通的电视观众。“真实”与“新颖”是节目需要平衡的关系。因此，《传承中国》选择采用“真人秀”的节目形态，并且引入跨界明星以京剧表演者和推广者的身份，展示京剧台前幕后的魅力。

这样的模式设定有三点考虑：一是系统呈现京剧艺术的综合样貌和丰富内涵。节目贯穿戏里戏外、台前幕后，挖掘京剧的行业文化、类别流派、艺术特征等等，这里面蕴含着京剧艺术兴盛的原因和深厚的内涵。二是沉浸式的体验方式引导观众进入京剧。观众跟随嘉宾的视角，一步步由浅入深了解京剧学习和演出的全部流程，加深观众的参与感。三是明星效应提升观众对京剧的关注和传播。并不是有娱乐明星的节目就是娱乐节目，“娱乐”还是“文化”，这个尺度掌握在创作者的手里。《传承中国》里的明星嘉宾因节目需求设定，为节目主题服务，对于京剧传播和普及起到非常积极的作用。

对于喜爱京剧的老百姓来说，看戏就是看角儿，有了层出不穷的角儿，才有长盛不衰的京剧。所以，《传承中国》也在“角儿”的邀约上下足了功夫。这里的“角儿”分为两种：一种是节目里的主角儿，也就是每一期的明星嘉宾；另一种是京剧界的名角儿，是在节目中担任老师、顾问和点评嘉宾的京剧艺术家们。《传承中国》对所有“角儿”的统一要求就是真——真教、真学、真唱、真演。这个看似简单的标准让很多明星都知难而退。而节目限定的学戏时间只有三天，所以，能够参加这档节目的明星嘉宾，都是对京剧艺术充满敬畏的人。节目组邀请到瞿颖、刘晓庆、曹云金、徐帆、金巧巧、杨钰莹、余少群、白凯南、陈浩民、任贤齐等十位明星担任“挑班班主”，他们带着对京剧艺术的尊重和梦想来到这里，从“外行”到“角儿”的一路蜕变，成为节目的最大看点。

经典剧目《大闹天宫》因为武戏多、难度大，先后被七位明星婉拒，挑班班主白凯南迎难而上，在练功时拉伤大腿又弄伤脚踝，依然咬着牙求老师给他加班教戏；学习荀派经典《红娘》时，京剧零基础的金巧巧为了攻克唱腔难关，深夜拍摄结束后还坚持留在练功房加练；任贤齐在登台表演《定军山》时唱错戏词，不仅当场向老师和观众鞠躬致歉，更是在录制后发微博表达歉意，体现了对京剧艺术的尊重。

京剧演员“台上一分钟，台下十年功”，但作为观众，如果看不到台下十年功的艰辛，也就体会不到台上一分钟的伟大，所以《传承中国》要把这“十年功”浓缩为“三天”，最终在60分钟的节目里呈现给观众。看过这些幕后的付出，观众才能理解为什么刘晓庆表演完在后台兴奋得像个孩子；为什么徐帆唱完《白蛇传》会在台上哽咽难言；为什么任贤齐会为他的一句失误如此自责。

在表演求真的基础上，《传承中国》努力做到在表现上求新。一是放大京剧艺术的细节之美。在镜头语言上，节目利用特写、升格、多角度回放等方式，凸显京剧表演中的水袖、云步、指法、眼神等“四功五法”，以及京剧的脸谱、服饰、道具的精美绝伦。比如在节目中，谭孝曾先生展示了他演出《定军山》的那把大刀，是其父谭元寿先生传给他的，刀刃上都是缺口，如果不是电视特写，观众不会发现。还有谭家世代珍藏的谭鑫培大师的蟒袍戏服，百年前绛丝的技术在今天看来仍然精湛。这些细节奠定京剧的艺术地位。二是普及京剧艺术的专业知识。节目后期适时地插入花字和历史影像，为观众普及相关的京剧术语和专业知识，通过回顾经典的演出片段，让观众能够感受到京剧大师们的风采。三是创新京剧演出的电视呈现。《传承中国》节目在呈现京剧表演时，既保留了传统精华，舞台布局、服装道具、乐队场面等都是原汁原味，同时节目组又利用现代舞台技术，进行合理化创新。最典型的例子是传统京剧舞台布景背后的那块刺绣帷幔，专业术语叫做“守旧”，它的使用价值最初是为了隔开台前和幕后，后期“守旧”也起到交代故事环境、渲染气氛的作用。《传承中国》的舞台创新就是从改变这块“守旧”开始的。节目组利用超清LED大屏，把静止的守旧，变成动态的背景，营造出水波、流云、扶柳、下雨、狼烟、烛火等景观，让表演者身临其境，当然这种动态是极其细微的，不会干扰到演员的表演和观众的观看。这样的创新不但没有让老一辈京剧表演艺术家们认为背离传统，他们反而特别地喜欢，因为这样的创新是为京剧艺术服务的。

三、从传承到传播

北京卫视策划推出《传承中国》，不仅希望传承发扬京剧艺术的文化价值，更是希望传承发扬京剧表演艺术家们的艺术修为。在节目录制的过程中，节目组的导演们深刻地感受到，中国优秀传统文化对从业者精神的塑造，体现在这些德高望重的表演艺术家身上。《传承中国》从策划到录制，参与其中的京剧表演艺术家将近一百人，很多都是国宝级的大师，他们年事已高，很少再教徒授课，这次为了传承京剧艺术接受邀请再度登台，让节目组非常感动。

在他们身上，体现出“戏比天大”的艺术信仰。时年90岁高龄的谭元寿先生把自己当年用过的面牌亲手交给任贤齐，鼓励他唱好谭派名戏《定军山》；83岁高龄的荀派名家宋长荣先生，从江苏乘火车来到北京，在语言沟通困难的情况下，亲自示范《红娘》表演；78岁的孙毓敏先生多次来到现场点评，并将自己多年研究的发声方法倾囊相授。

在他们身上体现出“德艺双馨”的艺术品格。北京京剧院梅兰芳剧团团长李宏图先生是著名的京剧小生表演艺术家，时年58岁，本来是点评嘉宾的李老师，临时被主持人邀请上台和年轻演员表演一段《西厢记》的唱段，整段都是花旦在唱，小生只有动作，但在最后一句落板的时候要求小生腾空而起，翘着脚跌坐在台上，这对演员的功力要求很高。58 岁的李老师穿着西装，依然干净利落而且一丝不苟地做完全套动作，现场观众自发起立鼓掌。他们用自己的艺术修养证明了什么叫作“没有小角色，只有小演员”。

在他们身上体现出传承创新的艺术情怀。在《白蛇传》公演当天，节目组特意请到三位德高望重的京剧表演家谢锐青先生、李玉芙先生、马玉琪先生，他们都曾经是《白蛇传》家喻户晓的名角儿，三位老师的年龄加在一起已经 247 岁了。此次录制，不仅 80 岁的李玉芙老师亲自教徒，三位大师更在现场重现这段经典表演，让人动容。在梅葆玖先生逝世两周年的纪念日当天，节目组精心组织了一场纪念公演，梅葆玖先生的六位弟子和四位好友来到现场，共同追忆梅先生。在《传承中国》收官之作《定军山》的演出现场，观众不仅欣赏到谭家父子联袂上演的大戏，更看到九位年龄在 6 ～ 12 岁之间的小朋友一起登台演唱选段，他们都是刚刚学戏一两年的孩子。看到这些精神矍铄的大师，看到这些学戏的孩子，看到全情投入的跨界嘉宾，看到鼓掌叫好的年轻观众，大家一定会发自内心地相信京剧的魅力从未淡去，京剧精神将永远传承。

《传承中国》播出以后，在周日晚间竞争力激烈的 920 时段，取得了全国同时段第四名的良好成绩，微博阅读量高达 10.1 亿次。节目组还策划了首都机场京剧快闪活动，首都机场把最重要的服务总台区域留给节目做京剧快闪活动。机场旅客纷纷驻足，拿起手机拍照，记录最震撼、最珍贵的瞬间。本次活动在共青团中央的带领下，一直播、虎牙直播、快手、唱吧、哔哩哔哩、QQ 空间 6 大平台同步直播，在线观看人数超 200 万人次，覆盖粉丝量超 560 万。

同时，节目联合梨视频、秒拍、华数、有象、播视网 5 大短视频平台全站推送，使得微博话题 # 京剧机场快闪 # 阅读量破亿，登上热门话题总榜第一位，北京日报、北京晨报、北京晚报等首都媒体多方报道。在中华万年历、激萌、美柚、天涯社区、足记、趣头条、高铁管家、大麦网、快视频、万能钥匙、小红唇等 24 家合作媒体的联合扩散下，首都机场快闪活动覆盖粉丝量超 2788 万，成为线上、线下联动的现象级热门事件。

（北京电视台）

让文物活起来，让文化热起来

为大力弘扬古都文化和中轴线文化，纪念 2020 年故宫建成 600 周年，北京卫视与故宫博物院联合策划了大型文化季播节目《上新了 · 故宫》，于 2018 年 11 月 9 日至 2019 年 1 月 11 日每周五 21:05 在北京卫视播出。创新是对文化最好的继承和保护，《上新了 · 故宫》希望通过年轻态的表达方式，把故宫六百年沉淀下来的历史文化宝藏传递下去，让故宫文化被更多年轻人“带回家”。

节目收视多次位列省级卫视周五同时段第一，节目话题多次登顶微博热搜榜，主话题阅读量突破 19 亿，相关话题阅读总量超 30 亿，豆瓣评分 8.2 分。《人民日报》《光明日报》等数十家主流媒体给予高度评价，并获国家广电总局2018年第四季度创新创优节目，在总局的全国视频会议上向全国同行进行经验分享，赢得观众和业内的尊重。

上新了 故宫

一、推开“三重门”，实现三个“上新”

节目坚持用年轻的视角和创新的表达，赋予故宫文化新的审美体验和大众参与，把文化节目做得更生动、更有趣，更加贴合观众尤其是年轻观众的审美习惯，让更多人爱上故宫，爱上中国文化。

第一，推开故宫的大门，这是知识的上新。故宫博物院现存文物总量为186万余件，浩如烟海，而向公众展出的比例只有2%。《上新了·故宫》首先就要推开这扇宫门，带观众去到尚未开放的20%区域，看看那98%的文物瑰宝，让知识获得一次上新。第二，推开历史的大门，这是文化的上新。故宫不仅是一座收藏历史文明的博物馆，故宫就是历史文明本身。节目希望用一种全新的综艺化表达，让“正襟危坐”的故宫文化完成一次形态上的“焕颜”和“上新”。这也是故宫博物院成立以来，第一次让一档大型文化季播节目进入故宫实景拍摄，只有置身历史当中才能更接近历史的真实。第三，推开文创的大门，这是市场的上新。借助文创产品的力量。推开文创这第三扇大门，用走入百姓生活的文创产品唤醒沉睡的文物，在大众消费市场获得一次上新。

二、透过“三原色”，描绘故宫的前世今生

《上新了·故宫》用更富创新的立意和形式，确定“文化为核心、文创为抓手、主题式推进、沉浸式探索”的节目形态。每期节目单霁翔院长都会抛出一道谜题，比如寻找故宫里的秘密花园、谁是紫禁城里的学霸、最传奇母亲等等，嘉宾带着谜题出发，在实地探寻中接近历史真相。这种沉浸式的文化探索，成为吸引观众步步跟随、层层深入的关键，像一面棱镜折射出节目内容的“三原色”。

第一，历史的本色。节目遵循的是对历史的平视和正解。比如节目选取乾隆、康熙、崇庆皇太后、孝庄皇太后等历史人物，尝试解开他们身上的种种谜团。但历史的真相是建立在史料档案基础之上的，所以观众会发现，他们虽然带着问题去看节目，却不是都能够找到准确的答案。比如，节目寻访乾隆的秘密花园，也首次接近乾隆的神秘人格，但却无法用史料完全证实；走进寿康宫，却仍然找不到明确的记载，那个被叫作“甄嬛”的钮祜禄氏如何从一位侍妾用十八年的时间直接进阶为熹妃，并最终成为崇庆皇太后、乾隆的母亲。但这就是历史的本色和魅力，有的地方清晰可见，有的地方难以辨别。《上新了·故宫》所呈现的探索历史的过程，其实比那个答案更有趣和更有意义。

第二，人性的底色。《上新了·故宫》对历史人物和故事的挖掘没有停留在传奇性的表面上，而是努力探究他们的内心世界，寻找人性共同的底色。比如第一期节目中，幽暗的密室、逼仄的通道、随处可见的镜子，折射出乾隆皇帝渴望自由、快意人生的另一面。在第五期里，编导通过一间形制奇特的“净房”（厕所），讲述康熙皇帝孝亲的品德，

体现人性的底色。

第三，时代的特色。《上新了·故宫》力求建立一种年轻态的电视语境，剥去历史深沉、高冷的外衣，从人物、道具、主题、视觉元素等方面赋予节目年轻的活力。两位深受年轻观众喜爱的演员邓伦和周一围担任固定嘉宾，曾经出演过清宫剧的演员如蔡少芬、宁静、袁姗姗、王丽坤等参与其中。一个人工智能机器人和一只拟人化的故宫御猫鲁班，成为节目里“百科全书”式的幽默存在，而每期节目主题的设定也充满年轻态的表达，既形象又生动，比如乾隆的秘密花园、紫禁城里的学霸、钮钴禄氏的进阶史、紫禁城里的 00 后等。

节目还联合《今日头条》，发布进宫探秘、进宫玩雪、角色穿越等多个 H5 网络传播物料，在北京国贸地铁站展出总长 135 米的“故宫冬日雪景长卷图”，让地铁站成为热门打卡地，用富有创意的趣味宣传为节目造势。这些创新的互动玩法，既契合年轻人的参与需求，也凸显新媒体互动的时代特色。

三、通过三重视觉呈现，让故宫文化生动起来

第一，用花字完成文物的知识科普。故宫大量珍贵文物首次在节目中出现，看得懂，它们就是观众渴望了解故宫的入口；看不懂，就有可能成为观众难以企及的高门槛。所以，恰到好处的精美花字、深入浅出的图解示意、御猫鲁班的独家揭秘等时尚的表达，带领观众走入故宫、深入故宫。

第二，用动画完成历史的动态联想。故宫博物院藏有大量的珍贵字画，在模拟畅音阁“上天入地”的演出效果时，节目组的后期团队通过动画的形式将组合滑轮构成的“古代威亚”生动清晰地呈现出来，让观众一目了然。而每期结尾的文创产品小动画，更是趣味盎然、萌态十足。

第三，用再现完成人物的主题升华。《上新了·故宫》运用再现拍摄手法达成两个方面的创作诉求：一是借由节目嘉宾自己出演，完成从历史探索者向历史人物的穿越。比如，周一围读到康熙皇帝酷爱西学的档案记载，画面就出现了他所扮演的康熙与外国大臣讨论几何学的一段戏，仿佛历史人物从书中走了出来。二是通过剧情和台词设计，完成从写实向写意的过度。比如第一集中，周一围一人分饰两角，完成一段两个乾隆关于自由与自私的对话，折射出乾隆内心既无法摆脱责任又极度渴望自由的双面性格。这段戏是通过之前对乾隆花园的探寻而合理生发出来的联想，而所有的场景装扮都是从文物中原样复原，这样亦真亦幻、虚虚实实的再现拍摄，不是在写实，而是在写意，它是戏剧化呈现，却不是戏说。

四、跨越“三道门槛”，迎来故宫文化的新生

由于有故宫作为依托，很多人认为节目的成功是非常自然和容易的一件事，实际上，节目组经历的远比想象中的要困难和痛苦得多，而在制作之初首先要跨越的，就是节目的“三个门槛”。

一是专业门槛。为了做好这档节目，导演组从四月份开始就反复与故宫专家和史学专家沟通，每天翻阅史料十几个小时，潜心研究上百个选题，经过推敲、打磨、踩点、构思，最终才确定 9 个具备执行条件的主题，进入正式的节目制作阶段。

二是文保门槛。为了保护文物，节目组所有的拍摄设备在进入故宫前全部经由故宫古建部、宫廷部的严格审核，所有灯具、灯架和摄影机角架全部经过海绵包裹，并严格遵循故宫博物院的拍摄铁律，“只能前进，不能后退”，连转身的幅度和动作的频率也严格控制。同时，为确保文物安全，节目场

景复现部分所需的道具、场景全都1∶1仿真还原。由于不能用小飞机航拍，节目组绞尽脑汁，最后找来消防云梯，把摄影师升到半空，拍摄时要克服寒风中镜头的抖动和恐高的心理障碍。

三是摄制门槛。由于是在故宫实地拍摄，故宫能够给予节目组每期的拍摄时间只有一天，还要配合故宫博物院五点闭馆的规定，所以录制时间极其宝贵。所有演员们四五点就得起来化装，工作人员六点故宫一开门就要到现场准备，早上七点准时开拍。为此，导演对每期节目大约15场左右的拍摄单元都得提前准备得严丝合缝，脚本撰写得非常详尽，每场戏的拍摄时间都被严格划分和控制。

（北京电视台）

每一次拼尽全力 才换来向前一步

——北京卫视首档市民与公共领域对话节目《向前一步》创作经验

《向前一步》肩负着服务北京市“疏解整治促提升”工作的舆论引导任务。节目收视多次位列省级卫视同时段第一名，百度搜索量和视频播放量双双破亿。节目刚刚播出两期后，就被国家广电总局邀请在全国广电系统视频会上进行经验介绍，并在广电总局2018年第二季度广播电视创新创优节目评选中被评为全国创新创优节目。节目在北京市形成广泛的影响力，东城区、西城区、丰台区、石景山区等多个区县的街道、文委、征收办等单位自发组织收看《向前一步》，反响热烈。西城区区委要求区委组织部把《向前一步》当作全部干部必须学习的录像教材。节目播出第二期后，西安市委书记看到《向前一步》后，主动联系节目组希望能够深入学习，并要求西安台马上播出类似节目。

一、向前一步是一种态度

作为全国第一档市民和公共领域对话的节目，节目紧扣时代脉搏和北京城市发展进程，瞄准市民生活中的热点、难点和痛点，由城市规划专家、人民调解员、心理专家、法律专家等组成城市调解团，在公开、透明、理性、平和的沟通中，解读公共政策、构建公共情感、普及公共价值、树立公德意识。

在第一期《天坛的心愿》节目中，79岁的天坛公园总工程师徐志长老人在节目现场动情地说：“希望在我有生之年，能看到天坛的273公顷，仍旧像明清时那样，完整地还给人民、交给世界。”这段话不仅感动了现场和电视前的观众，也推动当事人做出向前一步的决定。在这档节目里，从小我到大我，从市民到公民的距离，往往就是向前一步。而这个人的一小步，也是社会发展和城市建设的一大步。

二、向前一步是一种勇气

《向前一步》的选题涉及拆迁、棚改、文物腾退、老旧小区改造等话题，毫不回避地呈现出城市发展与社会转型过程中的种种矛盾和难点。节目组要帮助一个弃管了21年的老旧小区解决物业难题；要说服一个让21户居民在外漂泊3年回不了家的人主动接受抗震加固；要去劝说一个9年都不肯搬迁的“钉子户”，让他相信自己家的评估价格与其他人的标准绝对一样。

节目创作的背后体现出三种勇气：一是面对私搭乱建等制约城市发展、影响公众利益全局的事情，北京市委市政府有攻坚克难，一治到底的勇气。二是面对纷繁复杂的诉求和千头万绪的工作，各级政府部门、所有办事人员，以及《向前一步》栏目组都有“一把尺子量到底”的勇气。三是面对这样一档模式全新、题材敏感、责任重大的节目，北京卫视的编导团队有舍我其谁的勇气。而赋予《向前一步》这种勇气的就是节目中经常提到的一句话：“一把尺子量到底”，这成为节目的标志和口号。“一把尺子量到底”体现的是一座健康发展的城市、一个和谐有序的社会、一个明德守法的公民，对法、理、情的坚守与平衡，三者不能颠倒，缺一不可。《向前一步》通过对“老大难”问题的解决传递出“有法必依”的原则坚守；也通过政策解读和专家解惑，讲出法理和道理；更通过坦诚的交流和相互的理解，释放出和谐社会彼此之间的情感。

三、向前一步是一种担当

《生命源》团队从策划到录像只有一个月的时间。最艰难的挑战就是请人。《向前一步》每期节目的当事人，每个都具备丰富的“斗争”经验和“顽强”的心理素质，想让他们面对镜头，难度可想而知。导演杨彦君一期节目先后九次跑到当事人家里沟通，一聊就是10个小时，深夜十二点还在小区门口和当事人谈话，情绪激动多次引起保安的注意；主编高笑冉风雨无阻来往于办公室和当事人家里，生生跑断了一双凉鞋；主编秦晓明为了取得当事人的信任，自掏腰包请对方喝酒撸串。

编导们即便是跑断腿、磨破嘴，但到节目录制时还是会出现很多让人措手不及的突发情况。录制华康里节目的前一晚，当事人突然变卦拒绝录像，制片人李潇和刘书含紧急赶往她家，劝说到晚上11点多才做通工作。此外，与街道办等基层部门的沟通也远比想象的困难，为了促成选题，邵晶副主任打了4个多小时电话，才获得某区主管领导的同意，结果录制当天，街道工作人员又因为担心责任不清，拒绝配合，制片人李潇和刘虓只得又开始新一轮沟通。

《向前一步》团队，几乎每个编导在这短短两个月的时间里，都有五六个选题在最后时刻失之交臂。节目组默默承受并积极改变着这一切，因为大家明白，正是因为有很多人不愿意来到《向前一步》的现场，这个节目才有它的价值和意义。

（北京电视台）

感念师恩 全城晨读 融合发力

——北京广播电视台教师节特别策划经验

2018年9月10日是第34个教师节，结合“带本书给家乡的孩子”第六季——阅读“益”起来的主题，北京电视台新闻节目中心联合北京电台新媒体中心、北京时间推出教师节特别策划：诵读“益”起来，用全城诵读这种具有仪式感的方式，表达对老师的感谢与赞美。北京卫视及新闻频道各档新闻栏目《北京您早》《特别关注》《北京新闻》分别进行直播及重点报道。北京电视台、北京人民广播电台、BTV新闻等微信微博公众号还专门制作由主持人共同录制的音视频新媒体产品，作为教师节的特别礼物。

此次特别策划是融媒体报道的力作，广播、电视、电台合而为一深度融合，在教师节这一天形成全方位立体报道规模，多屏发力、融合报道，营造非常尊师重教的社会氛围。

一、北京广播电视台主持人作为领读人，参与教师节现场诵读

教师节当天，北京广播电视台的电视、广播以及北京时间三位主持人作为领读人参与到三场诵读直播活动中，电视台主持人李扬薇在府学小学带领孩子们在孔子像前诵读《论语》、行谢师礼；电台主持人于浩在三帆中学朝阳学校和同学们铿锵朗诵《少年中国说》；北京时间主持人维琳带领首都师范大学附属朝阳实验小学的1300名孩子用一首清新的小诗《老师的眼睛》为园丁们献上一份礼物。三台主持人与现场的诵读者、出镜记者共同配合，完成三段直播报道。

二、广播、电视、北京时间主持人共同录制音视频作品

此次诵读"益"起来教师节特别策划还为老师们精心准备了一份特殊的礼物，北京广播电视台的电视、广播以及北京时间主持人共同录制一首《长大后我就成了你》的诗歌朗诵音视频作品，通过电视屏幕，通过电波也通过微信微博等新媒体渠道进行传播。该音视频在BTV新闻微博、百度App、抖音、北京电台微博等渠道分发，总播放量超过60万次，点赞人数超1万。

三、网络直播诵读现场多屏发力、融合报道

此次诵读"益"起来教师节特别策划，多渠道、多平台形成报道合力，让传播效果有大幅度的提升。北京电视台新闻中心新媒体团队提前策划，除制作推出《长大后我就成了你》的诗朗诵视频之外，还推送《老师，我想对您说……》《谢谢您，老师》两篇推文；北京时间在府学小学的诵读现场对整个活动进行网络直播，播放次数超过6万次。

"诵读益起来"把2018年北京广播电视台第六季"带本书给家乡的孩子"大型公益活动推向高潮，本季活动自主开发推出的公益阅读小程序吸引4.2万余人参与，累计阅读时长8万小时，共同为贫困地区的孩子募集图书4万册，同时录制播出的节目视频在各大微博微信网络视频平台进行多次传播，形成良好的传播效果。截至8月底，BTV新闻微博相关节目视频观看次数达121.6万次，北京时间节目视频观看次数94.6万次，百度App"带本书给家乡的孩子"相关话题阅读量达到6368.6万，热度45.4万。9月中下旬，主办方把这些诵读时间继续兑换成爱心图书，送往北京对口支援的14所贫困地区小学。

（北京电视台）

深度融合 立体呈现

——北京广播电视台中非合作论坛北京峰会融媒体特别报道经验

2018年9月4日21：05—22：05，北京卫视、BTV新闻频道，北京电台新闻广播以及北京时间网站共同推出融媒体直播特别节目《中非共绘新蓝图》，节目现场丰富、节奏流畅、解读深入、呈现精彩，电台、电视台、北京时间的多位记者在直播中多次同时连线，融合报道，把中非合作论坛北京峰会报道推向高潮。

北京广播电视台围绕“合作共赢，携手构建更加紧密的中非命运共同体”的主题展开融媒体全方位宣传。多方统筹资源、协同配合，统一组织，统一策划，统一指挥，共同行动，集广播、电视、网络于一体，多媒体、多终端立体呈现。峰会前及峰会期间，北京电视台《北京新闻》《北京您早》《特别关注》《都市晚高峰》《晚间新闻报道》分别开专栏《中非共绘新蓝图》，共播出新闻110条次；融媒体现场直播《中非共绘新蓝图》5场，直播连线近20次，并在北京卫视和新闻频道中推出3集系列专题片《握手非洲》，电视台微信公众号《北京新闻》制作推送《一图看懂2018中非合作论坛北京峰会》等新媒体图文21篇；北京电台共采制播发相关录音报道、口播、连线约110条，策划制作专题访谈3大系列，北京广播网更新发稿35篇，推出2款新媒体产品；北京时间共发布各类稿件256篇，总流量达4100多万。

一、提前筹备，新闻报道立体丰富，第一时间传递前方声音

中非合作论坛北京峰会是中国2018年最大的主场外交活动，也是北京广播电视台融媒体中心成立后的第一次大规模报道。北京广播电视台高度重视，提前谋划，统一组织，统一指挥，共同行动，在新闻中心搭建现场演播室，由北京电视台艾冬云副总编辑带队的北京广播电视台25人前方报道团队进驻峰会新闻中心。新闻中心提前两个月就开始筹备工作，新闻中心请外交部非洲司参赞李翀等专家来台做相关讲座。

8月31日和9月1日，峰会主办方举办两场新闻发布会，北京广播电视台记者都在第一时间进行现场报道。特别是9月1日举办的媒体吹风会，三位历任非洲大使与记者畅谈中非友谊，本台记者商杨就中非人文合作问题向中国政府非洲事务特别代表许镜湖提问，得到详细回答。此外，记者们还围绕峰会服务保障和准备工作等主题，进行充分报道。新闻中心正式启用、志愿者全力投入、新闻中心北京元素、科技元素彰显等，都成为报道关注的热点，体现了北京服务大会的周到细致，彰显北京特色。

二、广播、电视、网络三路记者首次电视同框报道，融媒特色凸显

9月2日开始，北京广播电视台融媒体特别直播节目“中非合作论坛”北京峰会报道全面启动，在北京卫视的《北京您早》和《特别关注》栏目中开通融媒体特别报道时段，在每档栏目中播出30分钟特别直播节目。在3日《特别关注》节目中，电台记者李璟、电视台记者商杨、北京时间记者丁娉婷分别在峰会新闻中心、北京二外、四达时代集团完成各自的采访任务后，同时为特别节目做直播连线。来自电台、电视台、北京时间的3位记者，第一次同框出现在北京卫视的电视屏幕上。北京电视台制作的3集系列专题片《握手非洲》，于3日、4日在北京卫视、BTV新闻频道不同时段、不同栏目播出。北京时间在PC端、App首页，360导航、小助手等平台对纪录片《握手非洲》进行高位推荐。融媒体报道的宣传片、多条新闻节目、直播报道，也多次在北京时间网站上推送。电视台记者祖冲亚还多次给北京人民广播电台新闻台直播连线。

9月4日晚，北京卫视与BTV新闻频道并机推出融媒体直播特别节目《中非共绘新蓝图》，报道习主席在峰会成果发布记者会上对热情好客的北京市民的特别感谢；报道南非总统拉马福萨对北京和热情的北京市民的盛赞。当晚记者会结束后，离直播开始时间已经非常迫近，直播特别节目根据前方最新消息，迅速调整直播结构和内容，由主持人和评论员在直播开始以“中非领导人对热

情北京市民点赞”为主题，配合峰会期间北京蓝天白云美景，突出直播特色主题——热情好客迎宾客，蓝天白云相伴，既有极强的新闻时效性，又凸显首都做好服务保障的政治站位。直播特别节目采访了非洲驻华使节、各国政要以及相关智库专家，另外还制作《非洲人在北京》系列报道。

三、新闻中心新媒体报道成果丰硕，原创新媒体产品亮点频现，融合报道效果显著

北京电视台新闻中心新媒体团队提前策划、多点布局，推出一系列新媒体可视化产品：制作两个可视化 H5 作品——中非友谊答题闯关小游戏、非洲人在北京人物小传，上线 12 小时互动量就超过 5 万人次。

峰会期间，BTV 新闻新媒体还推出可视化长图作品《一图看懂 2018 年中非合作论坛北京峰会》，用生动活泼的形式将本次峰会的四大看点逐一呈现。这条长图在可视化上下足功夫，将富有非洲特点的卡通动物元素和丛林元素贯穿其中，起到很好的视觉效果。

峰会闭幕后，BTV 新闻新媒体在 9 月 5 日早上推送《中非领导人盛赞北京市民》和《南非总统：所到之处皆笑容，北京是一座非常好客的城市》两条微信，同时还推送了微信图文《北京市民请查收，这里有一封来自市委市政府的感谢信！》，半天时间阅读量就破万。

截至 9 月 5 日，BTV 新闻新媒体团队共制作推送新媒体图文 24 篇，全网阅读量超过 43 万；原创、编辑、发布《探秘峰会新闻中心》短视频 30 余条，全网播放量超过 1000 万，其中仅《中非合作论坛北京峰会四大看点值得期待》全网播放量就超过 450 万。

BTV 新闻新媒体还推出原创动画作品《非洲，原来你是这样的》，通过微信、微博、今日头条、腾讯新闻等多个平台推送，全网播放量超过 300 万。该条原创动画作品于 9 月 3 日《都市晚高峰》《晚间新闻报道》电视新闻栏目中播出，多屏发力、融合报道，起到非常好的传播效果。此外，BTV 新闻新媒体团队制作了 2018 年中非合作论坛北京峰会手机微专题，汇聚各方精彩报道内容，方便网友随时调阅观看。

四、电台报道全面细致，为中非论坛召开营造良好舆论氛围

北京电台新闻广播《北京新闻》、交通广播《1039 新闻早报》、《交通新闻》、外语广播《感受北京》等重点栏目对峰会议程安排、峰会成果、峰会新闻中心特色亮点、中非青年合作项目、交通出行保障等多个方面进行全面报道，播出《中非合作论坛北京峰会开幕中外记者热议习近平主旨演讲》等新闻。外语广播开设专栏“我在北京看峰会”，连线非洲嘉宾，通过不同角度体现远在非洲的嘉宾对本次峰会的关注。

峰会期间，北京电台全面参与融合报道，新闻广播、交通广播、外语广播、网络媒体中心与电视台、北京时间的记者共同参与并进行音频、视频、网络融媒体的报道。9 月 3 日，新闻广播记者出镜介绍留学生眼中的峰会及中非合作；新闻广播《主播在线》栏目现场连线电视台主持人祖冲亚，实时介绍北京路面的情况，以及公交地铁采取的措施；新闻广播《北京新闻》播出的录音报道《中非合作论坛北京峰会开幕中中外记者热议习近平主旨演讲》采访电视台主持人李藏宇。9 月 4 日，外语广播记者参与电视台直播连线，采访摩洛哥餐厅老板。外语广播“非洲人在北京”系列访谈在北京时间同步视频直播。

北京电台还制作了独具特色的新媒体产品，努力扩大峰会传播效果。电台网络媒体中心制作推出《中非论坛峰会早知道》H5 产品，全面介绍会议出席国家、主要日程、重

大议题等信息；原创动画视频《你好非洲》被本次中非论坛官网在首页及精彩视频频道采用，视频分发到爱奇艺、天天快报、今日头条、新浪视频四个平台。

电台官方微博微话题#中非论坛合作共赢#，共发布20条，阅读量8.1万。官方微信“北京电台RBC”推送图文稿件6条。短视频推送，秒拍7条，点击量16.7万，抖音11条，点击量23.2万。移动客户端听听FM#中非论坛专题#，发布音频报道21条，收听量7000多次。

五、北京时间形成全方位多角度的报道矩阵

北京时间网页和App端的“中非合作论坛”北京峰会报道专题页8月21日开始上线，内容不断丰富更新，充分利用360导航、迷你页和开机小助手进行全面推送，取得显著的效果。截至9月5日中午11：30，北京时间共发布各类稿件256篇，总流量达4100多万，其中原创稿件112篇，总点击量达2360万+。众多不同类型的报道内容互补分布，形成直击峰会系列直播、系列短视频、深度访谈、现场报道构成的全形态矩阵化报道格局。同时，在微博平台，多个短视频获得广泛关注，播放量超过100万。

在传播推广上，北京时间自有渠道资源全力支持峰会报道，从页面位置、报道数量以及新闻呈现的形式上展开策划，包括“北京时间”PC端、移动端、北京电视台微信公众号、官方微博等全媒体渠道资源共同推广，形成全方位多角度的报道矩阵。

北京时间共策划11组系列短视频，从不同侧面呈现中非合作与峰会精神，形成独具特色的新媒体传播风貌，为用户提供最具效率的新闻获取手段，赢得很好的传播效果。

北京时间还形成峰会抖音系列短视频《我的峰会故事》。先后发布18条中非合作论坛原创短视频，观看量达到2300万+，点赞量超过5万，吸引众多网友互动，形成良好的传播效果。其中《没有手术室没有X光！中国援非医生仅用一双手接好了粉碎性骨折》获得751万播放量。

（北京电视台）

生活频道《生活这一刻》“消费维权月”系列报道经验

3月22日—3月31日，《生活这一刻》栏目推出“天天315消费维权在行动”系列报道，旨在倡导在法治的阳光下，消费者更有尊严地维护自己的合法权益，督促经营者更诚实守信地参与竞争。

一、深度调查 凸显主流媒体舆论引导力

报道由《生活这一刻》栏目组多位深度调查记者历时数月完成。其中《记者卧底调查 独家揭秘美容院内幕》一片，由记者在多家美容院卧底、暗访，揭秘美容院“没病找病”、诱导消费者办卡消费的内幕。有些毫无相关工作和学习经验的“按摩师”，在学徒一两个月的情况下就上岗工作。为了诱导消费者办卡，凭空捏造各种“医学术语”，甚至给顾客“没病找病”。美容院老板更是直言自己的员工按摩“技术烂得跟骗子一样，店居然还没倒”。这对许多花费重金、期望获得健康的消费者来说，无疑是一种欺骗。记者的卧底调查，曝光了部分只追求经济利益、毫无诚信可言的商家。该片被人民日报官微、人民网、央视、中国新闻网等多家媒体转发。同样关注美容题材的《记者暗访 美容机构祛痘隐患多》，通过记者暗访体验，揭露某祛痘机构非法行医的事实。节目播出后，卫生监管部门依法对其进行处罚，该机构总部也发函表示对涉事门店停业整顿。《网购插线板 偷工减料藏隐患》一片，通过记者调查、实验，揭露某购物网站出售伪劣插线板的事实。节目播出后，该网站发布公告表示已经对涉事产品进行下架处理。报道凸显北京电视台作为主流媒体的舆论引导力。

二、借力大数据 让新闻报道更有传播力

报道选题策划之初，联手专业互联网搜索公司进行基于4亿网友搜索行为的大数据分析，最终确定最受消费者关注的十大消费维权领域：食品安全、预付费卡、网络购物、整形美容、旅游、老年人消费、汽车、生活社会服务、装修、婚恋作为选题方向。同时，每个方向还细分为二十个关键词，试图准确定位舆论关注的焦点，使节目在播出时更具有传播力。

三、深入采访 体现主流媒体人文关怀

《卧底调查 快递乱象大起底》一片的选题、制作背景，是多位观众反映快递丢件、坏件，得不到合理赔偿的问题。记者历时半个月，卧底数家快递公司的分拣站，拍摄快递员暴力分拣的内幕。节目没有止步于曝光，而是调查造成这种现象更深层的原因：快递公司管理层只顾经济利益，钻法律法规的空子，缺少对从业人员最基本的业务培训，都是造成暴力分拣的深层原因。而卧底记者通过自身的劳动，也感受到一线快递员工作的辛苦。节目后半段的“卧底记者采访手记”，揭示快递员劳动强度大、缺乏基本的劳动保障等问题，没有把暴力分拣的板子打在作为普通劳动者的快递员身上，而是从规范公司制度、从企业发展理念等诸多层面，探讨快递业健康发展的问题。

四、整合全网资源 同步分发取得热烈反响

《生活这一刻》315系列节目播出期间，栏目组与频道融媒产品工作室携手，与北京时间、新浪微博、今日头条、一点资讯、腾讯企鹅平台、阿里大鱼平台等主流资讯平台深度合作，对每天产出的短视频内容在全网进行第一时间同步分发，各平台均给予百万级别的推荐。尤其是与北京时间的合作：借助其直播矩阵，在北京时间、一直播、今日头条和爱奇艺共开设7场《生活这一刻》节目的直播，也是北京时间这些账号首次直播生活服务节目。7场直播在四大直播平台的总观看人数超过67.4万次，首期节目在“一直播”的观看人数达15.3万次；同时，短视频内容通过时间视频矩阵同步发出，多条内容均取得百万点击的好成绩。

（北京电视台生活频道）

三、多元评价体系背后的尴尬与思考

上述两种不同于收视率考核的评价体系，仅限于栏目组内部执行，作用也仅限于对内部资源的再分配，缺乏与外部环境的匹配勾连。也就是说，如果我们赖以生存的“用收视换广告”的盈利模式不变，这种内部的多元评价体系，其实很难坚持。无论是从宣传职能还是商业变现能力的角度来看，媒介的价值体现在和用户的关系连接能力上。这给我们指明了方向：做更专业的记者，提供更有服务价值的新闻产品，建立更强的用户连接能力。

（北京电视台 杨苗）

打造传播服务平台 传承创新优秀文化

——2018 中华世纪坛传统文化季经验总结

由首都文明办、北京市文化局、北京市妇女联合会联合主办，中华世纪坛艺术馆承办，并联合中国民族博物馆、北京新国戏文化创意投资管理有限公司等多家机构策划推出的“2018 中华世纪坛传统文化季”于 3 月份落下帷幕。本届传统文化季以“创造性转化和创新性发展”为指导，通过内容形式创新、传播交流形式创新和教育形式创新，集中展示中华优秀传统文化的传承创新成果，为更好地发挥引领示范作用，让中华优秀传统文化传承有抓手、发展有路径，积累丰富的实践经验。

一、突出高端定位，围绕全国文化中心定位开展丰富多彩的传统文化活动

推动优秀传统文化创造性转化与创新性发展，既是提高国家文化软实力，普及核心价值观的基本要求，又是推动“十三五”文化繁荣发展的方法和路径。2018 中华世纪坛传统文化季以“流传”为主题，以“传承中华优秀家风，创新非遗演映”为主线，以研究阐发、教育普及、传承保护、创新发展、传播交流为研究课题，通过“中华优秀传统文化主题系列展”“非遗演映活动”“优秀传统文化市集”三大板块为主体内容的三十余项文化活动，为首都人民呈现一场高品质

的文化盛会。

二、融合社会资源，充分发挥中华世纪坛公共文化服务平台作用

中华世纪坛始终以传播中华民族优秀文化为己任，全力打造传统文化季这一优秀项目品牌。本届传统文化季按照平台模式、协作模式，联合多家机构共同围绕传统文化展开工作。本届传统文化季整合首都文明办、北京市文化局、北京市妇联、贵阳市人民政府、中华世纪坛艺术馆、中国民族博物馆等多家单位的资源，联手打造传统文化品牌集群。此次文化季为市民准备很多颇具民族特色和传统特色的产品，包括具有中国传统美学的文创产品，如漆扣便携本、刺绣笔记本、刺绣便携音响、竹刻中国尺、提梁茶具、首饰，体现北京民俗的汉宫花、中国结、香云包，独具贵州地方特色的工艺品、酒、手工蜡染、纸伞、折扇等。同时，市民还可以在市集中体验剪纸、葫芦烙画、篆刻、泥塑等非遗技艺，参与“艺品万家”抽奖领书画活动。

三、尝试内容创新，按照IP运营模式建立多个品牌项目

“中华家风文化主题展”聚焦于主流价值观的塑造与引导，“后传统告白——中国当代水墨艺术家精品展”聚焦于当代水墨艺术的学术实验与探索，“信仰考古——民间非遗文物展”聚焦于民间艺术的梳理与传承，“传统@现代——民族服饰展”聚焦于对民族艺术精髓的提炼与开发，“新疆原生态人文影像展”聚焦于“一带一路”地区多元文化面貌的呈现，“非遗演映活动”呈现少数民族地区的原生态保护与城镇化之间的矛盾张力，“传统文化市集”为广大受众提供可收藏、可观、可玩、可吃、可体验、可带走的丰富的物质文化产品。

四、重视传播教育，探索传统文化活动传播交流形式

本届传统文化季中华世纪坛与北京市总工会和团市委合作，为工会会员和团员青年提供春节期惠民门票。经统计春节期间到场参观体验的总人数超过十万人次，线上辐射人群达到百万人次。同时还与“志愿北京”合作，通过网络平台招募五百位志愿者，他们放弃假期休息时间为社会贡献热量。中央电视台、中央人民广播电台、北京电视台、北京人民广播电台、北京日报、北京晚报、网易、央广娱乐、各大公众号等多家媒体对传统文化季进行全方位的传播。本次活动特别注重在学生中的推广，联合北京市多区县教委、活动中心、学校等，开展中小学课外实践课堂项目，组织中小学生到世纪坛体验不同形式的传统文化活动，在学生心中种下中华传统文化的种子。“2018中华世纪坛传统文化季”还引入时下年轻人最热衷的“网络直播”形式，在直播嘉宾的带领下，让没有机会亲临现场的观众隔空体验，吸引有机会前往的观众亲身参与。

（北京歌华文化发展集团研究室）

昌平传媒中心创新主流价值传播方法和途径

区县级融媒体中心作为基层宣传思想文化主阵地、主渠道，担负着弘扬主流价值、壮大主流思想舆论的重要责任。在传播格局深刻调整的背景下，必须找准新定位，激发新活力，建立新格局，建立高效的主流价值传播体系。

一、加快功能转型，找准融媒体中心在主流价值传播中的新定位

1. 通过“新闻 + 智库”实现民情多维度反馈。积极发挥融媒体中心在区域信息传播中强大的聚合优势和信息处理优势，实现从注重信息传播向信息应用的转变。通过健全基层通讯员队伍、拓展政务信息接口、邀请自媒体入驻和群众报料等方式逐渐畅通民情线索渠道，增大新闻信息的生产储备量。推进大数据运用，通过运用用户画像、行为分析等先进方法，实现内容的分众传播和精准投放，科学设置议题，实现舆论的有效引导。加强对舆情信息的监测收集利用，加强对负面舆情提前研判预警，为政府决策提供数据参考。

2. 通过“新闻 + 问政”实现民意快渠道畅通。充分发挥媒体在民意沟通方面的特殊优势，打造本地“民意上网”的主要入口。围绕民意诉求等级打造三个“场”：第一个是公共话语场，通过话题设置、百姓报料、媒体互动等形式，逐步构建媒体科学引导、百姓积极参与的网上社群，让百姓有地方发表言论、释放情绪。第二个是舆论监督场，在媒体热线、信箱、曝光台的基础上，发动记者围绕民意关切和事实真相加强新闻调查，媒体全程跟踪监督解决问题，让舆论监督成为常态。第三个是民意互动场，通过区委区政府的统一指挥协调，对接问政系统，完善部门协同联动机制和纠错机制，让民意在百姓和政府之间高效互动。

3. 通过“新闻 + 服务”实现民生全方位保障。依托媒体的权威性和公信力，聚合各类优质服务资源，为百姓提供真实可靠的服务，同时延伸媒体价值链。关键布局两个领域，一个是整合政务服务资源，对接各类政务服务系统，将“北京昌平”手机 App 打造为全区网上服务事项的前端集中办理窗口，让信息多跑路，群众少跑腿；另一个是整合社会服务资源，从生老病死、吃穿住用等与百姓息息相关的生活需求入手，通过“北京昌平”手机 App 构建便民服务“一条龙”的服务圈，让昌平百姓“一端在手、生活无忧”。

二、盘活媒体资源，激发融媒体中心在主流价值传播中的新活力

1. 整合组织机构，优化媒体资源配置。充分整合区属媒体资源，实现一体化组织，实现对广播、电视、报纸、“两微一端一屏”等区属媒体的统一管理指挥。一是突出“融媒宣传”的核心职能，在合并原有总编室职能的基础上新成立总编辑部，负责“中央厨房”的整体运行，全面指挥、协调、调度融媒体宣传。二是聚焦“内容生产”的关键职能，实行采编分离，成立采访中心，将原有分散在各媒体的专业记者进行统一管理使用，按行业领域实施分组作业，不断提升记者的信息采集加工能力。各平台保留专业编辑的同时，更加突出内容编辑的新闻性、思想性和专业性，确保“二次制作”高效推进；三是精简“行政后勤”的保障职能，下力精简机关部门，压缩行政后勤人员，成立统一保障的机关科室。形成比较符合融媒体运行的“职能—矩阵”式组织结构。

2. 推行扁平指挥，加速媒体资源流动。针对制约媒体融合发展的渠道壁垒、层级指挥、封闭生产等深层次的体制机制问题，实施扁平指挥，提升媒体资源的利用效能。一是建通道。按照“一次采集、多次生成、多元传播”的融媒体宣传路径，根据实际确定线索挖掘、选题确定、任务分发、现场采集、产品制作、产品推送、落地反馈等关键流程，并绘制采编发业务流程总图，为媒体资源高速流转畅通了“主通道”。二是破壁垒。在建立核心业务流程的基础上，引入质量管理先进理念，将关键流程进行部门分解，打通

部门之间横向协调的通道，构建新型的采编发流程体系。三是推项目。引入项目管理方法，及时建立采编联动平台，打造项目运作载体，根据选题申报情况，各媒体编辑和采访记者在线上编组，形成采编项目小组，实施采访任务，推动采访力量、车辆、设备等资源围绕项目高速流转。

3. 创新人才管理，促进媒体资源内生。针对基层媒体人才匮乏、发展动力不足等关键问题，充分借鉴当前行政事业单位体制机制改革先进经验，重点围绕“人事管理、考核评估、收入分配”三个方面推进“档案式”人才管理考核办法，释放人才活力。一是变“身份管理”为“岗位管理”。按照“员额总控、以岗定员”的原则，实行编内任职与岗位聘职相分离、人事档案管理与合同聘用管理相分离的“双轨运行”管理制度。所有人员按岗位进行日常管理。二是变“主观评价”为“量化考评”。大力推行以量化考核为主的绩效考核制度，优化分配激励机制。根据职责分工，合理设置岗位数量和管理层级，将各项工作任务量化到岗到人，并合理确定每个岗位的绩效标准。三是变“档案工资”为“绩效薪酬”。打破原来以级别资历论薪酬的思维，根据工作人员岗位、业绩、贡献，按照价值导向、优绩优酬原则自主分配。切实拉开收入差距，实行多劳多得、上不封顶、下不保底。

三、探寻科学路径，构建融媒体中心在主流价值传播中的新格局

1. 多渠道传播，让主流价值更广泛地触达用户。要注重发挥主流媒体的专业优势和互联网优质平台的渠道优势，变“借船出海”为“造船出海”。对内要跨专业生产。优化业务协同机制，丰富项目运作载体，鼓励编辑记者跨专业合作。通过“项目申请、项目审核、专家验证、项目招标”等运作机制，鼓励全体员工创新、创意、创优，尤其要加大内部专项资金和人才支持力度，及时挖掘优质项目，进行专项扶持，多出叫得响的融媒体产品。对外要跨平台孵化。创新“企鹅—融媒实验室”运作模式，和高校、互联网优质平台等加大合作共建力度，大力推行区域自媒体达人养成计划、融媒体后备人才培养计划、融媒体产品生产计划等全方位的孵化项目，逐步完善孵化项目设计、孵化过程监测、孵化结果考评等孵化机制，形成优质资源共享、优秀人才流动、孵化成果可见的科学孵化机制。

2. 多维度展示，让主流价值更快速的获取认知。密切结合热点、潮流元素，构建一个让用户更乐意接受主流价值的立体、丰富、全面的表达场景。尤其要发挥多媒体产品的组合优势，围绕用户体验，加强对主流价值宣传传播过程中“时、度、效”的整体掌控。在“时”上，突出新闻传播的及时性，完善新媒体首发机制，抢占“第一落点”。注重不同平台和不同栏目在时间上平行和纵深联动；在“度”上，根据内容的“快、全、深”，在不同平台、平台内部不同版面、栏目，要深入调研，重新定位，形成对同一新闻事件的不同角度、不同深度、不同广度的差异化、立体化内容布局。在“效”上，要扎实搞好效果监测，把准主流价值导向，对传统媒体要引入专家资源，做好对内容的质量等级评定，对新媒体产品要注重做好数据分析。

3. 多频次互动，让主流价值更有效地产生认同。抓住关系认同及情感共振等关键要素，发挥融媒体互动优势，创新内容互动、线下活动、话题互动等形式，增强主流价值认同。一是互动中交流思想。坚持“重心”下移，发挥新闻战线的触角作用，发动记者深入一线，走街串巷、上山下乡，围绕百姓关切、群众反映、人民乐见的新闻视角深挖典型线索、亲民素材，生产有情怀、有温度、

有体验的内容，通过内容互动让用户产生共鸣。二是互动中拉近距离。充分发挥新闻舆论监督功能，在媒体建立热线、信箱、曝光台，鼓励用户随时随地进行报料，发动记者围绕事实真相加强新闻调查，及时客观反馈民情民意，全程跟踪解决百姓困难，不断拉近用户与媒体和政府的距离。三是互动中引导价值。充分发挥融媒体中心议题设置和价值引领能力。从社会民众、专家学者、基层领导中挑选优秀撰稿人建立特约评论员队伍，逐步构建以媒体评论、公民表达、评论观察、权威评论为一体的多平台全方位评论体系，推动价值引领融入经常、融入业务、融入基层。

（昌平传媒中心刘晓梅）

区县级融媒体中心建设现状和发展趋势探索

——以昌平传媒中心为例

习总书记反复强调“融合发展关键在融为一体、合而为一”。从 2017 年 2 月份开始，昌平区传媒中心先行先试，瞄准“全市样板、全国前列”的建设目标，持续推动“本土化定位、融媒化宣传、平台化发展”战略落地，推进融媒体中心建设，媒体传播力、引导力、影响力、凝聚力持续增强。

一、区级融媒体中心建设初见成效

按照建设规划，昌平传媒中心对内建设基层版“中央厨房”，打造高效的融媒体管理体系和运行机制，有效盘活区属媒体资源，提升新闻舆论的传播能力；对外依托“北京昌平”移动客户端打造自主可控平台，整合信息、问政、服务等优质资源，提升媒体综合服务保障效能。探索具有昌平特色的平台集成模式。

1. 打造适宜的融媒体运行组织架构。一是突出融媒宣传核心职能。在整合广电中心、新闻中心和网管办组织机构和职能，在合并总编室职能的基础上新成立总编辑部，建成集融媒体指挥、协调、调度为一体的“神经中枢”。二是聚焦内容生产关键职能。实行采编分离，统一成立采访中心，将原有分散在各媒体的专业记者进行统一管理，有效推动“一专多能”全媒体记者的培养使用。三是合并重复行政职能。下力精简后勤、财务、人力资源等行政部门人员。最终形成比较符合融媒体发展的“职能—矩阵”式组织架构，既能满足高效指挥的需求，也能保证资源的灵活匹配。

2. 建立高效的内容生产传播机制。一是建通道。按照一次采集、多次生成、多元传播的融媒体宣传路径，根据实际确定线索挖掘、选题确定、任务分发、现场采集、产品制作、产品推送、落地反馈等关键流程，并绘制采编发业务流程总图，畅通流程渠道。二是破壁垒。引入质量管理先进理念，将关键流程按照“策划—执行—监测—改进”四个方面流程管理职责进行部门分解，打通部门之间横向协调的通道，构建新型的采编业务关系。三是推项目。及时建立采编联动平台，打造项目运作载体，根据选题申报情况，各媒体编辑和采访记者在线上编组，形成采编项目小组，实施采访任务，推动采访力量、车辆、设备等资源围绕项目高速流转。全年在采编力量投入较往年压缩近 35% 的情况下，内容生产量提升近 30%。

3. 探索科学管用的人才考核办法。一是

变“身份管理”为“岗位管理”。按照“员额总控、以岗定员”的原则，实行编内任职与岗位聘职相分离的“双轨运行”管理制度。所有人员按岗位进行日常管理。二是变“主观评价”为“量化考评”。大力推行以量化考核为主的绩效考核制度，优化分配激励机制。根据职责分工，合理设置岗位数量和管理层级，将各项工作任务量化到岗到人，并合理确定每个岗位的绩效标准。三是变“档案工资”为“绩效薪酬”。打破以级别资历论薪酬的思维，根据工作人员岗位、业绩、贡献，按照价值导向、优绩优酬原则自主分配。切实拉开收入差距，实行多劳多得、上不封顶、下不保底。

4. 建设自主可控的传播平台。在充分调研中心技术系统现状和融媒体建设需求的基础上，明确“一牵引两推动”的整体思路。一是依托“北京昌平”手机 App 建设牵引媒体平台功能整体转型。自 3 月 1 日上线以来，北京昌平 App 总下载量已超 26 万，总阅读量超 100 万。将传统媒体转型升级为集“信息发布、监督问政、综合服务”为一体的融媒体服务平台。二是依托采编联动平台和可视化监测统计分析系统两个项目推动融媒体平台高效运转。下力升级采编协同平台，有效实现新闻线索采集共享、选题派发跟踪、稿件提交审核等全过程管理功能，为新型采编发流程落地、中央厨房正常运转提供关键技术支撑。对原有的技术系统进行整合，按照策、采、编、发、监五大重要环节，初步实现中央厨房基础内容可视化，并重点完成中心运营管理、业务监控、工作汇报、宣传展示、媒体融合成效展示等功能的统一展现，“中央厨房”线上指挥平台初步成形。

5. 全面提升主流媒体宣传效能。一是突出重大主题，推进平台联动。发挥“中央厨房”总编辑部协调机制，按照全新“中央厨房”采编发流程，每日召开总编会，统一接收时政新闻采访任务，做好重大选题策划联动，融合联动宣传成为常态。二是聚焦基层一线，强化民生新闻。不断深化“走转改”，抓好记者站建设，依托“来自基层的报道”“民生·热线”版的亲民优势，发动记者围绕百姓关切、群众反映、人民乐见的新闻视角深挖新闻线索，基层民生新闻占比始终控制在 80%以上。三是突出评论建设，强化舆论引导。对内遴选业务素质过硬的编辑记者、建强评论员队伍，加强评论写作的培训和重大选题的集中攻关，对外完善约稿机制，从社会民众、专家学者、基层领导中挑选优秀撰稿人建立特约评论员队伍，初步构建以公民表达、一线观察、权威评论为一体的全方位评论格局，强化党媒舆论引导功能。强化批评性报道，发挥舆论监督功能。在正面引导基础上，充分发挥新闻舆论监督功能。大力推进“新闻 + 问政”模式，强化“北京昌平”手机 App 的问政功能，同时将《昌平报》的“民生·热线”版的做法进行制度固化，在各平台建立热线、信箱、曝光台的基础上，发动记者围绕事实真相加强新闻调查，及时客观反馈民情民意，全程跟踪解决百姓困难。

二、区级融媒体中心建设存在的问题

习总书记在全国宣传工作会议上指出“建设县级融媒体中心，引导群众、服务群众”，对区县级融媒中心综合服务功能提出更高的要求。从我们的建设实际来看，主要存在着主流引导力不强、服务群众能力不足、媒体发展动力单一等问题。

1. 主流引导力不强。一是统筹联动不够。“中央厨房”总编辑部指挥协调机制已建立，集广播、电视、报纸、新媒体全媒体平台已布局完备，形成媒体宣传合力，但对各平台的“时、度、效”的整体掌控不够，突出表现在力量散，对于重大主题宣传，整体策划能力不强、主动设置议题引导意识不够；反应慢，突发事件前媒体反应滞后，重点报道跟不上；特点不突出，本土新闻资讯不够丰富立体鲜活。二是信息聚合不够。通过调研发现，中心各媒体平台的信息 98% 的来自各媒体自身，还未有效吸引区域政府信息、基层镇街、自媒体等信息的入驻，积聚媒体、政府、基层、社会机构、区域自媒体、区域群众全域信息聚合平台还未形成。三是内容加工不够。创新产品、新办内容仅仅停留在单一媒体平台上，多次加工，多次传播还未形成常态，信息优势难以释放。例如中心 2018 年重点推出的评论，仅依托《昌平报》以文字的单一形式刊发，且受制于《昌平报》为机关内部刊物，影响范围小，无法起到引导全域舆论的作用。

2. 服务群众能力不足。一是政务服务衔接机制不畅。目前手机 App 的功能定位是权威信息的发布平台、舆论监督的问政平台和沟通民生的服务平台，政务服务和问政都需要媒体去找相关行政职能部门对接，依靠媒体自身很难完成，需要一整套政务服务和问政保障机制，目前仅仅停留在将问政信息直接转发给相关部门，处理时间周期较长，对问题解决的过程跟进不够，解决老百姓关切问题的精准度和彻底度还未显现。二是生活服务效能不高。更多的生活服务依旧是将服务信息搬运到平台上，未能深入拓展生活服务信息，深度开发服务资源，例如“优质商家”板块，仅仅将商家信息进行陈列展示，而未能实现对商家菜品的推荐、用户对点评、商家最新活动动态展示等功能，用户参考价值低。三是服务运营模式陈旧单一。纵观全年的中心举办的各类服务运营互动，多为抽奖、评选、答题等形式进行，且大多数仅凸显新媒体一个平台进行预热，全程跟进，模式陈旧、单一，缺乏媒体利用自身专业、优质媒体资源，对各类服务运营进行定制化的深度开发，很难满足时下受众个性化需求。

3. 媒体发展动力单一。一是固守“传媒做传媒”的思维，产业运营单一。随着融媒体中心的建立，媒体资源得以整合的同时，传媒集团主营业务的发展也日臻完善，随之而来的是区域单一的广告、专题片、大型活动为主导的媒体产业可拓展的空间也日渐触达天花板，致使媒体发展动力不足。中心的媒体运营模式设计依旧延用旧有模式，以“传媒做传媒”，未树立互联网思维的“跨界思维”，打造全链条产业经营，实现产业融合。二是融媒体人才孵化处于初级阶段，生产能力不强。虽然大力推进与优势新媒体的交流合作，建立初步的人才培训、产品服务机制，但通过调研发现，由于参与人员分散在各个部门，在相关的融媒体产品制造技术上专业化程度较低，同时配套的融媒体产品孵化、项目制运作、融媒体培养考评等机制依旧缺位，一直未能生产出现象级融媒体产品，未能实现融媒体队伍的全方位建成，融媒体生产能力不足。三是不同编制人员统筹使用面临政策限制，人才管理体制缺位。长期以来，由于存在用人“双轨”和同岗不同责、同工不同酬等情况，造成体制内人员缺乏活力、体制外人员缺乏保障等问题。拟推行的“档案式”人才管理，努力打破编制人员与招聘职工身份界限，实行绩效考核确定收入，通过调研发现，在进行“档案式”管理考核办法设计的过程中，明显感觉到基层同志普遍对绩效考核很关注也很期待，但由于缺乏明确的政策支撑，想突破事业单位的绩效封顶难度不小。一定程度上迟滞媒体改革的进度。四是资金来源单一，关键项目保障压力大。当前，县级媒体事业单位的属性决定了支撑基层媒体深度融合发展的资金来源渠道主要依靠财政投入。调研发现，中心的很多项目分成几期甚至多期投入完成，主要是由于资金按项目进行财政审批，资金审批时间长，手续多致使一部分资金延后，相关重要技术项目也就要推后，一定程度上延缓技术平台的快速落地。

三、区级融媒体中心发展趋势探索

抓好县级融媒体中心建设，是统一思想认识、凝聚社会共识的迫切要求，是提升基层媒体传播力、引导力、影响力、公信力的迫切要求，也是更好服务群众、满足群众美好生活需要的迫切要求。昌平传媒中心在深刻认识当前县级融媒体发展存在的突出问题的基础上，瞄准综合服务型媒体建设目标，以提升新闻舆论引导能力为主线，加快拓展服务领域，加速媒体产业孵化，实现融媒体中心跨越式发展。

1. 找准新定位，加快媒体功能转型。一是推动“新闻 + 智库”。积极发挥信息聚合处理优势，强化新闻信息应用。重点要推进大数据运用，通过运用用户画像、行为分析等先进方法，加强舆情信息的监测收集利用，加强对负面舆情提前研判预警，为政府决策提供数据参考。二是推动“新闻 + 问政”。充分发挥民意沟通优势，将“北京昌平”手机 App 打造成为昌平本地“民意上网”的主要入口，建好舆论监督场，发动记者围绕民意关切和事实真相加强新闻调查，媒体全程跟踪监督解决问题，让舆论监督成为常态。三是推动“新闻 + 服务”。依托媒体的权威性和公信力，聚合各类优质服务资源，努力将“北京昌平”手机 App 打造为全区网上服务事项的前端集中办理窗口和便民服务“一条龙”的服务圈，让昌平百姓“一端在手、生活无忧”。

2. 适应新要求，加速引导能力提升。一是构建高效流转的信息渠道。有效发挥“中央厨房”总编辑部的指挥协调功能，充分调

昌平传媒中心全媒体移动采编系统

动采编队伍加强新闻策划，全过程围绕区域改革发展大局谋划新闻宣传。全力打造融媒体指挥平台，围绕建设涵盖线索汇聚、选题策划、指挥调度、资源管理、全网分发、移动采编、视音频 / 图片编辑工具、绩效考核、智能生产等多种应用于一体的技术平台，实现多点采集、中央汇聚、多平台发布、全时段传播。二是构建专业权威的评论体系。进一步汇聚专家学者、领导干部、普通群众等多元评论主体，围绕中心工作、重大事件、百姓关切，积极建言献策，发表理性评论。逐步构建起以权威评论、公民表达、一线观察为一体的多平台全方位评论体系，加快培育正面、积极、向善的区域舆论生态。三是构建丰富立体的传播格局。加强对各平台宣传“时、度、效”的整体掌控。在“时”上，突出新闻传播的及时性，完善新媒体首发机制，抢占“第一落点”。注重不同平台和不同栏目在时间上平行和纵深联动；在“度”上，根据内容的“快、全、深”，在不同平台、平台内部不同版面、栏目，要深入调研，重新定位，形成对同一新闻事件的不同角度、不同深度、不同广度的差异化、立体化内容布局。在“效”上，要扎实搞好效果监测，对传统媒体要引入专家资源，做好对内容的质量等级评定。

3. 注入新动力，加强融媒产业运营。一是跨平台孵化。创新“企鹅—融媒实验室”

运作模式，和高校、互联网优质平台等加大合作共建力度，大力推行区域自媒体达人养成计划、融媒体后备人才培养计划、融媒体产品生产计划等全方位的孵化项目，逐步完善孵化项目设计、孵化过程监测、孵化结果考评等孵化机制，形成优质资源共享、优秀人才流动、孵化成果可见的科学孵化机制。二是跨专业生产。大力推行流程管理和项目运作，优化业务协同机制，丰富项目运作载体，鼓励编辑记者跨专业合作。通过“项目申请、项目审核、专家验证、项目招标”等运作机制，鼓励全体员工创新、创意、创优，尤其加大内部专项资金和人才支持力度，及时挖掘优质项目，进行专项扶持，多出叫得响的融媒体产品。三是跨行业运营。逐步拓展节目联办、广告会展等传统运营模式，加大线上线下垂直运营力度，结合品牌栏目、内容、渠道优势，找准社会效益和经济效益的契合点，创新内容运营，拓展线下活动，力争打造现象级 IP。尤其要加强用户运营，垂直细分做好用户沉淀，逐步尝试媒体向文创、教育、旅游等周边产业延伸，进一步提高媒体的市场竞争力。

（昌平传媒中心宣传科）

融汇贯通　乘势而为

——延庆区媒体融合发展彰显新优势新动能经验

延庆区融媒体中心于 2018 年 6 月 16 日挂牌运行。区融媒体中心注重互联网思维，强化深度策划，开发融媒体产品，取得良好的宣传效果。

一、强化导向立足实际，借力借势谋发展

以“引导群众、服务群众”为遵循，坚持“党媒姓党”原则，充分剖析延庆发展现状和未来发展需求，确定“国际化、高品质”总体定位，“超前设计、整体规划”建设思路，“巧借渠道、做精内容”建设理念，加强与人民日报等国内一流媒体合作，基于人民日报“中央厨房”的成熟技术支持，依托“歌华云”服务，打造集政务服务、公共服务、民生服务的全媒体平台，建成国内首家“广电 + 报业”的“中央厨房”模式。

二、做好“融汇贯通”文章，夯实工作基础

一是做好“融”的文章。坚持机构机制融合，打破原有科室、平台旧格局，建立“一室五部”（总编室、采访部、编发部、新媒体部、技术保障部、行政保障部）融媒体新机构，实现“四到位”（机构到位、人员到位、流程重组到位、技术平台到位）。重塑策采编审发评流程，实现总编例会常态化，新闻策划常态化，联采多发常态化，严格审核把关制度，把牢“政治安全”“播出安全”工作底线。坚持内宣外宣融合，主动对接中央和市属媒体，将有分量、有力度的新闻选题向上级媒体报送。建立镇街融媒体分中心，迅速掌握新闻线索，采写鲜活新闻。坚持数据服务融合，打通数据壁垒，积极与区内各单位协调，建立服务延庆人民的“两微一端”，实现各类大数据融合共享。升级现有平台，筹建 App 客户端，打造新闻服务、政务服务和民生服务的统一入口、运营平台和管理平台。

二是做好“汇”的文章。汇聚媒体渠道，

大力建设微博、微信、抖音等平台，整合宣传资源，打造体系完善、运转高效的融媒体平台，构建集视、播、报、网、端为一体的新格局。汇聚媒体要素，借助指挥调度平台，实现新闻线索、热点汇聚，保障新闻时效性、实用性、参与性。围绕移动优先、需求导向，注重渠道和内容结合，运用H5、航拍、动画、直播等产品形态，实现精准生产、精准投放，让新闻产品可听、可看、可视、可触。汇集媒体人才，优存量、引增量、活变量，加强新型宣传骨干人才的培养利用。将优秀骨干、各类技能人才汇集到关键岗位，促进“单兵作战”向“团队协同”转变，打造受众认可的全媒体爆款产品。

三是做好“贯”的文章。坚持业务管理连贯，建立完善便捷的指挥调度平台，真正实现策、采、编、发全部在同一平台完成，新闻产品生产可追溯监管。在总编室统筹下，实现人员采编需求和媒体资源协调同步，确保报道具有连续性、系统性。坚持指挥调度连贯，通过技术平台，实现现场指挥调度。通过区内记者与中央、市属媒体记者的连线报道，实现中央、市、区的三级报道联动和指挥调度可视化。坚持绩效考核连贯，通过融媒体平台对每个人的工作量进行统计，基于各部门特点，建立全中心统一的考核标准体系，多劳多得，优质优酬。

四是做好“通”的文章。坚持上下相通，与中央、市属媒体和镇街融媒体分中心建立顺畅的沟通渠道和有效的对接机制，实现央、市、区、镇（街）四级新闻宣传纵向融合，打造“信息相通、内容互补、渠道共享”的融媒体宣传新格局。积极服务京津冀协同发展，立足延庆区位实际，加强与天津市、河北省等兄弟媒体横向交流，实现发展共赢。坚持内外相通，发挥党媒引领作用，加强与社会媒体的协调合作，围绕区内重点工作、重大活动，共同宣传报道，做到新闻口径一致、新闻素材共享。

三、发挥融媒体优势，实现“五个转变”

一是新闻报道由被动型向主动型转变。发挥总编室策划统筹作用，强化前期新闻策划环节，新闻报道的深度广度和新闻事件挖掘的主动性进一步增强，告别以往等爆料、等选题的局面。

二是业务管理由粗放向集约转变。业务部门的重新整合，打破以往大而全、小而全的格局，形成更为集中的业务单元。指挥调度平台的使用，提升管理的集约化水平，以往粗放的管理模式向智能化集约化转变。

三是行政管理向业务管理转变。探索建立统一考核标准，将各部门工作按统一指标考核，形成人才流动的基础，将行政管理导向转变为业务管理导向。

四是舆论引导由滞后向及时转变。遇到突发事件时，充分发挥总编室牵头抓总的优势和新媒体及时发声的特点，及时研判，及时发声，及时引导。

五是社会新媒体从自由型向聚拢型转变。推出一系列有温度的新闻产品，及时给社会媒体提供稿源，一定程度上改变社会媒体自由化现状，逐渐形成党媒引领的媒体矩阵。

四、聚焦主线，持续发力，贡献融媒体建设“延庆智慧”

延庆媒体融合改革大致分为三个阶段。

第一阶段：乘势而为，超前规划，分步实施，99天实现融媒体中心挂牌。按照组织机构到位、流程重塑到位、技术平台到位、人员重组到位标准，短时间内完成机构重组和流程重塑，建成全国首个“广电＋报业”模式的中央厨房，融媒体中心于6月16日挂牌运营。

第二阶段：补齐短板，加强策划，宣传

效果大幅提升。延庆报小版改大版，“延天下”微信微博开通，推出《延庆生态文明发展40年》动漫等一系列移动端精品，10万+以上的融媒体产品超过25个，《延庆这位老师因为评语走红网络》阅读量达到7600万，中央和市属媒体2018年宣传报导总量达到2017年3倍。接待全国21个省市县328批次、548人来延庆参观考察，多次以论文、讲座、论坛等形式受邀总结自身建设的“延庆经验”，延庆融媒已经成为在全国具有较大知名度和影响力的县级融媒体品牌，为全国区县级融媒体建设贡献了“延庆智慧”。

第三阶段：深化改革，服务赛会，提升自我造血功能。加快推进融媒体中心新址建设，确保世园会之前投入使用，与世园会新闻中心密切配合，做好国内外媒体采访接待工作。大力推进传统媒体与新媒体深度融合，建设全媒型人才队伍，进一步提升人员政治素养和业务水平。加快推进新闻客户端（App）建设工作，进一步丰富传播渠道，巩固和拓展党的新闻舆论宣传阵地。积极推动管理体制改革，明确“事业+企业”的发展方向，组建延广融媒公司，试行绩效积分管理，激发内部活力，提升创造力和生产力。

（延庆区融媒体中心 董喜延）

交流合作

二、出访来访合作

5月14日，希中友好协会执行副主席贡多斯·莱夫特瑞斯来北京电视台参观交流座谈。

5月31日，来自哈萨克斯坦、乌兹别克斯坦、巴基斯坦等上海合作组织成员国的13家主流媒体约20余位高管和记者代表来北京电视台参观交流，实地了解北京媒体融合创新的发展现状。

6月27日，“丝路大V北京行”参访团一行近40人来到北京电台参观交流。参访人员中，包括由乌克兰、罗马尼亚、塞尔维亚、泰国等7国的10位成员组成的外籍代表团。参访活动以“媒体的融合创新”为主题展开，北京电台介绍近年创新发展方面的实践，电台网络媒体中心、文艺广播、青年广播分别向来宾介绍讯听云、诵读小站和可视化广播等融媒体成果。中外来宾就媒体的融合创新展开交流讨论，对北京电台在融媒体创新方面的尝试高度评价。罗马尼亚《国家信使报》编辑部副主任斯特凡·勒丹努说，希望能够与北京方面合作，开辟版面介绍北京的发展。

8月2日—9日，北京广播电视台所属新媒体集团有限公司3人随国航前往德国法兰克福、法国图卢兹，围绕国航实施“一带一路”倡议、执行“央企走出去”战略等相关情况对欧洲总部中外员工进行采访。

10月31日，外交部新闻司高文棋参赞率非洲记者团一行近30人到北京电台参观交流，包括来自埃及、冈比亚、肯尼亚、南苏丹等20个非洲国家的20位主流媒体记者，该活动是中非合作论坛北京峰会结束之后中非媒体间一次务实的交流。

11月13日—17日，北京电视台纪实频道人员赴日参加日本放送协会（NHK）2018年度会议。会议根据2012年NHK与纪实频道签署的中日纪录片业务合作备忘录，双方将以互访形式，每年举办一次年度工作会议，推进双方的合作进程。双方就2018年度NHK与纪实频道、新纪实（北京）传媒投资有限公司业已完成的合作项目进行总结，并就2019年度新的合作方向进行规划。对NHK即将开播的4K、8K频道的筹备情况和2020年东京奥运会及残奥会的宣传报道整体规划等进行了全方位的调研。

11月25日—12月15日，北京广播电视台组织台属各单位共15人赴美国执行广播电视节目创意与制作培训任务。

2018年，北京电视台纪实频道与美国中文电视台英文频道达成友好合作协议，筛选100部纪实频道自有版权纪录片进行国际版的制作，并在覆盖美国东西部的美国中文电视网进行播出，取得10万美元合作收入。这也是频道节目版权开发和节目国际传播的有效尝试，获得社会效益与经济效益双赢。

2018年，北京电视台与澳大利亚广播公司（ABC）举办第三届“中澳纪录片周”优秀纪录片展播活动。澳大利亚广播公司（ABC）为纪实频道提供5集自制纪录片（共计300分钟），在纪实频道的黄金时段播出。澳大利亚广播公司澳洲佳国际频道也在黄金时段播出北京电视台纪实频道提供的自制纪录片节目。促进中澳两国间文化交流，推动纪录片走出去，让更多澳大利亚观众了解中国。

与港澳及台湾的交流合作

2月27日—3月5日，北京广播电视台所属新媒体集团有限公司2人随市台办赴台湾，参加在台湾举办的“2018第七届高雄·北京特色周”活动，进行现场直播和跟踪采访报道。

4月16日—27日，北京广播电视台所属新媒体集团有限公司1人随市台办赴台湾，参与“2018北京文化周”活动报道，并进一步商议“北京时间”与“东森新闻云”的具体合作。

4月17日—25日，应台北市报业商业同业公会邀请，北京广播电视台所属新媒体集团有限公司1人随中华全国新闻工作者协会赴台湾，参加大陆网络媒体负责人交流团。

6月6日—12日，北京广播电视台所属新媒体集团有限公司1人随市台办赴台湾，参与京台社区发展论坛宣传工作。

8月6日—12日，北京广播电视台16人赴台湾，参加京台广播发展与合作交流会，就“媒体融合发展与盈利模式创新”主题，与台湾媒体机构进行交流。

8月，受中华广播商业同业公会邀请，北京市台办、北京广播电视台、北京电台、北京电视台、北京新融媒文化发展有限公司的相关业务干部和职工赴台参访。参访团一行15人走访考察8家机构，与台湾媒体从业人员进行座谈交流，并实地参观制作机房、演播室等场所。考察的媒体业务范围覆盖广播、电视和网络，及节目生产、运作方式、经营管理、融媒体发展等方面的探索和经验。

（北京广播电视局、北京广播电视台）

统 计

2018 年广播电视播出机构及节目开办情况

项目	单位	数量
一、机构情况	—	—
市级广播电视台	座	1
区广播电视台	座	10
区广播电视站	座	4
乡镇广播电视站	座	37
企事业广播电视站	座	9
二、开办广播电视节目情况	—	—
公共广播节目	套	26
其中：市级	套	17
区级	套	9
付费广播节目	套	2
公共电视节目	套	26
其中：市级	套	12
区级	套	14
对外电视节目	套	1
付费电视频道	套	11

2018 年北京市广播电视播出情况

指标名称	单位	合 计	市级	区县
广播播出	—	—	—	—
公共广播节目	套	26	17	9
播出时间	小时	181097	132504	48593
播出自制节目时间	小时	87560	57872	29987
付费广播节目	套	2	2	—
播出时间	小时	17520	17520	—
电视播出	—	—	—	—
公共电视节目	套	26	12	14
播出时间	小时	137139	98806	38333
播出自制节目时间	小时	64764	40818	23946
电视剧播出数	部	429	350	79
	集	20156	15086	5070
付费电视节目	套	11	11	—

（续表）

指标名称	单位	合 计	市级	区县
播出时间	小时	96360	96360	—
对外节电视节目	套	1	1	—
播出时间	小时	8760	8760	—

2018 年广播电视节目制作情况

项 目	单位	广播节目	电视节目
制作广播电视节目时间	小时	129392	162442
新闻咨讯类	小时	12199	17055
专题服务类	小时	28952	48517
综艺类	小时	40120	9637
广播（电视）剧	小时	12121	9583
广告类	小时	3490	3716
其他类	小时	32510	73934
广播（电视）剧部数	部	4	55
广播（电视）剧集数	集	362	2503

注：此表的统计范围是指各类广播影视节目制作机构。电视剧制作发行数含总局终审数。

2018 年北京市广播电视播出传输情况

项目	单位	2018年
中短波转播发射台	座	1
	千瓦	160
调频转播发射台	座	17
	千瓦	59.85
电视转播发射台	座	15
	千瓦	88.3
广播综合人口覆盖率	%	100
电视综合人口覆盖率	%	100
有线广播电视传输干线网络总长	万公里	20.72
有线广播电视用户数	万户	594.55
高清交互数字电视用户	万户	526.45
付费数字电视用户数	万户	116.52
农村有线广播电视用户数	万户	89.71
农村有线广播电视入户率	%	87.62%
总人口	万人	2170.7

（续表）

项目	单位	2018年
农村总人口	万人	227.52
总户数	万户	543.07
农村总户数	万户	102.40

2018 年北京市广播影视创收总收入情况

项目	2018年	2017年	增减额	增速（%）	占总创收收入（%）
总计	1487.82	995.78	492.04	49.41%	100.00%
1.广告收入	568.62	383.99	184.63	48.08%	38.22%
其中：广播广告收入	8.60	11.26	−2.66	−23.62%	0.58%
电视广告收入	73.38	70.83	2.55	3.60%	4.93%
网络媒体广告收入	314.60	242.14	72.46	29.92%	21.15%
其他广告收入	172.04	59.76	112.28	187.88%	11.56%
2.广播电视节目销售收入	78.87	88.68	−9.81	−11.06%	5.30%
3.有线广播电视收视费	10.37	11.05	−0.68	−6.15%	0.70%
4.付费数字电视收入	1.14	1.85	−0.71	−38.38%	0.08%
5.三网融合业务收入	6.24	5.88	0.36	6.12%	0.42%
6.网络视听用户付费收入	163.08	107.06	56.02	52.33%	10.96%
7.网络节目版权收入	16.78	8.09	8.69	107.42%	1.13%
8.其他创收收入	575.03	389.18	185.85	47.75%	38.65%

注：机构改革，电影管理职能转到电影局，电影票房收入未列入。

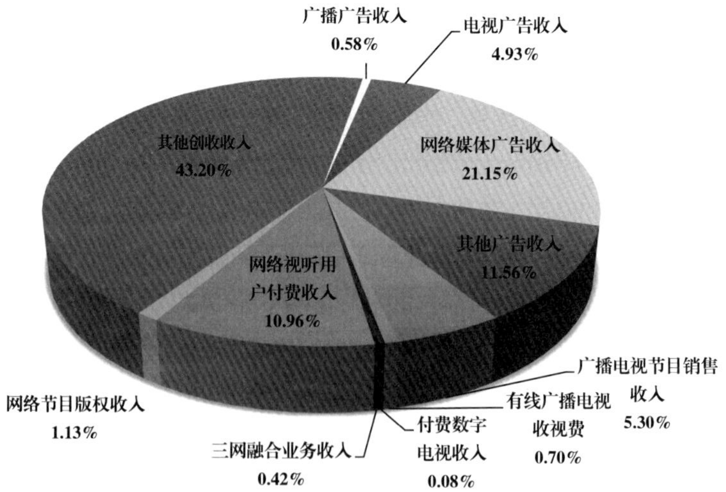

2018 年北京市广播影视创收收入构成图

2018 年北京市广播电视主要指标在全国的排位

项目	单位	全国总量	北京市	排位数	北京市所占比重（%）
资产总额	亿元	18617.92	3533.51	1	18.98%
广播电视创收收入	亿元	5639.61	1487.82	1	26.38%
其中：广告收入	亿元	1864.49	568.62	1	30.49%
有线电视网络收入	亿元	779.48	26.21	11	3.36%
节目销售收入	亿元	642.56	78.87	4	12.27%
新媒体业务收入	亿元	467.76	201.53	1	43.08%
电视购物频道收入	亿元	243.75	23.35	2	9.57%
有线电视用户数	万户	21832.41	594.55	18	2.72%
数字电视用户数	万户	20143.68	571.46	17	2.83%
付费数字电视用户	万户	7729.94	116.52	23	1.50%
制作广播节目时间	万小时	801.76	12.94	24	1.61%
制作电视节目时间	万小时	357.74	15.75	8	4.40%
制作电视剧	部	323	55	1	17.03%
	集	13726	2503		18.24%
制作电视动画片	部	241	16	3	6.64%
	万分钟	8.62	0.52		6.03%
从业人员	万人	97.9	8.91	1	9.10%

注：2018 年北京市节目销售收入全国排位第 4，新疆、浙江和上海分别排位 1、2、3 名。

2018 年北京市广播电视节目交易情况

项目	单位	数量
全年广播电视节目销售收入	亿元	78.87
其中：电视剧销售收入	亿元	39.7
全年电视剧制作投资额	亿元	44.44
全年动画电视制作投资额	亿元	3.01
广播电视节目进口额	亿元	33.03
广播电视节目进口量	小时	22509
广播电视节目出口额	亿美元	0.15
广播电视节目出口量	小时	2262

索 引

INDEX

汉语拼音索引

B

C

D

F

G

H

J

K

L

M

N

P

Q

R

S

T

W

X

Y

Z

数字索引

字母索引